生物科学专业"6+X"简明教程系列

植 物 学

赵建成　李　敏　梁建萍　主编

科学出版社

北　京

内 容 简 介

本书系统介绍了种子植物形态解剖、植物界系统和被子植物分类等内容。全书共7章，分别为植物细胞、植物组织、种子植物的营养器官、种子植物的繁殖器官、植物分类学概述、植物界的各大类群和被子植物分类。每章后附有小结、思考题，书后附有参考文献和重要网站。

本书可用作高等师范院校、高等农林院校及综合性大学的植物学教材，也可供其他教学科研人员及中学生物学教师参考使用。

图书在版编目(CIP)数据

植物学/赵建成,李敏,梁建萍主编.—北京:科学出版社,2013
生物科学专业"6+X"简明教程系列
ISBN 978-7-03-036310-7

Ⅰ.①植… Ⅱ.①赵… ②李… ③梁… Ⅲ.①植物学-教材 Ⅳ.①Q94

中国版本图书馆 CIP 数据核字(2013)第 001345 号

责任编辑：王国栋　刘丹　贺窑青/责任校对：包志虹
责任印制：徐晓晨 / 封面设计：迷底书装

科　学　出　版　社 出版
北京东黄城根北街 16 号
邮政编码：100717
http://www.sciencep.com

北京盛通商印快线网络科技有限公司 印刷
科学出版社发行　各地新华书店经销

*

2013 年 2 月第　一　版　开本：787×1092　1/16
2019 年 7 月第六次印刷　印张：20 1/2
字数：519 000
定价：58.00 元
（如有印装质量问题，我社负责调换）

《植物学》编委会名单

主　编　赵建成　李　敏　梁建萍
副主编　李　琳
编　委（按姓氏汉语拼音排序）
　　　　　董建新　韩留福　胡变芳　黄士良
　　　　　冀瑞萍　李　琳　李　敏　梁红柱
　　　　　梁建萍　刘亚令　牛玉璐　王建书
　　　　　王晓蕊　赵　昕　赵建成

前　言

植物学作为高等院校生命科学、农林及相关专业的必修基础课程之一，主要包括种子植物形态解剖、植物界系统和被子植物分类三部分内容。植物学是在大学低年级开设的重要课程之一，其目的在于使学生尽早学习植物学的基础知识、基本概念，掌握植物学研究的基本技术和方法，一方面为学生学好后续相关课程（如植物生理学、植物遗传学、植物生态学、植物资源学、农林牧各专业课程，以及保护生物学、生物进化论、生物技术等）打下坚实的基础，另一方面也为植物学科相关课程（如植物解剖学、植物分类学、藻类学、苔藓植物学、蕨类植物学等，以及树木学、种子科学、生态学、草坪学、园艺花卉学、中草药栽培等）的深入学习和研究奠定基础，或作为这些方向学习和研究的前期课程。人们常说"基础不牢，地动山摇"，可见植物学教学所处的重要地位。此外，从植物学的应用领域来看，植物学与人类的生活、国民经济的发展密切相关，人类的衣、食、住、行以及药物、工业原料等很大部分都来源于资源植物。今天，世界上的粮食、资源、能源、环境、生态和人口等问题无一不与植物学研究的内容有关。目前，我国把生态文明建设放在突出地位，融入经济建设、政治建设、文化建设、社会建设的各方面和全过程，在努力建设美丽中国的历史进程中，掌握扎实的植物学知识必将大有用武之地。

作为生命科学传统课程之一的植物学，各种版本各具特色的教材已有很多。但随着生命科学的快速发展，研究内容和领域不断扩展，植物学课程内容也在不断更新，而多数高校植物学课时又在不断缩减，在课时偏紧的情况下优化教学内容，使学生打好基础，提高教学质量，亟需一本适应学科发展及适应当前教学改革要求的新教材，这是科学出版社组织编写简明版植物学教材的目的所在。本书的编写组由长期从事植物学教学的骨干教师组成，编写人员根据多年的教学和科研实践，结合本科生的培养目标，本着"精炼内容、突出重点、加强基础知识和实践、开阔视野"的原则，尽量做到符合多数高等院校对植物学课程目标任务的教学需求。

本书的突出特点有以下几点。①内容精炼，删繁就简。根据目前植物学课时所限的实际情况，力求把植物学的基础理论、基本知识与方法介绍给读者，同时提供较丰富的参考文献及网站，以供教师高效讲授植物学知识，学有余力的学生参考、扩展或深入解读。为此，删去了以往教材内容过多、过细，但因课时所限教师又不去讲解的繁琐内容。②突出重点。内容精炼之后，在有限的课时内，使教师有充足的时间讲解植物学的重点内容，有利于学生掌握重点和消化其中的难点。③紧密联系实际和科研、生产实践。书中内容紧密联系实际，举例介绍的植物多为常见、广布或习见栽培种类，使学生在学习中消除神秘感和陌生感，对老师讲解的植物产生共鸣和亲切感，提高学生的学习兴趣，引发学生主动亲近、关注、观察身边的植物，进而使学生投入较高的热情学习植物学方法和理论，树立探索植物界奥秘、掌握植物学知识，为国家、为人类服务的信念。④开阔视野，尽量反映植物学的新进展。植物学科研领域日新月异，本书选择性地介绍了2011年在澳大利亚墨尔本举行的第18届国际植物学大会（XVIII International Botanical Congress）关于《国际植物命名法规》（*International Code of Botanical Nomenclature*）的主要变化，简要介绍了中国植物学家张宏达教授的种子植物系统、吴征镒院士的被子植物八纲分类系统等内容，以便扩展学生学习的思路，起到抛砖引玉的作用。

本书由赵建成、李敏、梁建萍任主编，李琳任副主编。第一章"植物细胞"由赵昕编写；第二章"植物组织"由刘亚令编写；第三章"种子植物的营养器官"由梁建萍编写；第四章"种子植物的繁殖器官"由韩留福、刘亚令编写；第五章"植物分类学概述"由赵建成、李敏编写；第六章"植物界的各大类群"中的"藻类植物"由胡变芳编写，"菌类"由赵昕编写，"地衣门"由韩留福编写，"苔藓植物门"由赵建成、李敏编写，"蕨类植物门"由王晓蕊编写，"裸子植物门、被子植物门"由黄士良编写；第七章"被子植物分类"由赵建成、李敏、李琳、梁红柱、牛玉璐、董建新（荨麻目至蓼目）、刘亚令（菊亚纲）、王建书（禾本科等）和冀瑞萍（百合科、兰科）编写。全书由赵建成、李敏、梁建萍和李琳负责统稿，最后由赵建成定稿。

河北师范大学植物学专业的研究生赵胜辉、肖明轩、陈霜、赵旭、刘凯良、康英、田明霞、丁明慧、芦净、李颖、高文学、石露露、周鹏鹏、闫小敏等参与插图绘制和校对等工作，张娅娅、王婵娟、刘文霞参加部分校对。我们在全书的编写过程中参考了国内外大量的文献资料，吸收和采纳了一些新近的研究成果。其中，除了编者自绘的植物图版外，也参考和仿绘了一些优秀教科书、植物志的图（见"主要参考文献"），在此谨向原图作者深表敬意和感谢！本书的编写得到河北师范大学教学改革课题的资助，河北师范大学教务处给予支持和鼓励，科学出版社王国栋、席慧编辑始终关注本书的编写和出版，刘丹编辑对全稿进行了认真的审阅和校改，并提出诸多有益的修改建议。本书编者对上述单位和个人的帮助及所付出的辛勤劳动，在此一并表示诚挚的谢意！

作为教材，本书尽管在科学性、系统性、前瞻性等方面做出了很大努力，力求完美，但限于水平和时间，加之编者人数较多，书中难免存在不足和疏漏之处，我们真诚欢迎使用本书的师生和读者给予批评指正。

编　者

2012 年 11 月

目 录

第一章　植物细胞 ………………… 1
第一节　植物细胞的结构与功能 …… 1
　　一、细胞是构成植物体的基本单位 …… 1
　　二、植物细胞的形状和大小 ………… 1
　　三、植物细胞的结构 ………………… 2
　　四、植物细胞的后含物 ……………… 10
　　五、真核细胞和原核细胞 …………… 11
第二节　植物细胞的繁殖 …………… 12
　　一、细胞分裂方式 …………………… 12
　　二、细胞分裂的方向 ………………… 16
第三节　植物细胞的生长和分化 …… 16
　　一、植物细胞的生长 ………………… 16
　　二、植物细胞的分化 ………………… 17
小结 ……………………………………… 17
思考题 …………………………………… 18

第二章　植物组织 ………………… 19
第一节　植物组织的概念和类型 …… 19
　　一、植物组织的概念 ………………… 19
　　二、植物组织的类型 ………………… 19
第二节　植物组织系统 ……………… 32
小结 ……………………………………… 32
思考题 …………………………………… 33

第三章　种子植物的营养器官 …… 35
第一节　根 …………………………… 35
　　一、根的生理功能和经济价值 ……… 35
　　二、根和根系的类型 ………………… 36
　　三、根的发育 ………………………… 37
　　四、根尖的构造 ……………………… 38
　　五、根的初生结构 …………………… 40
　　六、侧根的形成 ……………………… 42
　　七、根的次生结构 …………………… 42
　　八、根的变态 ………………………… 44

　　九、根瘤和菌根 ……………………… 46
第二节　茎 …………………………… 48
　　一、茎的生理功能和经济价值 ……… 48
　　二、茎的形态 ………………………… 49
　　三、茎的发育 ………………………… 52
　　四、茎的初生结构 …………………… 53
　　五、茎的次生生长和次生结构 ……… 56
　　六、茎的变态 ………………………… 61
第三节　叶 …………………………… 63
　　一、叶的生理功能和经济价值 ……… 63
　　二、叶的形态 ………………………… 63
　　三、叶的发育 ………………………… 68
　　四、叶的结构 ………………………… 69
　　五、叶的生态类型 …………………… 72
　　六、落叶与离层 ……………………… 73
　　七、叶的变态 ………………………… 74
第四节　营养器官间的相互联系 …… 75
　　一、营养器官之间维管组织的联系 … 75
　　二、营养器官在植物生长中的相关性 … 77
小结 ……………………………………… 77
思考题 …………………………………… 79

第四章　种子植物的繁殖器官 …… 81
第一节　繁殖的概念和类型 ………… 81
　　一、繁殖的概念 ……………………… 81
　　二、繁殖的类型 ……………………… 81
第二节　花 …………………………… 82
　　一、花的概念和花的组成 …………… 82
　　二、禾本科植物的花 ………………… 87
　　三、花程式和花图式 ………………… 88
　　四、花序 ……………………………… 89
第三节　雄蕊的发育和结构 ………… 91
　　一、花药的发育 ……………………… 91
　　二、小孢子的形成 …………………… 92

三、花粉粒的发育和形态结构 ……… 93
　第四节　雌蕊的发育和结构 ……… 94
　　一、胚珠的发育 ……… 95
　　二、胚囊的发育和结构 ……… 96
　第五节　开花、传粉与受精 ……… 98
　　一、开花 ……… 98
　　二、传粉 ……… 98
　　三、受精 ……… 99
　第六节　种子 ……… 102
　　一、种子的结构 ……… 102
　　二、种子的形成 ……… 104
　　三、种子的萌发和幼苗的形成 ……… 109
　第七节　果实 ……… 111
　　一、果实的形成和类型 ……… 111
　　二、果实和种子对传播的适应 ……… 116
　小结 ……… 118
　思考题 ……… 119

第五章　植物分类学概述 ……… 120
　第一节　植物分类的历史 ……… 120
　　一、人为分类系统时期 ……… 120
　　二、进化论前的自然系统时期 ……… 121
　　三、系统发育系统时期 ……… 121
　第二节　植物分类等级及命名 ……… 122
　　一、植物分类等级 ……… 122
　　二、植物的物种命名 ……… 123
　第三节　植物的鉴定与描述 ……… 125
　　一、植物检索表 ……… 125
　　二、植物分类学文献 ……… 126
　小结 ……… 128
　思考题 ……… 128

第六章　植物界的各大类群 ……… 129
　第一节　藻类植物 ……… 129
　　一、藻类植物概述 ……… 129
　　二、蓝藻门 ……… 130
　　三、硅藻门 ……… 133
　　四、绿藻门 ……… 136
　　五、红藻门 ……… 142
　　六、褐藻门 ……… 145
　　七、藻类植物的演化 ……… 147
　　八、藻类植物的资源利用 ……… 149
　第二节　菌类 ……… 150
　　一、细菌门 ……… 151
　　二、黏菌门 ……… 152
　　三、真菌门 ……… 153
　第三节　地衣门 ……… 168
　　一、地衣的基本特征 ……… 168
　　二、地衣的形态和构造 ……… 168
　　三、地衣的繁殖 ……… 170
　　四、地衣的分类及代表类群 ……… 171
　　五、地衣在自然界中的作用及资源利用 ……… 171
　第四节　苔藓植物门 ……… 173
　　一、苔藓植物的一般特征 ……… 173
　　二、苔藓植物的分类 ……… 175
　　三、苔藓植物的起源与演化 ……… 180
　　四、苔藓植物在自然界中的作用及其资源利用 ……… 180
　第五节　蕨类植物门 ……… 182
　　一、维管植物 ……… 182
　　二、蕨类植物的基本特征 ……… 183
　　三、蕨类植物的分类及代表类群 ……… 186
　　四、蕨类植物的起源和演化 ……… 198
　　五、蕨类植物在自然界中的作用及资源利用 ……… 199
　第六节　裸子植物门 ……… 200
　　一、裸子植物的特征 ……… 201
　　二、裸子植物的生活史 ……… 202
　　三、裸子植物的分类和代表植物 ……… 204
　　四、裸子植物的发生和演化 ……… 210
　　五、裸子植物的资源利用价值 ……… 210
　第七节　被子植物门 ……… 212
　　一、被子植物的一般特征 ……… 212
　　二、被子植物的生活史 ……… 213
　　三、被子植物分类的原则 ……… 214
　小结 ……… 215

思考题……………………………… 217

第七章　被子植物分类 ……………… 219

第一节　双子叶植物纲（木兰纲）
　………………………………… 219
　　一、木兰亚纲 ……………………… 219
　　二、金缕梅亚纲 …………………… 224
　　三、石竹亚纲 ……………………… 231
　　四、五桠果亚纲 …………………… 237
　　五、蔷薇亚纲 ……………………… 247
　　六、菊亚纲 ………………………… 268

第二节　单子叶植物纲（百合纲）
　………………………………… 280
　　一、泽泻亚纲 ……………………… 280
　　二、槟榔亚纲 ……………………… 281

　　三、鸭跖草亚纲 …………………… 287
　　四、姜亚纲 ………………………… 297
　　五、百合亚纲 ……………………… 298

第三节　被子植物的起源与系统发育
　………………………………… 307
　　一、被子植物的祖先 ……………… 307
　　二、被子植物的发生时间 ………… 308
　　三、被子植物的发生地点 ………… 308
　　四、被子植物的主要分类系统 …… 308

小结 …………………………………… 311
思考题 ………………………………… 311

主要参考文献 ………………………… 313

第一章 植物细胞

第一节 植物细胞的结构与功能

一、细胞是构成植物体的基本单位

细胞是植物体结构和功能的基本单位,一切植物体均由细胞组成。单细胞植物体仅由一个细胞组成,一切生命活动都由这一个细胞来完成。多细胞植物体由许多形态和功能不同的细胞组成;各个细胞有着一定的分工,各自行使特定的功能;同时,细胞之间又密切联系,相互依存,彼此协作,共同完成各种生命活动。

1665 年,英国学者胡克(R. Hooke)用自制的显微镜观察了软木片,并用"细胞"(cell)称呼他所看到的蜂巢状封闭小室,而实际上他所看到的只是纤维质的细胞壁。1838~1839 年,德国植物学家施莱登(M. J. Schleiden)和动物学家施旺(T. Schwann)根据他们两人以及前人的研究成果,共同提出:一切动植物体都由细胞组成;细胞是一切动植物的基本单位。这就是著名的细胞学说(cell theory)。

20 世纪 40 年代以来,电子显微镜的研制成功,突破了光学显微镜分辨率的局限性,揭示了细胞新的微观世界——超微结构。同时,细胞匀浆、超速离心、同位素示踪等生化技术在细胞学研究上的运用,使人们对细胞的结构及其与功能间的关系以及细胞的发育有了更深入的理解。随后,利用组织培养技术把植物离体细胞培养成完整的植株,进一步说明细胞是一个独立的个体,具有遗传上的全能性。

二、植物细胞的形状和大小

1. 植物细胞的形状

植物细胞的形状多种多样,有球状体、多面体、纺锤形和柱状体等(图 1-1)。

单细胞藻类植物和细菌等游离生活的细胞常呈球形;多细胞植物体内,由于细胞相互挤压而呈不规则的多面体形;输送水分和养料的导管分子和筛管分子细胞呈长柱形,并连接成相通的"管道",利于物质的运输;起支持作用的纤维细胞呈长纺锤形;幼根表面吸收水分的表皮细胞,向土壤延伸出细管状突起(根毛),以扩大吸收表面积。细胞形状的多样性,体现了细胞形态与

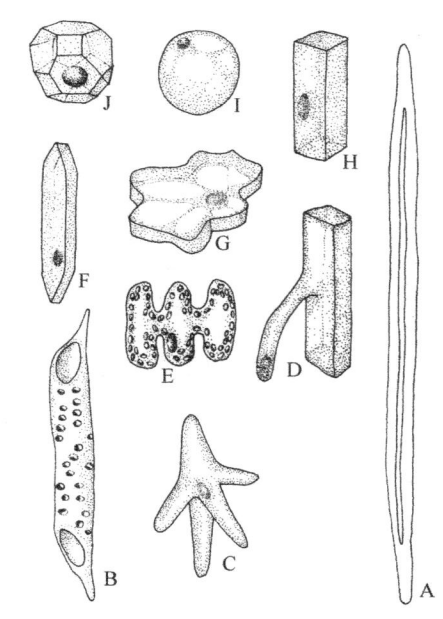

图 1-1 种子植物各种形状的细胞
A. 细长的纤维;B. 管状的导管分子;C. 星状细胞;
D. 根毛细胞;E. 波状的小麦叶肉细胞;F. 纺锤形
细胞;G. 扁平的表皮细胞;H. 长方形的木薄壁细胞;
I. 球形的果肉细胞;J. 十四面体的细胞

功能的相互适应。

2. 植物细胞的大小

一般来说，植物细胞的体积很小。种子植物细胞的直径一般为 10～100 μm，需借助显微镜才能观察到。少数植物的细胞较大，如番茄（*Solanum lycopersicum* L.）和西瓜［*Citrullus lanatus*（Thunb.）Mansfeld］的成熟果肉细胞，直径可达 1 mm，肉眼可以分辨；苎麻［*Boehmeria nivea*（Linn.）Gaudich.］茎中的纤维细胞，最长可达 550 mm，但这些细胞的横向直径仍很小。

细胞体积小的原因是小物体的相对表面积较大。细胞与外界的物质交换是通过表面进行的，如果细胞很大，相对表面积则小，细胞内外的物质运输、信息传递等生命活动就难以完成。

三、植物细胞的结构

植物细胞由细胞壁（cell wall）和原生质体（protoplast）两部分组成。原生质体包括质膜（plasma membrane）、细胞质（cytoplasm）、细胞核（nucleus）等结构，是细胞进行代谢活动的场所。组成原生质体的物质称为原生质（protoplasm），由水、无机盐等无机物以及糖类、蛋白质、脂质、核酸、维生素等有机物组成。

光学显微镜下，可以很容易的观察到植物细胞的细胞壁、细胞质、细胞核等结构，用一定的方法制备样品，也可以观察到高尔基体（Golgi apparatus）、线粒体（mitochondrion）等细胞器，这些可在光学显微镜下观察到的结构称为显微结构（microscopic structure）；而有的结构必须借助电子显微镜才能看到，这种在电子显微镜下才观察到的细胞内的精细结构称为亚显微结构（submicroscopic structure）或超微结构（ultrastructure）（图 1-2）。

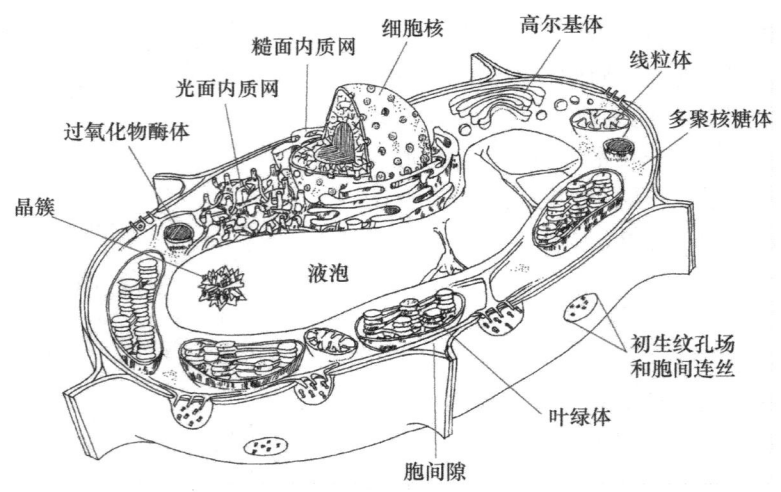

图 1-2 植物细胞结构图解

（一）细胞壁

细胞壁是包围在植物细胞原生质体外面的具有一定硬度和弹性的结构，它使细胞保持一定的形态，并对细胞起着机械支持和防止细胞因吸水而被胀破的作用。细胞壁、液泡和质体的存在是植物细胞与动物细胞的三大区别特征。

1. 细胞壁的化学成分

细胞壁最主要的化学成分是纤维素（cellulose），与纤维素结合存在于细胞壁中的其他化合物还有果胶质（pectin）和半纤维素（hemicellulose）等。由于这些化合物都是亲水性的，因此，细胞壁中一般含有较多的水分，溶于水中的物质都能随水透过细胞壁。

电子显微镜下观察，细胞壁就是由纤维素分子束聚合成的微纤丝（microfibril）构成的网状结构，其他的细胞壁物质（果胶质、半纤维素、木质、栓质等）填充于微纤丝"网"的空隙中。微纤丝再聚集成较粗的纤丝称为大纤丝（macrofibril），这种大纤丝可以在光学显微镜下看到。成熟细胞中，不同细胞壁层的微纤丝排列方向不同，这大大增强了细胞壁的坚固性。

2. 细胞壁的层次

根据形成时间和化学成分的不同，细胞壁可分为3层：胞间层（intercellular layer）、初生壁（primary wall）和次生壁（secondary wall）（图1-3）。

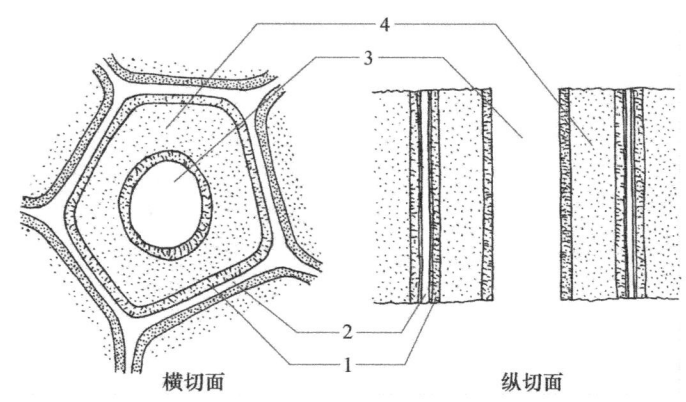

图1-3 细胞壁结构图
1. 初生壁；2. 胞间层；3. 细胞腔；4. 3层的次生壁

（1）胞间层

胞间层又称为中层，存在于细胞壁的最外面，是相邻细胞共有的一层薄膜，使相邻细胞彼此粘连。胞间层在细胞分裂产生新细胞时形成，主要成分是果胶质。果胶质极易被果胶酶等分解，因此，果实成熟时，产生的果胶酶使果肉细胞离散，果实变软。某些真菌能分泌果胶酶溶解胞间层，侵入植物体。

3个或3个以上细胞接触处的胞间层常劈裂为二，从而使相邻的细胞局部互相分离。在分离处形成的空隙，称为细胞间隙（intercellular space）。在植物体内，细胞间隙是互相沟通的，它形成了一个贯穿整个植物体的细胞间隙系统（intercellular space system），最后与气孔（或皮孔）相连。这个系统保证了每一个生活的细胞得以进行生活所必需的气体交换。

（2）初生壁

初生壁是在细胞生长过程中形成的壁层，存在于胞间层内侧，一般较薄，厚度为1～3 μm，主要成分是纤维素、果胶质和半纤维素。初生壁质地柔软，有较大的延展性，能随细胞的生长而扩大。分裂活动旺盛的细胞、进行光合作用的细胞和分泌细胞都仅有初生壁。

（3）次生壁

次生壁是细胞停止生长后，在初生壁内侧继续不均匀加厚形成的壁层。次生壁较厚，一般为5～10 μm。主要成分是纤维素，含有少量的半纤维素，并常含有木质素。所以，次生壁比初生壁坚韧，能增强机械支持作用，但其延展性差。光学显微镜下，有些细胞的次生壁可以显出折光率不同的3层：外层、中层和内层。

因此，一个典型的厚壁细胞（如纤维或石细胞）的细胞壁可看到5层结构：胞间层、初生壁和3层次生壁。

3. 纹孔和胞间连丝

细胞的初生壁上有一些明显的凹陷区域，称为初生纹孔场（primary pit field）。初生纹孔场上有一些小孔，一些原生质细丝从此穿过，并与相邻细胞的原生质体相连。这种穿过细胞壁、沟通相邻细胞的原生质细丝称为胞间连丝（plasmodesma）。

次生壁形成时，在次生壁上有一些中断部分，这些部分是初生壁完全不被次生壁覆盖的区域，称为纹孔（pit）。纹孔如在初生纹孔场上形成，一个初生纹孔场可有几个纹孔。相邻两个细胞之间的纹孔常成对存在，称为纹孔对（pitpair）。纹孔对之间的质膜、初生壁、胞间层构成了纹孔膜（pit membrane）。由次生壁围成的腔，称为纹孔腔（pit cavity）。根据纹孔腔的式样，纹孔分为单纹孔（simple pit）和具缘纹孔（bordered pit）（图1-4）两种类型。

细胞壁上的初生纹孔场、纹孔和胞间连丝有利于细胞与环境之间以及细胞与细胞之间的物质交换，尤其是胞间连丝，把所有生活细胞的原生质体连接成为一个整体，使多细胞的植物体成为结构和生理活动的统一体。

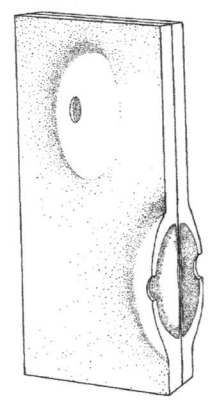

图1-4 具缘纹孔模式图

4. 细胞壁的生长

细胞壁随着细胞的生长而生长，其生长方式有两种：面积生长和厚度生长。

（1）面积生长

面积生长是细胞生长初期细胞壁的主要生长方式，这一时期形成的细胞壁都是初生壁。

细胞壁进行面积生长时，原生质体不断分泌新的微纤丝层附贴在被扩撑的较早形成的微纤丝层的里面，使细胞壁的面积与厚度同时增加。由于细胞壁面积向各个方向扩撑的程度不同，结果就形成了各种不同形状的细胞。

（2）厚度生长

厚度生长是细胞生长后期细胞壁的生长方式，这一时期形成的细胞壁都是次生壁。但是，并非各类细胞都形成次生壁，如分生组织细胞和一般的薄壁细胞都没有次生壁。

细胞壁进行厚度生长时，原生质体不断分泌新的微纤丝层附贴在已停止面积扩张的壁层的里面，使细胞壁的厚度有所增加，但是面积并没有扩大。同时，原生质体常产生一些复杂的物质填充到细胞壁里，使其化学成分和物理性质发生很大的变化。最常见的填充物质是木质、角质、栓质和矿质等。

1) 木质化。细胞壁木质化（lignification）是从胞间层开始，逐步向内进行。经过木质化的细胞壁，其胞间层、初生壁、次生壁内都填充了木质素（lignin），细胞壁的弹性减小，硬度增加。细胞壁木质化后，不能透过水分，但水分仍然可以通过纹孔和胞间连丝进入细胞。因此，经过木质化的细胞未必是死细胞。导管、管胞、纤维细胞等是细胞壁木质化的典型例子。

2) 角质化。角质化（cutinization）通常发生在表皮细胞的外向壁上。细胞壁角质化时，表皮细胞外壁的外层填充了角质（cutin），形成角质化层（cuticular layer），但外壁的内层并没有填充角质，仍然由纤维素构成。角质不仅填充了细胞外壁的外层，而且聚积在细胞外壁的外面，形成一种无色透明的角质层（cuticle）。细胞壁角质化后，不透水、不透气，降低了水分的蒸腾作用。同时，角质层的存在，可以抵抗微生物的侵袭，增强表皮的保护功能。

3）栓质化。细胞壁栓质化（suberization）时，在初生壁的里面沉积了一层相当厚的栓质层；有的在栓质层的里面还沉积了一层纤维素壁层，而且纤维素壁层还经过了木质化；也有先在初生壁内填充了栓质，再在初生壁的里面沉积次生栓质层的。经过栓质化的细胞不能透过水分和空气，从而增强了细胞的保护作用。但是，栓质化的细胞通常很快就死亡了。栓质化的细胞一般没有纹孔；或有纹孔，但纹孔只发生在栓质层以内的纤维素壁层上，并未穿过栓质层。由于胞间连丝的存在，有些经过栓质化的细胞仍可以是活的，如根的内皮层细胞。

4）矿质化。细胞壁内渗入二氧化硅或碳酸钙所引起的变化过程为矿质化（mineralization）。例如，禾本科植物茎和叶的表皮细胞的壁内常含有二氧化硅。细胞壁矿质化后，会变得粗糙坚硬，从而增强茎、叶的机械强度，提高其抗倒伏和抗病虫害的能力。

植物细胞壁在人类的经济生活中占有重要地位。棉、麻、木材和软木塞等都是由加厚的或经过化学变化的细胞壁构成的。细胞壁的主要构成成分——纤维素，是工业上的重要原料，可用于制造人造丝、纸张等。另外，纤维素还是食草动物的主要食物来源。

（二）原生质体

1. 质膜

质膜又称细胞膜（cell membrane），是包围在原生质体表面的一层薄膜。质膜很薄，通常紧贴细胞壁，因此，在光学显微镜下较难识别。当外界溶液浓度高于细胞液浓度时，细胞内水分向细胞外渗出，使原生质体失水而收缩，质膜与细胞壁发生分离，这种现象称为质壁分离（plasmolysis）。此时就能观察到质膜是一层光滑的薄膜。

电子显微镜下可见质膜呈明显的"暗-明-暗"三条带的结构：两侧两条暗带，主要成分是蛋白质；中间夹一条明带，主要成分是脂类。三条带的总厚度约为 7.5 nm。一般把这三层结构构成的一层生物膜称为单位膜（unit membrane）。单位膜是一切生物膜所具有的共同特性，包括质膜和包围在细胞核及各种细胞器外面的内膜系统。

20 世纪 70 年代，膜结构的流动镶嵌模型（liquid-globular protein fluid mosaic model）（图 1-5）被提出。这一模型能较好地解释膜的各种成分是如何组合装配并完成其功能的。

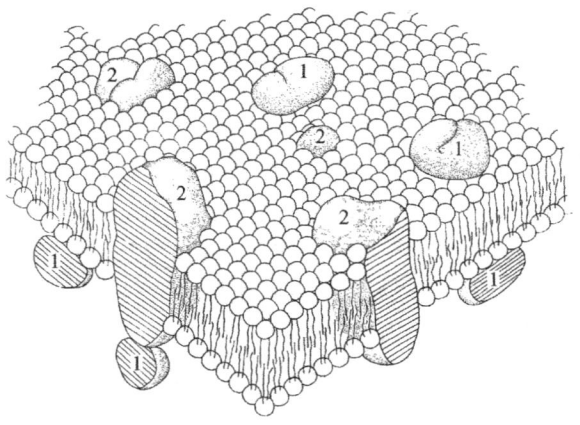

图 1-5　膜结构的流动镶嵌模型
1. 外在蛋白质；2. 内在蛋白质

在磷脂双分子层中镶嵌着许多球状蛋白，它们有的结合在膜的内、外表面，有的横向贯穿于整个磷脂双分子层中，并且这种结构不是一成不变的，构成膜的磷脂和蛋白质均具有流动性，可以在同一平面上自由移动，使膜的结构处于不断变化的状态。膜中的蛋白质大多是特异酶类，在一定条件下具有"识别"、"捕捉"和"释放"某些物质的能力；膜蛋白通过对物质的透过起主动的控制作用，从而可以使质膜表现出对不同物质具有不同的透过能力，即"选择透性"，控制细胞与外界环境的物质交换。这种特性使细胞能从周围环境中不断取得所需要的水分、无机盐和其他物质，阻止有害物质进入；同时，也把代谢废物排到细胞外，但又不使内部有用的成分流失，从而保证了细胞具有一个适宜而又相对稳定的内环境。这也是进行正常生命活动所必需的前提条件。此外，质膜还有许多其他重要的生理功能，如主动运输、接收和传递外界的信号、参与细胞间的相互识别等。

2. 细胞质

细胞质是质膜以内、细胞核以外的原生质。在光学显微镜下，细胞质呈透明、黏稠状并且能流动，这种胶状物质称为细胞质基质（matrix）。在细胞质基质中主要含有酶类和细胞质骨架结构，参与中间代谢反应，并与细胞形态的维持和物质的运输有关。此外，在细胞质中分布着各种有生命的细胞器（organelle），它们被膜包围且具有一定的形态结构，行使各自特定的功能。

（1）质体

质体（plastid）是植物细胞特有的细胞器，与碳水化合物的合成与贮藏有关。根据所含色素的不同，可将质体分为三种类型：叶绿体（chloroplast）、有色体（chromoplast）和白色体（leucoplast）。

1）叶绿体。进行光合作用的质体，通常存在于植物的叶肉细胞中。叶绿体的形状、数目和大小随不同植物和不同细胞而异。种子植物细胞的叶绿体通常呈椭圆形，数目较多。叶绿体在细胞中的分布与光照有关：光照强时，叶绿体常分布在细胞外周；黑暗时，叶绿体常流向细胞内部。

叶绿体含有叶绿素（chlorophyll）、叶黄素（xanthophyll）和胡萝卜素（carotin）。其中，叶绿素是主要的光合色素，它能吸收和利用光能，直接参与光合作用。其他两类色素不能直接参与光合作用，只能将吸收的光能传递给叶绿素，起辅助光合作用的功能。植物叶片的颜色与这三种光合色素的比例有关。一般情况下，叶绿素含量最多，叶片呈绿色；但当营养不良、气温降低或叶片衰老时，叶绿素含量降低，叶片便出现黄色或橙黄色。

叶绿体为双层膜包被，里面充满无色的基质。基质中有扁平的囊，称为类囊体（thylakoid），也称为片层（lamella）或光合膜（photosynthetic membrane）。类囊体垛叠在一起形成柱状的基粒（granum），与埋藏于基质中的基粒间膜（fret）相连（图1-6）。叶绿体色素和光合作用所需的各种酶类位于基粒的膜上或基质中，相互配合完成光合作用。

2）有色体。仅含有类胡萝卜素的质体。成熟果实的红、黄等艳丽的颜色以及秋天叶色变黄的主要原因就是细胞中含有有色体。有色体能积累淀粉和脂质，在果实和花中具有吸引昆虫和其他动物传粉及传播种子的作用。

3）白色体。不含色素，普遍存在于植物的贮藏细胞中。根据其贮藏物质的不同可分为三类：造粉体（amyloplast），能贮藏淀粉；蛋白质体（proteinoplast），能贮藏蛋白质；油质体（elaioplast），能贮藏脂质。

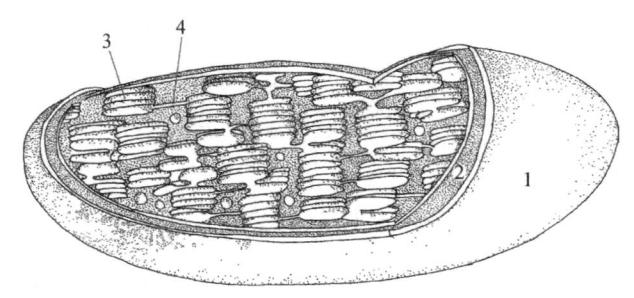

图 1-6 叶绿体的显微结构
1. 外膜；2. 内膜；3. 基粒；4. 基粒间膜

质体由前质体（proplastid）发育而来。前质体是一种无色体，能分裂，存在于根、茎的顶端分生组织以及胚细胞中，为双层膜包被的小泡。前质体的内膜向内折叠形成膜片层系统。在光下，这些片层系统逐渐发育成叶绿体基粒，并合成叶绿素，进而发育为叶绿体；而在黑暗条件下，内膜形成管状的膜结构，不能合成叶绿素，成为黄化的质体（白色体）。这是黑暗中生长的植物出现黄化的原因。如果将黄化的植株转入光下，白色体又可发育成正常的叶绿体。

（2）线粒体

线粒体（mitochondrion）很小，呈球状、棒状或短杆状，一般直径为 0.5~1.0 μm，长为 1~2 μm。在电子显微镜下，线粒体由两层膜包裹，其内部为基质（图 1-7）。内膜向中心腔内折入，形成突起，称为嵴（cristae）。嵴的存在扩大了内膜与基质接触的表面积。内膜上分布着许多带柄的小球，称为腺苷三磷酸合成酶复合体（ATP synthase complex）。同时，内膜和基质中还含有多种酶，参与细胞的呼吸作用。线粒体呼吸释放的能量透过膜转运到细胞的其他部分，提供各种代谢活动对能量的需要。因此，线粒体是细胞呼吸及能量代谢的中心。

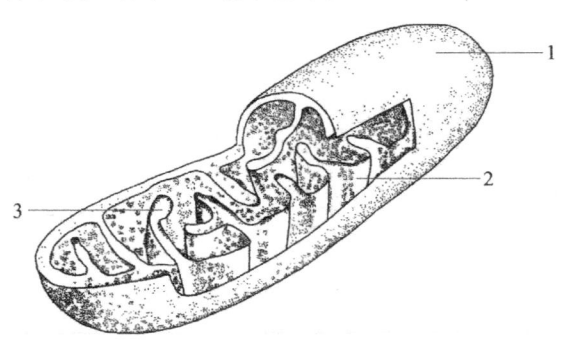

图 1-7 线粒体的显微结构
1. 外膜；2. 内膜；3. 嵴

细胞中线粒体的数目以及线粒体中嵴的多少与细胞的生理状态有关。当代谢旺盛、能量消耗多时，细胞就具有较多的线粒体，内部有较密的嵴；反之，代谢较弱的细胞，线粒体较少，内部嵴也较疏。

（3）内质网

细胞质内由封闭的膜系统及其周围的腔形成互相沟通的网状结构，称内质网（endoplasmic reticulum，ER）。内质网膜可与外核膜相通，细胞核膜间腔（即核周间隙）通向内质网腔。

内质网分为光面和糙面两种类型：光面内质网（smooth endoplasmic reticulum，sER）的膜上没有核糖体颗粒，糙面内质网（rough endoplasmic reticulum，rER）的膜上附有核糖体颗粒（图 1-8）。

由于糙面内质网与核糖体紧密结合，而核糖体是细胞内合成蛋白质的场所，所以糙面内

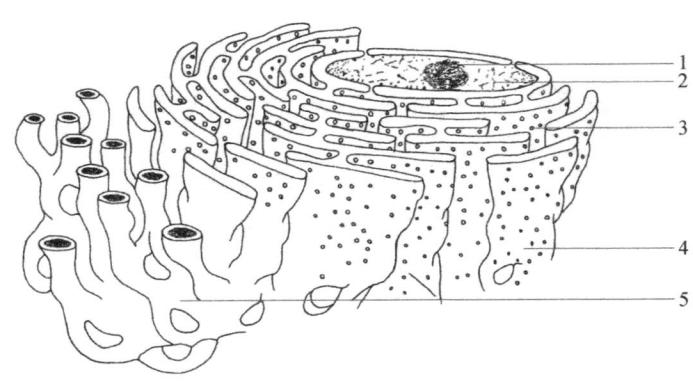

图 1-8 内质网的显微结构
1. 核仁；2. 细胞核；3. 核糖体；4. 糙面内质网；5. 光面内质网

质网的功能是合成、运输蛋白质；光面内质网主要合成和运输脂质及多糖。

（4）高尔基体

高尔基体（Golgi apparatus）是由一系列扁平的囊和小泡组成，几乎所有的动物、植物细胞中都具有这种细胞器（图 1-9）。

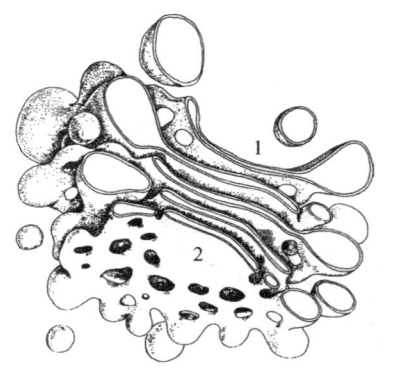

图 1-9 高尔基体显微结构
1. 输出面；2. 输入面

在植物细胞中，高尔基体的功能是合成纤维素、半纤维素等多糖类物质，同时将多糖或糖蛋白以高尔基小泡的形式运输到细胞的某些部位，形成细胞壁物质或分泌到细胞外面去。故高尔基体具有分泌作用，并参与细胞壁的形成。

（5）核糖体

核糖体（ribosome）是直径为 17～23 nm 的小颗粒，由大小两个亚基组成，主要成分是约 60% 的核糖核酸（ribonucleic acid，RNA）和 40% 的蛋白质。核糖体在细胞质中可游离存在，也可附着在糙面内质网上。此外，在细胞核、叶绿体、线粒体中也有分布。

核糖体是细胞中蛋白质的合成中心。在蛋白质合成旺盛的细胞中，多个核糖体结合在一个 mRNA 分子上形成念珠状的复合体，称多聚核糖体（polysome 或 polyribosome），可提高蛋白质的合成效率。

（6）溶酶体

溶酶体（lysosome）是单层膜包裹的小泡，一般直径为 0.25～0.3 μm。溶酶体含有多种水解酶，如酸性磷酸酶、蛋白酶、核酸酶等，可催化多糖、蛋白质、脂质以及 DNA、RNA 等的降解；消化细胞中的贮藏物质；分解细胞中受到损伤或失去功能的部分结构；参与导管、纤维等细胞原生质体的分解。此外，糊粉粒（aleurone grain）、液泡（vacuole）中也含有水解酶，具有溶酶体的作用。因此，有人认为植物细胞中的溶酶体应是指发生水解作用的所有细胞器，而不是一个特殊的结构。

（7）微体

微体（microbody）是单层膜包裹的球状小体，直径约为 0.5 μm。微体有两种类型：一种是过氧化物酶体（peroxisome），存在于高等植物叶肉细胞内，与叶绿体、线粒体共同参与光呼吸；另一种是乙醛酸循环体（glyoxysome），存在于油料植物种子和大麦、小麦种子的糊粉层及玉米的盾片中，在种子萌发时将贮藏的脂肪转化成糖类。

（8）液泡

液泡被一层液泡膜（tonoplast）包裹，膜内充满了液体，称为细胞液（cellsap）。

幼小的植物细胞有多个分散的小液泡，随着植物细胞的生长发育，细胞的体积逐渐增大，这些小液泡也彼此合并、扩展，发育成几个或一个大的中央液泡，中央液泡占据很大的空间，将细胞核和细胞质挤到细胞周边（图1-10）。

液泡中的细胞液含有多种无机物和有机物，包括水、无机盐、氨基酸、糖类（葡萄糖、果糖、蔗糖等）、有机酸（草酸、苹果酸等）、生物碱、色素（主要是花青素）等。它们具有各种不同的作用。例如，花青素（anthocyanin）可使花瓣、果实或叶片显现红色、紫色或蓝色；并且，花青素的颜色随细胞液的酸碱度而改变：酸性时呈红色，中性时呈紫色，碱性时呈蓝色。

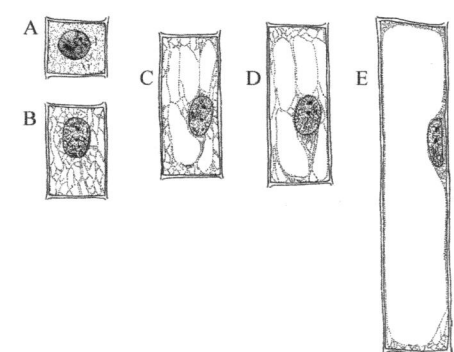

图1-10　液泡的发育
A. 分生细胞；B. 细胞内开始出现小液泡；
C、D. 小液泡汇集成较大液泡；E. 细胞中央形成一个大液泡

但是，并非某一植物细胞的细胞液内同时具有上述所有物质，它们只不过是细胞液内可能含有的常见物质。

液泡的细胞液中各种物质富集，使细胞液保持相当的浓度。这与细胞渗透压和膨压的维持以及水分的吸收有很大的关系，可使细胞保持一定的形状，进行正常的活动。同时，高浓度的细胞液，使细胞在低温时不易冻结，在干旱时不易丧失水分，从而提高了植物的抗寒、抗旱能力。此外，液泡中还含有一些酶类，如水解酶，能分解液泡中的贮藏物质和衰老的细胞器，即参与物质代谢和细胞器的更新。

（9）细胞骨架

细胞骨架（cytoskeleton）是指真核细胞中的蛋白纤维网架体系，包括微管、微丝和中间纤维。

1) 微管（microtubule）是由球状的微管蛋白（tubulin）聚合装配成的中空长管状纤维，平均外径为24 nm。微管多分布于细胞壁、质膜内侧和细胞核、线粒体、高尔基体小泡的周围，具有维持细胞形态、转运细胞内物质的作用，并能与其他蛋白质共同装配成纺锤体、鞭毛、纤毛等结构，参与细胞分裂和细胞壁的形成。

2) 微丝（microfilament）是由肌动蛋白（actin）、肌球蛋白（myosin）和肌动蛋白结合蛋白组成的实心纤维，直径约7 nm。微丝除了有支架作用外，还具有收缩功能，参与细胞内的物质运输和原生质流动。

3) 中间纤维（intermediate filament）是一类主要由角蛋白组成的直径介于微管和微丝之间（8~11 nm）的中空管状纤维。一般认为，中间纤维在细胞质中起支架作用，并与细胞核的定位、细胞分化有关。

3. 细胞核

细胞核是细胞遗传与代谢的调控中心。大多数细胞具一个核，也有具多核的，如花粉囊壁的绒毡层细胞常有两个核，乳汁管具多核。

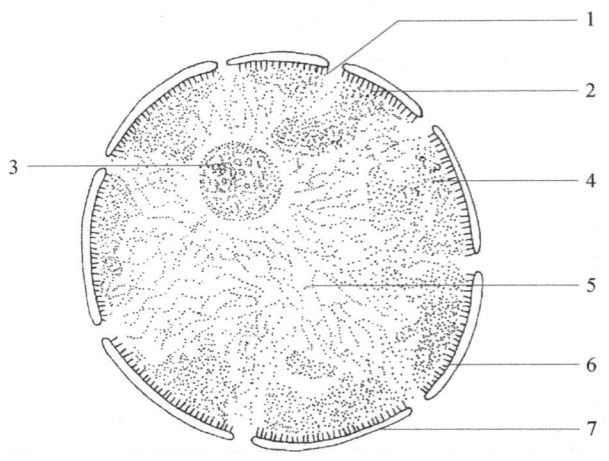

图 1-11 细胞核结构图解
1. 核孔；2. 核纤层；3. 核仁；4. 染色质；
5. 核基质；6. 核周间隙；7. 核膜

细胞核呈圆球形、椭圆形或不规则形，大小各异，主要由核膜（nuclear envelope）、染色质（chromatin）、核仁（nucleolus）及核基质（nuclear matrix）组成（图1-11）。

（1）核膜

核膜是细胞核与细胞质之间的界膜，包括双层核膜、核孔复合体和内层核膜下的核纤层（nuclear lamina）。

核膜由内外两层平行但不连续的单位膜构成。外核膜（outer nuclear membrane）面向细胞质，外面附有核糖体，与内质网相通；内核膜（inter nuclear membrane）与染色质相连；两层核膜之间为核周间隙（perinuclear space）。内、外核膜在某些部位相互融合形成环状开口，称为核孔（nuclear pore）。核孔上有一种复杂的结构，称为核孔复合体，可以通过被动扩散和主动运输两种方式调控蛋白质进入细胞核内，以及将RNA、核糖体蛋白转运出细胞核。因此，核孔是控制细胞核与细胞质之间物质交换的通道。

核纤层是位于内层核膜下的纤维蛋白片层或纤维网络，由核纤层蛋白（lamin）组成。核纤层与中间纤维、核骨架相互连接，形成贯穿于细胞核与细胞质的骨架结构体系。因此，也有人认为核纤层不属于核被膜的结构组分。

（2）染色质

早期，细胞核中的物质能被碱性染料强烈着色，因而称为染色质。此后，人们认识到染色质是由DNA、组蛋白（histone）、非组蛋白（nonhistone）及少量的RNA组成的线性复合结构，仅存在于细胞分裂间期的细胞核内。而在细胞进行有丝分裂或减数分裂过程中，染色质聚缩形成棒状的染色体（chromosome）。

（3）核仁

核仁是细胞核中椭圆形或圆形的颗粒状结构，没有膜包围。在光学显微镜下，核仁折光率较强，呈致密的匀质球体。细胞有丝分裂时，核仁消失，分裂完成后，两个子细胞中分别产生新的核仁。核仁含有蛋白质和RNA，还有少量DNA，为合成核糖体RNA的模板。因此，蛋白质合成旺盛的细胞往往有较大或较多的核仁。

（4）核基质

核基质是布满细胞核内的纤维网状结构。过去曾称其为核液，后发现它不是无结构的液体，因而改称核基质。核基质的主要成分为蛋白质，是核的支架。染色质附着在核基质上，因此，也有人将核基质称为核骨架（nuclear skeleton）。近年来的研究提出，核基质也可能是DNA复制的基本位点，并与基因的表达调控有关。

四、植物细胞的后含物

后含物（ergastic substance）是指植物细胞中的贮藏物质和代谢产物。

后含物的种类很多，包括糖类、蛋白质、脂质（脂肪、油、角质、蜡质、木栓质等）、结晶的无机盐和其他有机物（单宁、树脂、生物碱等）。常见的后含物有以下几种。

1. 淀粉

植物光合作用的产物被运输到贮藏细胞中的造粉体内合成淀粉，大量存在于种子内的胚乳细胞和块根、块茎、根状茎内的薄壁组织细胞中。淀粉在植物体内以淀粉粒（starch grain）的形式存在（图1-12）。碘液可以将淀粉粒染成蓝色。

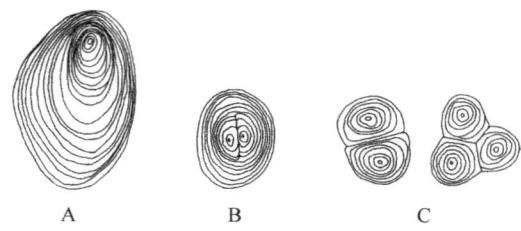

图 1-12　马铃薯的淀粉类型
A. 单粒淀粉；B. 半复粒淀粉；C. 复粒淀粉

2. 蛋白质

蛋白质是一种含氮的高分子化合物，由多个氨基酸分子结合而成。大量存在于豆类植物、油类植物和谷类植物的种子内。蛋白质常以糊粉粒（aleurone grain）、拟晶体（protein crystalloid）或无定形状态存在（图1-13）。例如，马铃薯块茎靠外周细胞内含有近似立方体形的拟晶体。碘液可将糊粉粒染成暗黄色，易于和淀粉粒区别。

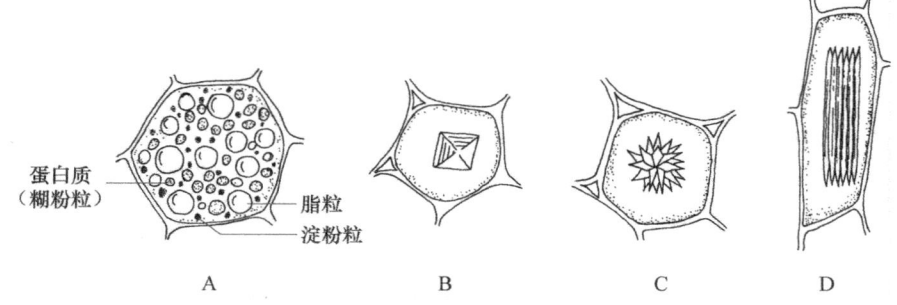

图 1-13　植物细胞后含物
A. 薄壁细胞中的后含物；B. 单晶；C. 簇晶；D. 针晶

3. 脂肪

脂肪是一类重要的脂类物质，大量存在于种子和果实的细胞中。在室温条件下，若脂肪含有较多量的饱和脂肪酸，则为固体状态；若脂肪含有较多量的不饱和脂肪酸，则为液体状态（油）。脂肪遇苏丹Ⅳ酒精溶液呈橙黄色，遇锇酸呈黑色。

4. 晶体

植物细胞内有各种形状的晶体（图1-13B～D）。最常见的晶体为草酸钙结晶。草酸钙晶体多分布在叶和树皮的细胞内，是细胞代谢活动所产生的一种废料。

少数植物的细胞（主要是叶表皮细胞和叶表皮毛细胞）内含有碳酸钙的沉积物，如印度橡皮树的叶表皮细胞中含有的钟乳体（cystolith）。

五、真核细胞和原核细胞

真核细胞（eukaryotic cell）具有被膜的细胞核，细胞质内有各类细胞器。前面介绍的即为真核细胞的结构。

原核细胞（prokaryotic cell）不具有真正的细胞核，DNA分散于细胞中央一个较大的区域，没有膜包被，称为拟核。原核细胞一般比真核细胞小，原生质体也不分化为质体、线粒体、高尔基体、内质网等各类细胞器，仅有少量的膜片层，分布着进行光合作用的色素。因此，原核细胞表现出较为原始的状态。细菌和蓝藻的细胞就是原核细胞，它们均被称为原核生物（prokaryote）。

第二节 植物细胞的繁殖

植物的生长和发育都与细胞的繁殖密切相关。细胞的繁殖是以细胞分裂的方式进行的。

一、细胞分裂方式

细胞分裂的方式主要有三种：有丝分裂（mitosis）、无丝分裂（amitosis）和减数分裂（meiosis）。

（一）有丝分裂

有丝分裂又称为间接分裂，是真核细胞分裂最普遍的形式。在有丝分裂过程中，首先是细胞核分裂（karyokinesis），随后是细胞质分裂（cytokinesis），最后产生细胞壁，形成两个子细胞。

1. 细胞核分裂

核分裂是一个连续的过程，从细胞核内出现染色体开始，经一系列的变化，最后分裂成两个子核（daughter nucleus）为止。根据细胞核形态的变化，核分裂过程可人为分为以下几个时期（图1-14）。

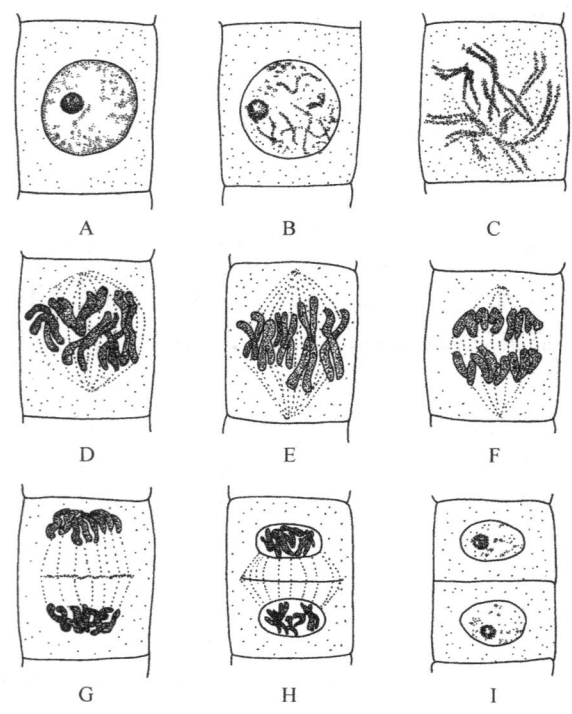

图1-14 植物细胞有丝分裂示意图
A. 间期；B~D. 前期；E. 中期；F. 后期；G、H. 末期；I. 两个子细胞

（1）间期

间期（interphase）是从前一次分裂结束，到下一次分裂开始的一段时间，是分裂前的准备时期。处于间期的细胞核呈球形，具有核膜、核仁，染色质不规则地分散于核基质中。间期细胞代谢活动最旺盛，主要进行 RNA 合成、蛋白质合成、DNA 复制等活动，并积累能量，准备分裂。间期又可分为三个时期。

1）复制前期（gap$_1$，G$_1$ 期）从细胞前一次分裂结束到 DNA 复制开始。此期主要进行 RNA 和各类蛋白质的合成。

2）复制期（synthesis phase，S 期）从 DNA 复制开始到 DNA 复制结束。此期主要是遗传物质的复制，包括 DNA 的复制和组蛋白等染色体蛋白的合成。

3）复制后期（gap$_2$，G$_2$ 期）从 S 期结束到有丝分裂开始。此时期为将要到来的分裂期进行物质和能量的准备。

G$_2$ 期结束后，细胞进入分裂期（M 期）。分裂期又包括前期、中期、后期和末期 4 个时期。

（2）前期

间期细胞进入前期（prophase）的最明显变化是细胞核中出现染色体。此期的染色体逐渐变短、变粗；每一条染色体由两条染色单体（chromatid）各自旋绕相互靠在一起，并由着丝点（kinetochore）联系在一起。

随后，核仁渐渐解体消失，核膜瓦解，核内的物质和细胞质彼此混合。同时，细胞中央出现了许多细丝状的纺锤丝，逐渐形成纺锤体（spindle）的形态。

（3）中期

进入中期（metaphase）后，染色体继续聚缩变短，排列到纺锤体的中央，着丝粒都位于细胞中央的赤道面（equatorial plane）上。中期的染色体缩短到最低程度。因此，此期是研究染色体的最佳时期。

（4）后期

进入后期（anaphase），构成每一条染色体的两条染色单体在着丝点处分开，成为两条独立的染色体，称为子染色体（daughter chromosome）。大小和形态相同的子染色体分成两组，从赤道面移向细胞的两极。

（5）末期

在末期（telophase），子染色体到达两极后，成为密集的一团，外面重新形成核膜，染色体伸展延长，分散在核内，成为染色质。核仁也重新出现，子核恢复到间期细胞核的状态。至此，细胞的核分裂结束。

子核的出现既是核分裂的结束，也是新间期的开始。人们把这样一个细胞的间期和分裂期的全过程称为细胞周期（cell cycle）。因此，一个细胞周期包括 G$_1$ 期、S 期、G$_2$ 期和 M 期（图 1-15）。

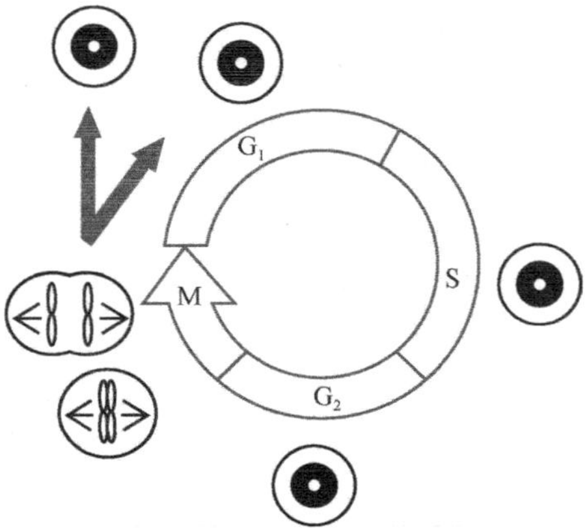

图 1-15　植物细胞周期图解

2. 细胞质分裂

细胞质分裂是在细胞内部形成新的细胞壁，将两个子细胞分隔开来。一般情况下，细胞核分裂和细胞质分裂是先后连续进行的；但在有些情况下，细胞质分裂延迟到多次细胞核分裂后再形成细胞壁,甚至有时不进行细胞质分裂而形成多核的细胞。例如,种子植物中胚乳的发育以及某些植物的无节乳汁管的形成。

细胞质的分裂通常是在细胞核分裂的后期或末期,残留的纺锤体微管在赤道面密集,微管以平行的方式排列成圆柱状结构,称为成膜体(phragmoplast)。同时,在成膜体中间部分,集中了高尔基体或内质网的囊泡。它们排列在赤道面上,彼此融合,形成有膜包被的平板,即细胞板(cell plate)。细胞板扩展形成新的细胞壁,把母细胞分隔成两个子细胞。囊泡内的果胶质形成新细胞壁的胞间层,囊泡的膜成为两个子细胞的质膜,贯穿于囊泡之间的内质网与微管形成胞间连丝。

经过细胞核分裂和细胞质分裂,一个母细胞分裂成两个子细胞。子细胞染色体的数目、类型与母细胞相同,这样就使每个子细胞具有与母细胞相同的遗传组成,保证了细胞遗传的稳定性。

(二) 无丝分裂

无丝分裂也称直接分裂。分裂时,细胞核的变化较简单,不出现染色体与纺锤体。

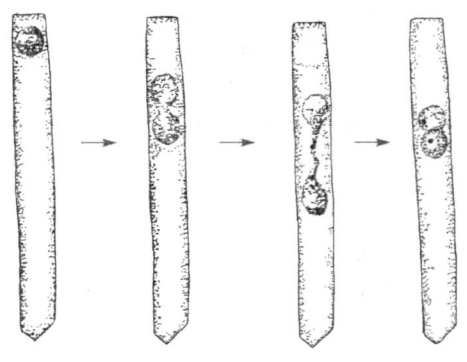

图1-16 鸭跖草的无丝分裂

无丝分裂有多种形式,常见的方式是横缢式,即细胞核延长,在中部横缢、变细、断裂成两个子核(图1-16)。此外,还有碎裂、芽生、劈裂等分裂方式。

无丝分裂速度快、耗能少,在藻类、菌类等较低等植物中常见,在高等植物的某些器官中也常出现。例如,番薯的块根、小麦茎居间分生组织、小麦胚乳的增殖、蚕豆的花芽和胚囊的形成以及愈伤组织的细胞增殖都可见无丝分裂。原核生物的分裂方式是无丝分裂。

(三) 减数分裂

减数分裂是植物有性生殖过程中发生的一种特殊的细胞分裂(图1-17)。减数分裂包括两次连续进行的细胞分裂,但染色体只复制一次,最后形成4个子细胞,其中的染色体数只有母细胞的一半,称为单倍体(haploid),减数分裂也因此得名。减数分裂的间期,细胞核中的染色体进行了复制。

1. 第一次分裂(简称分裂Ⅰ)

(1) 前期Ⅰ

前期Ⅰ(prophase Ⅰ)经历时间长,染色体变化复杂,又可划分为5个时期。

1) 细线期(leptotene) 染色体呈细丝状出现。这时每条染色体与有丝分裂时一样有两条染色单体,也在着丝粒处相连。此时期染色体逐渐缩短、变粗。

2) 偶线期(zygotene) 也称合线期。这个时期出现不同于有丝分裂的现象:细胞核中的同源染色体(一条来自父本,一条来自母本,两条染色体大小、形态相似)两两配对,称为联会(synapsis)。例如,洋葱细胞中有16条染色体,此时组成了8对,每对中有4条染色单体,构成一个单位,称为四联体(tetrad)。

3) 粗线期(pachytene) 染色体继续缩短变粗,在四联体上可看到染色单体发生了交叉

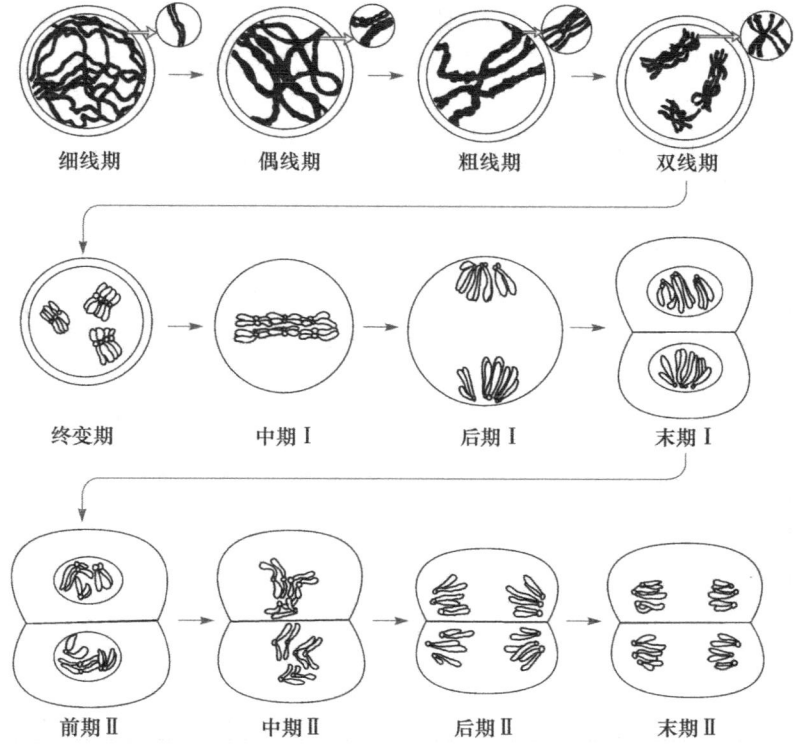

图 1-17 植物细胞减数分裂示意图

（一条染色体上有若干个交叉点），这种现象的本质是同源染色体之间发生了染色体区段的交换。也就是说，交换后，染色体的区段之间发生了遗传基因的重组。

4）双线期（diplotene）发生交叉的染色单体分开，由于交叉的位点较多，使染色体呈现出 X、V、8、O 等形状。

5）终变期（diakinesis）染色体缩至最小长度，细胞核中的核膜、核仁相继消失，开始出现纺锤丝。

（2）中期 I

与有丝分裂相同，中期 I（metaphase I）的染色体排在赤道面上，形成纺锤体；与有丝分裂不同，同源染色体是配对的。

（3）后期 I

后期 I（anaphase I）同源染色体分开，每对同源染色体分别向两极移动。此时，每条染色体仍含有两条染色单体。因此，移向每个极区的染色体只有母细胞染色体数目的一半。

（4）末期 I

末期 I（telophase I）染色体分别到达两极，解旋、伸展变为染色质，核仁、核膜出现，形成两个子核。

2. 第二次分裂（简称分裂 II）

从减数分裂 I 到减数分裂 II，细胞核不再进行 DNA 的复制，很快进入第二次分裂，整个分裂过程与有丝分裂相同（有丝分裂的过程见前述）。细胞中每条染色体的两条染色单体分别移向细胞两极，最终形成单倍体的子细胞。

一个母细胞经过一次染色体的复制和两次连续的细胞分裂，产生 4 个子细胞；每个子细胞的染色体数目只有母细胞的一半，染色体的减半发生在第一次分裂过程中。

减数分裂具有重要的生物学意义：减数分裂导致有性生殖细胞（配子）的染色体数目减半，而在之后进行有性生殖时，两个配子结合形成合子，合子的染色体重新恢复到亲本的数目，确保了遗传的稳定性。同时，在减数分裂过程中，同源染色体发生的联会、交叉和区段互换，使父母本的基因发生重组，从而产生了新类型的配子，丰富了植物的遗传多样性。

二、细胞分裂的方向

细胞可能向任何方向发生分裂，但细胞分裂的方向通常有三个：切向分裂（tangential division）、径向分裂（radial division）和横向分裂（transverse division）（图1-18）。

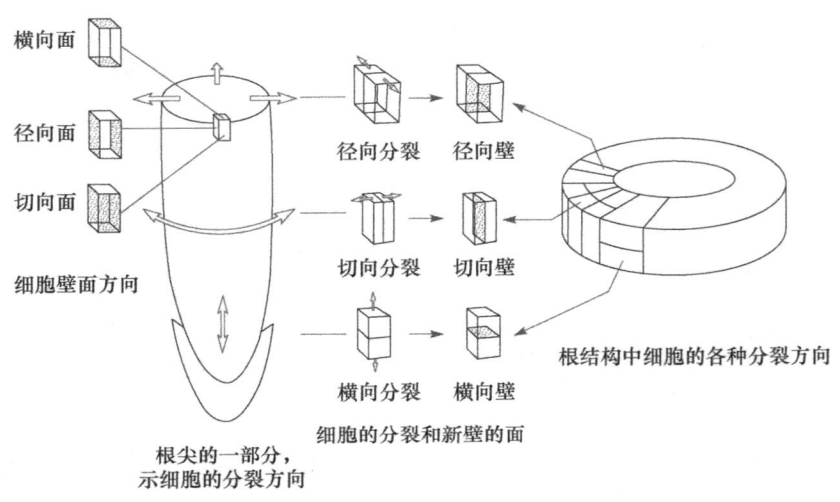

图1-18　细胞分裂方向

1. 切向分裂

切向分裂又称为平周分裂（periclinal division），细胞分裂后形成的新细胞壁为切向壁，与植物体的纵轴的圆周切线相平行或与半径垂直。切向分裂的结果增加了植物体或植物器官的细胞层次。

2. 径向分裂

径向分裂为细胞分裂后形成的新细胞壁为径向壁，与植物体或植物器官的半径相平行。径向分裂的结果是扩大了植物体或植物器官的圆周。

3. 横向分裂

横向分裂为细胞分裂后形成的新细胞壁为横向壁，与植物体或植物器官的纵轴垂直。横向分裂的结果是增加了植物体或植物器官的长度。

径向分裂或横向分裂又称为垂周分裂（anticlinal division），这是因为细胞经径向分裂或横向分裂后生成的新细胞壁与植物体或植物器官的外表面相垂直。

第三节　植物细胞的生长和分化

一、植物细胞的生长

在多细胞的植物中，个体的生长不仅是由于细胞数量的增加，也与细胞的生长有密切的关系。

细胞生长（cell growth）是指细胞体积的增长，包括纵向延长和横向扩展。细胞分裂后，子细胞的体积只有母细胞一半大，但它们能迅速合成新的原生质。随着细胞的增大，其中某些细胞又开始继续分裂，但大部分细胞不再分裂，而进入生长期。一个细胞经过生长后，体积可以增加到分裂时母细胞的几倍、几十倍，一些纤维细胞纵向可能增加几百倍、几千倍。细胞生长过程中，其内部结构也发生相应的变化。例如，液泡由小变大，形成中央液泡；细胞核随细胞质移向侧面；细胞器增加；细胞壁随之生长等。

植物细胞的生长有一定限度，并因植物种类和细胞类型而异，这说明细胞的生长主要受遗传因子的控制。但细胞生长的速度和大小也受环境条件的影响。例如，温度适宜、水分充足、营养条件良好时，细胞生长迅速，体积也较大，因而植株高大，根深叶茂；反之，则生长缓慢，植株矮小。

二、植物细胞的分化

细胞分化（cell differentiation）是指在多细胞的有机体内，细胞经过分裂、生长，发生形态结构和生理功能的特化。种子植物由受精卵逐渐发育成形态、结构和功能不同的细胞组成的植物体，就是细胞分裂、生长和分化的过程。细胞分化使多细胞植物体中细胞的功能趋向专门化，有利于提高各种生理功能的效率，是进化的表现。

细胞为什么会向不同方向分化？这是一个复杂的问题。目前，人们认识到分化的本质在于细胞中遗传信息的表达，由遗传因子控制。但也受环境条件的影响，光照、温度、湿度、植物激素等因素都能影响细胞分化。如何控制细胞的分化，使其更好地为人类所利用，已成为当今植物学领域中令人感兴趣的问题之一。

小　　结

细胞是植物体结构和功能的基本单位。细胞的发现和细胞学说的建立有赖于显微技术的发明与发展。

植物细胞的形态结构与其执行的功能相适应。植物细胞由细胞壁和原生质体构成。相邻细胞之间由胞间层结合在一起，初生壁具可塑性，由纤维素、半纤维素和果胶质构成，次生壁位于初生壁内部，主要成分是纤维素，还有少量半纤维素，并含有木质素。次生壁上具有纹孔。细胞间通过纹孔由胞间连丝联系在一起，进行物质与信息的交流，使植物体构成一个有机整体。原生质体由质膜、细胞质、细胞核组成。质膜紧贴细胞壁，主要由膜脂和膜蛋白组成。质膜具有选择透性，控制细胞与外界环境的物质交换。细胞质是质膜以内、细胞核以外的原生质，其中分布着具有一定形态结构和特定功能的细胞器。细胞核是细胞遗传与代谢的调控中心，由核膜、染色质、核仁、核基质构成。

具有细胞壁、质体和液泡是植物细胞区别于动物细胞的特有结构。

细胞分裂主要有三种方式：有丝分裂、无丝分裂和减数分裂。有丝分裂是真核细胞分裂的普遍形式；无丝分裂速度快、耗能少，常见于藻类、菌类等较低等植物；减数分裂是有性生殖过程中一种特殊的分裂方式。细胞分裂的方向有三种，即切向分裂、径向分裂和横向分裂。

细胞生长包括纵向延长和横向扩展。细胞分化指细胞发生形态结构和生理功能的特化。细胞分裂、生长和分化是植物生长发育过程中的普遍现象。

思考题

1. 简述植物细胞的结构。
2. 怎样理解细胞的结构和功能是相适应的？
3. 细胞壁可分为哪几层？各有什么特点？
4. 植物细胞中的细胞器有哪些？其结构和功能如何？
5. 植物细胞的分裂方式有哪几种类型？有丝分裂和减数分裂的主要区别是什么？各有什么生物学意义？
6. 怎样理解植物个体发育过程就是细胞分裂、生长和分化的过程？

知识窗

植物细胞全能性

植物细胞的全能性是指植物体的每一个细胞都含有一个完整个体的全套基因，即含有亲本的全套遗传特性，具有遗传的"全能性"，经过诱导都能分化发育成为一株植物。早在1902年，德国著名的植物学家Haberlandt在他的论文《植物细胞离体培养实验》中就提出了这一概念，遗憾的是受技术水平和仪器设备等条件的限制，当时并没有实践成功。

1904年，Hanning利用含糖、无机盐、氨基酸和植物提取物的培养基，使胡萝卜（*Daucus carota* var. *sativa* Hoffm.）和辣根菜（*Cochlearia officinalis* L.）的未成熟胚在体外发育成熟。1928年，荷兰植物学家Went发现了生长素吲哚乙酸，以后不少学者又相继发现了吲哚丁酸、萘乙酸等生长素，并将它们用于植物组织培养。1934年，White建立了人工合成的综合培养基，并用它培养番茄（*Solanum lycopersicum* L.）根尖切段。一段时间后，在切口处长出了一团愈合伤口的新细胞，这团细胞被称为愈伤组织（callus）。此后，又发现了细胞分裂素，它能促进愈伤组织产生不定芽或直接从组织表面形成不定芽，并长出越来越多的侧芽。

1958年，Steward等从胡萝卜肉质根中取出组织，放在加有各种植物激素的培养基上诱导产生愈伤组织，又将愈伤组织转入液体培养基内进行悬浮培养，最终形成了一种类似自然种子中胚的结构，称为胚状体（embryoid）。将胚状体种在试管内的琼脂培养基上继续培养，胚状体进一步发育长成可育的胡萝卜植株。此外，Guba和Maheshwari利用毛曼陀罗（*Datura innoxia* Mill.）的花药，Bourgin和Nitsch利用烟草（*Nicotiana tabacum* L.）、水稻（*Oryza sativa* L.）、小麦（*Triticum aestivum* L.）的未成熟花粉粒，Nitch利用烟草的单个单倍体孢子均培育出了完整的单倍体植株。由此，植物细胞具有全能性的理论得到了充分验证，在此基础上建立的植物细胞工程技术也得到了迅速发展，并逐步成为现代农业生产中重要的技术手段。

第二章 植物组织

第一节 植物组织的概念和类型

一、植物组织的概念

高等植物的植物体是由多细胞组成的。通常把在个体发育中，具有相同来源、形态结构相似而又相互联系在一起，执行共同生理机能的细胞群组成的结构和功能单位称为组织（tissue）。由一种类型细胞构成的组织称为简单组织（simple tissue）；由多种类型细胞构成的组织称为复合组织（compound tissue）。

二、植物组织的类型

根据所执行的生理功能的不同和形态构造的差异，植物组织可以分为分生组织（meristem）和成熟组织（mature tissue）。

（一）分生组织

位于植物的生长部位，具有永久的或较长时间的分裂能力的细胞群，称为分生组织。分生组织的细胞排列紧密，细胞壁薄，细胞核相对较大，细胞质浓。分生组织可产生新细胞，为植物体内各种成熟组织提供原材料。由于分生组织的活动，使植物体在一生中能不断地增长。一些分生组织能持续地进行细胞分裂；多年生植物分生组织的细胞形成后可进入休眠状态，条件适宜或受到外界刺激后重新进入分裂状态。

根据在植物体内位置的不同，分生组织可分为顶端分生组织（apical meristem）、侧生分生组织（lateral meristem）和居间分生组织（intercalary meristem）三类（图2-1）。

1. 顶端分生组织

顶端分生组织位于根尖和茎尖的分生区，习惯上称之为生长点（growing point）。顶端分生组织细胞排列紧密，能在较长时间内保持旺盛的分裂能力（图2-2）；顶端分生组织进行各种方向的分裂，一方面可使植物体延长生长，另一方面可形成新的侧枝、叶片及侧根等。

2. 侧生分生组织

侧生分生组织是位于根和茎外周的分生组织，包括维管形成层（vascular cambium）和木栓形成层（cork cambium）。侧生分生组织分裂、分化形成新的维管组织和周皮，使器官增粗。侧生分生组织主要存在于裸子植物和木本双子叶植物中；草本双子叶植物和单子叶植物的根和茎中通常无侧生分生组织，因此，它们不能持续增粗生长。

3. 居间分生组织

居间分生组织分布于成熟组织之间，进行一段时间的分裂活动后失去分裂能力，完全分化为成熟组织。居间分生组织本来是顶端分生组织的一部分。这一部分顶端分生组织在顶端

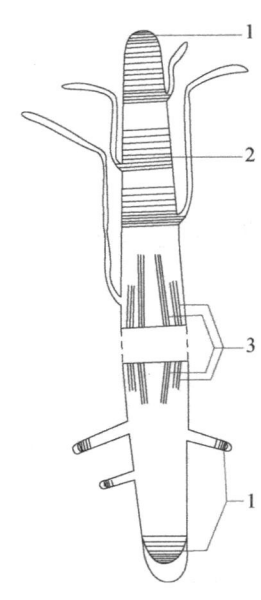
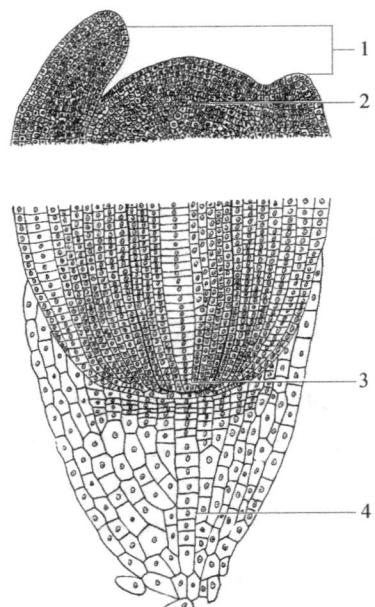

图 2-1　分生组织的类型
1. 顶端分生组织；2. 居间分生组织；3. 侧生分生组织

图 2-2　茎尖和根尖的顶端分生组织
1. 叶原基；2. 茎尖分生组织；3. 根尖分生组织；4. 根冠

向前生长时，被较早成熟的组织插入顶端分生组织，使其和顶端分生组织隔离，但不分化、不成熟，仍保持着细胞分裂能力，形成了居间分生组织。某些单子叶植物，特别是禾本科植物，茎的节间基部、叶或叶鞘的基部都存在明显的居间分生组织。例如，水稻、小麦和竹的节间基部都存在有居间分生组织，小麦的拔节生长即是居间分生组织活动的结果，其生长速度快，持续时间短。

分生组织也可根据来源分为原分生组织（promeristem）、初生分生组织（primary meristem）和次生分生组织（secondary meristem）。

原分生组织位于根尖和茎尖的先端，由一群从胚胎中保留下来的胚性原始细胞组成，具有永久分裂能力。

初生分生组织由原分生组织的细胞分化而来；初生分生组织细胞一方面仍具有很强的分裂能力；另一方面已开始初步分化，细胞的形态逐渐有所不同。因此，初生分生组织可以看做是原分生组织向成熟组织过渡的中间类型。

次生分生组织也就是侧生分生组织，由已分化成熟的薄壁组织细胞恢复分裂能力［脱分化（dedifferentiation）］转变而来；从位置上来说，次生分生组织和侧生分生组织一致。

由于顶端分生组织（或初生分生组织）的活动使植物体或器官得以伸长的生长，称为初生生长（primary growth）；此过程中产生的成熟组织称为初生组织（primary tissue）；而由初生组织所形成的结构称为初生结构（primary structure）。初生结构是植物体的基本组成部分。

由于侧生分生组织（或次生分生组织）的活动使植物体或植物器官得以增粗的生长称为次生生长（secondary growth）；此过程中产生的成熟组织称为次生组织（secondary tissue）；由次生组织形成的结构称为次生结构（secondary structure）。次生结构是在初生结构基础上形成的。

(二) 成熟组织

分生组织分裂产生的细胞，经生长、分化后逐渐丧失分裂能力，形成各种具有特定形态结构和生理功能的组织，这些组织称为成熟组织。根据生理功能的不同，成熟组织可再分为保护组织（protective tissue）、薄壁组织（parenchyma）、机械组织（mechanical tissue）、输导组织（conducting tissue）和分泌组织（secretory tissue）等。

1. 保护组织

保护组织覆盖于植物体的外表，由一至几层细胞组成。保护组织具有控制水分蒸发、防止机械损伤和抵抗病菌侵袭等作用；同时，保护组织还控制着植物与外界的气体交换。保护组织又可分为表皮（epidermis）和周皮（periderm）。

（1）表皮

表皮由原表皮分化而来，分布在植物体的表面，通常由一层细胞组成，但也有少数植物具有几层细胞构成的复表皮。表皮细胞是生活细胞，形状各异，但多为长方形或不规则形状的扁平细胞，一般不含叶绿体。表皮细胞排列紧密，无细胞间隙，与空气接触的细胞外壁增厚，形成角质层。有些植物表皮的外壁上还有蜡质，可增强表皮的不透水性（图2-3）。在表皮上还常有气孔、表皮毛等结构。

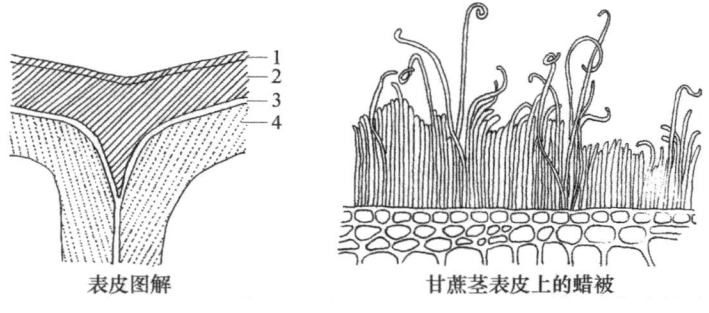

图2-3 表皮细胞外壁上的角质膜和蜡被
1. 角质层；2. 角化层；3. 胞间层；4. 初生壁

气孔（stoma）常分布于气生表皮上，由保卫细胞和它们之间的开口共同组成（图2-4）。

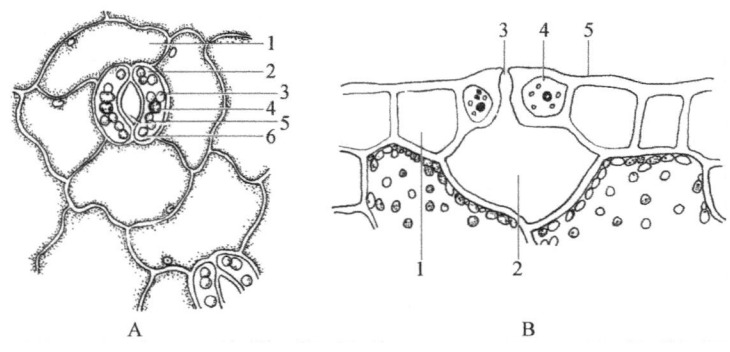

图2-4 气孔器的结构
A. 表面观：1. 表皮细胞；2. 保卫细胞；3. 叶绿体；4. 细胞核；5. 气孔；6. 细胞质
B. 切面观：1. 表皮细胞；2. 孔下室；3. 气孔；4. 保卫细胞；5. 角质层

保卫细胞一般呈肾形或哑铃形，具不均匀加厚的细胞壁。保卫细胞变形时，能导致孔口的开放和关闭，从而调节气体的出入和水分的蒸腾。

表皮毛（epidermal hair）是表皮上各种单细胞或多细胞的毛状附属物，由表皮细胞向外延伸而成，具有保护和防止细胞失水的作用（图2-5）。表皮毛有多种类型，因此可作为植物分类上的依据。我们用的棉和木棉纤维就是它们种皮上的表皮毛。

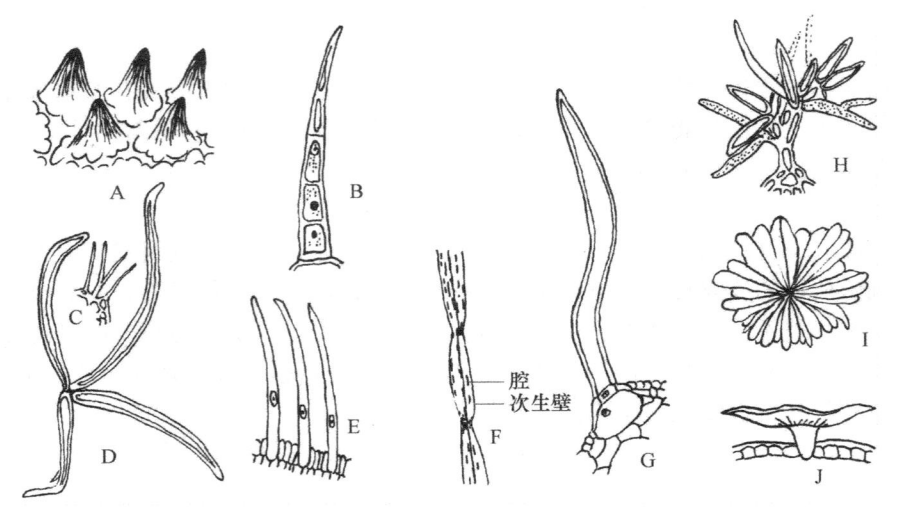

图 2-5　表皮毛的类型

A. 三色堇花瓣上的乳头状毛；B. 南瓜的多细胞表皮毛；C、D. 棉属叶上的簇生毛；E、F. 棉属种子上的表皮毛（E. 幼期；F. 成熟期）；G. 大豆叶上的表皮毛；H. 熏衣草属叶上的分枝毛；
I、J. 橄榄叶上的盾状毛（I. 顶面观；J. 侧面观）

（2）周皮

多数草本植物茎的表皮是植物的终生保护组织。但在木本植物中，表皮通常只能保持数周或数月。在表皮脱落之前，由次生分生组织分裂形成取代表皮的新的保护组织即为周皮。

周皮是一种次生保护组织，分布于增粗生长的根和茎的表面，由木栓层（phellem）、木栓形成层和栓内层（phelloderm）组成（图2-6）。植物器官产生周皮时，一些成熟的细胞恢复分裂能力，成为木栓形成层。木栓形成层进行切向分裂，向外形成大量的木栓层；向内形成少量的薄壁细胞，称为栓内层。木栓层由多层细胞组成，在横切面上细胞呈长方形，沿径向致密整齐地排列。木栓层细胞壁栓质化或木质化，因此，当其发育成熟时，细胞死亡。木栓层具有不透水、绝缘、隔热等特性，对植物有较强的保护作用。栓内层由1~3层薄壁的生活细胞组成，其形状常与位于其内方的皮层细胞的形状相似，但它们与其外侧的木栓层细胞按半径线整齐排列的特点使其易于区别于皮层薄壁细胞。

在已形成周皮的茎上，可以看到一些褐色或白色的圆形、椭圆形或其他形状的突起，称为皮孔（lenticel）。在原来气孔的下方，木栓形成层产生大量疏松的球形薄壁细胞组成补充细胞（complementary）。补充细胞的数目不断增多，逐渐向外扩张，结果将表皮及木栓层胀破，突破周皮（图2-7）。皮孔是周皮形成后代替气孔与外界进行气体交换的通道。

2. 薄壁组织

薄壁组织在植物体中所占的比例最大，是植物体的重要组成部分。因为它们具有同化、贮藏、通气和吸收等功能，因此也称其为基本组织（fundamental tissue）。薄壁组织的结构

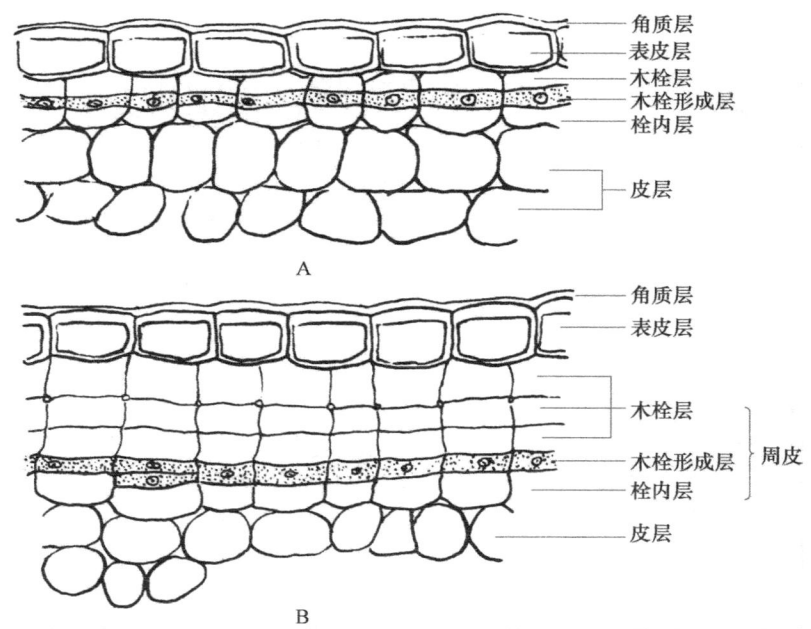

图 2-6 茎的一部分横切
A. 示木栓形成层；B. 示周皮的形成

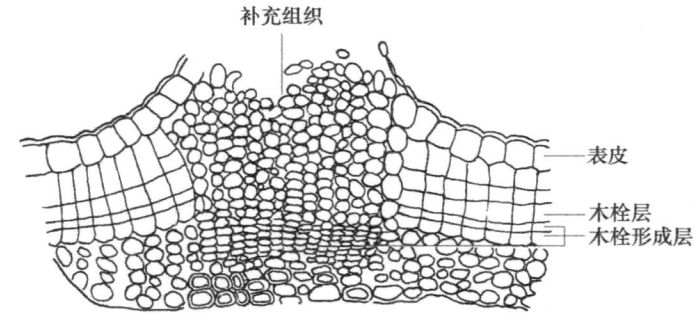

图 2-7 接骨木茎的皮孔

特点是：细胞间隙较大、细胞壁薄、有较大的液泡。薄壁组织有较大的可塑性，在一定条件下可恢复分生能力（脱分化），转变为次生分生组织，或参与侧生分生组织的发生。分离的薄壁组织细胞团或单个细胞通过离体培养，具有发育成为整个植株的全能性。

根据功能的不同，薄壁组织又可分为以下几类（图 2-8）。

(1) 吸收组织

吸收组织（absorptive tissue）是一类能从外界吸收水分和营养物质的薄壁组织。例如，根尖的表皮，其细胞壁和角质膜均薄，且部分细胞的外壁突出形成根毛，有明显的吸收作用。

(2) 同化组织

同化组织（assimilating tissue）是能够进行光合作用的薄壁组织，分布于植物体的一切绿色部分，如幼茎的皮层、发育中的果实和种子中，尤其是叶片的叶肉细胞中。同化组织的主要特点是原生质体中发育出大量的叶绿体，进行光合作用。

(3) 贮藏组织

贮藏组织（storage tissue）主要存在于各类贮藏器官，如块根、块茎、球茎、鳞茎、果实

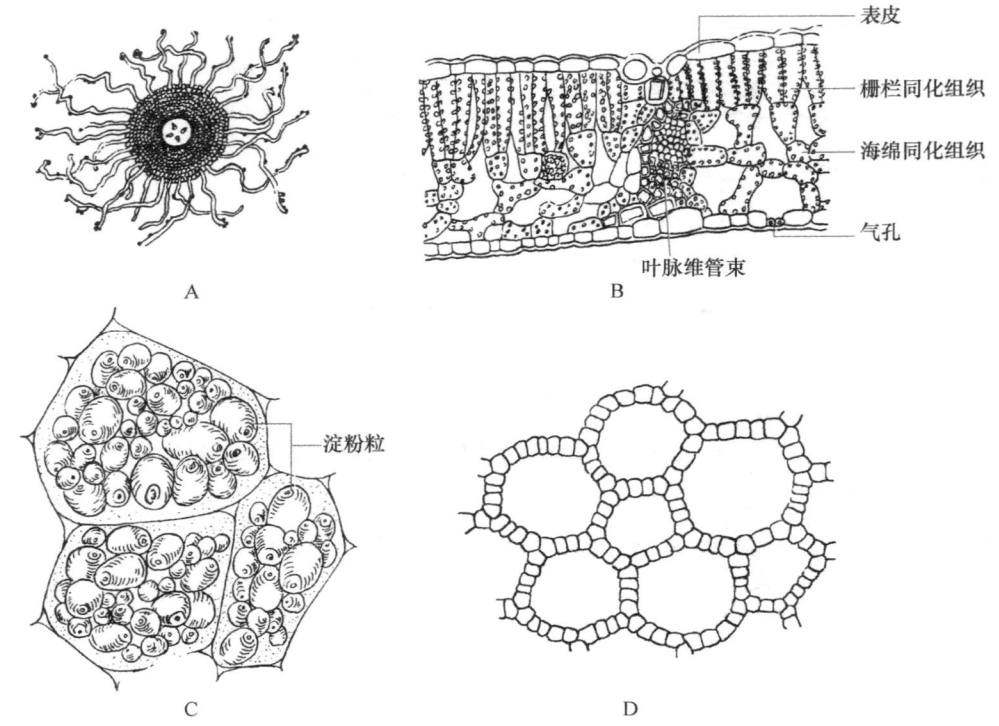

图 2-8 薄壁组织的不同类型
A. 吸收组织；B. 同化组织；C. 贮藏组织；D. 通气组织

和种子中。另外，根、茎的皮层和髓也都有贮藏组织。贮藏的物质有淀粉、蛋白质、糖类和脂肪等。

（4）贮水组织

贮水组织（aqueous tissue）的细胞较大，细胞壁薄，有很大的液泡，里面充满黏性汁液，有利于提高植物体的抗旱性能。例如，仙人掌、景天、芦荟等的营养器官中都能看到此类组织。

（5）通气组织

通气组织（ventilating tissue）有特别发达的细胞间隙，通常形成较大的气腔或连贯的气道。这类通气结构有利于气体交换，或适应于水中的漂浮生活，如水稻、莲、水葫芦等植物体内的通气组织。

（6）传递细胞

传递细胞（transfer cell）是一种特化的薄壁细胞，具有内突生长的细胞壁和发达的胞间连丝（图2-9）。这种内突生长的细胞壁由非木质化的次生壁向细胞腔内突生长而成，质膜紧贴细胞壁，使细胞的吸收、分泌

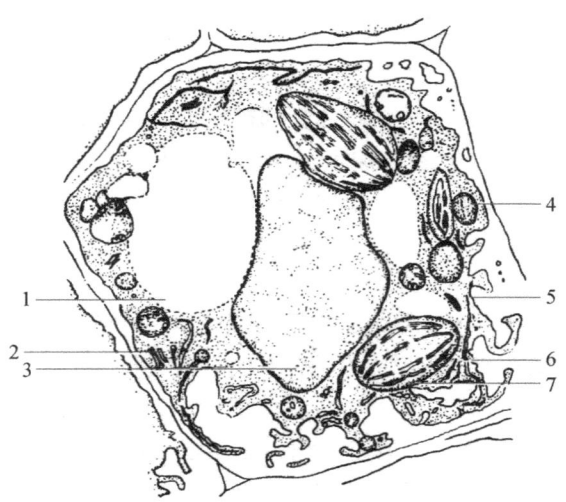

图 2-9 菜豆茎初生木质部中的传递细胞
1. 液泡；2. 高尔基体；3. 细胞核；
4. 线粒体；5. 向细胞腔内凸出的壁；
6. 内质网；7. 叶绿体

以及与外界物质交换的面积大大增加。传递细胞大多出现在溶质大量集中、与短途运输有关的部位，如小叶脉的输导分子周围、茎节、子叶节和花序轴节部的维管组织中。传递细胞的发现使人们对物质在生活细胞间的高效率运输和传递有了更进一步的认识。

3. 机械组织

机械组织是固着、支持植物体的组织，其主要特点是细胞壁明显加厚。

根据细胞形态及细胞壁的加厚方式，机械组织可分为厚角组织（collenchyma）和厚壁组织（sclerenchyma）两类。

(1) 厚角组织

厚角组织为初生的机械组织，由生活细胞组成，常含有叶绿体，可进行光合作用（图2-10）。厚角组织的最显著特征是细胞壁增厚不均匀，其增厚部分常位于几个相邻细胞的角隅处。厚角组织具有一定的坚韧性，并具有可塑性和延伸性，既可支持器官的直立，又适应于器官的迅速生长。厚角组织普遍存在于正在生长或经常摆动的器官之中。例如，植物的幼茎、花梗、叶柄和大叶脉的表皮内侧均有厚角组织分布（图2-11）。

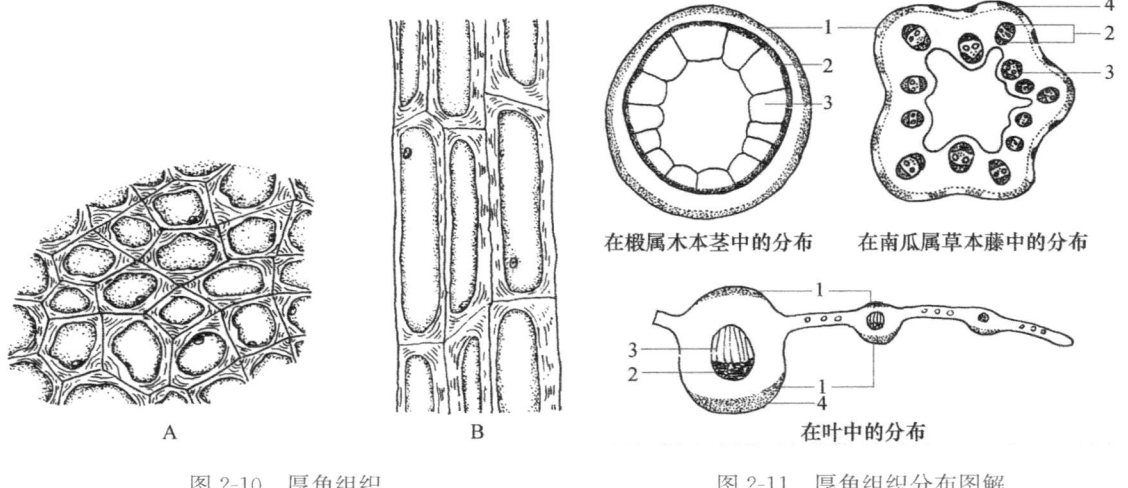

图2-10 厚角组织
A. 横切面；B. 纵切面

图2-11 厚角组织分布图解
1. 厚角组织；2. 韧皮部；3. 木质部；4. 脊

(2) 厚壁组织

厚壁组织与厚角组织不同，其细胞具有均匀增厚的次生壁并常木质化。厚壁组织细胞成熟时为死细胞。厚壁组织的机械支持能力很强，是植物体的主要机械组织。

根据细胞形态的不同，厚壁组织又可分为石细胞（stone cell）和纤维（fiber）。

1) 石细胞。形状多为等径，或稍伸长，或呈星芒状（图2-12）。细胞壁强烈增厚，且增厚的成分主要为木质素。石细胞常分布于植物的茎、叶、果实和种子中，可单个散生，或成簇包埋于薄壁组织中，或形成连续的坚硬组织。例如，杜仲、樟树茎的韧皮部内，睡莲的根和叶中以及梨的果实、桃、李、椰子果实中坚硬的"核"等部位均存在大量的石细胞。

2) 纤维。细胞狭长，末端尖锐，细胞壁明显增厚，但木质化的程度差别很大，有的较少木质化，有的则木质化程度很高；细胞腔狭小，原生质体通常解体消失，细胞壁上有少数

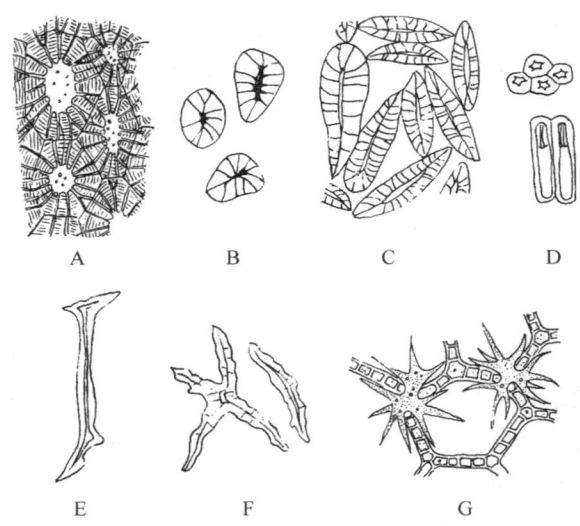

图 2-12 石细胞
A. 桃内果皮的石细胞；B. 梨果肉中的石细胞；C. 椰子内果皮石细胞；D. 菜豆种皮的表皮石细胞；
E. 茶叶片中的石细胞；F. 山茶属叶柄中的石细胞；G. 萍蓬草属叶柄中的星状石细胞

小的缝隙状纹孔（图 2-13）。纤维细胞之间以尖端交错连接，多成束或成片分布于植物体中，形成植物体内加强支持或强化韧性的主要机械组织。

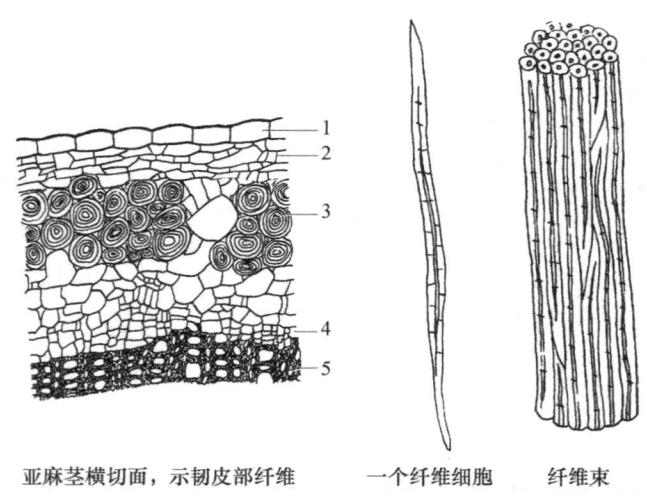

亚麻茎横切面，示韧皮部纤维　　一个纤维细胞　　纤维束

图 2-13 纤维
1. 表皮；2. 皮层；3. 韧皮纤维；4. 形成层；5. 木质部

4. 输导组织

输导组织是植物体内输导营养物质的管状结构，贯穿于植物体各器官之间。输导组织分为两大类，一类是运输水分和无机盐的导管（vessel）和管胞（tracheid），另一类是运输同化产物的筛管（sieve tube）和筛胞（sieve cell）。

（1）导管

导管存在于木质部，由许多长管状、细胞壁木质化的死细胞纵向连接而成。组成导管的每一个细胞称为导管分子（vessel member）。导管分子幼时管径比较狭小，是生活细胞；在细胞成熟过程中，导管分子直径显著增大，细胞内出现大液泡，在微管集中分布的部位逐渐形成各种花纹的次生壁；不久，导管分子发生胞溶现象，液泡膜破裂，释放水解酶，原生质体被分解，细胞质和细胞核消失，细胞间的横壁渐次溶解，最后横壁消失，形成穿孔（perforation）。穿孔的形成使导管分子中的横壁打通，成为一个贯通的长管，减少了水分运输的阻力（图2-14）。导管的长度通常由几厘米到1 m左右；在一些藤本植物中，导管可长达数米，如紫藤的导管可长达5 m。

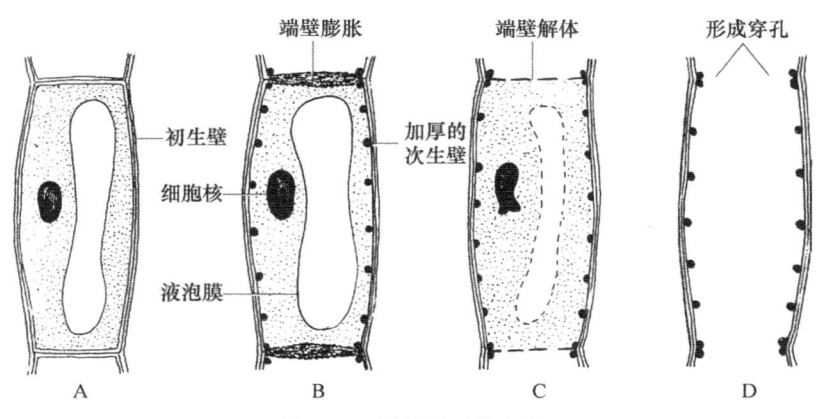

图2-14　导管分子的发育

A. 导管分子的前身，无次生壁形成；B. 细胞体积增至最大程度，细胞核增大，次生壁开始沉积；
C. 次生壁加厚完成，液泡膜破裂，细胞核变形，端壁部分解体；D. 导管分子成熟，
原生质体消失，次生壁之间的初生壁已部分水解，两端形成穿孔

根据导管发育先后和次生壁木质化增厚的方式不同，可将导管分为环纹、螺纹、梯纹、网纹和孔纹5种类型（图2-15）。环纹导管和螺纹导管的口径较小，输水能力较弱；梯纹导

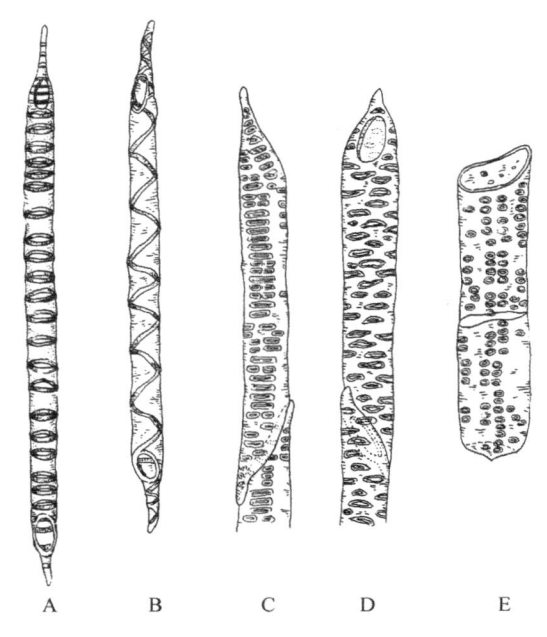

图2-15　导管的类型

A. 环纹导管；B. 螺纹导管；C. 梯纹导管；D. 网纹导管；E. 孔纹导管

管直径较大，出现于器官停止生长的部分；网纹导管与孔纹导管的次生壁坚固，直径更大，输导效率提高，出现于器官组织分化的后期，为被子植物主要的输水组织。

导管的输导功能并非是永久保持的，其有效期的长短因植物的种类而异，短的只有数年，长的可达十余年。当植物形成新的导管后，较老导管往往由于侵填体的产生而失去输导机能。

(2) 管胞

管胞是两端斜尖的狭长细胞，成熟时丧失生活力，仅剩下木质化增厚的细胞壁。各管胞在器官中纵向连接时，上、下两细胞的端部紧密重叠，水分和无机盐通过管胞壁上的纹孔由一管胞进入另一管胞（图2-16）。管胞口径小，输导水分的能力比导管要小得多。除了运输水分和无机盐外，管胞还有一定的支持功能。管胞也可分为环纹、螺纹、梯纹、网纹和孔纹5种类型（图2-17）。一般认为，裸子植物仅以管胞运输水分和无机盐，而在被子植物中不仅有管胞，还出现了导管。

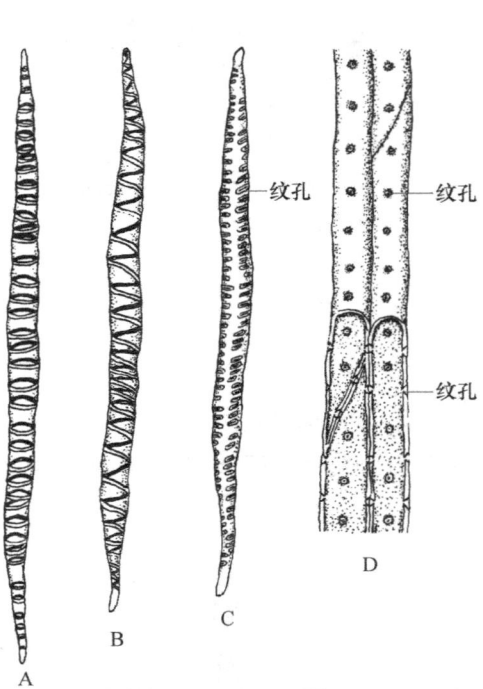

图 2-16　螺纹管胞的连接状况

图 2-17　管胞的类型
A. 环纹管胞；B. 螺纹管胞；C. 梯纹管胞；
D. 孔纹管胞（毗邻细胞的壁上成对存在具缘纹孔）

(3) 筛管和伴胞

筛管由一列上下相互连接着的长棱柱形或长圆筒形的活细胞组成，每一个单独的细胞称为筛管分子（sieve tube member）。

筛管分子通常只有纤维素构成的初生壁。在筛管分子间连接的端壁上有许多孔，称为筛孔（sieve pore），具筛孔的端壁称为筛板（sieve plate）；筛管分子侧壁上有许多特化的初生纹孔场，称为筛域（sieve area）。相邻的筛管分子之间通过联络索（connecting strand）上下相连，形成运输同化产物的通道。联络索是穿过筛孔的原生质丝，呈束状，周围衬有胼胝质。当筛管休眠或死亡时，联络索逐渐收缩，然后完全消失，胼胝质在筛孔附近形成垫状物，即胼胝体（callosity），堵塞筛孔。

筛管分子具有活的原生质体。在其发育过程中，细胞核与液泡膜解体，线粒体和内质网退化，出现了含蛋白质的物质称为 P-蛋白；随着液泡膜的解体，分散的 P-蛋白占据了细胞周围的位置，分散在细胞腔中，堵塞筛管（图 2-18）。

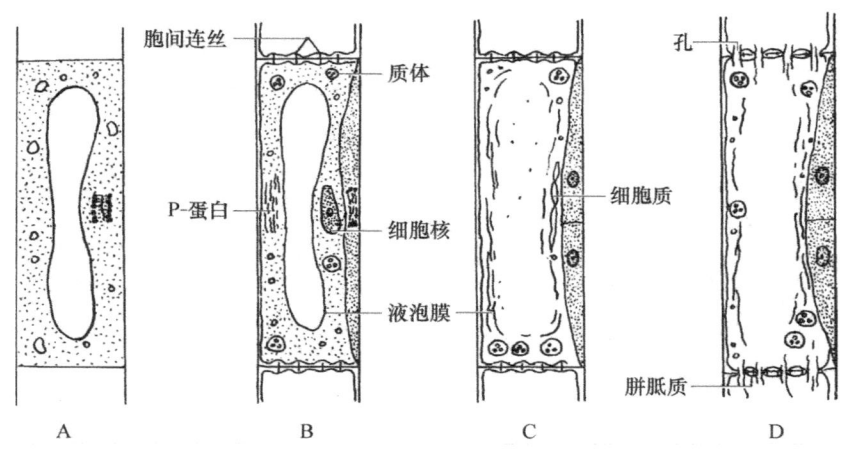

图 2-18　筛管分子的发育图解
A. 筛管分子前身在分裂；B. 筛管分子具有 P-蛋白，伴胞前身（深色细胞）在分裂；
C. 筛管分子的核退化，液泡膜部分破毁，P-蛋白分散，旁有两个伴胞；
D. 成熟筛管分子，在筛孔处衬有胼胝质并含有一些 P-蛋白，看不到内质网

在筛管分子的一侧有一个或几个细胞相伴而生，称为伴胞（companion cell）（图 2-19）。伴胞是纵向伸长的薄壁细胞，与筛管分子共同起源于一个细胞，其功能与筛管运输物质有关。

（4）筛胞

筛胞仅存在于蕨类植物和裸子植物中，是一种比较细长、末端尖斜的细胞（图 2-20）。筛胞没有筛板的分化，侧壁和末端部分只有一些初步分化的小孔，其中有细窄的原生质丝

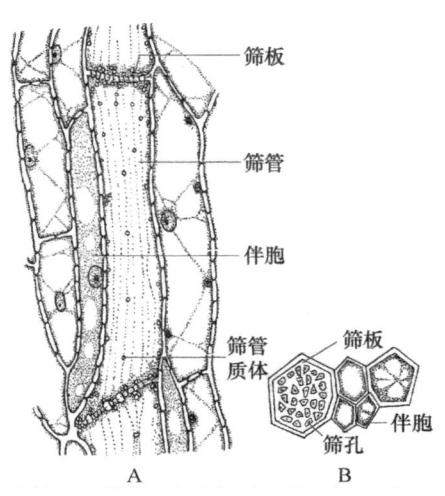

图 2-19　烟草茎韧皮部中的筛管与伴胞
A. 筛管和伴胞纵切面；B. 筛管和伴胞横切面

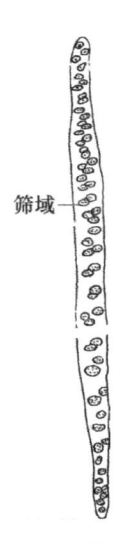

图 2-20　筛胞

通过。筛胞与筛管的主要区别是：筛胞没有筛板，只有筛域；细胞中没有P-蛋白。因此，筛胞的运输效率低于筛管。

5. 分泌组织

某些植物细胞能合成一些特殊的有机物或无机物，并把它们排出体外、细胞外或积累于细胞内，这种现象称为分泌现象。凡能产生分泌物质的组织称为分泌组织。分泌物的种类有蜜汁、乳汁、单宁、有机酸、生物碱、生长素及无机盐等。根据分泌物是否排出体外，分泌组织可分为外分泌组织和内分泌组织两大类。

（1）外分泌组织

外分泌组织是将分泌物排到植物体外的分泌组织，常见类型有腺毛、蜜腺和排水器等（图2-21）。

1）腺毛（glandular hair）。具有分泌功能的毛状体，通常包括柄部和头部两部分。柄部着生在表皮上，由不具有分泌功能的薄壁细胞组成。头部由单细胞或多细胞组成，具有分泌功能，可分泌黏液（如烟草）、花蜜（如麻属）等。

2）蜜腺（nectary）。由一群能够分泌糖液的细胞所组成的结构。蜜腺多存在于虫媒花植物的花部，能分泌花蜜，与花的色彩和

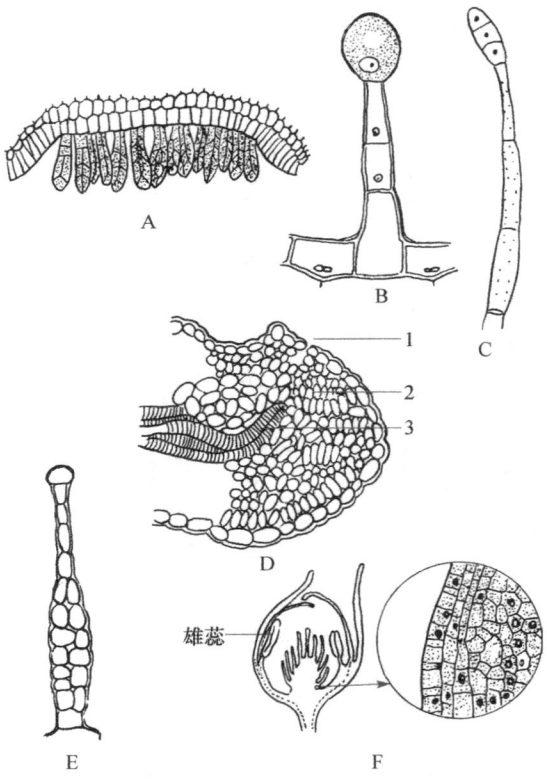

图 2-21 外分泌组织
A. 棉叶主脉处的蜜腺。B. 天竺葵属茎上的腺毛（具单细胞头部）。C. 烟草的腺毛（具多细胞头部）。
D. 叶缘排水器切面观：1. 水孔；2. 通水组织；3. 导管的末端。E. 麻属花萼的花蜜分泌毛。
F. 草莓的花蜜腺

香味相配合，以适应虫媒传粉，这类蜜腺称为花蜜腺。还有些蜜腺发生于叶上，如棉叶中脉上的蜜腺；有的发生于叶柄上，如桃、桑的蜜腺，称为花外蜜腺。

3）排水器（hydathode）。植物将体内过剩的水分排出到体表的结构，由水孔、通水组织和维管束组成。水孔多存在于叶尖或叶缘，是一些变态的气孔。通水组织是水孔下的一团变态叶肉组织，细胞排列疏松，无叶绿体。当空气中的湿度高时，水液被根压压送着从管胞通过通水组织的细胞间隙以液滴的状态从排水器的水孔分泌出来。植物的这种排水现象称为吐水作用（guttation）。许多植物，如旱金莲、卷心菜、番茄等都有明显的吐水现象。

（2）内分泌组织

内分泌组织是将分泌物贮藏在植物体内的分泌组织，包括分泌细胞、分泌腔、分泌道和乳汁管（图2-22）。

1）分泌细胞（secretory cell）。常单个分散于薄壁组织中，可以是生活细胞或非生活细胞。一般为薄壁细胞，细胞体积通常明显大于周围细胞，尤其在长度上更为显著，易于识别。例如，樟科、胡椒科植物的茎、叶内具有含油脂的油细胞；仙人掌科、锦葵科植物体内的黏液细胞。

2）分泌腔（secretory sac）。一种球形的囊状分泌结构，多位于植物器官的表皮之下或

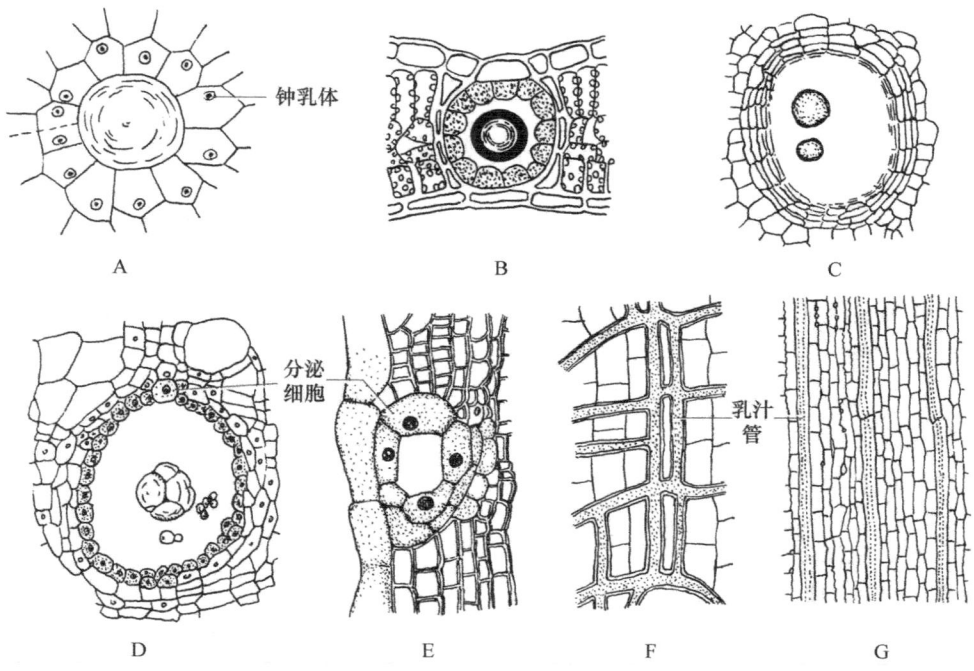

图 2-22 内分泌结构

A. 鹅掌楸芽鳞中的分泌细胞；B. 金丝桃叶中的裂生分泌腔；C. 柑橘属果皮中的溶生分泌腔；
D. 漆树的树脂道；E. 松树的树脂道；F. 蒲公英的乳汁管；G. 大蒜叶中的有节乳汁管

接近于器官的表面部位，常形成肉眼可见的透明小斑点。

分泌腔有两种形成方式：溶生式（lysigenous）和裂生式（schizogenous）。溶生式分泌腔形成时，一群薄壁细胞出现分泌能力，以后，细胞壁溶解，形成腔囊状结构，细胞中的分泌物质贮积在溶生的腔中，如柑橘果皮中的分泌腔。有些植物（如桉树属）的分泌腔由分泌细胞之间发生离隙而形成裂生式分泌腔。

3）分泌道（secretory canal）。一种分枝复杂的管状内分泌结构，分布于植物体的各种器官中。分泌道的形成方式同分泌腔，如松树茎叶中的树脂道就是一种裂生的分泌道，它们所分泌产生的树脂积存于树脂道中；当植物受到创伤时，分泌物流出，可将伤口封盖，从而起到保护作用。

4）乳汁管（laticifer）。能分泌乳汁的分枝或不分枝的管状分泌结构，可分布在植物体的各种构造中，但多分布在与韧皮部相邻的部位或韧皮部中。

乳汁管有两种类型：无节乳汁管（nonarticulated laticifer）和有节乳汁管（articulated laticifer）。

无节乳汁管是由单个细胞通过强烈的伸长生长形成的。例如，桑科、大戟属植物的每一个乳汁管为一个细胞发育而来，具分枝，随着植物体的增长而贯穿于植物体中。

有节乳汁管由多细胞构成。在其形成过程中，一列细胞之间的横壁全部或部分溶解消失，形成一条打通了的管子。例如，三叶橡胶树、蒲公英、莴苣的乳汁管是由多数圆柱形细胞纵行连接而成，以后横壁消失而贯连。

各种植物乳汁的成分和颜色也不相同。例如，罂粟的乳汁含有大量的植物碱，番木瓜的乳汁含木瓜蛋白酶；桑属、夹竹桃属植物的乳汁是无色的，大戟属植物的乳汁是白色的。许多科、属植物的乳汁中含有橡胶，是天然橡胶的来源。其中，最著名的有橡胶树、印度橡胶树、橡胶草等。

第二节　植物组织系统

植物的每个器官都是由一定种类的组织构成的。不同功能的器官中，组织的类型和排列方式不同，但是，各种组织之间并不是孤立存在的，它们彼此紧密配合，共同执行着各种机能，从而使植物体成为有机的统一整体。一个植物体或一个器官中的一种组织或几种组织在结构和功能上组成的单位，称为组织系统（tissue system）。

维管植物中的主要组织可归纳为三种组织系统，即皮组织系统（dermal tissue system）、维管组织系统（vascular tissue system）和基本组织系统（fundamental tissue system），分别简称为皮系统、维管系统和基本系统。

皮系统包括表皮和周皮，它们覆盖于植物体表面。在植物个体发育的不同时期，分别对植物体起着不同程度的保护作用。

维管系统包括韧皮部和木质部，它们连续地贯穿于整个植物体内，把生长区、发育区与有机养料制造区和贮藏区连接起来，输导水分和有机养料。

基本系统包括各类薄壁组织、厚角组织和厚壁组织，它们是植物体各部分的基本组成成分。

植物整体的结构表现为维管系统包埋于基本系统之中，而外面又覆盖着皮系统。各个器官结构上的变化，除表皮或周皮是始终包被在最外层外，主要表现在维管组织和基本组织的相对分布上的差异。组织系统把植物体的地上和地下、营养和繁殖各器官汇连起来，成为一个有机整体。

小　　结

组织是植物个体发育过程中，形态结构相似、来源相同、担负着一定生理功能的细胞组合。它是植物体内细胞生长、分化的结果。组织通常可分为分生组织和成熟组织两大类。

分生组织存在于植物体的特定部位，具分化程度较低或不分化、保持胚性细胞的特点，并能持续进行分裂活动的细胞组合。根据在植物体中的分布位置，可将分生组织分为顶端分生组织、侧生分生组织和居间分生组织。根据来源，分生组织分为原生分生组织、初生分生组织和次生分生组织。

分生组织分裂产生的细胞，经生长、分化逐渐形成各种成熟组织。根据形态结构和生理功能的不同，可将成熟组织分为5种：保护组织、薄壁组织、机械组织、输导组织和分泌组织。

保护组织包括表皮和周皮，分布于植物器官的表面，起保护作用。

薄壁组织由分化程度较低的细胞组成，在一定条件下可脱分化为分生组织，也可进一步分化为其他不同功能的组织，如同化组织、吸收组织、贮藏组织、通气组织和传递细胞等。

输导组织分为两类：一类是导管和管胞；另一类是筛管和筛胞。导管存在于被子植物的木质部，输导效率较高。管胞存在于蕨类植物和裸子植物中，输导效率较低。筛管存在于被子植物的韧皮部，运输效率较高。筛胞是蕨类植物和裸子植物内输导有机物的结构。

机械组织在植物体内主要起机械支持作用，分为厚角组织和厚壁组织。厚角组织既有支持的功能,又不影响所在器官的生长。厚壁组织的细胞壁强烈次生增厚,根据细胞形状分为纤维和石细胞。

分泌组织是植物体中能产生分泌物质的细胞和细胞组合,有外分泌组织和内分泌组织两类。外分泌组织的分泌物排到植物体外,如腺毛、蜜腺等;内分泌组织分泌物贮存于植物体内,常见的有分泌腔、分泌道等。

由同类细胞构成的组织称为简单组织,而由多种类型的细胞构成的组织称为复合组织。植物器官或植物体中,由一些复合组织进一步在结构和功能上组成的单位,称为组织系统。通常将植物体中的各类组织归纳为三种组织系统,即皮系统、维管组织系统和基本组织系统。

思考题

1. 何为植物组织?植物组织与细胞和器官之间的关系如何?
2. 试从功能上区别分生组织和成熟组织。
3. 植物的分生组织有哪几种类型?它们在植物体上分布位置如何?
4. 薄壁组织有什么特点?它对植物生活有什么意义?
5. 什么是脱分化,它对植物体生长发育有何重要意义?
6. 传递细胞的特征和功能是什么?
7. 从输导组织的结构和组成成分来分析,为什么说被子植物比裸子植物更高级?
8. 试比较下列各对组织的异同点:导管和管胞;导管和筛管;筛管和筛胞;厚角组织和厚壁组织;同化组织与贮藏组织;表皮与周皮。
9. 比较表皮和周皮的起源、功能、结构特征和分布上的异同。
10. 植物的分泌含义是什么?分泌组织有哪些类型?试举例说明。
11. 何谓组织系统?植物体内有哪几种组织系统?它们的分布和功能如何?

知识窗

通气组织与花卉水培

水培花卉是现代观赏花卉的一大亮点。植物水生诱变是生产水培花卉的一种手段,是实现植物根系水生演变的一项主要技术路径。植物能在静止的水环境中生长,关键在于水生根系的形成与通气组织的发育。通气组织在自然界的植物中普遍存在,尤其是水生或湿生植物的组织内特别发达,主要存在于根、茎、叶中。而陆生植物,如玉米、水稻、小麦等农作物,在遇水淹涝害时,也会形成大量通气组织以抵御自然灾害。

一般只有薄壁组织才具有分化成通气组织的可能,这些通气组织又因植物种类与形成的条件不同分为裂生性与溶生性两种。裂生性通气组织大多是原本就具有通气组织形成能力的一些湿生或水生植物,在遗传基因自身的启动下发生的大规模程序性自杀死亡而形成气腔、气室或通气管道。而一些陆生植物因环境胁迫所表现的自适应性引发的生理过程,产生的通气组织大多属于溶生性通气组织,它是因环境胁迫诱发植物体内生理生化变化,形成大量的纤维素酶,促使薄壁组织细胞发生细胞壁的分解,从而形成了串联于组织上下的通气结构。

作为水培花卉的人工生产，大多是利用后者，把一些原本陆生的不具通气组织的植物经环境胁迫而激发其隐藏的基因，达到形成通气组织的目的。植物的细胞壁是由纤维素组成的，而薄壁组织比厚壁组织或木栓化的组织更易在纤维素酶的作用下分解而形成通气束，原本生于土壤中的陆生植物根系因环境因素而使根系的细胞壁加厚与致密化，即使把它置于水中，也难以让其形成通气组织，这就是为什么要选择具有薄壁组织的不定根根系作为水生诱导基础的原因所在。另外，由薄壁组织构成的不定根根系比厚壁组织代谢更旺，对环境刺激的反应更为敏感，同时须状的不定根根系比陆生植物的初生根与次生根有更强的胁迫适应性，在自然界中如遇土壤淹水等情况时，都会在植株的基部诱发大量的不定根，在植物根、茎受损的情况下也会做出相似的反应。因此，不定根的形成也是植物抗逆性形成的生理反应。根据这些机制，在进行水生诱导前，必须把培养植物不定根根系作为技术实现的第一环节，只有培育出了具有薄壁组织的不定根根系，才能让其在水培环境下产生通气组织，方可成功诱导。

第三章　种子植物的营养器官

在植物体上，由多种组织组成，担负一定生理功能，具有显著形态特征，易于区分的部分称为器官（organ）。种子植物的器官包括根、茎、叶、花、果实和种子。其中，根、茎、叶为营养器官（vegetative organ），担负着营养物质的吸收、合成、运输和贮藏的作用；花、果实、种子为繁殖器官（reproductive organ），与植物产生后代密切相关。营养器官是构成植物体的主要部分，其生存期与个体的生命同始终，而繁殖器官只出现在植物的生殖时期。本章主要介绍营养器官的生理功能、解剖构造及其生长发育，有关繁殖器官将在第四章讨论。

第一节　根

多数植物的根生长在土壤里，与土壤进行着物质与能量的交换。根将植物体固着在土壤中，并把从土壤中吸收的水分和矿物质运输到地上部分。

一、根的生理功能和经济价值

（一）生理功能

1. 吸收和输导

植物生长发育离不开水，因为水是细胞原生质的重要组成成分。植物一生所需水分，绝大多数靠根系从土壤中吸收。根在吸收水分的同时，也吸收了溶于水中的矿质元素；水分和矿质元素通过根中的输导组织向上运输，最后作为光合作用的原料合成有机物质。叶制造的光合产物也可以经输导组织运至根部，用于根系的生长和发育。

2. 固着和支持

根是植物最先形成的器官。早在种子萌发形成幼苗时，胚根首先突破种皮向外生长形成根，使幼苗固着在土壤中并从土壤中吸收水分和营养物质。以后，随着根的不断生长和分枝，形成了庞大的根系，把植物体牢牢地固着在土壤中，支持地上高大的茎干和枝繁叶茂的树冠，以维持植株的重力平衡。

3. 合成和分泌

已知根能合成多种氨基酸，并很快运至生长部位合成蛋白质；根也是赤霉素、细胞分裂素、脱落酸及植物碱的合成部位，这些生长激素和植物碱对植物地上部分的生长发育有较大的影响。根还能分泌黏液和多种物质，如糖类、有机酸、维生素等。这些分泌物有的能帮助根顺利穿越土壤，如根冠细胞分泌的黏液；有的可抗病害，如棉花抗根腐病品种，其根内能分泌抑制病菌生长的水氰酸；还有的可以促进土壤中微生物的生长，形成特殊的根际微环境，以增强植物的代谢、吸收及抗病能力。

4. 贮藏和繁殖

根内有发达的薄壁组织，常为代谢物质贮藏的场所。许多植物的根能产生不定芽，特别是在伤口处更易形成。利用根的这种特性，在生产中经常用根扦插进行营养繁殖。

（二）经济价值

根有多种用途。例如，甘薯、胡萝卜、萝卜的根可食用；人参、当归、黄芪、龙胆的根可药用；葛根既可以食用，也可药用，同时也是优质高产饲料；甜菜根可制乙醇，还可作制糖原料；某些植物的老根，如枣、杜鹃、葡萄、青风藤的根，可雕刻或加工成工艺品。分布于我国广西、广东、福建等地的榕树，枝条上产生的支柱根和树干交织在一起，形似稠密的丛林，被称之为"独木成林"，具有较高的观赏价值和良好的生态效应。

此外，在自然界中，植物根系与土壤颗粒紧密结合在一起，具有控制泥沙流动、保护坡地和堤岸及防止水土流失的作用。

二、根和根系的类型

1. 根的类型

根由主根、侧根和不定根组成。当种子萌发时，胚根首先突破种皮向外生长，形成主根（main root）。主根是植物最早出现的根，又称为初生根（primary root）。当主根生长到一定长度，在一定部位上侧向地生出许多分枝，称为侧根（lateral root）。侧根达到一定长度后，又能生出新的侧根。因此，侧根又分为一级侧根或次生根（secondary root）、二级侧根或三生根（tertiary root），依此类推。主根及其所产生的各级侧根，它们的发生位置固定，都来源于胚根，统称为定根（normal root）。而有些根可以从茎、叶、老根或胚轴上产生，发生位置不固定，称为不定根（adventitious root）（图3-1）。农业、林业、园艺上，利用枝条、叶、根能产生不定根的特性，可进行营养繁殖。

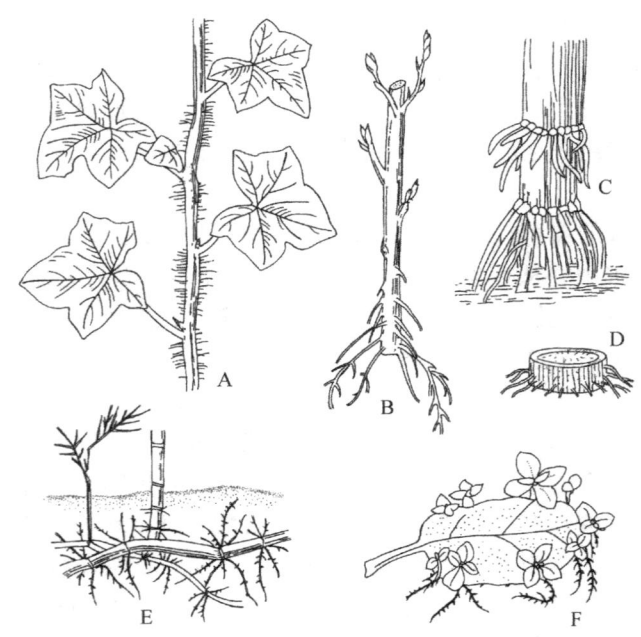

图 3-1 不定根

A. 常春藤枝条上的气生根；B. 柳树插条上的不定根；C. 玉米茎基部的支柱根；
D. 老根上的不定根；E. 竹鞭上的不定根；F. 落地生根叶上小植株的不定根

2. 根系的类型

植株地下部分所有根的总和，称为根系（root system）。根据来源和组成的不同，种子植物的根系分为两种类型，即直根系（tap root system）和须根系（fibrous root system）（图 3-2）。

（1）直根系

直根系由主根和各级侧根组成，主根发达，较各级侧根粗而长，并垂直向下生长。大部分双子叶植物和裸子植物，如松树、柏树、杨树、柳树、蒲公英等的根系属于直根系。直根系一般由定根组成，但有的种类也有少量不定根参与到直根系中。例如，部分豆科植物的直根系中有胚轴形成的不定根；有些成年木本植物的根系，常常从茎的基部产生许多不定根。发达的主根在垂直向下生长的同时，陆续产生各级侧根，带动整个根系深入土层，形成分布较深的深根

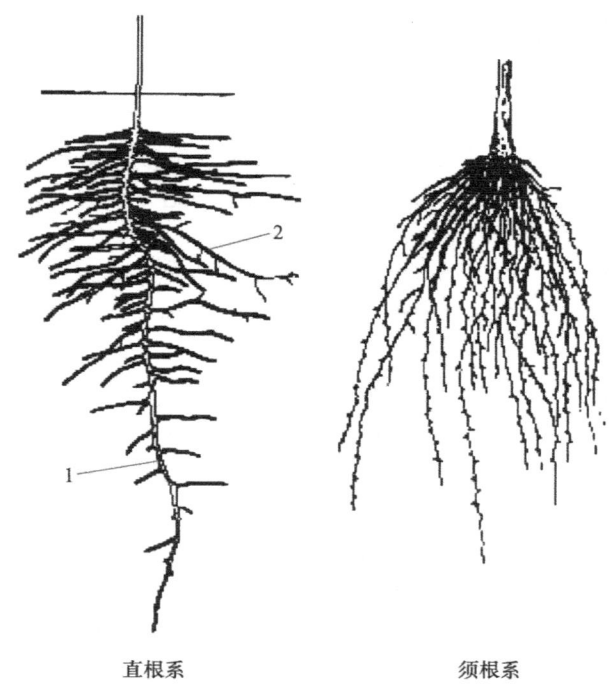

图 3-2 直根系和须根系
1. 主根；2. 侧根

系（deep root system），如马尾松的根系可深达 5m 以上。一般直根系多为深根系，有利于吸收土壤深层的水分和矿质营养。

（2）须根系

须根系的主根不发达，或早期停止生长。根系主要由不定根和它的分枝组成，长短粗细相近呈丛生状。大部分单子叶植物和某些双子叶植物的根系属于此类。例如，禾本科植物的种子萌发后，主根存活期不长，以后由胚轴或茎基部产生的不定根组成根系，呈水平方向分布，并向四周扩展，以利于吸收地表和土壤浅层的水分，这种根系为浅根系（shallow root system）。有些木本植物也属于浅根系树种，如刺槐、悬铃木的根系分布在 20～30 cm 的土层中。

根系在土壤中的分布不仅取决于植物的遗传特性，也受环境的影响，因此直根系并不都是深根系，须根系也并不都是浅根系。由于环境条件的改变，直根系可以分布在土壤浅层，须根系也可以深入到土壤深处。例如，小麦的须根系在雨量多的情况下，分布较深，雨量少的情况下，分布较浅；生长在黄河古道沙地的苹果树，因地下水位高，根系仅深 60 cm，而生长在黄土高原的苹果树，因地下水位低，根系深达 4～6 m。在农林业生产中，幼苗期的水肥灌溉、苗木的移植以及扦插和压条繁殖，易形成浅根系；种子繁殖、深耕多肥，易形成深根系。

三、根的发育

对模式植物拟南芥的研究表明，根的形成可追溯到胚根的发育。胚根形成后，原分生组织已经建立。种子萌发时，胚根中原分生组织的中心部分为静止中心（不活动中心，quiescent center），细胞分裂缓慢。静止中心上方为中柱原始细胞，经分裂、分化后向上形成根

的维管组织。紧接静止中心周围为皮层/内皮层原始细胞，进行平周分裂产生2层细胞，内层为内皮层，外层为皮层。静止中心外围为表皮/侧生根冠原始细胞，分裂产生的细胞进一步发育为表皮和根冠的侧面细胞；静止中心下方为根冠原始细胞，形成根冠中央柱；根冠中央柱和根冠侧面细胞共同构成根冠。根冠远端分裂产生的细胞，用于补充根冠外部剥落的细胞，而根冠内部分裂产生的细胞，进一步分裂分化，形成根的分生区。分生区细胞进一步分化，形成根的初生结构。

上面提到的静止中心细胞，实际上并未停止细胞分裂，只是它们的细胞周期较周围的细胞要长得多。当与它相邻的原分生组织细胞失去活动能力或受到损伤时，静止中心的细胞能够恢复正常的细胞分裂对其予以补充。一般认为静止中心能合成某种植物激素，与根的生长发育关系密切。另外，由于细胞处于不活动状态，能够抵抗不利的环境条件，所以，它们有助于原始细胞渡过不良环境。

四、根尖的构造

根尖（root tip）位于根的最先端，是根顶端到着生根毛的部分，长 0.5~1 cm。根尖是根中生命活动最旺盛、最重要的部分，根的生长、根对水分和矿质元素的吸收、根内组织的形成，主要在根尖进行。根据细胞形态结构和生理功能的不同，人为地将根尖自下而上划分为 4 个区：根冠（root cap）、分生区（meristematic zone）、伸长区（elongation zone）和成熟区（maturation zone）（图 3-3）。

1. 根冠

根冠是根中特有的结构，位于根的最先端，形似帽子套在分生区外方，由生活的薄壁细胞组成，近分生区的细胞较小，排列紧密；外层细胞较大，排列疏松，细胞内含有大量高尔基体，能够分泌黏液，使根尖表面变得黏滑。这些黏液不仅能够溶解和螯合某些矿物质以利于根细胞吸收，而且还可以润湿土壤颗粒，减少根伸长中的摩擦。尽管如此，根冠外层的细胞仍然由于与土壤颗粒相互摩擦，受到损伤而死亡脱落。但由于分生区能不断地产生细胞，陆续地补充到根冠内层以补偿外层细胞的损伤，因此，根冠始终保持一定的形状和厚度，以保护幼嫩的分生区。

根冠可以感受重力，引起根的向地性生

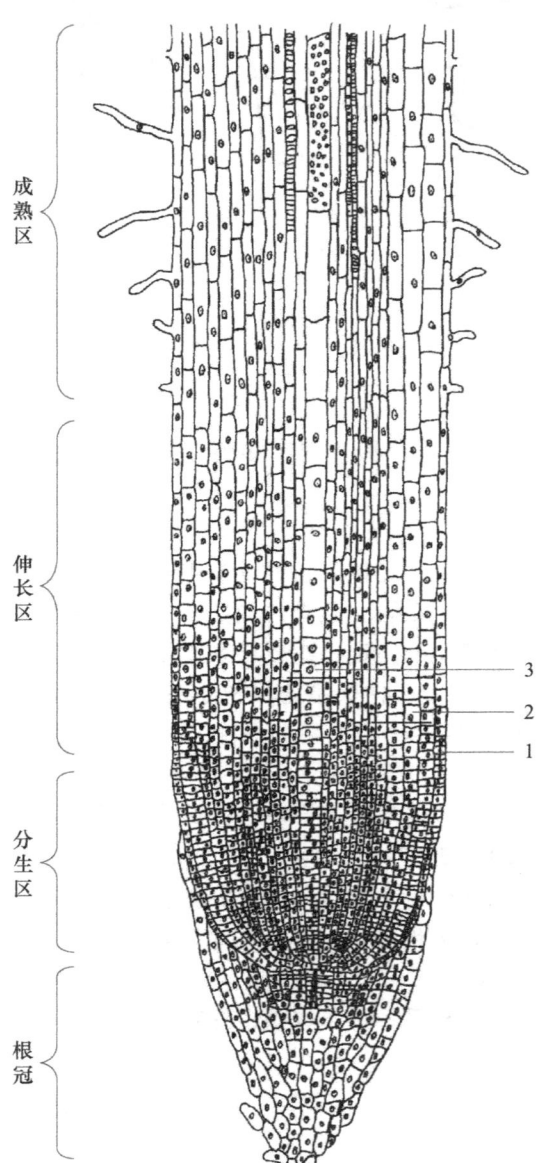

图 3-3　根尖纵切面
1. 原表皮层；2. 基本分生组织；3. 原形成层

长。如果将正常向下生长的根水平放置时，根尖在伸长区弯曲向下生长。若将根冠切除，根的生长不受影响，但却失去了向地性反应，直到新的根冠出现。这说明根中感受重力的部位是根冠。研究表明，根冠的柱细胞内含有淀粉体（amyloplast），有人称为平衡石（statolith），柱细胞被称为平衡细胞（statocyte）。平衡石学说认为，柱细胞中的淀粉体具有感受与传递重力信息的功能。根的向地性生长有利于根向土壤中生长，以固定植株并吸取水分和矿物质。

2. 分生区

分生区位于根冠内方，由分生组织构成，在植物的一生中能不断地进行分裂，产生新细胞，所以又称为生长点（growing point）。分生区细胞体积小，细胞壁薄，细胞核大，细胞质浓，排列整齐紧密，无胞间隙。分生区产生的细胞，少部分向前方发展形成根冠细胞，补充根冠外层脱落的细胞，大部分则向后方发展进入伸长区，经过细胞的生长、分化，逐渐形成根的成熟结构。

分生区是根的顶端分生组织，由原分生组织和初生分生组织组成。原分生组织位于前端，由原始细胞及其最初衍生的细胞组成，具有很强的分裂能力，细胞分化较低。原分生组织分裂衍生的细胞，一部分继续分裂但不分化，保持原分生组织的体积和功能；另一部分则形成初生分生组织。初生分生组织位于原分生组织的后方，细胞分裂能力减弱，并逐渐分化为原表皮（protoderm）、基本分生组织（ground meristem）和原形成层（protocambium）。原表皮位于最外层，以后发育为表皮；基本分生组织位于原表皮和原形成层中间，细胞可以进行各个方向的分裂，以后发育形成皮层（cortex）；原形成层位于中央，以后发育成维管柱（vascular cylinder）。

3. 伸长区

伸长区位于分生区和成熟区之间，由分生区分裂产生的细胞经过伸长生长和初步分化而来。该区的主要特点是细胞显著伸长，液泡化程度提高。靠近分生区的细胞仍进行着分裂，但分裂能力从下向上逐渐减弱；靠近成熟区的细胞已经停止分裂，伸长生长也将近完成，一部分靠外周的原形成层细胞分化成熟，原生韧皮部的筛管和原生木质部的导管开始出现。因此，伸长区是由分生区到成熟区的过渡区。

4. 成熟区

成熟区位于根尖最上方，细胞已停止伸长，并且多已分化成熟，形成各种成熟组织，构成了根的初生结构。成熟区的表面一般生有根毛，因此又称根毛区（root hair zone）。根毛由表皮细胞外壁向外突起形成，是根的特有结构。根毛一般呈管状，细胞壁很薄，细胞质紧贴细胞壁，中央是大液泡，细胞核随根毛的生长而逐渐移至细胞顶端。根毛细胞的外壁含有大量的果胶质、纤维素和半纤维素等黏性物质，使根毛与土壤颗粒密切结合，有利于根对水分的吸收，同时也使根毛对水土流失的控制比其他部位更为重要和有效。根毛的存在，扩大了根与土壤的接触面积，是根吸收水分和矿质元素的主要部位。

根毛的生长速度较快，但寿命较短，一般只有 10~20 d。随着分生区细胞的不断分裂和伸长区细胞不断向前推进，新的根毛依次出现，替代枯死的根毛，进入新的土壤区域，从而有利于根毛的吸收作用。

在农业、林业、园艺生产中，对苗木的移栽经常会损伤根尖和根毛，引起水分吸收能力的急剧下降。因此，苗木移栽后要充分灌溉和修剪部分枝叶，以减少蒸腾，防止苗木因过度失水而死亡。

五、根的初生结构

根的初生结构由根尖的顶端分生组织产生。通过根尖的成熟区作横剖面，可以看到根的初生结构由外向内包括表皮、皮层和维管柱（图3-4）。

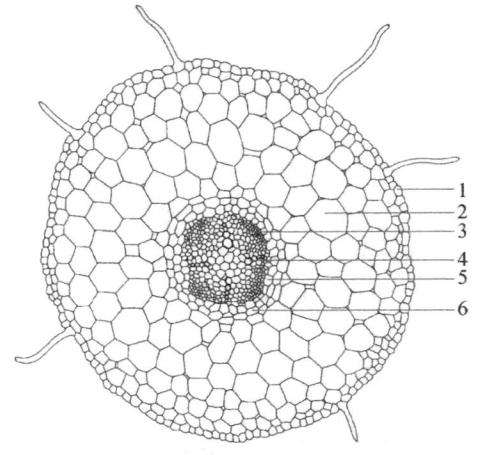

图3-4 绿豆幼根横切，示双子叶植物根的初生构造
1. 表皮；2. 皮层；3. 初生韧皮部；4. 初生木质部；5. 中柱鞘；6. 内皮层

1. 表皮

表皮由原表皮发育而来，位于根的最外层，通常由一层细胞组成。表皮细胞呈砖形，其长轴与根的长轴平行；细胞壁薄，角质化不明显；细胞排列紧密，不具气孔；部分表皮细胞形成根毛。根毛死亡后，根的表皮细胞也随之枯萎脱落。但多数单子叶植物和一些没有次生生长的双子叶植物的根毛死亡后，根的表皮并不脱落，而是细胞壁木栓化，形成根的保护构造。

生长在热带的兰科、天南星科植物，常形成气生根。气生根的表皮由表皮原始细胞衍生的多层细胞组成，称为根被（velamen）。发育早期，根被能从潮湿的空气中吸收水分；发育后期，根被细胞次生壁加厚，主要起保护作用，防止水分过度丧失。

2. 皮层

皮层位于表皮之内，维管柱之外，由基本分生组织发育而来，由多层生活的薄壁细胞组成，并在根的初生结构中占据相当大的部分。根毛吸收的水分和矿物质通过皮层进入维管柱。

紧接表皮的一至数层细胞，排列紧密，称为外皮层（exodermis）。当根毛枯死、表皮破坏后，外皮层细胞壁增厚并木栓化，代替表皮起保护作用。

皮层的绝大部分是皮层薄壁组织，细胞体积大，排列疏松，有较大的胞间隙，是根进行合成、分泌、贮藏和横向运输的主要部位。

皮层的最内一层为内皮层（endodermis），细胞体积较小，排列紧密，无胞间隙（图3-5）。大多数双子叶植物和裸子植物中，内皮层的细胞壁上常有栓质化和木质化的带状

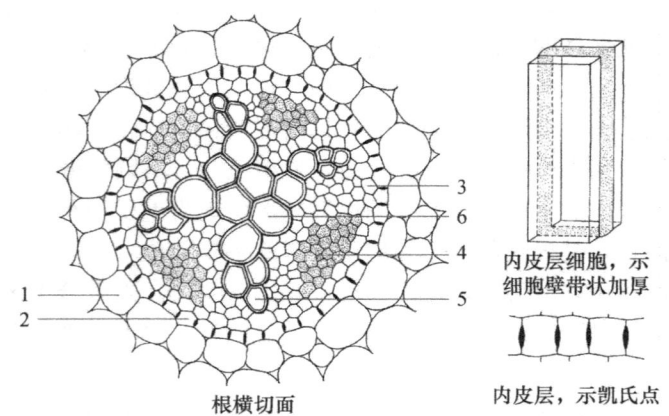

图3-5 绿豆幼根横切，示双子叶植物根的初生构造
1. 皮层；2. 内皮层；3. 中柱鞘；4. 初生韧皮部；5. 原生木质部；6. 后生木质部

加厚，环绕在细胞的横向壁和径向壁上，形成凯氏带［Casparian band，德国植物学家凯斯伯里（Caspary R.）于1865年首次发现］。在横切面上，凯氏带在相邻细胞的径向壁上呈点状，称凯氏点。凯氏带形成后，与内皮层细胞的质膜紧密相连，使根对物质的吸收具有选择性。这是因为由根毛吸收的水分和矿物质，不能从质外体透过内皮层，而必须经过内皮层细胞具选择透性的质膜，经共质体路线进入维管柱。如果没有凯氏带，任何有害物质都可以通过质外体途径经过内皮层进入木质部，并通过木质部运输到植物体的各个部分，这显然对植物是不利的。此外，凯氏带还能防止维管柱内的营养物质向外扩散。

具有次生生长的双子叶植物和裸子植物，内皮层常停留在凯氏带状态，细胞壁不再继续增厚。而大多数单子叶植物及少数双子叶植物，其内皮层细胞壁在发育的早期是凯氏带形式，以后进一步发育，内皮层细胞除外切向壁外，其他各面均木栓质增厚。因此，在横切面上，内皮层细胞壁加厚呈马蹄形加厚，只有正对木质部脊的内皮层细胞仍保持初期发育阶段的结构，这些细胞称为通道细胞（passage cell），它们是皮层和维管柱之间物质运输的通道。

3. 维管柱

维管柱是内皮层以内的部分，由原形成层发育而来，在横切面上占有较小的面积。维管柱包括中柱鞘（pericycle）和初生维管组织（primary vascular tissue）。有些植物的根还具有髓（pith），由薄壁组织或厚壁组织组成。

1）中柱鞘。中柱鞘是维管柱最外面的一层薄壁细胞，紧接内皮层，具有潜在的分裂能力，在一定条件下，其可以脱分化转变为分生组织，形成侧根、不定根、不定芽、部分维管形成层以及木栓形成层。

2）初生维管组织。初生维管组织由初生木质部（primary xylem）和初生韧皮部（primary phloem）组成。二者相间排列，各自成束，中间有薄壁细胞相隔。

初生木质部由原生木质部（protoxylem）和后生木质部（metaxylem）组成，前者分布在外侧，紧接中柱鞘，后者分布在内侧。这是由于根的初生木质部在分化过程中是由外向内逐渐发育成熟的，这种发育方式称为外始式（exarch）。原生木质部是木质部最早形成的部分，常在伸长区的近根毛区分化成熟，主要由管腔较小的环纹导管和螺纹导管或管胞组成。因为外侧的导管最先形成，缩短了皮层与木质部之间的距离，从而加速了物质向地上部分的运输。原生木质部继续向内分化形成后生木质部；后生木质部主要由管腔较大的梯纹导管、网纹导管和孔纹导管或管胞组成。

在横切面上，初生木质部呈辐射状排列，原生木质部构成辐射状的棱角，即木质部脊（xylem ridge）。不同植物木质部脊的数目不同，依据脊数，可将根划分为二原型（diarch）、三原型（triarch）、四原型（tetrarch）、五原型（pentarch）、六原型（hexarch）和多原型（polyarch）（图3-6）。植物根中的木质部脊数是相对稳定的，但在同一植物的不同根之间也有变化，如侧根的脊数有时少于或多于主根。用适量的吲哚乙酸能使离体培养的三原型豌豆根产生六原型的新生根。裸子植物和大多数双子叶植物根的木质部脊数较少，而单子叶植物

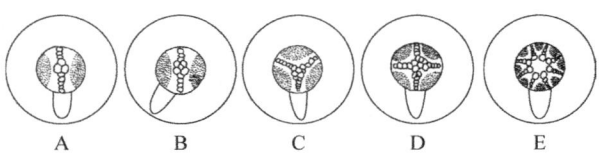

图3-6　根的原型和侧根的发生位置
A、B. 二原型根；C. 三原型根；D. 四原型根；E. 多原型根

较多，都在 6 个或 6 个以上，故称为多原型。

初生韧皮部由原生韧皮部（protophloem）和后生韧皮部（metaphloem）组成，其发育方式也是外始式，即原生韧皮部先分化成熟，分布在外方，后生韧皮部分化较晚，分布在内方。原生韧皮部通常缺少伴胞，后生韧皮部主要由筛管与伴胞组成，少数植物还含有韧皮纤维。

在裸子植物和木本双子叶植物中，初生木质部与初生韧皮部之间分布着由原形成层保留下来的片段，这部分细胞以后在根产生次生结构时形成维管形成层的一部分；而在单子叶植物中，这部分细胞没有形成层的分化，而是常常经过硬化，最终发育成为厚壁组织。

维管柱的中央往往由后生木质部占据，大多数单子叶植物和少数双子叶植物由于后生木质部向心发育未达到中心，其维管柱的中央常由薄壁细胞或厚壁细胞构成髓。

六、侧根的形成

侧根起源于中柱鞘（图 3-7），由于这种起源发生在根的内部，因此称为内起源（endogenous）。侧根发生时，中柱鞘的某些细胞恢复分裂能力，最初的几次分裂是平周分裂，继而向各个方向分裂，结果形成向皮层方向生长的突起，即侧根原基（root primordium）。侧根原基包括根冠和生长点，生长点的细胞进行分裂、生长和分化，使侧根不断向前推进，再加上根冠分泌物能溶解皮层和表皮细胞，使得侧根较顺利地依次穿过内皮层、皮层，最后突破表皮伸入土壤。侧根虽然发生于根尖的成熟区，但最终露出根外在成熟区的上面（图 3-7A），避免了侧根对根毛的影响，这是长期以来自然选择和植物对环境适应的结果。侧根的形成进一步扩大了根系与土壤的接触面。

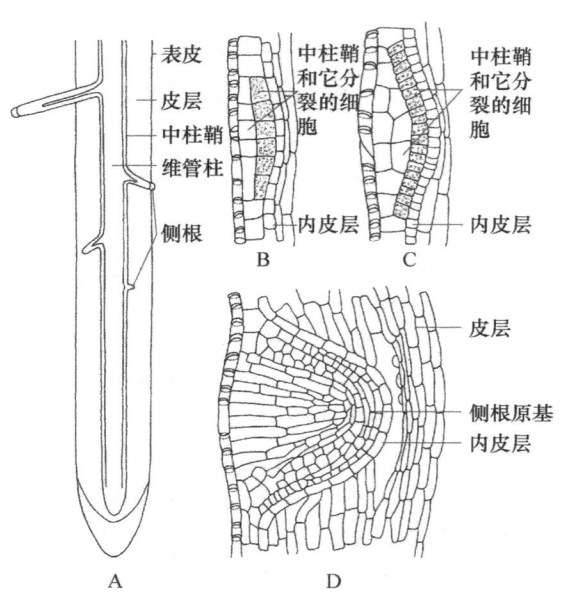

图 3-7 侧根的形成
A. 侧根伸出母根；B～D. 侧根的形成过程

侧根多发生于根尖的成熟区，但在分生区、伸长区、根毛区以上部位也可发生。例如，慈姑的侧根发生于分生区，玉米的侧根发生于根毛区以上的部位。

侧根的发生部位与母根的初生木质部的类型有关（图 3-6）。二原型的根，侧根正对初生韧皮部或位于初生木质部和初生韧皮部之间；三原型、四原型的根，侧根正对初生木质部；而多原型的根，侧根正对初生韧皮部。由于侧根位置一定，因而在母根表面上，侧根常较规则地纵列成行。除二原型根外，侧根的行列数与根中木质部的脊数相同。

七、根的次生结构

裸子植物和木本双子叶植物的根，在初生结构形成后，还要进行次生生长，使根不断增粗。次生生长是侧生分生组织——维管形成层和木栓形成层共同活动的结果。维管形成层不断向侧方产生次生维管组织（vascular tissue），木栓形成层形成新的保护组织——周皮。由次生维管组织和周皮共同组成根的次生结构。单子叶植物和一年生双子叶植物的根通常无次生生长，因而没有次生结构，而是以初生结构渡过植物的一生。

1. 维管形成层的发生和活动

维管形成层简称形成层，发生于根的初生木质部和初生韧皮部之间保留的原形成层片段。首先，位于初生韧皮部内侧的原形成层细胞恢复分裂能力，形成几个弧状形成层片段（图3-8A）。接着，各形成层片段逐渐向两侧扩展，直到中柱鞘处。这时，正对木质部脊的中柱鞘细胞也恢复分裂能力，进行平周分裂，产生几层细胞，其中，靠内方的一层细胞将各形成层片段连接起来，形成一个完整的波状形成层环（图3-8B）。以后，波状形成层主要进行平周分裂。起初，位于初生韧皮部内侧的形成层细胞分裂速度较快，正对木质部脊的形成层细胞分裂速度较慢，波状形成层逐渐变为圆环状（图3-8C）。接着，细胞进行等速分裂，不断增加细胞层数使根增粗。维管形成层在进行平周分裂的同时，也进行垂周分裂，扩大形成层本身的周径，以适应根的增粗。

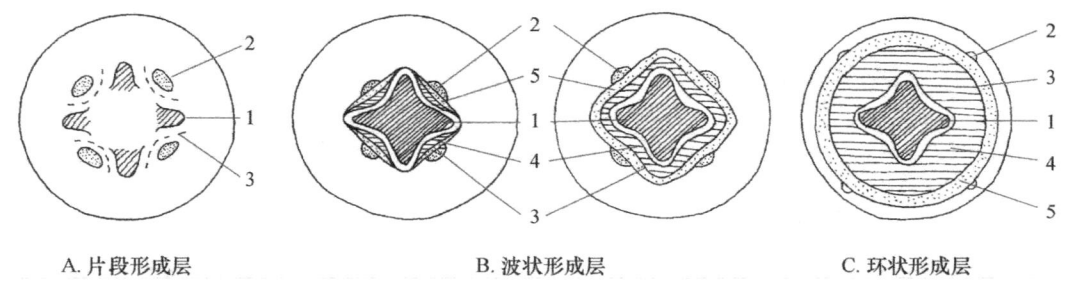

A. 片段形成层　　　　B. 波状形成层　　　　C. 环状形成层

图3-8　形成层的形成和活动

1. 初生木质部；2. 初生韧皮部；3. 形成层；4. 次生木质部；5. 次生韧皮部

形成层细胞有两种类型，一种是纺锤状原始细胞（fusiform initial），另一种是射线原始细胞（ray initial）。前者形似纺锤，两端尖锐，长比宽大好多倍，其长轴与根的长轴平行；后者形状从稍长型到近乎等径，细胞特征很像一般的薄壁细胞。

形成层形成后，向内产生的细胞形成次生木质部（secondary xylem），加在初生木质部的外方，向外形成次生韧皮部（secondary phloem），加在初生韧皮部的内方（图3-9）。次生木质部和次生韧皮部组成次生维管组织，是次生结构的主要部分，成为运输水分和营养物质的纵向系统。在次生木质部和次生韧皮部中还分布着径向排列的薄壁细胞，称为维管射线（vascular ray），位于次生木质部中的称为木射线（xylem ray），位于次生韧皮部中的称为韧皮射线（phloem ray），它们在横切面上呈

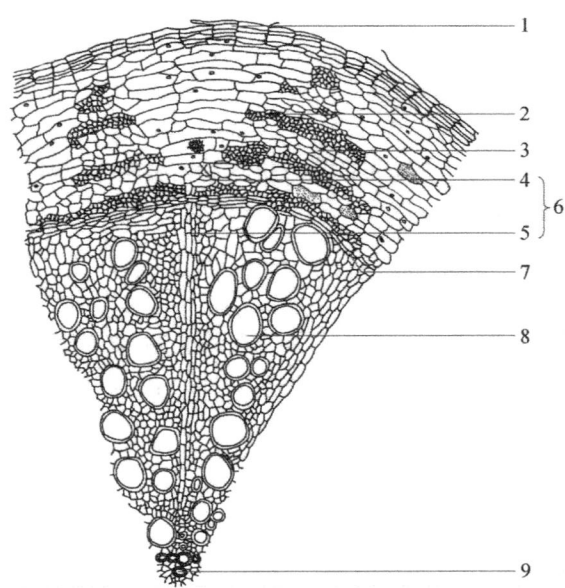

图3-9　根的次生结构

1. 周皮；2. 韧皮纤维；3. 次生韧皮部；
4. 韧皮射线；5. 木射线；6. 维管射线；
7. 形成层；8. 次生木质部；9. 初生木质部

辐射状排列，构成次生结构的横向运输系统，并兼有贮藏的功能。次生木质部和次生韧皮部由形成层的纺锤状原始细胞产生，木射线和韧皮射线由形成层的射线原始细胞产生。

形成层在每年的生长季节都要活动，产生新的次生维管组织。而且，形成层产生次生木质部的数量远远大于次生韧皮部，再加上新的次生维管组织总是加在旧的韧皮部的内方，不断增粗产生的压力使外部的韧皮部遭受破坏而丧失作用，尤其是初生韧皮部，很早就被破坏，以后逐渐到外层的次生韧皮部。而木质部的情况则不同，形成层每年产生的次生木质部总是加在老的木质部的外方，初生木质部由于位于根的中心而被保存下来。因此，根的次生结构中，以次生木质部为主，而次生韧皮部仅占极小的比例。

2. 木栓形成层的发生和活动

由于维管形成层的活动，引起根的增粗，导致表皮、皮层破坏。这时，位于木质部脊两侧的中柱鞘细胞恢复分裂能力，形成木栓形成层。木栓形成层进行平周分裂，向外形成多层木栓层，向内形成1~3层栓内层，木栓层、木栓形成层和栓内层共同构成周皮（图3-10）。

木栓形成层的寿命只有一年，以后由内方产生新的木栓形成层。最早的木栓形成层产生于中柱鞘，以后产生的木栓形成层位置逐渐内移，最后可深达次生韧皮部的外方。

根的维管形成层和木栓形成层的活动形成了根的次生结构，包括次生韧皮部、次生木质部、维管射线和周皮。次生韧皮部由筛管、伴胞、韧皮纤维和韧皮薄壁细胞组成，外侧的韧皮部只含有纤维和薄壁细胞，老的筛管已被挤毁。次生木质部由导管、管胞、木纤维和木薄壁细胞组成。在韧皮部和木质部中分布有维管

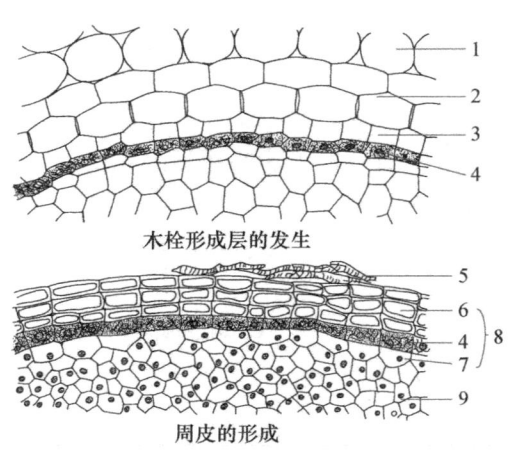

图3-10 木栓形成层，示周皮的形成
1. 皮层；2. 内皮层；3. 中柱鞘；4. 木栓形成层；
5. 皮层残留部分；6. 木栓层；7. 栓内层；
8. 周皮；9. 韧皮部

射线，正对木质部脊的韧皮射线细胞由于切向扩展而呈喇叭口状，以适应圆周的扩大。周皮覆盖在根的外面，起保护作用。

八、根的变态

器官的形态结构因生理机能的改变而发生的可遗传的适应性变化，称为变态（modification），发生变态的器官称为变态器官（abnormal organ）。植物营养器官的变态是其长期适应环境的结果。

根的变态类型主要有以下几种。

（一）贮藏根

贮藏根是越冬植物的一种适应，所贮藏的养料可供植物来年生长发育所需。这类变态根生长在地下，形状多样，富含薄壁组织，贮藏有大量营养物质。贮藏根常有三生结构，多见于两年生或多年生的草本双子叶植物。根据其来源，可分为肉质直根（fleshy tap root）和块根（root tuber）两类。

1. 肉质直根

肉质直根由主根发育而成。一株植物上仅有一个肉质直根,并包括下胚轴和节间极短的茎。由下胚轴发育而成的部分无侧根,就是平时所说的根颈;而根头是指茎基部分,上面着生许多叶;肥大的主根构成肉质直根的主体。

萝卜、胡萝卜和甜菜的肉质直根在外形上极为相似,但结构上差异较大(图 3-11)。不同种类肉质直根的加粗方式不同,导致贮藏组织的来源和内部结构不同。

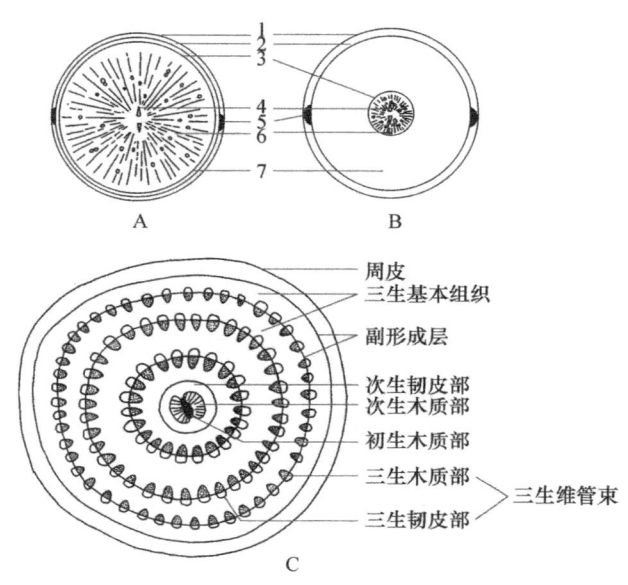

图 3-11 贮藏根的结构

A. 萝卜肉质根横切面结构图;B. 胡萝卜肉质根横剖面结构图;C. 甜菜肉质根横切面结构图
1. 周皮;2. 皮层;3. 形成层;4. 初生木质部;5. 初生韧皮部;6. 次生木质部;7. 次生韧皮部

胡萝卜和萝卜根的加粗都是由于形成层活动的结果,但它们产生次生组织的情况不同。胡萝卜的肉质直根大部分由次生韧皮部组成,其中薄壁组织非常发达,占主要部分;而次生木质部形成较少,大部分为木薄壁组织,分化的导管较少,构成通常所谓"芯"的部分。萝卜的肉质直根和胡萝卜正好相反。它的次生木质部发达,其中导管很少,无纤维,薄壁组织占主要部分;而次生韧皮部形成很少。萝卜的肉质直根中,除一般形成层外,木薄壁组织中的某些细胞可恢复分裂能力,转变成另一种新的形成层,这种在正常维管形成层以外产生的形成层,称为额外形成层(supernumerary cambium)或副形成层(accessory cambium)。额外形成层和正常形成层一样,向内产生木质部,向外产生韧皮部。由额外形成层产生的结构称为三生结构,所形成的木质部和韧皮部,相应地称为三生木质部和三生韧皮部。

甜菜根形成层的发生和次生结构的形成与萝卜相似,所不同的是在形成层活动的同时,中柱鞘在形成层外方产生出额外形成层。额外形成层的活动形成了三生维管组织及大量薄壁组织,以后在三生韧皮部外侧的薄壁组织中又产生新的额外形成层。如此反复进行,在甜菜根横切面上分生组织可达 8~12 圈或 12 圈以上。分生组织圈数的多少,特别是薄壁组织发达与否,有助于判断某一甜菜是否属于高产的优良品种。

2. 块根

块根由不定根或侧根发育而成,因此,在一株上可形成多个块根。另外,它的组成不含下胚轴和茎的部分，而是完全由根的部分构成，如甘薯、大丽花等的块根。

扦插繁殖的甘薯，块根由不定根形成；种子繁殖的甘薯，块根由侧根形成。甘薯块根的增粗，是形成层和额外形成层共同活动的结果。但它和甜菜不同，不形成同心环的结构。形成层产生的次生结构中，薄壁组织较为发达，木质部的导管常被薄壁组织分隔，因而形成无数导管群，或一些星散在薄壁组织内的单独导管。随着进一步发育，在各导管群或单独的导管周围的薄壁组织中产生额外形成层。有时，甚至在没有导管存在的薄壁组织中或韧皮部外方也产生额外形成层。而无数额外形成层的发生与活动，形成大量三生结构，使块根增粗，贮藏大量营养。

（二）气生根

凡露出地面，生长在空气中的根均称为气生根（aerial root）。根据所担负的生理功能的不同，气生根又分为以下三种类型。

1. 支柱根

玉米、高粱、甘蔗、榕树等在近地面茎节上的不定根不断延长，根先端伸入土中，并继续产生侧根，成为增强植物体支持力量的辅助根系，称为支柱根（prop root）。玉米支柱根的表皮往往角质化，厚壁组织发达。在土壤肥力高、空气湿度大的条件下，支柱根可大量发生；培土也能促进支柱根的产生。

2. 攀援根

有些藤本植物从茎的一侧产生许多很短的不定根，这些根的先端扁平，常可分泌黏液，易固着在其他树干、山石或墙壁等物体的表面攀援上升，这类气生根称为攀援根（climbing root），如常春藤的攀援根。

3. 呼吸根

生长在沼泽或热带海滩地带的植物，如水龙、红树等，可产生一些垂直向上生长、伸出地面的呼吸根（respiratory root），这些根中常有发达的通气组织，可将空气输送到地下，以利于根进行呼吸。

（三）寄生根

菟丝子的寄生根（parasitic root）由茎产生，是不定根的变态，数目很多。寄生根产生时，最初由茎皮层的外层细胞向外发育为一扁平的垫状物与寄主枝条表面紧密接触，再由此垫状物的中心部分长出一穿刺结构，称为吸器。吸器的尖端有一些长形的菌丝状细胞组织，它们穿过寄主表皮、皮层而深达维管束。当吸器细胞与寄主筛管接触时，常形成多歧的"基足"结构，以增加吸收面积。最后，吸器中分化出韧皮部和木质部与寄主的维管束之间建立联系，从而摄取寄主组织内营养物质。

九、根瘤和菌根

植物的根系分布在土壤中，它们和土壤微生物之间存在着密切的关系。微生物不仅影响根的生长发育，而且有些微生物可以进入植物根内，吸取其生活所需的营养物质；同时，植物也从微生物的活动中获得所需要的物质。二者共同生活在一起，存在着互惠互利的关系，这种现象称为共生（symbiosis）。根瘤（root nodule）和菌根（mycorrhiza）是种子植物的根与微生物之间形成的两种类型的共生关系。

1. 根瘤

根瘤是根部的瘤状突起，由土壤中的根瘤菌侵入到根内形成。根瘤菌通过植物的根毛、侧根杈口（如花生）或其他部位侵入，进到根的皮层。皮层细胞因根瘤菌分泌物的刺激而迅速分裂，使皮层细胞数目增多，体积膨大。同时，根瘤菌在皮层细胞中大量繁殖，结果在根的表面形成了瘤状突起（图 3-12）。

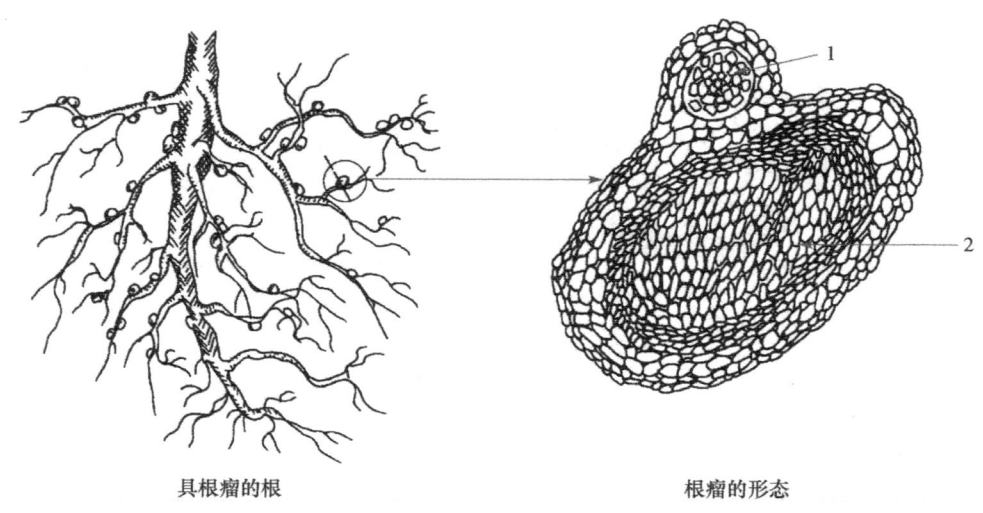

图 3-12 根瘤
1. 中柱；2. 根瘤组织

根瘤菌具有固氮作用，它能将空气中游离的氮固定转化为氨，供植物生长发育需要；同时，根瘤菌还可以从根的皮层细胞中吸取生长发育所需的营养物质。根瘤菌可以分泌一些含氮物质到土壤中，或有一些根瘤自根部脱落，增加土壤肥力供其他植物利用。因此，农业生产上经常把豆科植物，如紫云英、田菁、苜蓿、三叶草等作为绿肥，或者把豆类植物与其他农作物间作，以提高作物的产量。

根瘤在豆科植物中发现较多。除豆科植物外，其他植物，如桦木科、木麻黄科、鼠李科、杨梅科、蔷薇科等以及裸子植物的苏铁、罗汉松等一百多种植物也能形成根瘤。与非豆科植物共生的固氮菌多为放线菌类。近年来，将固氮菌中的固氮基因转移到其他植物中已成为分子生物学和遗传工程的研究目标。

2. 菌根

菌根是植物根与土壤中的真菌形成的共生体。菌根主要有两种类型，即外生菌根（ectomycorrhiza）和内生菌根（endomycorrhiza）（图 3-13）。

外生菌根的菌丝大部分生长在植物幼根的外面，形成白色丝状覆盖层，只有少数菌丝侵入到根表皮、皮层的细胞间隙，但并不侵入细胞内。具有外生菌根的根尖，短而粗，通常为二叉分枝，根毛稀少或没有。菌丝代替根毛的功能，扩大了根的吸收面积。很多森林树种，如松属、云杉属、栎属、桦木属等常具有外生菌根。

内生菌根的菌丝侵入到表皮和皮层细胞内，而根的表面仍具有根毛。因此，这种根在外表上和正常的根差别不大，只是颜色较暗。内生菌根具有促进根内物质运输，加强吸收的作用。银杏、侧柏、五角枫、杜鹃及某些兰科植物的根均具有内生菌根。

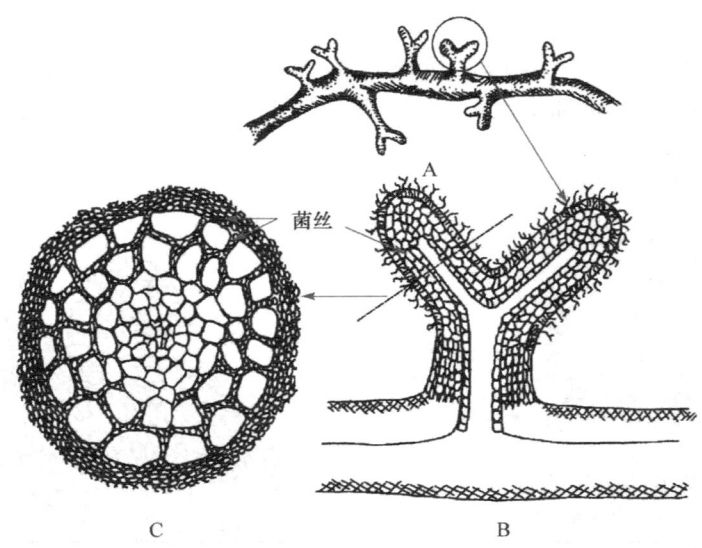

图 3-13 松的菌根
A. 具外生菌根的分枝；B. 分枝纵切面的放大；C. 外生菌根的横切面

除上述两类菌根外，还有内外兼生的菌根，菌丝不仅包在幼根表面，也深入到细胞中，这种菌根称为内外生菌根（ectendotrophic mycorrhiza），如苹果、银白杨、柳树等常形成内外生菌根。

真菌与植物的根系共生，一方面真菌将吸收的水分、无机盐和分解转化的有机物质供给植物，同时，真菌还能产生植物激素，尤其是维生素 B_1，促进根系生长；另一方面，植物把它制造和贮藏的有机养料供给真菌，维持真菌的生活。很多能够形成菌根的树种，如果没有相应的真菌存在，就不能正常生长，甚至死亡。因此，在林业生产上，进行育苗和造林时，经常针对所选树种，预先在土壤内接种所需的真菌，或事先让种子感染真菌，以促进菌根形成，提高幼苗成活率。

第二节　茎

茎（stem）是联系根和叶，输送水分和营养物质的轴状结构，上承枝叶，下接根部，在形态、结构和功能上与根和叶密切相关。

一、茎的生理功能和经济价值

（一）生理功能

1. 支持和输导

大多数植物的茎生长在地面上，支持着植株地上部分的重量；使叶伸展在空间适当的位置，充分接受阳光，以利于光合作用和蒸腾作用的进行；使花在枝条上更好地开放，以利于传粉、受精、结实。茎还能抵抗自然界中的强风、暴雨和冰雪等加到植株上的压力。

茎将根吸收的水分和矿物质以及根合成或贮藏的营养物质运输到地上部分；同时，又将叶的光合产物运输到根、花、果实和种子。所以，茎把植物体的各个部分连成了一体。

2. 贮藏和繁殖

茎中的薄壁组织往往贮存大量的营养物质，某些变态茎，如根状茎、块茎、球茎等是营养物质集中贮藏的部位。对多年生植物而言，茎内的贮藏物质为其来年春季萌芽提供营养和能量。不少植物的茎能形成不定根和不定芽，可用来进行营养繁殖。

（二）经济价值

茎有着广泛的经济用途。例如，甘蔗、马铃薯、莴苣、藕、姜、桂皮等的茎是常用的食品原料；杜仲、天麻、半夏、黄精、金鸡纳树等的茎是著名的药材；纤维、橡胶、生漆、软木、木材等重要工业原料主要来自于植物的茎。

二、茎的形态

1. 茎的基本形态

植物的茎多呈圆柱形，但也有方柱形（如薄荷、蚕豆）、三棱形（如莎草、量天尺）和扁柱形（如昙花、仙人掌）。茎的长短也有很大区别，最高大的茎可达一百多米，如澳大利亚的桉树；也有非常短小的茎，如蒲公英和车前的茎。

茎上着生叶或芽的部位称为节（node），相邻两节之间的部分称为节间（internode）（图3-14B）。叶柄与茎之间的夹角称为叶腋（axillae），在叶腋和茎的顶端及侧方具有芽（bud）。着生叶或芽的茎称为枝条（branch）；茎是枝上除去叶和芽留下的轴状部分。

植物生长过程中，茎的伸长有强有弱，因而节间也就有长有短。节间显著伸长的枝条，称为长枝（long shoot）；节间短缩，各个节紧密相接的枝条，称为短枝（spur shoot）。短枝着生在长枝上（图3-14A），如银杏的长枝上生有许多短枝，叶簇生在短枝上。

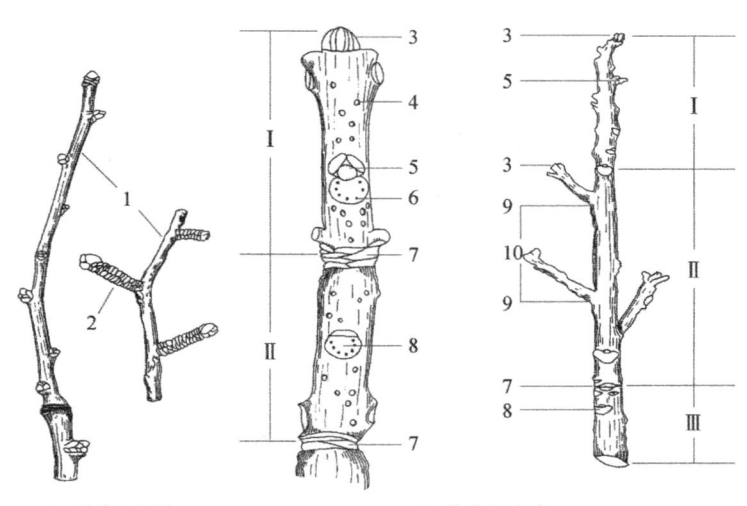

A. 长枝和短枝　　B. 枝条的冬态

图 3-14　茎的形态

1. 长枝；2. 短枝；3. 顶芽；4. 皮孔；5. 侧芽；6. 维管束痕；
7. 芽鳞痕；8. 叶痕；9. 节；10. 节间。Ⅰ. 一年生枝；Ⅱ. 二年生枝；Ⅲ. 三年生枝

叶脱落后在茎上留下的痕迹，称为叶痕（leaf scar）（图3-14B）。叶痕内的点线状突起，是叶柄与茎内的维管束断离后留下的痕迹，称为维管束痕（bundle scar），也称叶迹（leaf trace）。不同植物叶痕的形状和颜色以及维管束痕的排列和束数各不相同。有的植物茎上还可以看到芽鳞痕（bud scar）。芽鳞痕是枝条顶芽开放后，芽鳞脱落后留下的痕迹。根据芽鳞痕的数目可以判断枝条的生长量和生长年龄。此外，在茎上还可以看到皮孔，它是茎内组织与外界进行气体交换的通道。皮孔的形状、颜色和分布的疏密情况也因植物而异。分类学上可以根据枝条上叶痕、维管束痕、皮孔等特征来鉴别植物的种类。

2. 芽的类型

芽是枝、叶、花的原始体，根据芽的位置、性质、结构和生理状态，可以将芽分为不同类型。

（1）定芽和不定芽

根据着生的位置，芽可分为定芽（normal bud）和不定芽（adventitious bud）。

生长在枝条顶端的芽称为顶芽（terminal bud），生于叶腋的芽称为腋芽（axillary bud）或侧芽（lateral bud）。有些植物的叶腋内不止一个侧芽，其中后生的芽称为副芽（accessory bud），如紫穗槐、刺槐的叶腋生有一个副芽，皂角树的叶腋生有两个副芽。还有一些植物的腋芽被叶柄基部所覆盖，称为柄下芽（subpetiolar bud），如悬铃木、火炬树等。

顶芽和腋芽在植物体上都有固定的位置，为定芽。而生于老根、老茎、叶上的芽，以及组织培养形成的胚状体上的芽均为不定芽。

（2）鳞芽和裸芽

根据有无芽鳞包被，芽分为鳞芽（scaly bud）和裸芽（naked bud）。

大多数生长在温带的多年生木本植物，秋天形成的芽需要越冬，芽外常有芽鳞包被，以保护幼芽安全过冬，这样的芽称为鳞芽。芽鳞是叶的变态，有厚的角质层，有时还覆被着毛茸或树脂黏液，可减少水分蒸腾和防止干旱、冻害。

没有芽鳞包被的芽称为裸芽。少数温带树种具有裸芽，如枫杨；多数草本植物的芽也为裸芽。

（3）叶芽、花芽和混合芽

根据芽所形成的器官，可分为叶芽（leaf bud）、花芽（flower bud）和混合芽（mixed bud）。叶芽将来发育为枝和叶；花芽发育为花或花序；混合芽可以同时发育成枝、叶和花或花序，如梨、苹果、海棠和荞麦等。

（4）活动芽和休眠芽

按生理活动状态，芽分为活动芽（active bud）和休眠芽（dormant bud）。

在当年生长季节萌发的芽称为活动芽，一年生草本植物的芽大多为活动芽。生长在温带的多年生木本植物，春季来临，通常只有顶芽和近上端的一些侧芽萌发，其他腋芽保持休眠状态，称为休眠芽或潜伏芽（latent bud）。休眠芽的存在，使植物体内的营养得到大量贮备。当芽受损或生长受阻时，休眠芽可转为活动芽，萌发形成枝叶。

3. 茎的分枝

分枝是植物生长的普遍现象，是植物的基本特征之一。分枝的方式取决于顶芽和腋芽的生长关系。主干的顶芽伸长，使植株向高处生长；腋芽形成很多侧枝，构成庞大的树冠。各种植物，由于芽发育上的差异，分枝方式各异（图3-15）。

（1）单轴分枝

单轴分枝（monopodial branching），又称为总状分枝（racemose branching），具有明显的顶端优势。从幼苗开始，主干的顶芽活动始终占优势，因而形成发达而通直的主干；主干

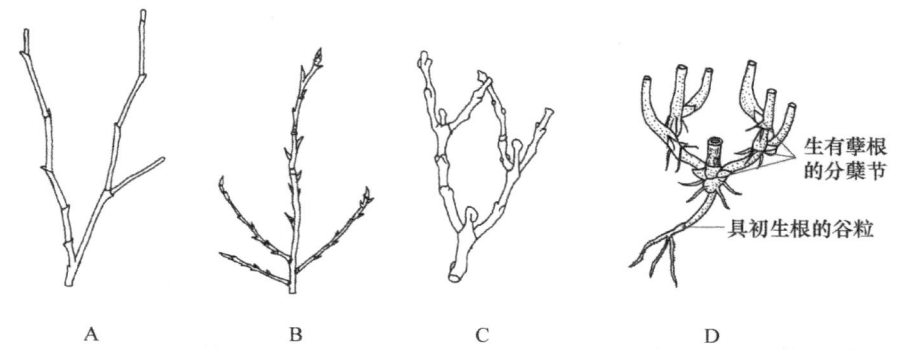

图 3-15 分枝的类型
A. 合轴分枝；B. 单轴分枝；C. 假二叉分枝；D. 分蘖

上产生各级分枝，但分枝的伸长和加粗生长都不及主干。一部分被子植物，如杨树、榉树等；多数裸子植物，如松树、柏树和银杏等为单轴分枝。

（2）合轴分枝

合轴分枝（sympodial branching）的特点是主干或侧枝的顶芽经过一段时间的生长后，生长迟缓或死亡，或顶芽分化成花芽，由紧接顶芽的侧芽代替顶芽发育成新枝，继续主干的生长。经过一段时间后，新枝的顶芽又被下部的侧芽所代替而向上生长，依此类推。这种分枝的主干或侧枝是由许多腋芽发育而成的侧枝联合组成，在年幼的枝条上呈显著的曲折形状，老枝由于加粗生长后不易分辨。大多数被子植物是合轴分枝，如榆树、番茄等；有些植物苗期为单轴分枝，生长到一定时期变为合轴分枝，如棉花等。

（3）假二叉分枝

假二叉分枝（false dichotomous branching）是具有对生叶植物的分枝类型，其特点是在顶芽停止生长或分化为花芽后，由顶芽下两个对生的侧芽同时生长，形成二叉状的分枝，如丁香、泡桐、梓树和石竹等。

以上三种是种子植物的主要分枝方式。单轴分枝在裸子植物中占优势，这种分枝出材率高，适于建筑、造船等用。合轴分枝是一种进化的性状，是被子植物主要的分枝方式；由于顶芽的枯死，失去了顶端优势，因而促使下部很多的腋芽展开，形成枝叶繁茂的树冠。这样，既提高了茎的支持和承受能力，又使枝、叶繁茂，通风透光，有效地扩大了光合作用的面积。同时，合轴分枝还有多生花芽的特性，是一种丰产的分枝方式。假二叉分枝则是合轴分枝的一种特殊形式。

在生产中，了解各种植物的分枝方式，就能采取有效措施，利用天然的分枝方式，并适当地加以控制，使分枝朝着所需要的方式进行。例如，提前抹去苗木的侧芽，可减少分枝，促使顶芽生长，形成端直的木材；通过摘心，调整营养枝和结果枝的生长关系，提高结实率。

（4）分蘖

分蘖（tiller）是禾本科植物所特有的一种分枝方式。小麦、水稻等禾本科植物在生长初期，茎的节间很短，节很密集，而且集中于基部，每个节上都有一片幼叶和一个腋芽。当幼苗出现 4 片或 5 片幼叶时，有些腋芽开始活动形成新枝，并在相应节位上产生不定根。这种分枝方式称为分蘖，产生分枝的节称为分蘖节。分蘖产生新枝后，在新枝的基部又形成新的分蘖节，进行分蘖活动，依次产生各级分枝和不定根。水稻和小麦的分蘖能力较强，在一定条件下可以大量地分蘖；玉米、高粱的分蘖能力较弱。

三、茎的发育

茎由芽发育而来。通过芽纵切面可以看到（图 3-16），外面由许多幼叶包被，芽体的顶端为茎的顶端分生组织，侧面形成许多突起称为叶原基（leaf primordium），以后发育为叶。叶原基腋部的小突起称为腋芽原基（axillary bud primordium），将来发育成腋芽，腋芽展开后再发育为侧枝。着生叶原基、腋芽原基和幼叶的轴称为芽轴（bud axis），是节间没有伸长的茎。

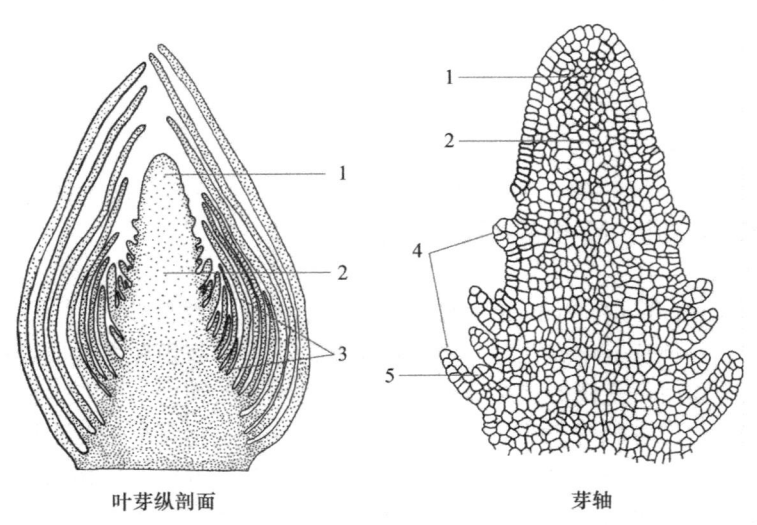

图 3-16　茎尖的结构
1. 顶端分生组织；2. 芽轴；3. 幼叶；4. 叶原基；5. 腋芽原基

茎的顶端分生组织和根的相似，也由原分生组织及其衍生的初生分生组织构成，但比根复杂得多，因为叶和侧枝都起源于这里。

关于茎顶端分生组织的形态和结构，目前主要有两种描述方法：一种是原套-原体学说（tunica-corpus theory），另一种是细胞组织学分区学说（cytohistological zonation theory）。

按照原套-原体学说，茎顶端分生组织由两部分组成：外部是原套（tunica），由一至数层排列规律的细胞组成；内方是原体（corpus），由一团排列不规则的细胞组成（图 3-17）。

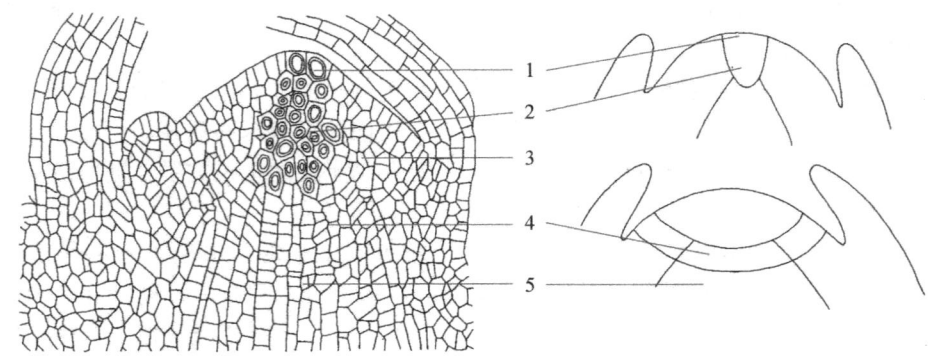

图 3-17　茎顶端分生组织的两种描述方法
1. 原套（顶端原始细胞区）；2. 原体（中央母细胞区）；
3. 周围分生组织区；4. 形成层过渡区；5. 肋状分生组织区

原套只进行垂周分裂，扩大茎尖的表面积，但不增加细胞层数；原体可进行各个方向的分裂，以增大茎尖的体积。利用体细胞突变技术所做的细胞谱系分析证明，原套的最外层细胞分裂衍生形成茎的表皮，内层细胞分裂衍生形成茎的皮层和维管柱。

细胞组织学分区学说认为：茎顶端表面有原始细胞群，向下衍生形成中央母细胞区，中央母细胞区向下有过渡区，中央部位再向下衍生成髓分生组织，以后形成肋状分生组织（rib meristem）；原始细胞群和中央母细胞向侧方衍生的细胞形成周围分生组织（peripheral meristem）。周围分生组织平周分裂能引起茎的增粗，而垂周分裂则使茎伸长，其中一些部分分化出叶原基。

四、茎的初生结构

（一）双子叶植物茎的初生结构

双子叶植物茎的初生结构与根相同，也由表皮、皮层和维管柱三部分构成（图 3-18）。

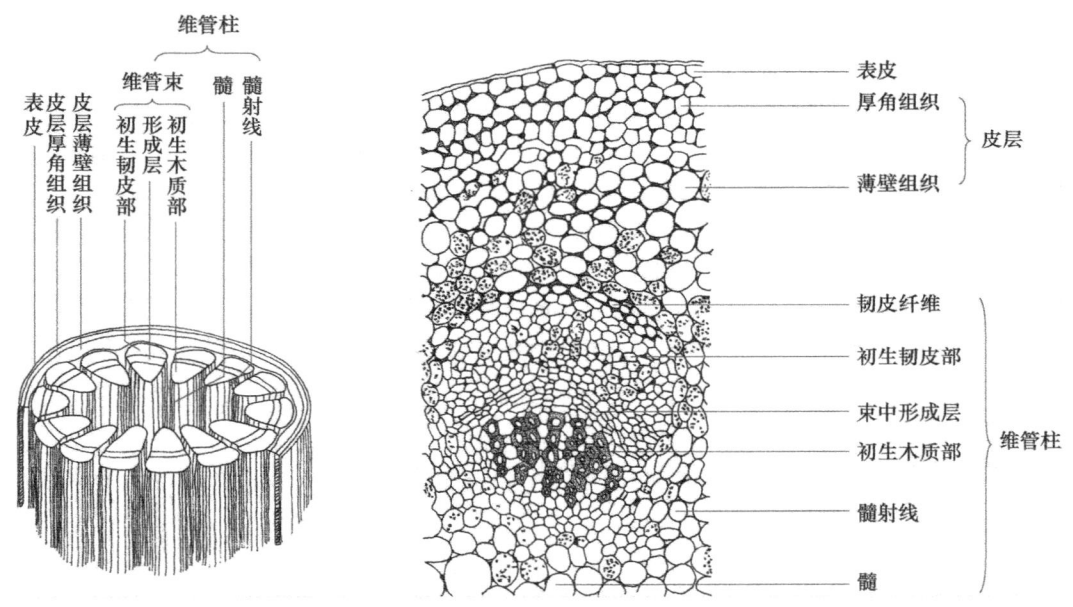

图 3-18　双子叶植物茎的初生结构

1. 表皮

表皮是幼茎外面的一层生活细胞，多为狭长形，排列紧密，没有细胞间隙，是茎的初生保护组织。表皮细胞的外向壁常加厚，并角质化，形成角质层；有些植物在角质层外面还有蜡质，可以增加表皮的不透水性和坚韧性。茎的表皮还分布有气孔和各种表皮毛。

2. 皮层

皮层位于表皮之内，由多层薄壁细胞组成，在横切面上占有很小的比例。邻接表皮的皮层细胞大多为厚角组织，成束分布，形成茎的棱角。皮层外围细胞常含有叶绿体，能进行光合作用，使幼茎呈现绿色。有些植物茎的皮层中还存在着厚壁组织，如南瓜茎的皮层中纤维与厚角组织同时存在。水生植物的皮层胞间隙发达，形成通气组织。有些植物茎的皮层中还分布着分泌树脂、乳汁的分泌细胞。

茎一般没有内皮层，只有一些草本植物、水生植物和某些植物的地下茎中才具有内皮层。有些植物，如旱金莲、蚕豆等在相当于内皮层处的细胞中富含淀粉粒，这层细胞称为淀粉鞘（starch sheath）。

3. 维管柱

维管柱由维管束（vascular bundle）、髓射线（pith ray）和髓构成。在茎的横切面上，维管柱占有较大的面积，这一点和根中不同。

（1）维管束

在横切面上，维管束呈环状排列，是维管柱的主要部分。每个维管束由初生木质部、初生韧皮部、束中形成层（fascicular cambium）构成。

初生木质部由导管、管胞、木薄壁细胞和木纤维组成。茎中木质部的发育顺序为内始式（endarch），即原生木质部最早发育成熟，位于内方，由管径较小的环纹和螺纹导管组成；后生木质部发育较晚，位于外方，由管径较大的梯纹、网纹和孔纹导管组成，是初生木质部中起主要作用的部分。

初生韧皮部由筛管、伴胞、韧皮薄壁细胞和韧皮纤维组成。初生韧皮部的分化先于初生木质部，因此初生韧皮部位于维管束的外方，其发育方式与根中相同，也是外始式，即外层细胞成熟得较早，形成原生韧皮部；随后，继续向内分化，形成后生韧皮部。筛管是韧皮部的主要成分，伴胞和筛管分子之间有胞间连丝，与筛管的物质运输有关。薄壁细胞散生在初生韧皮部中，韧皮纤维一般分布在原生韧皮部。

束中形成层分布在初生木质部和初生韧皮部之间，是顶端分生组织分化为成熟组织时留下的一层具有潜在分裂能力的薄壁细胞，以后在茎的增粗中起主要作用。具有束中形成层的维管束，茎可以继续发育形成次生结构，这种维管束称为开放维管束或无限维管束（open bundle）。单子叶植物和一些草本双子叶植物的维管束中没有束中形成层，因此称为闭合维管束或有限维管束（closed bundle）。

（2）髓射线

髓射线是维管束之间的薄壁组织，外起皮层，内达髓部，在茎的横切面上呈放射状排列，具有横向运输和贮藏的功能。

（3）髓

髓位于茎的中央，由排列疏松的薄壁细胞组成。有些植物的髓中含有石细胞、晶体细胞、单宁细胞和黏液细胞等；有些植物髓的外方有小型厚壁细胞，围绕着内部大型的细胞，形成环髓带（perimedullary zone），如椴树；有些植物的髓，由于成熟较早，当茎继续生长时，部分髓被拉破形成空腔，即髓腔（pith cavity），如连翘、南瓜；还有些植物，髓的一部分细胞死亡破坏，而另一部分细胞未被破坏，形成片状髓（lamellar pith），如胡桃、枫杨。

（二）单子叶植物茎的结构

与双子叶植物显著不同，单子叶植物茎的结构由表皮、基本组织和维管束构成（图3-19）。以禾本科植物为例，单子叶植物茎的结构特征如下所述。

1. 表皮

表皮由长短两种细胞组成（图3-20）。长细胞（long cell）是角质化的细胞，构成表皮的大部分；短细胞（short cell）位于两个长细胞之间，分为两种：木栓化的栓质细胞（cork

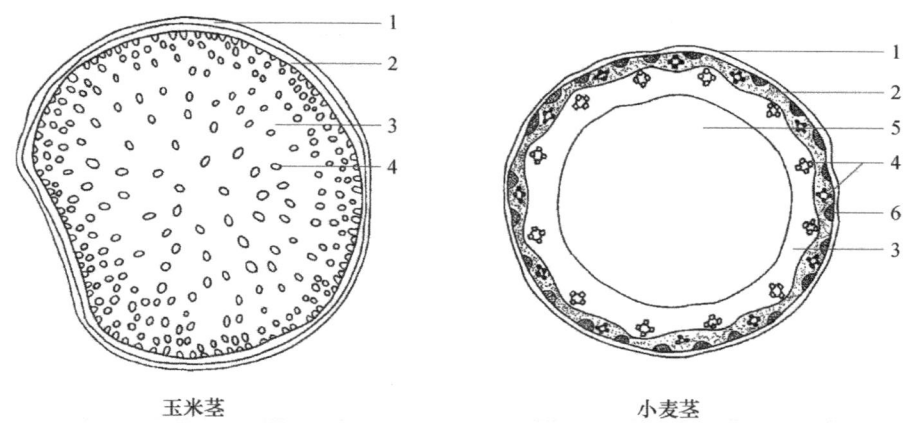

图 3-19 禾本科植物茎横切面结构简图
1. 表皮；2. 厚壁组织；3. 基本组织；4. 维管束；5. 髓腔；6. 同化组织

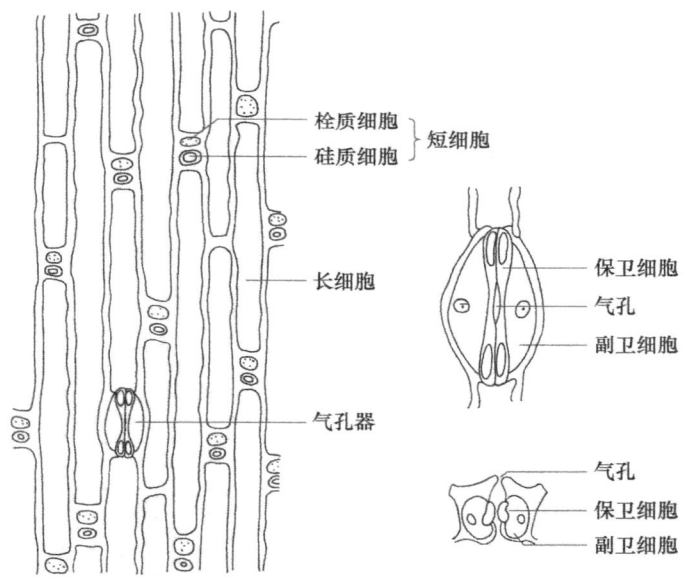

图 3-20 单子叶植物的表皮

cell）和含有二氧化硅的硅质细胞（silica cell）。此外，表皮上还有由保卫细胞和副卫细胞组成的气孔器。

2. 基本组织

表皮以内为基本组织，主要由薄壁细胞组成，维管束散生在其中。靠近表皮常分布着厚壁细胞，起机械支持作用。幼嫩的茎中，表皮内方的薄壁细胞含有叶绿体，能进行光合作用。有些植物茎中央组织解体，形成髓腔，周围分布着多层石细胞。基本组织具有皮层和髓的功能。

3. 维管束

维管束散生在基本组织中。横切面上，维管束近卵圆形（图 3-21），外面有纤维构成的维管束鞘（bundle sheath）。

维管束由木质部和韧皮部组成,木质部在内,韧皮部在外,两者的成熟方式与双子叶植物一致。原生韧皮部位于韧皮部的外侧,与维管束鞘相接,由于后生韧皮部的不断生长分化,原生韧皮部已被挤压破坏成一条带状结构;后生韧皮部是韧皮部的有效部分,由筛管和伴胞组成。木质部通常含有3个或4个显著的导管,在横切面上排列成"Y"形。"Y"形的下部是原生木质部,由1个或2个环纹或螺纹导管组成,还有少量的薄壁细胞。在环纹导管的附近常有一空腔,是最早发生的环纹导管被破坏而形成的。"Y"形的上部是后生木质部,紧接后生韧皮部,由2个大的孔纹导管组成,中间为薄壁细胞或管胞。维管束中没有形成层,为有限外韧维管束。

(三) 裸子植物茎的结构

裸子植物茎的初生结构与双子叶植物类似,也由表皮、皮层和维管柱三部分组成(图3-22)。它们的主要区别在于:组成木质部和韧皮部的成分不同,裸子植物的木质部主要由管胞和薄壁细胞组成,无导管和纤维细胞;韧皮部由筛胞和薄壁细胞组成,没有筛管、伴胞和纤维细胞。另外,大多数裸子植物茎内分布着树脂道(resin duct),纵向排列与茎轴平行。

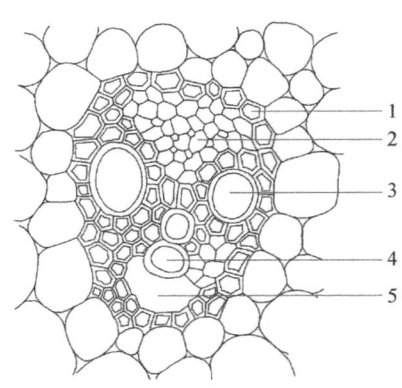

图 3-21 维管束的结构
1. 维管束鞘;2. 韧皮部;3. 后生木质部;
4. 原生木质部;5. 气腔

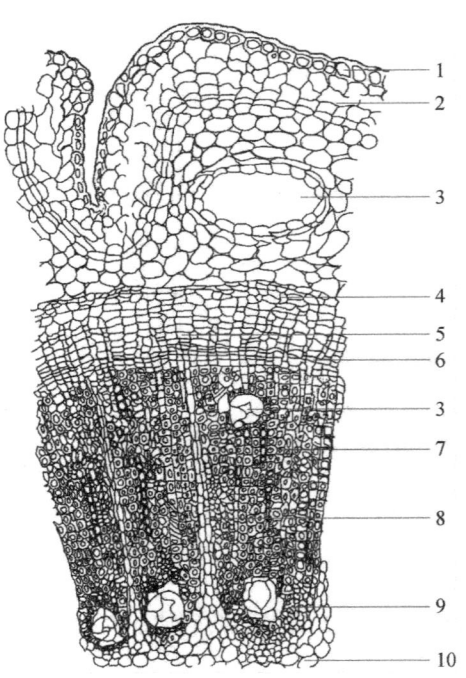

图 3-22 裸子植物茎的初生结构
1. 表皮;2. 皮层;3. 树脂道;4. 初生韧皮部;
5. 韧皮射线;6. 束中形成层;7. 后生木质部;
8. 木射线;9. 原生木质部;10. 髓

五、茎的次生生长和次生结构

当茎完成初生生长后还要进行次生生长,产生次生结构,使茎加粗。与根相似,茎的次生结构也包括次生维管组织和周皮,分别由维管形成层和木栓形成层分裂产生。

(一) 双子叶植物茎的次生结构

1. 次生维管组织

(1) 维管形成层的发生和活动

茎的初生结构形成后，位于维管束内的束中形成层恢复分裂能力。同时，髓射线中与束中形成层细胞相连的细胞也恢复分裂能力，形成束间形成层（interfascicular cambium）。束中形成层和束间形成层相连接，共同构成圆环状的维管形成层（图3-23），由纺锤状原始细胞和射线原始细胞组成。

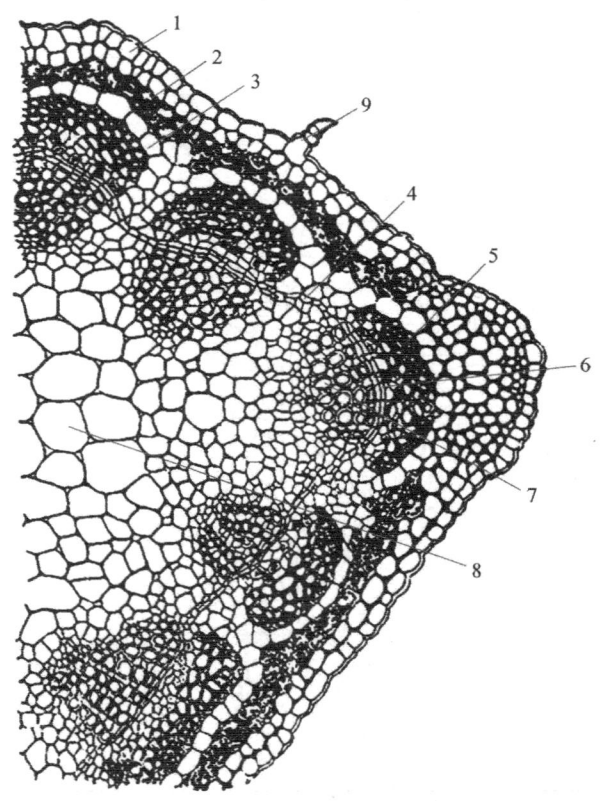

图 3-23 紫苜蓿茎横切图（示维管形成层的发生与形成）
1. 表皮；2. 皮层厚角组织；3. 淀粉鞘；4. 束间形成层；5. 初生韧皮部；6. 束中形成层；
7. 初生木质部；8. 髓；9. 表皮毛

维管形成层主要进行平周分裂，向内形成次生木质部，加在初生木质部的外方，向外形成次生韧皮部，加在初生韧皮部的内方。形成层细胞为扩大自身的圆周，也进行径向分裂和横向分裂，以适应内方的不断增粗。因此，形成层的位置渐次向外推移。

次生木质部与次生韧皮部的组成与初生结构相似，即木质部由导管、管胞、木薄壁细胞和木纤维组成，韧皮部由筛管、伴胞、韧皮薄壁细胞和韧皮纤维组成。这些组成分子都由纺锤状原始细胞分裂衍化而成，在茎中纵向排列。次生木质部以导管和木纤维为主要成分，木薄壁细胞较少，木纤维的数量比初生木质部中的多，其含量直接影响木材的硬度。次生韧皮部以筛管和韧皮薄壁细胞为主要成分，韧皮纤维和石细胞是次生韧皮部的机械组织。在次生木质部和次生韧皮部中还有径向排列的维管射线，由射线原始细胞分裂产生；位于木质部的为木射线，位于韧皮部的为韧皮射线，它们既是横向输导组织，也是贮藏组织。

从排列方向和生理功能上看，维管射线和髓射线相似，但二者来源不同，维管射线由射线原始细胞分裂产生，属于次生结构，因此称为次生射线（secondary ray），它随着次生结构的形成不断延伸；髓射线由基本分生组织分裂形成，出现在初生结构中，因此称为初生射线（primary ray），虽在次生结构中能继续增长，但数目却是固定不变的（图3-24）。

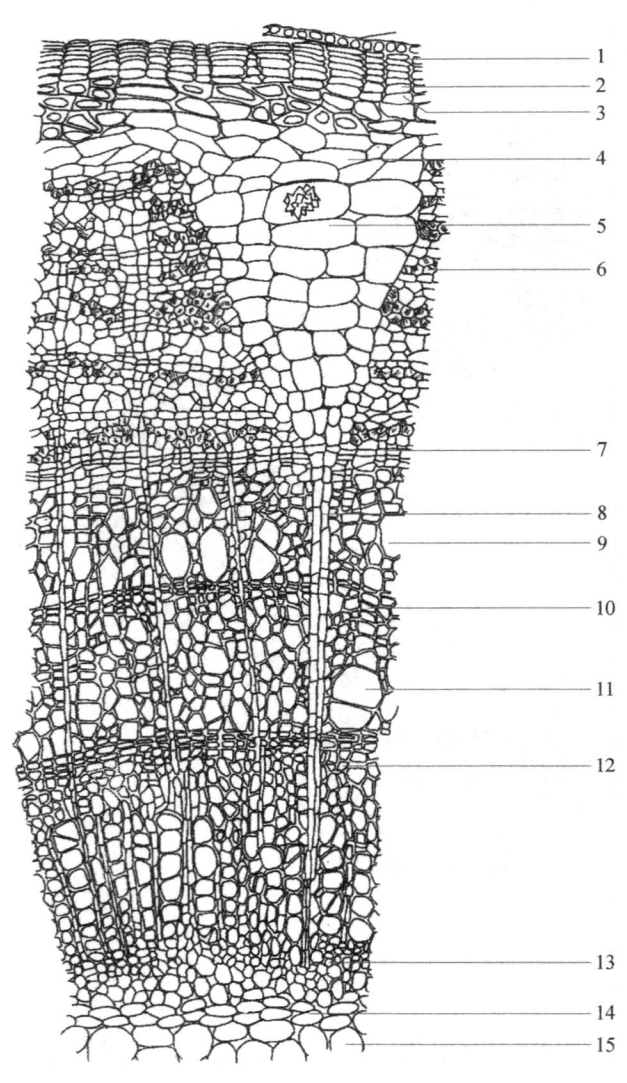

图3-24　三年生椴树茎横切

1. 木栓层；2. 木栓形成层；3. 栓内层；4. 薄壁组织；5. 扩张的韧皮射线；6. 次生韧皮部；7. 形成层；8. 木射线；9. 第三年次生木质部；10. 第二年的晚材；11. 第二年的早材；12. 第一年次生木质部；13. 初生木质部；14. 环髓带（髓）；15. 薄壁组织（髓）

（2）木材的三切面

形成层向内分裂形成的木质部细胞比向外形成的韧皮部细胞多，随着形成层的不断分裂，次生木质部占了茎的大部分。植物生长年龄越大，次生木质部所占比例就越大。因此，次生木质部是木材的主要来源。有关木材的结构可以通过茎的三切面，即横切面（cross section）、径向切面（radial section）和切向切面（tangential section）来进行比较观察（图3-25）。

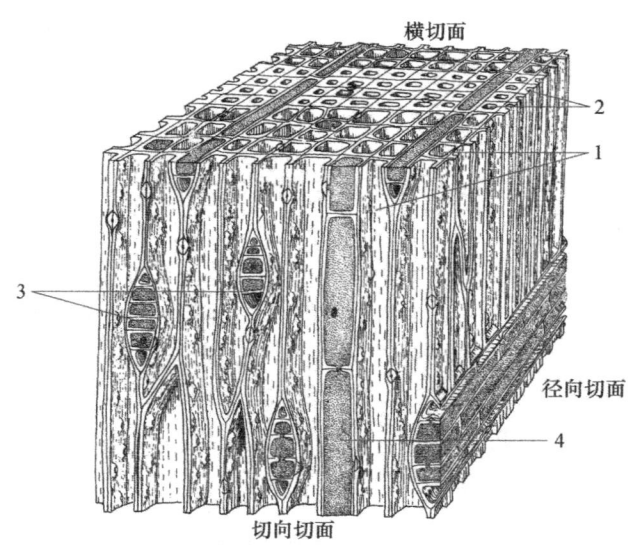

图3-25　裸子植物茎木质部的立体图解
1. 早材；2. 晚材；3. 射线；4. 薄壁细胞

横切面是与茎的纵轴相垂直的切面。在横切面上，显示导管、管胞、木薄壁细胞和木纤维直径的大小和横切面的形状。射线显示的是纵切面，呈条形辐射状排列，可看到射线的长度和宽度。

径向切面是通过茎髓心的纵切面。在径向切面上，显示导管、管胞、木薄壁细胞、木纤维和木射线的纵切面；导管与茎轴相平行，木薄壁细胞呈带状或散布在导管的周围，木纤维为纺锤形。木射线由多层射线细胞组成，横向排列与茎的主轴垂直，可以看到射线的长度和高度。

切向切面与茎的半径垂直，但不通过茎的中心。在切向切面上，显示导管、管胞、木薄壁细胞和木纤维的纵切面；导管纵向分布，木薄壁细胞与木纤维的细胞形态和排列式样与径向切面上相同。射线被横切，多呈纺锤形，可以看到射线的高度和宽度。

在这三种切面上，射线的形状最为突出，可以据此判别切面的类型。

（3）生长轮

由于维管形成层的季节性活动，次生木质部在横切面上形成系列同心圆环，称为生长轮（growth ring）。生长轮由春材（spring wood）和秋材（autumn wood），或早材（early wood）和晚材（late wood）两部分构成。温带春季和热带湿季，温度高，水分充足，形成层活动快，产生的木质部细胞体积较大，细胞壁较薄，形成春材或早材；温带夏末、秋初或热带旱季，温度降低，水分减少，形成层活动逐渐减弱，产生的木质部细胞体积较小，细胞壁较厚，而且管胞数量较多，形成秋材或晚材。同一年内形成的早材（春材）和晚材（秋材）构成一个生长轮，即年轮（annual ring）。一个年轮中，从早材到晚材，色泽和质地随着季节的更替逐渐变化，没有截然的界限；但在上一年晚材和当年早材间则形成了明显的年轮界。

依据树干基部年轮的数目，可以计算树木的年龄，也可根据年轮的宽窄判断某一地区历年气候变化情况。年轮气候学是近年发展起来的一门新学科，它是利用树木年轮研究气候、水文特征、地震、森林火灾、考古及生态环境等方面的科学。温带生长的树种，通常每年形成一个生长轮，但有时因气候的变化或病虫害的影响可形成几个生长轮。在热带、亚热带地区，由于四季气候变化不大，或由于干湿季的影响，一年内可产生多个生长轮，称为假年轮（false annual ring）。

（4）心材和边材

在茎的横切面上，次生木质部从颜色上可以明显地区分为两个部分：靠近形成层的部分，颜色较浅，为边材（sap wood），茎中心颜色较深的部分为心材（heart wood）。边材也称液材，一般较湿，是贴近树皮较新形成的次生木质部，它含有生活细胞，具有输导和贮藏的功能。因而，边材的存在直接关系到树木的营养。形成层每年产生的次生木质部形成新的边材，而旧的边材部分由于组织衰老死亡而逐渐转变成心材，失去了输导水分和贮藏的功能。所以，心材逐年增加，而边材的厚度却较为稳定。当边材变成心材时，细胞被鞣质、树脂、有色物质和挥发油等有机物质填充，木材变得坚硬耐磨，并有特殊的色泽，如桃花心木的心材呈红色、胡桃木呈褐色、乌木呈黑色。

2. 周皮

（1）木栓形成层的发生和活动

木栓形成层的形成开始于次生生长的初期。茎中第一次木栓形成层的发生部位各种植物有所不同，通常由紧接表皮的一层皮层细胞转变而成，如杨树、胡桃、榆等；或者由皮层的第二、三层细胞转变而成，如刺槐、马兜铃等；还有的直接由表皮细胞转变而成，如苹果、欧洲夹竹桃等；另外一些则是由近韧皮部内的薄壁细胞转变而成，如葡萄、石榴等。

木栓形成层以平周分裂为主，向内形成栓内层，向外形成木栓层，三者共同构成周皮。

（2）树皮

木栓形成层的活动期限长短不一。有些植物的木栓形成层活动期限比较长，可以保持很多年，甚至可以保持终生；但大多数植物的木栓形成层活动期限不过几个月。当第一次产生的木栓形成层活动停止后，接着在它的内方又产生新的木栓形成层，形成新的周皮。如此反复进行，最后木栓形成层的产生部位可深达次生韧皮部。多次周皮的积累，再加上维管形成层以外的次生韧皮部共同构成树皮（bark）。

总之，在多年生植物茎的横切面上，可以看到茎的次生结构包括周皮、次生韧皮部、维管形成层、次生木质部。位于外侧的韧皮部将逐渐成为周皮的一部分，而初生木质部和髓被保留在茎的中央。

（二）裸子植物茎的次生结构

裸子植物茎的次生生长和次生结构与双子叶植物相似，只是木质部和韧皮部的组成成分不同。次生木质部主要由管胞、木薄壁细胞和木射线组成；除少数种类（麻黄属、买麻藤属具有导管）外，一般没有导管，无典型的木纤维，管胞兼具输导和支持的双重作用。次生韧皮部由筛胞、韧皮薄壁细胞和韧皮射线组成，无筛管和伴胞。另外，在裸子植物的次生结构中，也存在着年轮、早材和晚材、边材和心材的结构；有些种类在茎的皮层、木质部、韧皮部和髓中分布有树脂道。

（三）单子叶植物茎的次生结构

单子叶植物茎的维管束中没有束中形成层，不能进行次生生长，也就没有次生结构。但部分单子叶植物，如棕榈、甘蔗和玉米，它们的茎虽不进行次生生长，但也有明显的增粗现象，这种增粗是初生加厚分生组织（primary thickening meristem）活动的结果。初生加厚分生组织由茎尖顶端分生组织产生，位于叶原基和幼叶下面（图3-26），与茎表皮平行，它们进行平周分裂，使幼茎增粗。初生加厚分生组织在茎顶端活动最强烈，沿茎尖向下活动逐渐减弱，至成熟结构中停止活动，所以茎干不能无限度地增粗。

少数热带或亚热带的单子叶植物，如龙血树、朱蕉、丝兰等，其茎形成初生结构后，在初生维管束外方产生形成层。形成层进行平周分裂，向内产生次生维管束和薄壁组织，向外产生少量的薄壁组织。

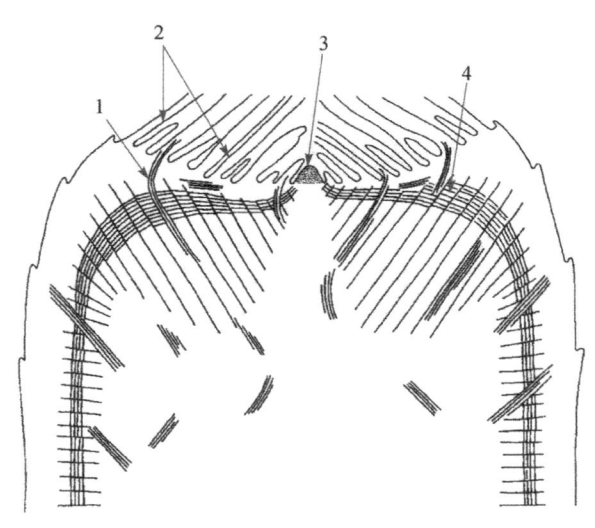

图3-26 单子叶植物茎的初生加厚分生组织
1. 原形成层；2. 幼叶和叶原基；
3. 顶端分生组织；4. 初生加厚分生组织

次生维管束一般是周木维管束，木质部由管胞组成，包于韧皮部外周；韧皮部的量较少。这些植物的茎因形成层的活动而增粗。

六、茎的变态

大多数植物的茎生长在地面上，具有节和节间，并在节上着生叶和芽。但有些植物的茎为了适应不同的环境而具有不同的功能，其形态结构常发生一系列可遗传的变化，这就是茎的变态。

茎的变态可以分为地上茎（aerial stem）的变态和地下茎（subterraneous stem）的变态两类。

（一）地上茎的变态

1. 茎刺

由茎转变而成的刺，称为茎刺（stem thorn）或枝刺，如山楂、酸橙的单刺以及皂荚的分枝刺。茎刺有时分枝生叶，它的位置常在叶腋。蔷薇茎上的皮刺是由表皮形成的，与维管组织无联系，与茎刺有显著区别。

2. 茎卷须

许多攀援植物的茎细长，其侧枝变态成卷须，称为茎卷须（stem tendril）或枝卷须。茎卷须的位置或与花（花序）的位置相当，如葡萄；或生于叶腋，如南瓜、黄瓜等。

3. 叶状茎

茎转变成叶状，扁平，呈绿色，能进行光合作用，称为叶状茎（phylloid）或叶状枝。假叶树的侧枝变为叶状枝，叶退化为鳞片状，叶腋内可生小花。由于其鳞片叶太小，不易辨识，故人们常误认为"叶"（实际上是叶状枝）上开花。天门冬的叶腋内也产生叶状枝；竹节蓼的叶状枝极显著，叶小或缺失。

4. 肉质茎

肉质茎（fleshy stem）主要指仙人掌科植物的变态茎，肥厚多汁，贮藏大量水分和养料；叶变态为刺。

此外，地上茎的变态还有爬山虎的吸盘，蒜花序间的小鳞茎（珠芽），薯蓣、秋海棠的腋芽形成的肉质小块茎等。

（二）地下茎的变态

地下茎虽然生长在土壤中，但仍具茎的特征，如有节和节间、叶退化成鳞片状、叶脱落后留有叶痕、变态叶腋内有腋芽。因此，易于和根区别。

常见的地下茎的变态有 4 种类型。

1. 根状茎

根状茎（rhizome）横卧地下，较长，贮藏有丰富的养料。春季，腋芽可以发育成新的地上枝。藕就是莲根状茎中先端较肥大、具顶芽的一些节段，节上有退化小叶，叶腋内可抽出花梗和叶柄。竹鞭是竹的根状茎，有明显的节和节间；笋是竹鞭的叶腋内伸出地面的腋芽，可发育成竹的地上枝。由于有根状茎，竹、芦苇和一些杂草可蔓生成丛；杂草的根状茎翻耕割断后，每一小段都能独立发育成一新植株。

2. 块茎

马铃薯的块茎（stem tuber）最为常见。其块茎由根状茎的先端膨大、积累养料而成。块茎上有许多凹陷，称为芽眼（相当于叶腋），幼时具退化鳞叶，后脱落。整个块茎上的芽眼螺旋状排列，内有 3~20 个芽，通常具 3 个芽，但仅有 1 个芽发育；同时，先端也具顶芽。马铃薯的块茎由外向内依次为周皮、皮层、维管束环、髓环区及髓等部分。块茎中贮藏淀粉以髓环区最多，皮层次之，最少的是髓。

菊芋的地下茎俗称洋姜，也是块茎，可制糖或糖浆；甘露子的串珠状块茎，即酱菜中的"螺丝菜"，也称宝塔菜，可供食用。

3. 鳞茎

由许多肥厚的肉质鳞叶包围的扁平或圆盘状的地下茎，称为鳞茎（bulb），如百合、洋葱、蒜、葱、水仙、石蒜等。

洋葱的鳞茎呈圆盘状，称鳞茎盘（或鳞茎座）。四周的鳞叶不成显著的瓣，而是整片将茎紧紧围裹；每一鳞叶是地上叶的基部，外侧的几片随地上叶的枯死而成为干燥的膜状鳞叶，有保护作用；内侧的鳞叶肉质，在地上叶枯死后仍然存活，富含糖分，是主要的食用部分。

蒜和洋葱相似。幼时，鳞茎的整个部分、鳞叶和地上叶为食用部分；成熟的蒜，抽薹（蒜薹）开花，地下茎本身因木质增加而硬化，鳞叶干枯呈膜状，失去食用价值，而鳞叶间的肥大腋芽，俗称"蒜瓣"，成为主要食用部分。

4. 球茎

球状的地下茎，由根状茎先端膨大而成，如荸荠、慈姑、芋和三棱草等。球茎具顶芽，有明显的节和节间，节上具褐色膜状鳞叶。

第三节 叶

叶（leaf）着生在茎的节上，是植物制造有机物质的主要器官。

一、叶的生理功能和经济价值

（一）生理功能

1. 光合作用

绿色植物吸收太阳能，同化二氧化碳和水，合成有机物质并释放氧气的过程，称为光合作用（photosynthesis）。植物通过光合作用，将无机物转化成有机物（主要是糖类），同时也把光能转变成化学能，贮藏在有机化合物中。这些光合产物不仅满足了植物自身生长发育的需要，而且也为人类和其他动物提供了生活所需要的物质。有机物所贮藏的化学能，除了供植物本身和异养生物利用外，更重要的是可作为人类活动的能量来源，煤炭、石油、天然气和木材等都来自于植物光合作用固定的能量。此外，植物光合作用吸收二氧化碳，释放出氧气，使大气中氧气和二氧化碳含量相对稳定，维持了大气成分的平衡，为地球生物创造了良好的生存环境。光合作用是地球上一切生命存在、繁荣和发展的根本源泉。

2. 蒸腾作用

植物体内的水分以气体状态通过植物体表面（主要是叶）散失到大气中的现象，称为蒸腾作用（transpiration）。蒸腾作用产生的蒸腾拉力是植物吸收和运输水分的主要动力，特别是高大的植株，假如没有蒸腾作用，水分很难到达顶部。随蒸腾作用引起的上升液流也使根吸收的矿质元素和根中合成的有机物转运到植物体的其他部分。蒸腾作用还能够降低叶片温度，避免高温对叶片造成灼伤。

此外，叶片还具有一定的吸收能力。例如，农业生产上，向叶面喷洒的肥料（根外施肥），可通过叶表面吸收进入体内，从而解决了某些肥料（如磷肥）易被土壤固定，不易被根吸收的问题。

有些植物的叶能进行繁殖，如落地生根的叶，其叶片边缘可以形成不定根和不定芽，当它们自母体叶片脱离后，即可形成新的植株。也可直接用叶扦插的方法进行营养繁殖，如柑橘、秋海棠和柠檬等。

除了上述功能外，部分植物的叶还有特殊的功能。例如，猪笼草的叶呈囊状，可以捕食昆虫；洋葱的鳞叶肥厚，具有贮藏作用；豌豆复叶顶端的叶变成卷须，有攀援作用；小檗的叶变态形成针刺状，起保护作用。

（二）经济价值

叶的经济价值有多种，如白菜、菠菜、韭菜等的叶可供食用；颠茄、薄荷等的叶可药用；留兰香、香叶天竺葵等的叶可提取香精；剑麻的叶可造纸；茶叶的叶可做饮料；烟草的叶可制卷烟、雪茄等。

二、叶的形态

1. 叶的组成

双子叶植物的叶一般由叶片（lamina 或 blade）、叶柄（petiole）和托叶（stipule）三部分组成（图3-27）。三部分俱全的叶，称为完全叶（complete leaf）；仅具其中一部分或两部分的叶，称为不完全叶（incomplete leaf）。无托叶的不完全叶比较普遍，如丁香、白菜等；也有无叶柄的叶，如莴苣、荠菜等。缺少叶片的情况极为少见。例如，我国的台湾相思树，除幼苗外，植株不具有叶片，由叶柄扩展成扁平状，行使叶片的功能。

2. 叶的形态

不同种类植物的叶，其大小和形状不同。就大小来讲，王莲、芭蕉的叶直径可达1～2.5 m，而柏树和柽柳的鳞叶，仅几毫米长。就形状来讲，以叶片的长和宽的比值及最宽处的位置为标准，常见的叶片形状如图3-28所示。此外，叶尖、叶基、叶缘的形状也是区别叶形状的重要内容，如图3-29至图3-32所示。

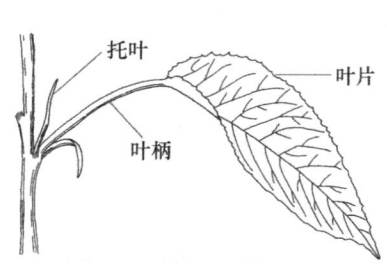

图3-27 叶的组成

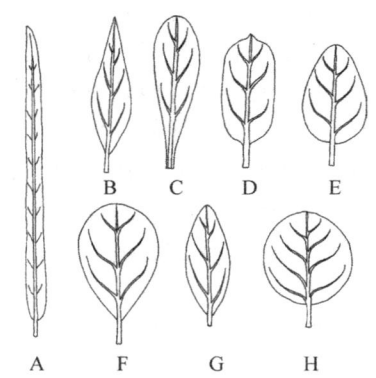

图3-28 叶片的形状
A. 线性；B. 披针形；C. 倒披针形；D. 长圆形；
E. 卵形；F. 倒卵形；G. 椭圆形；H. 圆形

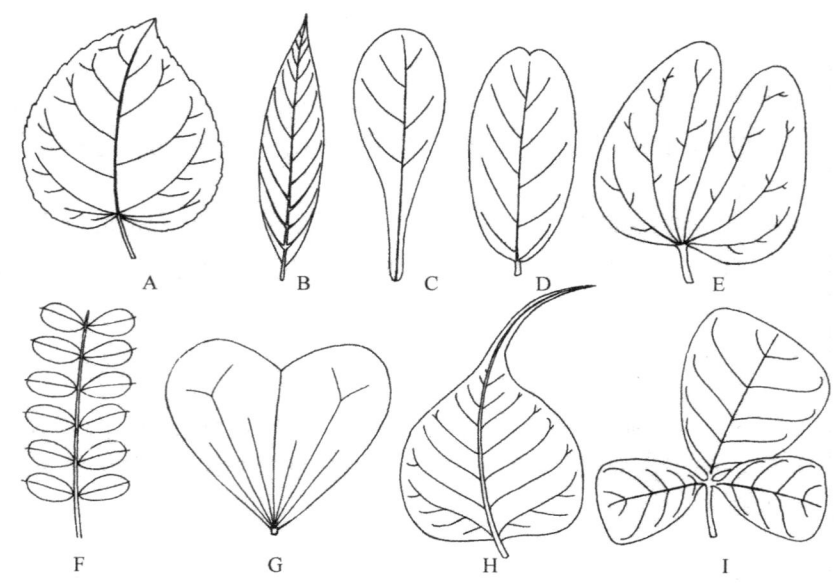

图3-29 叶尖的形状
A. 急尖；B. 渐尖；C. 钝形；D. 微凹；E. 微缺；F. 具短尖；G. 倒心脏形；H. 尾状；I. 截形

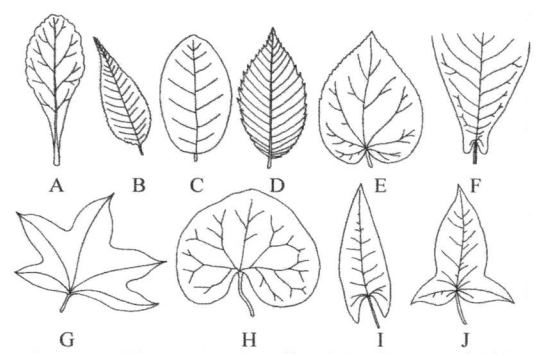

图 3-30 叶片基部的形状
A. 渐狭；B. 急尖；C. 钝形；D. 斜形；E. 心脏形；F. 耳形；G. 截形；H. 肾形；I. 箭形；J. 戟形

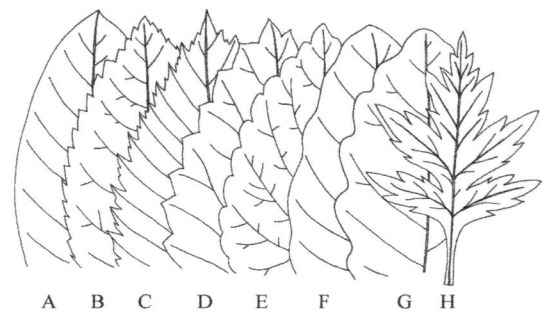

图 3-31 叶缘的类型
A. 全缘；B. 锯齿缘；C. 重锯齿缘；D. 牙齿缘；E. 钝齿缘；F. 浅波缘；G. 深波缘；H. 具缺刻

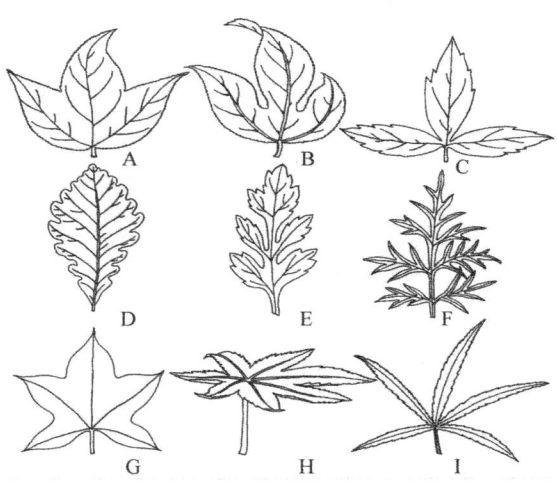

图 3-32 叶片分裂程度
A. 三出浅裂；B. 三出深裂；C. 三出全裂；D. 羽状浅裂；E. 羽状深裂；F. 羽状全裂；
G. 掌状浅裂；H. 掌状深裂；I. 掌状全裂

虽然叶的形态多样，但对某一种植物而言，叶的形态是一个比较稳定的特征，可以作为鉴定植物种类的依据之一。

3. 叶脉

叶脉（vein）是贯穿于叶肉内的维管组织，是叶的输导和支持结构。叶脉在叶片中分布的形式称为脉序（venation）。在种子植物中，脉序主要有网状脉序（netted venation）、平行脉序（parallel venation）和叉状脉序（dichotomous venation）三种类型。

（1）网状脉序

网状脉序具有明显的主脉，由主脉分支形成侧脉，侧脉再经多级分支，在叶片内连接成网状。网状脉序是多数双子叶植物的脉序类型。

（2）平行脉序

平行脉序的各条叶脉近于平行，主脉与侧脉间有细脉相连。平行脉序是大多数单子叶植物叶脉的特征。

（3）叉状脉序

叉状脉序的叶脉作二叉分枝，并可有多级分支，如银杏的脉序。叉状脉序是一种比较原始的脉序，普遍存在于蕨类植物中，在种子植物中较为少见。

4. 单叶和复叶

（1）单叶和复叶的概念

一个叶柄上只生有一个叶片的叶，称为单叶（simple leaf），如桃、李、柳等的叶；一个叶柄上生有两个以上叶片的叶，称为复叶（compound leaf），如槐、月季等的叶。

复叶的叶柄称为总叶柄（common petiole）或叶轴（rachis）；总叶柄上着生的叶，称为小叶（leaflet）；每一小叶的叶柄，称为小叶柄（petiole）。

（2）复叶的类型

复叶中小叶的数量和排列方式因植物而异。根据小叶的数量和排列方式的不同，可将复叶分为三出复叶（terately compound leaf）、掌状复叶（palmately compound leaf）和羽状复叶（pinnately compound leaf）三种类型（图3-33）。

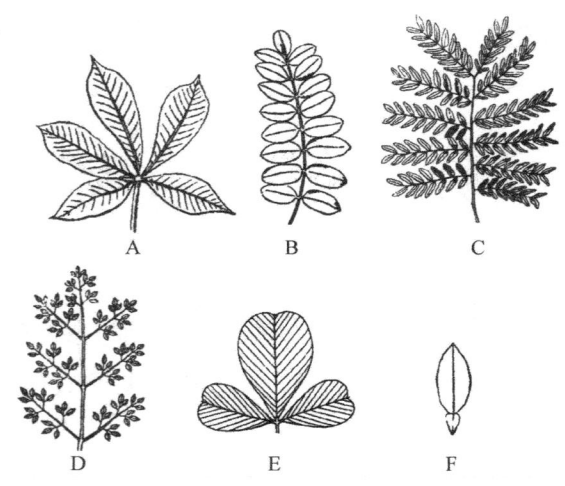

图3-33　复叶类型

A. 掌状复叶；B. 一回羽状复叶；C. 二回羽状复叶；D. 三回羽状复叶；E. 三出复叶；F. 单身复叶

此外，在复叶中还有一种单身复叶（unifoliate compound leaf），其叶轴上只有一个叶片，形似单叶，但其小叶柄与叶轴连接处有一明显的关节，如橙、橘、柚的叶。单身复叶可能是由三出复叶两侧的小叶退化而成。

复叶和生有单叶的小枝很容易混淆。但是，二者有着本质上的区别：一般小枝顶端常有顶芽，而复叶的叶轴顶端没有顶芽；小枝上每一单叶的叶腋内有腋芽，而复叶的小叶叶腋内无腋芽，腋芽生在总叶柄的叶腋处；单叶在小枝上以一定的角度伸向不同的方向，而复叶中的小叶与总叶柄在一个平面上伸展；落叶时小枝上只有叶脱落，而复叶先是小叶脱落，最后叶轴也脱落。

5. 叶序

叶在茎上的排列方式称为叶序（phyllotaxy）。叶序主要有互生（alternate）、对生（opposite）、轮生（whored，verticillate）和簇生（fascicled phyllotaxy）4 种类型（图 3-34）。

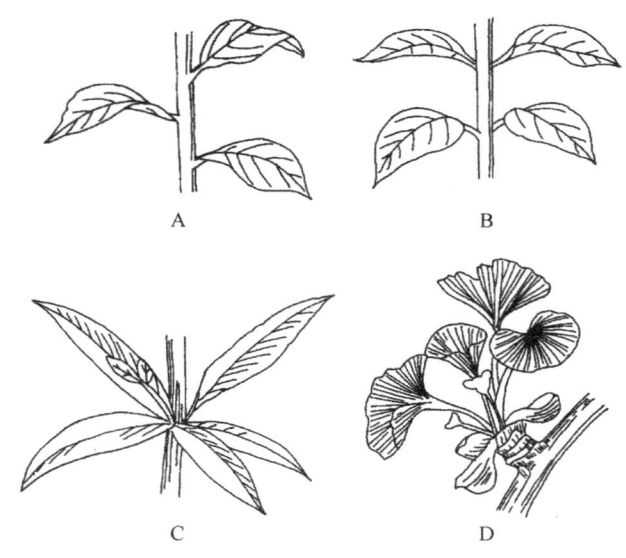

图 3-34　叶序类型
A. 互生叶序；B. 对生叶序；C. 轮生叶序；D. 簇生叶序

互生叶序：茎的每个节上只生有一片叶，上下相邻的叶交互而生。

对生叶序：茎的每一节上生有两片叶，并相对排列，两个相邻节上的对生叶交叉成垂直方向。

轮生叶序：茎的每一节上着生有三片或三片以上的叶片，并呈辐射状排列。

簇生叶序：有一些植物节间极度缩短，叶簇生于短枝上，形成簇生叶序。

6. 叶镶嵌

叶在茎上的排列方式，不论是互生、对生还是轮生，相邻两个节上的叶总是利用叶柄长短的变化或以一定的角度彼此相互错开排列，从而使同一枝条上的叶以镶嵌状态排列而不会重叠，这种现象称为叶镶嵌（leaf mosaic）。叶镶嵌使茎上的叶片互不遮蔽，有利于植物光合作用的进行。

7. 异形叶性

一种植物通常具有一定形状的叶，因此，叶可作为分类的鉴别特征之一。但叶也是可塑性最强的器官，其形状最容易随着环境条件的改变而改变。甚至生长在同一植株上的叶，因

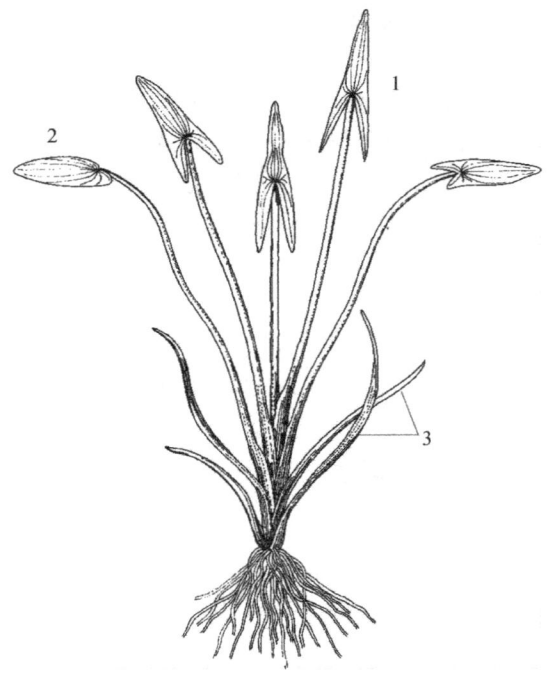

图 3-35　慈姑，示异形叶性
1. 挺立在空气中的叶；2. 浮在水面的叶；3. 沉在水中的叶

植株的不同部位处于不同环境条件中，其叶的形态也会显著不同。例如，慈姑在水中的叶呈带状，浮在水面上的叶呈椭圆形，而挺立在空气中的叶则为箭形；水毛茛的气生叶扁平宽广，沉水叶却裂成丝状。这种在同一植株上具有不同形状叶的现象，称为异形叶性（heterophylly）（图 3-35）。

三、叶的发育

叶发生于茎尖基部的叶原基（图 3-36）。叶原基发生时，茎尖周缘分生组织一定部位的表层下面 1 层或 2 层细胞进行平周分裂，产生的细胞和表层细胞又进行垂周分裂，形成一个向外的突出物，即叶原基。叶原基形成后，首先进行顶端生长，使整个叶原基伸长为一个锥体，即叶轴。叶轴是没有分化的叶片和叶柄。具有托叶的植物，叶原基基部的细胞迅速分裂、生长、分化为托叶，包围着叶轴。

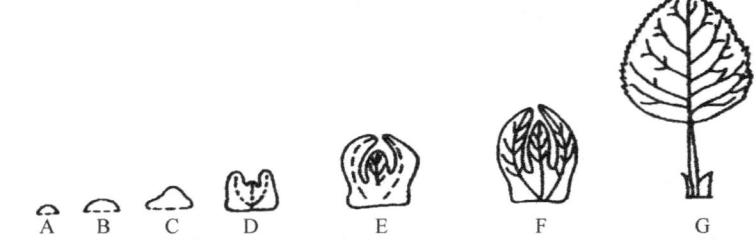

图 3-36　完全叶的形成过程
A、B. 叶原基形成；C. 叶原基分化成上下两部分；D~F. 托叶原基与幼叶形成；G. 成熟的完全叶

叶轴伸长的早期，叶轴两侧的边缘出现两条边缘分生组织（marginal meristem）。边缘分生组织进行分裂，使叶原基向两侧生长（边缘生长）。同时，叶原基还进行平周分裂，使叶原基的细胞层数有所增加。这样，叶原基成为具有一定细胞层数的扁平状物，形成幼叶。叶轴基部没有边缘生长的部位分化形成叶柄。由于各个部位的边缘分生组织分裂速度不一致，可形成不同程度的分裂叶；如果有的部位有边缘分生组织，有的部位无，则形成复叶。

当叶片各个部分形成后，叶片的生长主要靠居间生长扩大面积，直到叶片成熟。不同部位居间生长的速度不同，就形成不同形状的叶。在居间生长过程中，原表皮发育成表皮，基本分生组织发育成叶肉，原形成层发育成叶脉，共同构成一片成熟的叶。叶的生长期是有限的，叶达到一定大小后生长就会停止。

四、叶的结构

(一) 双子叶植物叶的结构

双子叶植物的叶片多为绿色扁平形,由于上下两面受光不同,因此其内部结构也有所不同。一般把向光的一面称为上表面或近轴面或腹面,背光的一面称为下表面或远轴面或背面。

叶片的结构通常分为表皮、叶肉(mesophyll)和叶脉(vein)三部分(图3-37)。

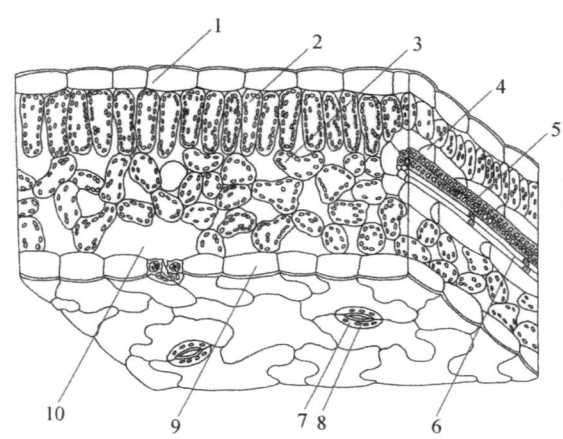

图 3-37 向日葵叶表面观和切面观

1. 上表皮;2. 栅栏组织;3. 海绵组织;4. 维管束鞘;5. 木质部;6. 韧皮部;7. 保卫细胞;8. 气孔缝隙;9. 下表皮;10. 气室

1. 表皮

表皮覆盖着整个叶片,通常分为上表皮和下表皮。表皮是一层生活的细胞,不含叶绿体;细胞彼此紧密嵌合,没有胞间隙。表皮细胞的表面观为不规则形,而在横切面上,表皮细胞的形状十分规则,呈扁方形,外切向壁比较厚,并覆盖有角质层。角质层的厚薄因植物种类和环境条件不同而变化。

表皮上分布有气孔和各种表皮毛。一般上表皮的气孔数量比下表皮少,有些植物的上表皮上甚至没有气孔分布。气孔的类型、数目、分布及表皮毛的多少与形态因植物种类不同而有差别。

表皮一般为一层细胞。少数植物的表皮由多层细胞组成,这样的表皮称为复表皮(multiple epidermis)。例如,夹竹桃叶的复表皮为2层或3层细胞,印度橡皮树叶的复表皮为3层或4层细胞。

2. 叶肉

叶肉是分布在上下表皮之间的绿色同化组织,细胞内富含叶绿体,是叶进行光合作用的场所。

紧接上表皮的叶肉细胞为长柱形,垂直于叶片表面,排列整齐而紧密,形如栅栏状,称为栅栏组织(palisade parenchyma)。栅栏组织通常1~3层,也有多层的。

在栅栏组织下方,靠近下表皮的叶肉细胞形状不规则,排列疏松,细胞间隙大而多,称为海绵组织(spongy parenchyma)。

海绵组织细胞所含叶绿体比栅栏组织细胞少,所以叶的上表面(近轴面)颜色深,下表面（远轴面）颜色浅，这样的叶为异面叶（dorsiventral leaf，bifacial leaf），大多数双子叶植物和部分单子叶植物的叶为异面叶。有些植物的叶在茎上基本呈直立状态，两面受光情况差异不大，所以其外形上没有上、下表面的区别，叶肉组织中也没有明显的栅栏组织和海绵组织的分化，这种叶称为等面叶（isobilateral leaf），如小麦、水稻等的叶。

3. 叶脉

叶脉是叶片中的维管束，各级叶脉的结构不同。

主脉和大的侧脉结构比较复杂，包含有一至数个维管束。维管束包埋在叶肉组织中，外有薄壁组织和厚壁组织组成的维管束鞘包围；木质部在近轴面，韧皮部在远轴面，两者间常具有形成层，不过形成层活动有限，只产生少量的次生结构。

中小型叶脉的形成层消失，维管束鞘为薄壁组织，并可以一直延伸到叶脉末端；木质部只有一个螺纹管胞，韧皮部只有短而窄的筛管分子和增大的伴胞，甚至只有木质部分子存在。

（二）单子叶植物叶的结构

无论在外部形态上，还是内部结构上，单子叶植物的叶明显区别于双子叶植物的叶。以禾本科植物为例，其叶由叶片和叶鞘两部分组成，叶鞘与叶片相接处有叶舌和叶耳；叶片结构也由表皮、叶肉和叶脉三部分构成（图3-38）。

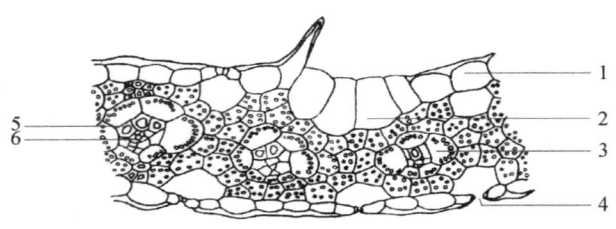

图 3-38　玉米叶片的横切
1. 表皮；2. 泡状细胞；3. 维管束鞘；4. 气孔；5. 木质部；6. 韧皮部

1. 表皮

表皮由一层细胞组成，排列比较规则，往往沿叶片的长轴平行排列（图3-20）。表皮通常由长、短两种类型的细胞构成，长细胞为长方形，其长径与叶的长轴方向一致，外壁角质化并含有硅质；短细胞为正方形或稍扁，夹在长细胞之间。短细胞又可分为硅质细胞和栓质细胞，硅质细胞除壁硅质化外，细胞内还充满硅质块；栓质细胞壁栓质化。长细胞和短细胞的形状、数目及分布情况因植物种类不同而异。

在上表皮中还分布有一些特殊的大型细胞，称为泡状细胞（bulliform cell）。泡状细胞的细胞壁比较薄，内有较大的液泡；几个细胞常排列在一起，分布在两个维管束之间。在叶的横切面上，泡状细胞呈扇形排列。通常认为，泡状细胞与叶片的卷曲和开张有关，因此也称其为运动细胞（motor cell）。

禾本科植物叶的上下表皮上有纵行排列的气孔器（图3-20）。气孔器的保卫细胞哑铃形，中部狭窄、壁厚，两端壁薄、膨大成球状；含有叶绿体；每个保卫细胞一侧有一个副卫细胞。气孔的开闭由保卫细胞两端球状部分的胀缩来调节。

此外，禾本科植物的叶表皮上还常有单细胞或多细胞的表皮毛。

2. 叶肉

叶肉组织由均一的薄壁细胞构成，没有栅栏组织和海绵组织的分化。叶肉细胞排列紧密，仅在气孔的内方有较大的胞间隙，形成孔下室。叶肉细胞的形状随植物种类和叶在茎上的位置而变化，形态多样。

3. 叶脉

叶内的维管束平行排列，中脉明显粗大，与茎内的维管束结构相似。在中脉与较大维管束的上下两侧有发达的厚壁组织与表皮细胞相连，增强了机械支持能力。

维管束外均有 1 层或 2 层细胞构成的维管束鞘。在不同光合途径的植物中，维管束鞘细胞的结构有明显的区别。在水稻、小麦等 C_3 植物中，维管束鞘由 2 层细胞构成，内层细胞较小，壁厚而不含叶绿体；外层细胞壁薄而大，叶绿体与叶肉细胞中的相比小而少（图 3-39）。而在玉米、甘蔗等 C_4 植物中，维管束鞘仅由一层较大的薄壁细胞组成，内含大的叶绿体，叶绿体中没有或仅有少量基粒，但它积累淀粉的能力远远超过叶肉细胞中的叶绿体。C_4 植物维管束鞘与外侧相邻的一圈叶肉细胞组成"花环"型结构（图 3-38），而 C_3 植物中则没有这种结构。C_3 和 C_4 植物不仅存在于禾本科植物中，其他一些单子叶植物和双子叶植物中也有发现，如莎草科、苋科、藜科等为 C_4 植物，大豆、烟草等则为 C_3 植物。

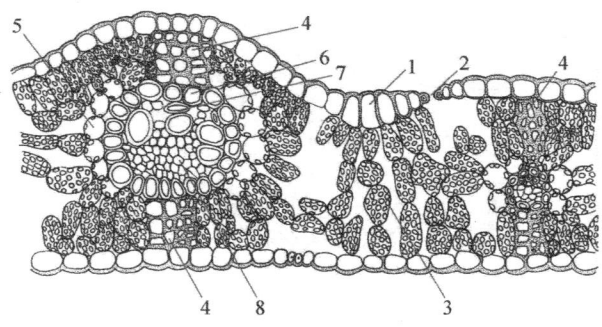

图 3-39 小麦叶横切

1. 泡状细胞；2. 气孔；3. 叶肉组织；4. 厚壁组织；5. 外束鞘；6. 内束鞘；7. 木质部；8. 韧皮部

（三）裸子植物叶的结构

以松柏类为代表，裸子植物的叶常为针形，两针、三针或五针一束，生长在短枝上。

松针叶的结构包括表皮、下皮层（hypodermis）、叶肉组织和维管组织 4 部分（图 3-40）。

表皮为一层厚壁的细胞，细胞腔很小，细胞壁强烈木质化，外面覆盖有较厚的角质层；气孔纵行排列，保卫细胞下陷到下皮层中，其上方被副卫细胞拱盖着。

下皮层在表皮之内，为一至多层木质化的厚壁细胞。

叶肉组织排列紧密，细胞壁内陷，叶绿体沿皱褶排列，扩大了叶绿体的分布面积。叶肉组织中常有树脂道分布，其数目多少和分布位置是鉴别松属植物种类的依据之一。叶肉组织以内有明显的内皮层，其细胞内含有淀粉粒。

内皮层以内为维管组织，有 1 个或 2 个维管束；木质部在近轴面，韧皮部在远轴面。维管束外面被转输组织（transfusion tissue）包围，该组织由转输管胞和转输薄壁细胞构成，有助于叶肉组织与维管组织之间的物质交流。

松柏类叶的外形和解剖结构都具有旱生叶的特点，有利于植株顺利渡过低温和干旱环境。

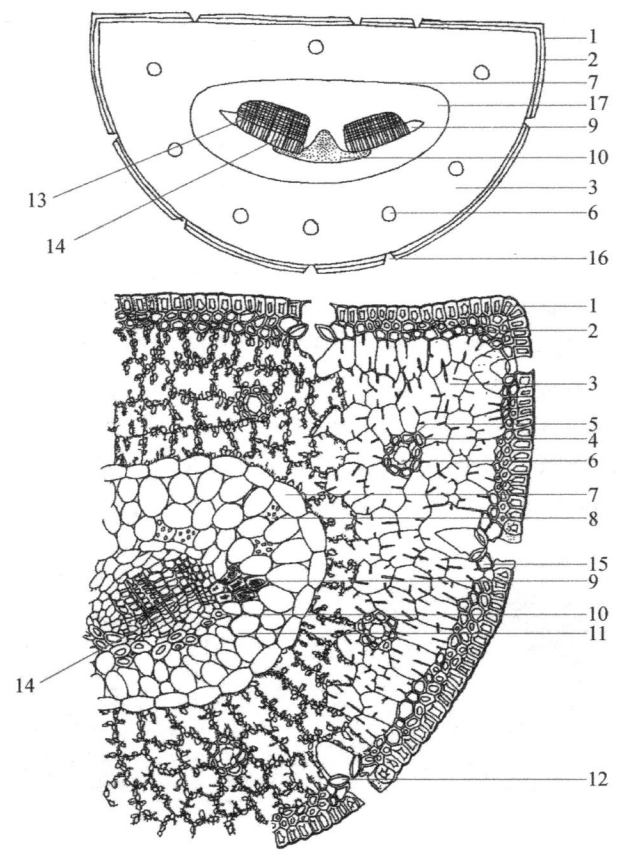

图 3-40 松针叶横切面

1. 表皮；2. 下表皮；3. 叶肉；4. 厚壁组织鞘；5. 上皮细胞；6. 树脂道；7. 内皮层；8. 管胞状细胞；
9. 蛋白质细胞；10. 厚壁组织；11. 薄壁组织细胞；12. 保卫细胞；13. 木质部；14. 韧皮部；
15. 副卫细胞；16. 下陷的气孔；17. 转输组织

五、叶的生态类型

叶的形态和结构对不同环境的适应性变化很明显。例如，旱生植物和水生植物的叶、阳地植物和阴地植物的叶在形态结构上各自表现出不同的适应特征。

（一）旱生植物和水生植物

1. 旱生植物

旱生植物的叶一般具有保持水分和防止蒸腾的明显特征，通常向着两个不同的方向发展，形成两种类型。一类为叶片小而硬；形成复表皮；表皮细胞小，且外壁增厚，有厚的角质层；表皮外常密生表皮毛；气孔下陷或局限在气孔窝内；表皮下面常有下皮层；叶肉组织排列紧密，细胞间隙小，栅栏组织多层，甚至紧接上下表皮均有栅栏组织分布；机械组织和输导组织发达，如夹竹桃叶（图3-41）等。另一类为肉质植物的叶，它们的共同特征是叶肥厚多汁；叶肉内有发达的薄壁组织，贮存了大量的水分，以适应旱生环境，如马齿苋、景天、芦荟等的叶。

2. 水生植物

水生植物部分或完全生活在水中，环境中水分充足，但气体和光照明显不足。

沉水叶完全生活在水中，叶片常高度分裂，形成线形裂片，以增加叶对光的吸收面积。表皮细胞壁薄，角质膜薄或没有，也无气孔和表皮毛，但表皮细胞有叶绿体，气体交换和光合作用均由表皮细胞进行。叶肉组织不发达，层次少，无栅栏组织和海绵组织分化；胞间隙特别发达，形成通气组织；机械组织退化，如菹草叶（图3-42）等。

对浮水叶而言，叶漂浮在水面上，叶的上表面直接受阳光的照射，下表面沉浸在水中。因此，叶子的上半部具旱生叶的特征，下半部具水生叶的特征，如睡莲的叶。

除了沉水叶和浮水叶外，还有一类水生植物的叶挺出水面之上，为挺水叶，其叶的结构除胞间隙发达或海绵组织所占比例较大外，接近于中生植物叶的结构。

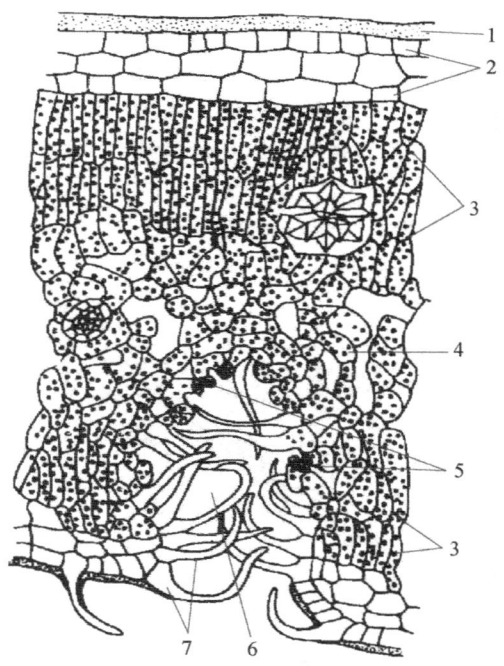

图 3-41　夹竹桃叶横切面
1. 角质层；2. 复表皮；3. 栅栏组织；4. 海绵组织；5. 气孔器；6. 气孔窝；7. 表皮毛

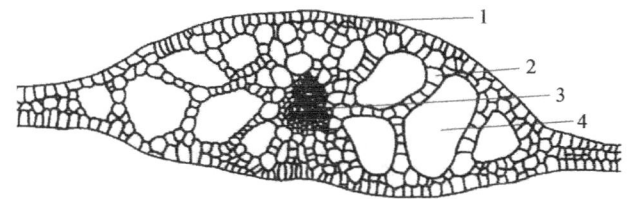

图 3-42　菹草叶横切
1. 表皮；2. 叶肉细胞；3. 主脉维管束；4. 通气组织

（二）阳地植物和阴地植物

阳地植物的叶倾向于旱生叶的特征。阳地植物受热和受光较强，其所处的环境中，空气较干燥，风的影响也较大，这都加强了蒸腾作用。

阴地植物的叶倾向于湿生形态。一般叶片较大而薄，表皮细胞有时具少量叶绿体，角质层较薄，气孔较少；叶肉内栅栏组织不发达，但细胞间隙较发达；叶绿体较大，叶绿素含量较高。这些形态结构都有利于光的吸收和利用。

六、落叶与离层

植物的叶具有一定的寿命，一旦生活期终结，叶就枯死脱落，这种现象称为落叶。落叶是植物适应环境的一种表现。

叶即将脱落时，在叶柄基部或靠近叶柄基部的某些细胞由于形态结构和生物化学性质的改变产生了离区（abscission zone），离区包括离层（abscission layer）和保护层（protective layer)（图 3-43）。离区外层细胞的细胞壁胶化，细胞成为游离状态，只有维管束还连在一起，这个区域就称为离层或分离层。离层的支持力异常薄弱，当有外力作用时，叶就从离层脱落。叶脱落后，离层下面的细胞壁和细胞间隙中有木栓质形成，构成保护层，能避免水的散失和病虫的伤害。叶片脱落后，在茎节处留下叶痕和叶迹。

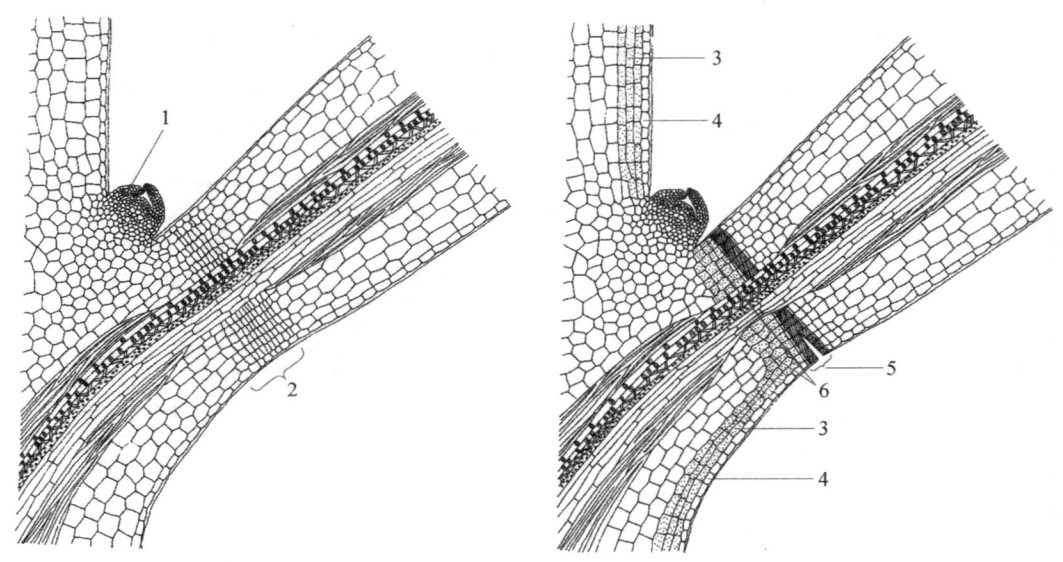

图 3-43　离层和离区
1. 腋芽；2. 离区；3. 皮层；4. 表皮；5. 离层；6. 保护层

七、叶的变态

叶的可塑性很大，是植物器官中最容易随环境变化而发生形态结构改变的器官。因此，叶的变态类型多种多样。常见的变态叶有以下几种（图 3-44）。

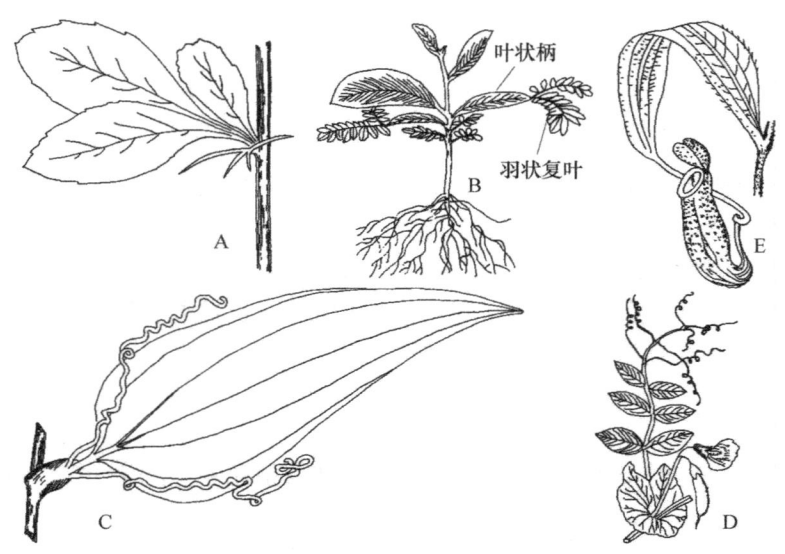

图 3-44　各种叶的变态
A. 小檗的叶刺；B. 金合欢的叶状柄；C. 菝葜的托叶卷须；D. 豌豆的叶卷须；E. 猪笼草的捕虫囊

1. 苞片

苞片（bract）是着生于花柄上、位于花之下的变态叶，具有保护花和果实的作用。苞片可为绿色或其他颜色，通常明显小于正常叶，如连翘花柄上的苞片。

着生于花序轴上小花下的苞片称为小苞片（bractlet）。

聚生在花序外围基部的多数苞片合称为总苞（involucre）。总苞的形状和轮数为种属鉴别的特征之一。例如，菊科植物的头状花序基部有多数绿色的总苞片；鱼腥草的总苞片为4枚，白色、花瓣状；天南星科植物（如马蹄莲）的花序外为1片大型的总苞片，称为佛焰苞（spathe）。

2. 鳞叶

叶变态成鳞片状，称为鳞叶（scale leaf）。鳞叶有两种类型。一种是木本植物，如杨、玉兰、胡桃等植物鳞芽外面的鳞叶，多呈褐色，木质化程度高，常有茸毛或黏液，有保护幼芽的作用。另一种是地下茎上的鳞叶，有肉质和膜质两种，肉质鳞叶出现在鳞茎上，如洋葱、百合的鳞茎盘周围着生的许多肉质鳞片就是鳞叶，贮藏着丰富的养料，可以食用；洋葱肉质鳞叶外面、荸荠球茎上有膜质鳞叶。

3. 叶卷须

叶的一部分变成卷须状，称为叶卷须（leaf tendril）。叶卷须适于植物攀援生长，如豌豆、西葫芦等。豌豆复叶顶端的2对或3对小叶可变为卷须，其他叶仍保持正常形态。

4. 叶刺

有些植物的叶或叶的某一部分变为刺状，称为叶刺（leaf thorn），对植物有保护作用。如仙人掌的叶刺以及刺槐、酸枣叶柄基部的托叶刺等。叶刺内有维管束与茎相通。

5. 捕虫叶

食虫植物的部分叶可特化成瓶状、囊状或其他形状，其上有分泌黏液和消化液的腺毛，能捕捉昆虫并将昆虫消化吸收，这种叶称为捕虫叶（insect-catching leaf），如狸藻的囊状捕虫叶、茅膏菜的盘状捕虫叶、猪笼草的瓶状捕虫叶等。

6. 叶状柄

有些植物的叶片退化，叶柄变为扁平的叶片状，并具有叶的功能，称叶状柄（phyllode），如台湾相思树等。

第四节　营养器官间的相互联系

虽然植物根、茎、叶的结构和功能各不相同，但在植物生长发育过程中，各器官相互联系、相互协作和相互影响，其表皮、皮层和维管组织共同构成一个统一的整体，从而体现了植物营养器官在结构和功能上的整体性和相关性。

一、营养器官之间维管组织的联系

1. 根和茎的联系

种子萌发时，胚轴的一端发育为主根，另一端发育为主茎。然而根维管组织的结构特点（木质部和韧皮部间隔排列和外始式木质部）与茎维管组织的结构特点（外韧维管束环状排列和内始式木质部）明显不同，所以在根、茎的交界处，维管组织必须从一种形式逐步转变为另一种形式，发生这一转变的部位称为过渡区（transition region），一般发生在下胚轴的一定部位。由根部向茎部转变时维管柱先增粗，然后维管组织中木质部或韧皮部，或两者都发生分叉、旋转、靠拢和合并。转变之后的维管组织就在根茎间建立起了统一联系。根据维管组织的变化，一般可将过渡区分成4种类型（图3-45）。

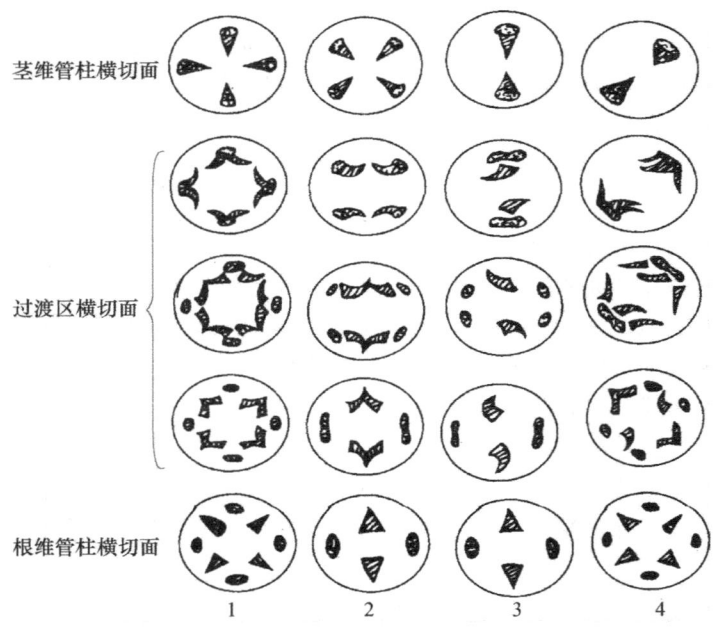

图 3-45　根茎过渡区维管束联系
1～4. 分别代表不同类型

类型一：由四原型幼根转变为具4个外韧维管束的幼茎。根中的木质部均分为二叉，转向180°，每一分叉与相邻木质部的分叉合成一束，同时移位到韧皮部内方，使原来木质部与韧皮部相间排列转变成内外排列。

类型二：由二原型幼根转变为具有4个外韧维管束的幼茎。根中的两束韧皮部一分为二，两个木质部分叉转向后分别移位到4个韧皮部内方，形成四束外韧维管束。

类型三：由二原型幼根转变为具有两个外韧维管束的幼茎。韧皮部分成二叉，每束韧皮部的一部分与另一束韧皮部的一部分合并，重新形成两束韧皮部。根中两束木质部不分裂，只转向180°，分别排在韧皮部内方，形成两束外韧维管束。

类型四：由四原型幼根转变为具有两个外韧维管束的幼茎。根中四束木质部中只有两束相对的木质部分成两叉，并转向180°。另外两束相对的木质部不分叉，也转向180°。然后，未分叉的木质部与相邻的两束木质部中的各一分叉汇合，重新形成两束木质部。与此同时，与未分叉的木质部相邻的两束韧皮部合并，重新形成两束韧皮部，并移位到木质部外方，形成两束外韧维管束。

2. 茎和叶的联结

在植物体中，维管束由茎进入到叶的基本规律是：维管束先旋转、交叉、增粗和合并后再发生分离，分别进入到下一节间和所在节部的腋芽和叶柄内。进入腋芽的维管束其发育、分布和结构特点与主茎相似；进入叶内的维管束，如是外韧维管束，原本位于内侧的木质部在进入叶内后，木质部在近轴面，韧皮部在远轴面。

二、营养器官在植物生长中的相关性

1. 地下部分与地上部分的相关性

植物地下部分和地上部分的生长互相依赖。地下部分的生命活动必须依赖于地上部分的光合产物和生理活性物质，而地下部分吸收的水分、矿质元素以及合成的细胞分裂素等运往地上部分供其利用。它们相互促进，共同发展，俗话中的"根深叶茂"、"本固枝荣"就是对这种依赖关系的具体写照。

地下部分和地上部分的生长也存在相互制约的一面，主要表现在对水分和营养的争夺。当土壤缺乏水分时，地下部分一般不易发生水分亏缺而照常生长，而地上部分因水分不足，其生长会受到一定程度的抑制；相反，当土壤水分较多时，由于土壤通气性差，根的生长受到不同程度的抑制，但地上部分因水分供应充足而保持旺盛的生长。"旱长根，涝长苗"就是这个道理。

2. 主茎和侧枝以及主根和侧根的相关性

一般来说，植物的顶芽生长较快，侧芽生长则受到不同程度的抑制，主根和侧根之间也有类似现象。如果将植物的顶芽或根尖除掉，侧枝或侧根就会迅速长出。这种顶端生长占优势的现象称为顶端优势（apical dominance）。顶端优势的强弱与植物种类有关。松、杉、柏等裸子植物的顶端优势强，近顶端的侧枝生长缓慢，远离顶端的侧枝生长较快，因而树冠成宝塔形。玉米、高粱等也有明显的顶端优势，但水稻、小麦等顶端优势很弱或没有顶端优势。生产上可根据需要利用顶端优势来调节植物的株型。

小　结

种子植物的营养器官包括根、茎、叶。

1. 根将植物体固着在土壤中，并吸收土壤中的水分和矿物质运往地上器官。根由主根、侧根和不定根组成。能明显区分主根与侧根的根系为直根系，长短粗细相近呈丛生状的根系为须根系。来源于胚根的根称为定根，从茎、叶、老根或胚轴上产生的根称为不定根。

根的先端为根尖，由根冠、分生区、伸长区、成熟区组成。根冠是根中特有的保护结构，能帮助根顺利穿越土壤，并引起根的向地性生长；分生区不断增生新的细胞，加上伸长区细胞的纵向生长，使根不断向前生长；成熟区由各种成熟组织构成。

根的初生结构由表皮、皮层和维管柱组成。表皮细胞的外切向壁向外突起形成根毛，扩大了根与土壤的接触面积，是水分和矿物质吸收的主要部位。皮层分为外皮层、皮层薄壁组织和内皮层，具有合成、分泌和贮藏的功能；内皮层上凯氏带的形成，使物质有选择性地进入维管柱。维管柱最外层为中柱鞘，可形成侧根、不定根、不定芽、部分维管形成层以及木栓形成层；中柱鞘内为初生维管组织，由初生木质部和初生韧皮部组成，二者在横切面上相间排列，发育成熟的方式都为外始式；维管柱的中央往往被后生木质部占据，但有些植物由薄壁细胞或厚壁细胞构成髓。

侧根起源于中柱鞘，这种起源为内起源。侧根的发生部位与根的原型有关。

根的次生结构是维管形成层和木栓形成层共同活动的结果。维管形成层发生于初生木质部和初生韧皮部之间的原形成层片段，经历弧状形成层片段、波状形成层环，最后形成圆环状。维管形成层主要进行平周分裂，向外形成次生韧皮部，向内形成次生木质部，二者组成次生维管组织。在次生木质部和次生韧皮部中分布着木射线和韧皮射线，统称为维管射线。木栓形成层起源于木质部脊两侧的中柱鞘细胞；木栓形成层经平周分裂，向外形成木栓层，向内形成栓内层，三者共同构成周皮。

根瘤和菌根是植物根与土壤微生物之间共生关系的两种类型。其中，根瘤由植物的根与根瘤菌、放线菌共生而成；菌根是植物根与某些真菌共生的产物。

2. 茎是联系根和叶的轴状结构。茎具节与节间，节上着生叶和芽。叶片脱落后在茎上留下叶痕和维管束痕。根据顶芽鳞片脱落后留下的芽鳞痕，可以推测枝条的年龄。

芽是枝、叶、花的原始体。根据着生的位置，芽可分为定芽（顶芽、侧芽）和不定芽；根据有无芽鳞包被，芽可分为鳞芽和裸芽；根据所形成的器官，芽可分为叶芽、花芽和混合芽；根据生理活动状态，芽可分为活动芽和休眠芽。

种子植物的分枝方式主要有三种，即单轴分枝、合轴分枝和假二叉分枝。单轴分枝具有明显的顶端优势，能形成发达而通直的主干；合轴分枝由许多腋芽形成的侧枝联合组成，是被子植物的主要分枝类型；假二叉分枝是一种特殊的合轴分枝。

双子叶植物茎的初生结构由表皮、皮层和维管柱三部分构成。表皮细胞外切向壁加厚，并常形成角质层。皮层由多层薄壁细胞组成，一般没有内皮层。维管柱由维管束、髓和髓射线组成；维管束包括初生木质部、束中形成层和初生韧皮部三部分，为无限维管束；初生木质部的发育方式为内始式，初生韧皮部的发育方式为外始式；髓位于茎的中央，由排列疏松的薄壁细胞组成；髓射线分布在相邻的两个维管束之间，在横切面上呈放射状排列。

单子叶植物茎的初生结构由表皮、基本组织和维管束构成。表皮由长短两种细胞组成，还分布有气孔器。基本组织主要由薄壁细胞组成，维管束散生在其中。维管束由木质部和韧皮部组成，为有限维管束；木质部在内，韧皮部在外，二者的成熟方式与双子叶植物一致。

裸子植物茎的初生结构也由表皮、皮层和维管柱三部分组成，与双子叶植物的主要区别在于：木质部主要由管胞和薄壁细胞构成；韧皮部主要由筛胞和薄壁细胞构成。

双子叶植物茎的次生结构包括次生维管组织和周皮，分别由维管形成层和木栓形成层分裂产生。维管形成层由束间形成层和束中形成层构成，主要进行平周分裂，向内形成次生木质部，向外形成次生韧皮部。次生木质部是次生结构的主要部分。不同植物木栓形成层的发生位置不同，木栓形成层平周分裂形成周皮。

茎的三切面包括横切面、径向切面和切向切面。在横切面上可以看到生长轮、春材和秋材、心材和边材。在三种切面上，射线的形状最为突出，可以作为判别切面类型的指标。

裸子植物茎的次生结构与双子叶植物相似，只是组成木质部和韧皮部的成分不同。

单子叶植物茎的增粗是由于初生加厚分生组织和初生维管束外方产生的形成层共同活动的结果。

3. 叶的主要功能是进行光合作用和蒸腾作用。一片完全叶由叶片、叶柄和托叶组成。不同植物叶的形态不同，可作为鉴别植物的依据之一。种子植物叶的脉序主要有网状脉序、平行脉序和叉状脉序三种类型。叶序主要有互生、对生、轮生和簇生。不论哪种叶序，相邻两节的叶总是以镶嵌状态排列。通常一种植物具有一定形状的叶，但随着环境条件的改变存在异形叶性。

一个叶柄上只生一个叶片的叶称为单叶，生有两个以上叶片的叶称为复叶。根据小叶数量和排列方式的不同，复叶分为三出复叶、掌状复叶和羽状复叶。

双子叶植物和单子叶植物的叶均由表皮、叶肉和叶脉三部分组成。表皮一般为一层细胞，少数植物的表皮为多层细胞，构成复表皮。叶肉是植物进行光合作用的场所，分化为栅栏组织和海绵组织的叶称为异面叶，没有栅栏组织和海绵组织分化的叶为等面叶。叶脉由木质部和韧皮部组成，外面有维管束鞘包围。根据维管束鞘细胞结构特点，可将植物区分为 C_3 植物和 C_4 植物。

裸子植物松柏类的叶常为针形，其解剖结构由表皮、下皮层、叶肉组织和维管组织4部分构成。与旱生环境相适应的结构特点表现为：表皮细胞厚壁并强烈木质化，外切向壁有较厚的角质层覆盖；气孔下陷；下皮层为一至多层木质化的厚壁组织；叶肉细胞壁内陷，叶绿体沿皱褶排列，扩大了叶绿体的分布面积。

不同环境条件下，叶片的形态结构变化明显，因而叶有不同的生态类型。

落叶是植物适应环境的一种表现。叶落时，在叶柄基部产生了离区，离区包括离层和保护层。

根、茎、叶三种营养器官不仅在内部结构上相互联系，而且在营养生长上相互协作，共同发展，构成统一的整体。

思考题

1. 根尖分哪几个区，各有什么特点和功能？
2. 根的初生结构由哪几部分组成？说明各部分的特点和功能。
3. 简要说明侧根的形成过程和发生部位。
4. 叙述根次生结构的形成过程。
5. 芽有哪几种类型？与茎的分枝有什么关系？
6. 双子叶植物茎的初生结构与根的初生结构有何异同？
7. 单子叶植物茎在结构上有何特征？与双子叶植物的茎有何区别？
8. 叙述双子叶植物茎次生结构的形成过程？
9. 裸子植物和双子叶植物的木质部及韧皮部的组成有何异同？
10. 什么是木材三切面？如何从解剖构造上区别三切面？
11. 如何区别单叶和复叶？
12. 列表比较单子叶植物、双子叶植物和裸子植物叶的结构。
13. 比较 C_3 植物和 C_4 植物叶片结构。
14. 根、茎、叶之间维管组织是怎样形成一个连续的整体的？
15. 简述植物营养器官生长的相关性。

知识窗

植物维管形成层

植物的维管形成层是一种分生组织，可以分化形成木质部和韧皮部，决定着植物的生长发育特性，是木材及植物生物量的主要来源。迄今为止，人们对调控维管形成层发生、形成层细胞分裂、木质部/韧皮部细胞分化和排列的分子机制还知之甚少。北京大学瞿礼嘉研究组从拟南芥（*Arabidopsis thaliana*）T-DNA 插入激活突变体库中筛选到了一个形成层活性升高从而使维管组织排列方式发生显著改变的突变体 *hca2*（high cambial activity2）。该突变体的花轴维管束和束间区域都有形成层细胞的分裂活性，束间形成层过早形成而出现环状的维管组织。实验发现，*hca2* 突变体的表型是由于编码转录因子 Dof5.6 的基因过量表达所造成的。表达分析结果表明，HCA2 主要在各个器官的维管组织中表达，特别是在花序茎的形成层、韧皮部和束间薄壁组织细胞中特异表达。他们利用嵌合抑制子沉默 (chimeric repression silencing) 技术抑制 HCA2 所调控下游基因的表达，发现花轴束间形成层的形成受到了明显的抑制，说明 HCA2 在调控束间形成层形成过程中起重要作用。进一步的研究结果表明，HCA2 基因在拟南芥花轴发育的早期即开始发挥作用，它可以促进花轴顶端的维管组织（即发育早期的维管组织）中束间薄壁组织细胞的平周分裂，进而在这些维管组织中促进束间形成层的形成。HCA2 是在拟南芥中发现的第 1 个调控束间形成层形成的转录因子（王台等，2010）。

第四章　种子植物的繁殖器官

第一节　繁殖的概念和类型

一、繁殖的概念

任何植物的生命活动周期都包含着两个互为依存的方面：维持本身个体的生存和保持种族的延续。植物生长发育到一定阶段，就必然通过一定的方式，从它本身产生新的个体来延续后代，这就是植物的繁殖（reproduction）。繁殖是所有生物有机体最重要的生命现象之一。

植物通过繁殖不仅增加了新生一代的个体数量，同时还扩大了植物的生活范围，丰富了后代的遗传性和变异性。新的变异可以在不同的生活条件下，通过自然选择加以巩固，使一些能适应生存的新种被选择保留下来。新生的植物种又通过繁殖代代相传，从而形成了种类繁多、性状各异的植物世界。在生产实践中，人们通过人工杂交、选择、培育等活动来获得大量优良栽培品种。

二、繁殖的类型

植物界的繁殖方式主要有三种：营养繁殖（vegetative reproduction）、无性生殖（asexual reproduction）和有性生殖（sexual reproduction）。

1. 营养繁殖

营养繁殖是植物营养体的一部分从母体分离后，形成一个独立生活的新个体的繁殖方法。被子植物的营养繁殖可分为自然营养繁殖和人工营养繁殖。自然营养繁殖是植物借助于块根、鳞茎、球茎、块茎、根状茎等变态器官产生新个体，如甘薯借助块根、马铃薯借助块茎进行繁殖。人工营养繁殖是利用扦插、压条和嫁接等方法进行大量繁殖和培育优良的栽培品种。

2. 无性生殖

无性生殖由无性的、具繁殖能力的特化细胞——孢子，直接发育形成新个体的繁殖方式，也称孢子繁殖。孢子繁殖是藻类、菌类、苔藓和蕨类植物的主要繁殖方式。

3. 有性生殖

有性生殖由两个有性生殖细胞——配子，经过彼此融合，形成合子或受精卵，进而发育为新个体的繁殖方式。进行有性生殖的配子，可以来自不同环境条件下生长的两个个体，也可以在同一个体的不同部位上形成。所以，配子所携带的遗传物质可以不尽相同，融合后形成的合子及其形成的新个体也就具有了两性配子所携带的遗传特性。因此，新的个体更富于生活力，更能适应新的环境条件。

根据相结合的两个配子的形态、结构等特征，有性生殖又分为三种类型。

1）同配生殖（isogamy）：形态、结构、大小和运动能力等方面完全相同的两个配子结合,称为同配生殖。

2) 异配生殖(anisogamy):两个配子的形态和结构相同,但大小和运动能力不同;大而运动迟缓的为雌配子(female gamete),小而运动能力强的为雄配子(male gamete),此两种配子的结合称为异配生殖。

3) 卵式生殖(oogamy):形态、结构、大小和运动能力都不相同的配子的结合,称为卵式生殖。大而无鞭毛不能运动的配子为卵细胞(egg cell),小而有鞭毛能运动的配子为精子(sperm)。

第二节 花

一、花的概念和花的组成

(一) 花的概念

花(flower)是被子植物特有的生殖器官,是不分枝、节间极度缩短、具有繁殖作用的变态短枝。

种子萌发后,幼苗先进行一定时期的营养生长,而后转入生殖生长。这一转变包含了非常复杂的生理生化过程,而转变的重要标志就是花芽的分化。花芽分化是指茎顶端分生组织(生长锥)分化出花或花序的各部分原基,再由各部分原基发育成花或花序的过程。此过程表现为茎端表层细胞由外而内形成数轮突起,这些突起随后分别形成花的各部分原基。各部分原基的分化顺序通常是由外至内,即花萼原基最早发生,随后是花瓣原基、雄蕊原基和雌蕊原基。以后,各部分原基分别发育成花萼、花瓣、雄蕊群和雌蕊群。

花的经济价值体现在美化环境、提取香料、熏制花茶、入药、食用和提取染料等多个方面。

(二) 花的组成

一朵完整的花包括花柄(pedicel)、花托(receptacle)、花被(perianth)[花萼(calyx)和花冠(corolla)]、雄蕊群(androecium)、雌蕊群(gynoecium)(图4-1)。以上5部分俱全的称为完全花,缺少其中一部分或几部分的花称为不完全花;一朵花同时具有雌蕊和雄蕊为两性花,只有雌蕊的花称为雌花,只有雄蕊的花称为雄花,雌花和雄花合称单性花;一朵花中既没有雄蕊,又没有雌蕊称无性花。

一株植物体上同时具有雌花和雄花为雌雄同株,只有雄花或雌花为雌雄异株,同时存在两性花和单性花为杂性同株。

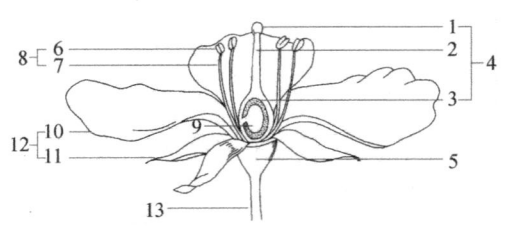

图4-1 花的结构图
1. 柱头;2. 花柱;3. 子房;4. 雌蕊;5. 花托;
6. 花药;7. 花丝;8. 雄蕊;9. 胚珠;10. 花冠;
11. 花萼;12. 花被;13. 花柄

1. 花柄

花柄也称花梗,是着生花的小枝,连接花和茎,与茎的结构相同,花后发育为果柄。随植物种类的不同,花柄或长或短,或有或无,分枝或不分枝。

2. 花托

花柄顶端膨大的部分，花萼、花冠、雄蕊群、雌蕊群按照一定形式由外向内排列在花托上。随植物种类的不同，花托形状可为圆柱状（如玉兰）、圆锥状（覆碗状，如草莓）、倒圆锥形（如莲）、碗状（如桃）、壶状（如蔷薇）、花盘状（如柑橘，花托在花萼和雌蕊基部之间膨大呈盘状，能分泌蜜汁）。另外，花托还可以特化形成雌蕊柄（子房柄，如花生，花托在雌、雄蕊之间伸长的部分，受精后迅速伸长，将子房推入土中）和雌雄蕊柄（如西番莲，花托在雌雄蕊与花冠之间伸长的部分）。

3. 花被

花被是花萼和花冠的总称，着生在花托的外围或边缘，具有保护花蕊和吸引昆虫传粉的作用。

（1）花萼

花萼由若干萼片组成，位于花的最外轮。萼片结构与叶片相似，一般为绿色，可保护幼花、幼果并进行光合作用；有些植物的花萼大而具色彩，呈花瓣状（如飞燕草），可吸引昆虫传粉。

有些植物的花萼外面还具绿色的叶状小苞片，称副萼，如棉花、锦葵、草莓等。萼片各自分离的称离萼，如油菜，彼此连合的称合萼，如棉、茄；花萼下部连合部分称萼筒，上部分离部分称裂片。萼片大小相同的称整齐萼，不相同的称不整齐萼，如唇形科植物的花萼。花萼比花冠先落的称早落萼，如罂粟；花萼与花冠一起脱落的称落萼；萼片不落，与果实一起发育的称宿萼，如茄、柿、辣椒。部分植物的花萼下端向一边延伸成短小管状突起称距（spur），如凤仙花，旱金莲。

（2）花冠

花冠由若干花瓣组成，位于花萼之内，排列为一轮或几轮。花冠通常具鲜艳色彩及香味，有助于吸引昆虫前来采蜜以利于传粉。

同花萼类似，花冠类型也有离瓣（如油菜、苹果）、合瓣（如番茄、南瓜）、早落冠（如葡萄）、落冠（如桃）、宿冠（如瓜类）、距（如三色堇）、整齐花或称辐射对称、不整齐花或称两侧对称之分。

根据花瓣大小、形状、离合状态的差异，花冠分为若干类型（图4-2）。常见的有以下几种。

十字形花冠（cruciform corolla），花冠具有4片同形且相互分离的花瓣，排列成十

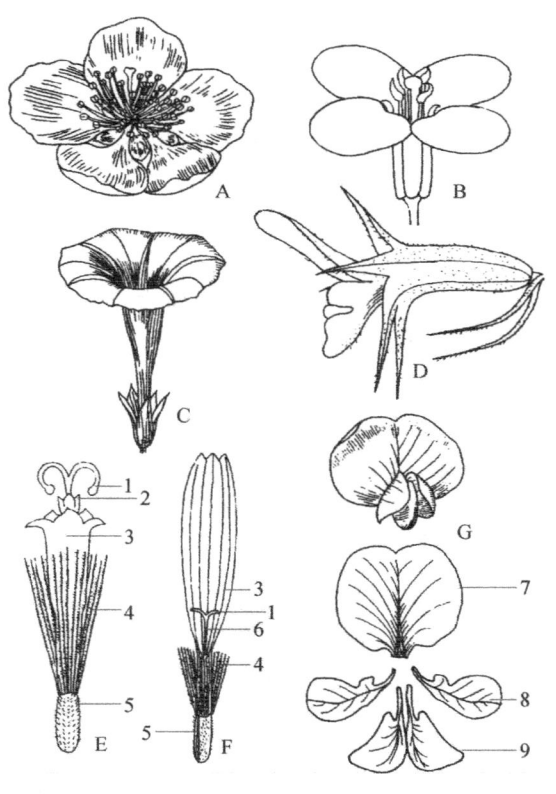

图4-2 花冠类型
A. 蔷薇形花冠；B. 十字形花冠；
C. 漏斗状花冠；D. 二唇形花冠；
E. 管状花冠；F. 舌状花冠；G. 蝶形花冠。
1. 柱头；2. 花药；3. 花冠；4. 冠毛；5. 子房；
6. 花柱；7. 旗瓣；8. 翼瓣；9. 龙骨瓣

字形，如白菜的花冠。蔷薇形花冠（roseform corolla），花冠具有 5 片同形且相互分离的花瓣，花瓣整齐地向外展开，如桃的花冠。二唇形花冠（bilabiate corolla），花瓣不同形，连合成上下两唇，如薄荷的花冠。管状花冠（tubular corolla），花瓣同形，连合成直管形，如向日葵的盘花。舌状花冠（ligulate corolla），基部连合成一短管——花冠筒，上部连合成向一侧展开的舌形，如向日葵的边花。蝶形花冠（papilionaceous corolla），花瓣分离，不同形，有旗瓣、翼瓣和龙骨瓣之分，如槐的花冠。漏斗状花冠（funnel shaped corolla），花瓣同形，连合成漏斗形，如牵牛花的花冠。

花瓣在花芽内的排列方式称为花被卷叠式（aestivation）。花被卷叠式有镊合状（valvate）、旋转状（convolute）和覆瓦状（imbricate）三种类型。镊合状排列是指花瓣边缘彼此接近，而不叠盖。旋转状排列是指花瓣的一边覆盖着相邻花瓣的一边，而其另一边又被另一相邻花瓣的一边所覆盖。覆瓦状排列是指花瓣中的一片完全在外，另有一片完全在内，或两片完全覆盖于外，另两片完全在内。

根据花被组成的不同，将花分为三种类型。

双被花（dichlamydeous flower）：同时具有花萼和花冠，如花生、油菜、桃。

单被花（monochlamydeous flower）：只有花萼或花冠，如甜菜、菠菜。

无被花（achlamydeous flower）：又称裸花，花被全部退化，如杨、柳。

4. 雄蕊群

雄蕊群位于花冠之内，是一朵花中所有雄蕊（stamen）的总称。雄蕊多数或数目一定，螺旋状或轮状排列于花托上。

大多数雄蕊由花丝（filament）和花药（anther）两部分组成；原始类型的雄蕊呈薄片状，无花丝与花药之分。

（1）花丝

花丝是连接花托与花药之间的小柄，支持花药伸出花被，有利于花粉散布。花丝通常细长形，也有扁平如带的，如莲的花丝花瓣状。

（2）花药

花药为花丝顶部膨大部分，呈囊状，一般由 4 个花粉囊组成，中间以药隔相连。花粉囊内产生花粉；花粉成熟后，花粉囊开裂，花粉由裂口散出。不同植物花粉囊开裂的方式不同，主要有纵裂、横裂、孔裂、瓣裂等。

根据一朵花中雄蕊的数目、长短和离合情况的不同，雄蕊可分为（图 4-3）以下几种。

单体雄蕊（monadelphous stamen）：雄蕊花丝连合成一束，如棉花。

二体雄蕊（diadelphous stamen）：雄蕊花丝连合成两束，如蚕豆。

多体雄蕊（polydelphous stamen）：雄蕊连合成多束，如蓖麻。

聚药雄蕊（synantherous stamen）：雄蕊花丝分离，花药连合，如菊科植物。

二强雄蕊（didynamous stamen）：雄蕊 4 个，2 长 2 短，如唇形科植物。

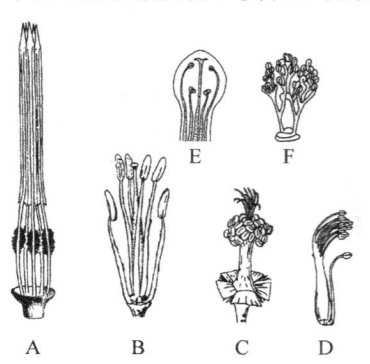

图 4-3 雄蕊的类型
A. 聚药雄蕊；B. 四强雄蕊；
C. 单体雄蕊；D. 二体雄蕊；
E. 二强雄蕊；F. 多体雄蕊

四强雄蕊（tetradynamous stamen）：雄蕊6个，4长2短，如十字花科植物。

花药按着生方式可分为以下几种。

底着药（innate anther）：花丝顶端直接与花药基部相连，如玉兰。

个着药（divergent anther）：花药基部张开，着生于花丝顶部，如茄。

贴着药（adnate anther）：也称背着药，花药背部全部贴着在花丝上，如油菜。

丁字着药（versatile anther）：花药背部一点着生于花丝顶端，整个雄蕊犹如"丁"字形，如百合。

5. 雌蕊群

雌蕊群指一朵花中所有雌蕊（pistil）的总称，通常位于花中央或花托顶部。

（1）心皮

组成雌蕊的基本单位称心皮（carpel），是具有生殖作用的变态叶。雌蕊由1个心皮两侧边缘内卷或数个心皮边缘相互连合而成。心皮边缘愈合部分形成的缝线称为腹缝线（ventral suture），心皮中脉处的缝线称为背缝线（dorsal suture）。腹缝线和背缝线处有维管束通过，分别称腹束和背束。

（2）雌蕊的类型

根据一朵花中心皮的数目和离合情况，将雌蕊分为以下几种。

单雌蕊（simple pistil）：雌蕊由1个心皮构成。

离生雌蕊（apocarpous pistil）：一朵花中的雌蕊由2个以上心皮构成，并且各心皮间完全离生。

合生雌蕊（syncarpous pistil）：又称复雌蕊，一朵花中的雌蕊由2个以上的心皮合生而成，可以是柱头、花柱和子房全部合生，子房和花柱合生，或仅子房合生。

（3）雌蕊的结构

雌蕊包括柱头（stigma）、花柱（style）和子房（ovary）三部分。

A. 柱头

柱头位于雌蕊顶端，一般膨大或扩展成各种形状，其功能是接受和识别花粉粒。

根据传粉时柱头的干湿情况，将柱头分为两种类型。柱头表面湿润，常有水、脂类、酚类、糖类、酶、激素等分泌物，可以黏住花粉并提供花粉萌发所需营养物质的柱头，称为湿柱头，如梨、茄等植物的柱头；柱头表面干燥，存在亲水性蛋白薄膜，花粉粒可以从薄膜下的角质层中吸收水分的柱头，称为干柱头，如油菜、棉等植物的柱头。

B. 花柱

花柱位于柱头和子房之间，是花粉管生长和进入子房的通道，能提供营养和某些趋化物质，有利于花粉管进入胚囊。

C. 子房

子房是雌蕊基部膨大的部分，其功能是着生和保护胚珠。

子房内部中空的部分称为子房室（locule）。单雌蕊和离生雌蕊的子房由1心皮组成，称为单子房，只有1室，如蚕豆和八角茴香。复雌蕊的子房由多个心皮构成，称为复子房，心皮合生成1室或数室，如黄瓜为1室、烟草为2室、棉花常为3～5室。

胚珠是子房壁内侧心皮腹缝线上的卵形小体，受精以后发育成种子。胚珠在子房内的着生部位称为胎座（placenta）。根据心皮数目及其连合情况以及胚珠着生部位，胎座可分为（图4-4）以下几种。

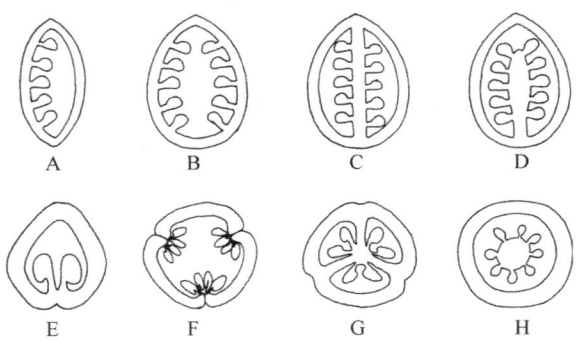

图 4-4　常见胎座类型
A、E. 边缘胎座；B、F. 侧膜胎座；C、G. 中轴胎座；D、H. 特立中央胎座

边缘胎座（marginal placenta）：单子房，即1心皮1室子房，胚珠着生于唯一的腹缝线上。
侧膜胎座（parietal placenta）：单室复子房，胚珠着生于多条腹缝线上。
中轴胎座（axial placenta）：多室复子房，胚珠着生于中轴上。
特立中央胎座（free central placenta）：单室复子房，胚珠着生于中央短柱上。
基生胎座（basal placenta）：单室复子房，胚珠着生于子房底部。
顶生胎座（悬垂胎座）（pendulous placenta）：单室复子房，胚珠着生于子房顶部。
子房着生在花托上，按照其着生的方式不同，可分为4种类型（图4-5）。

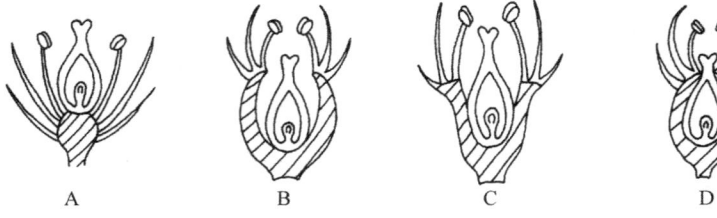

图 4-5　子房的位置
A. 子房上位、花下位；B. 子房上位、花周位；C. 子房半下位、花周位；D. 子房下位、花上位

子房上位、花下位：子房仅以底部着生于花托上，花的其他部分着生在子房的下方或花托的周围。

子房上位、花周位：子房仅以底部着生在花托上，花的其他部分着生于花托隆起的边缘上。

子房半下位、花周位：子房下半部陷生于花托中，并与花托愈合，上半部仍露在外面，花的其他部分着生于子房周围的花托边缘上。

子房下位、花上位：整个子房埋生于下陷的花托中，并与之愈合，花的其他部分着生于子房上部的花托边缘上。

（三）花各部分的演化趋势

既然花是变态的短枝，花萼、花瓣、雄蕊和心皮等都是变态的叶，那么具有与叶更相近似的组成部分的花就是比较原始的花，反之，就是比较进化的花。根据这一标准，花的演化趋势可归纳为以下几点。

1. 数目的变化

不同植物花的各部分的数目是不同的，总体演化趋势是从多而无定数到少而有定数。

花的各部分在花托上通常呈轮状着生,每轮花部的相对固定数目称为花基数(number of floral part)。双子叶植物的花基数多为5,少数为4;单子叶植物的花基数通常为3。多数植物的雌蕊的心皮数目常较花基数为少,而雄蕊则比较多,常为花基数的2倍。

2. 排列方式的变化

花部排列主要有两种方式:螺旋状排列和轮状排列,前者较原始,后者较进化。旋生花的组成部分多而无定数;轮生花的组成部分少而有定数,一般排列成5轮,即花萼1轮、花冠1轮、雄蕊2轮、雌蕊1轮。

3. 对称性的变化

花的演化趋势是从辐射对称的整齐花到两侧对称或不对称的不整齐花。两侧对称花在形态和构造上更适合于虫媒传粉。

4. 连合的变化

花各部分分离(即花萼分离、花瓣分离、雄蕊分离、心皮分离)是原始的性状。演化趋势是花的各轮组成部分从分离到部分连合,最后到全部连合。

5. 花托形状的变化

花托形状各异,如圆柱状、圆锥状和壶状等。从演化趋势看,圆柱状花托为最原始的,如玉兰的花托,壶状花托较进化,如月季、苹果的花托。

6. 子房位置的变化

子房上位、下位花是原始性状。整体演化趋势是从子房上位、下位花到半下位子房、周位花,最后到下位子房、上位花。下位子房包被在花筒或花托中,因此就更加完善地保护了生长在子房室内的胚珠,使它不致被传粉的昆虫所吞食。

总之,花的各部分演化趋势的形成是植物对传粉作用、繁殖器官的保护作用以及对果实和种子的散布作用等长期适应的结果。

二、禾本科植物的花

禾本科植物花的形态结构比较特殊,故单独列出,并以小麦花为例进行简要介绍(图4-6)。

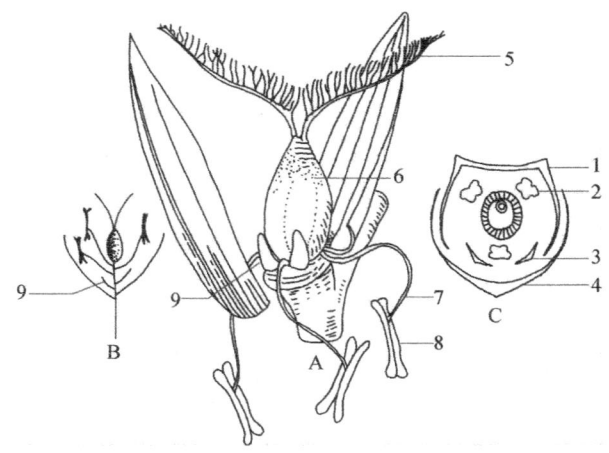

图4-6 禾本科植物的花
A. 花的解剖,示各部分结构;B. 花的纵向示意图;C. 花的横切示意图
1. 内稃;2. 雄蕊;3、9. 浆片;4. 外稃;5. 柱头;6. 子房;7. 花丝;8. 花药

一个小麦穗由许多小穗(spikelet)组成,每个小穗基部有2片坚硬的颖片(glume),

即内颖和外颖。颖片内部有若干朵小花（floret），其中基部的 2 朵或 3 朵为可育花，上部的几朵常为不育花。每一可育花外有 2 片稃片，为鳞片状薄片。其中，外面的 1 片是外稃（lemma），实质是花基部的苞片，有的小麦外稃的中脉明显延长成芒（awn）；里面 1 片是内稃（palea），内稃内有 2 片浆片（lodicule），为小型囊状突起；浆片的实质是退化的花被。雄蕊 3 枚，花丝细长，花药大，开花时常悬垂花外。雌蕊 1 枚，柱头 2，羽毛状，花柱不明显，子房 1 室。不育花只有内稃和外稃。

三、花程式和花图式

1. 花程式

花程式（floral formula）是指用公式来表示花的结构，用以简单说明花各部分的组成、排列位置和相互关系。

花程式中，花的各部分通常由其拉丁名词的首字母表示：P 代表花被（perianth），K 代表花萼（kalyx，德文），C 代表花冠（corolla），A 代表雄蕊群（androecium），G 代表雌蕊群（gynoecium）。每一字母右下角的数字表示各轮结构的数目；如果缺少其中一轮，可用"0"表示；如果数目多于花被片的 2 倍且非定数，可用"∞"表示。如果某一轮的各部分相互连合，可在数字外加"( )"；如果某一部分出现 2 轮或 3 轮，可在各轮数字间加上"+"。子房上位，可在 G 字母下加一横线；子房下位，则在 G 字母上加一横线；子房半下位，则在 G 字母上下各加一横线。G 字母右下角可以写上 3 个数字，依次表示该雌蕊的心皮数目、子房室数和每一子房室内的胚珠数目，各数字间用"："相隔。如果是两侧对称花，可在花程式前加"↑"表示，辐射对称花则加"*"。雄花用"♂"表示；雌花用"♀"表示；两性花用"☿"表示。

例如，百合的花程式为：☿ * $P_{3+3} A_{3+3} \underline{G}_{(3:3)}$，表示百合花为两性花；辐射对称（整齐花）；花被 2 轮，每轮 3 片；雄蕊 2 轮，每轮 3 枚；子房上位，3 心皮合生成 3 室。

大豆的花程式为：☿ ↑ $K_{(5)} C_5 A_{(9+1)} \underline{G}_{(1:1:\infty)}$，表示大豆花为两性花；两侧对称（不整齐花）；花萼合生，5 裂；花瓣 5，离生；雄蕊 10 枚，9 枚合生，1 枚分离；子房上位，1 心皮构成 1 室，胚珠多数。

2. 花图式

花图式（floral diagram）是花的各部分垂直投影所构成的平面示意图。花图式中的横切面简图补充了花程式不能完全显示的构造特征，如离合状态、胎座类型等。

花图式中，外围的圆点代表花轴，最外层的实心弧线代表苞片，如为顶生花，不绘花轴和苞片；苞片内侧的带横线的弧线代表花萼；最内方的实心弧线代表花冠；雄蕊和雌蕊以其实际横切面图表示，如百合的花图式（图 4-7）。

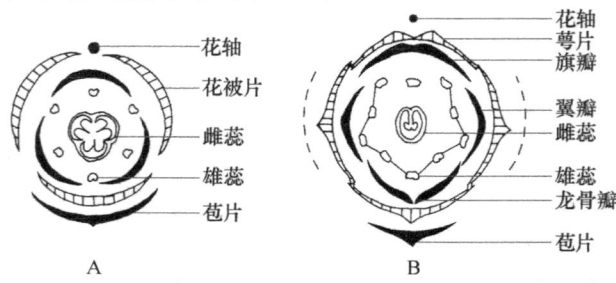

图 4-7　百合（A）、蚕豆（B）的花图式

蚕豆的花图式（图 4-7），表示花为两侧对称，花萼裂片 5，覆瓦状排列；花瓣 5，下降覆瓦状排列，下方 2 片（龙骨瓣）先端连合；雄蕊 10 枚，2 轮，其中 9 枚合生，近花轴的 1 枚离生；边缘胎座。

四、花序

花单独生在茎顶或叶腋，称单生花或单顶花，如玉兰、桃等。如许多花按一定顺序排列在总花柄上，则形成花序（inflorescence）。花序的总花柄称为花序轴或花轴（rachis），每朵花称为小花。通常在花轴或总花柄基部着生有苞片，有的苞片密集于花序之下组成总苞，如向日葵。

根据花在花轴上的排列方式、开放顺序等特征，可将花序分为无限花序（indefinite inflorescence）和有限花序（definite inflorescence）。

（一）无限花序

无限花序，又称总状类花序，它的特点是花轴在开花期可以继续生长，不断形成新的苞片与花芽；开花的顺序是花轴基部或边缘的花先开，顶部或中间的花后开（图 4-8）。

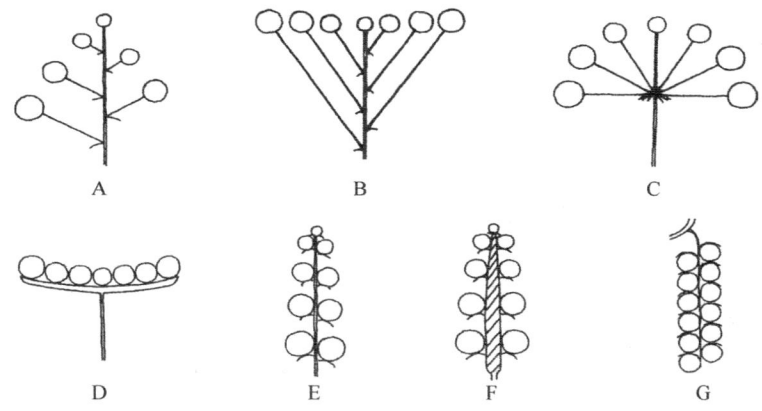

图 4-8　无限花序（简单花序）
A. 总状花序；B. 伞房花序；C. 伞形花序；D. 头状花序；E. 穗状花序；F. 肉穗花序；G. 柔荑花序

根据花轴分枝与否，无限花序又可分为简单花序和复合花序。

1. 简单花序

简单花序的花轴不分枝。根据其花轴的变化、每一朵花有无花柄、是否为单性花等特征，又分为以下几种类型。

1）总状花序（raceme）。花轴单一且较长，着生许多花柄近等长的两性花；开花顺序由下而上，如油菜、紫藤、荠菜等的花序。

2）伞房花序（corymb）。具柄的小花着生于花轴近顶部，下部花的花柄较长，向上渐短，各花排列在同一平面上，如梨、苹果、樱花等的花序。

3）伞形花序（umbel）。花轴短缩，花柄近等长的小花着生于花轴顶部，各花排列呈圆顶形或伞状，如葱、人参、五加等的花序。

4）穗状花序（spike）。许多无柄的两性小花着生于较长的直立花轴上，如车前、马鞭草的花序。

5）肉穗花序（spadix）。与穗状花序结构相似，不同之处在于花轴粗短肥厚，肉质化，许多无柄的单性花着生其上。部分种类的肉穗花序外有大型苞片，称为佛焰苞，因此，该类花序又称佛焰花序，如玉米、香蒲、天南星等的花序。

6）柔荑花序（catkin）。许多无柄或具短柄的单性花着生于柔软下垂或直立的花轴上。开花后，一般整个花序一起脱落，如杨、柳等的花序。

7）头状花序（capitulum）。许多无柄或近无柄小花集生于极度缩短、膨大平展的花轴上，呈头状或盘状，苞片常密集成总苞，如向日葵、菊花、蒲公英的花序。

8）隐头花序（hypanthodium）。花轴特别肥大，凹陷成囊状，无柄的单性小花着生于凹陷的内壁上，雄花在上部，雌花在下部，顶端留一小孔与外界相通，如无花果、薜荔的花序。

2. 复合花序

花轴分枝，每一分枝上都有许多小花形成上述一种简单花序，这类花序称为复合花序。常见的复合花序有以下几种。

1）复总状花序（panicle）。通常又称圆锥花序，在花轴上分出许多小枝，每一小枝相当于一总状花序，如水稻、女贞的花序。

2）复穗状花序（compound spike）。花轴进行穗状花序方式分枝，每一小枝形成一穗状花序，如小麦的花序。

3）复伞形花序（compound umbel）。花轴顶端丛生，呈伞形分枝，每一分枝再形成一伞形花序，如胡萝卜、茴香等的花序。

4）复伞房花序（compound corymb）。花轴上的分枝成伞房状排列，每一分枝又形成一伞房花序，如花楸、石楠等的花序。

（二）有限花序

有限花序，又称聚伞类花序或离心花序，其特点是花序顶端或最中心的花先开，从而限制了花轴继续生长；各花开放的顺序是由上向下或由中心向边缘（图 4-9）。有限花序通常包括以下几种类型。

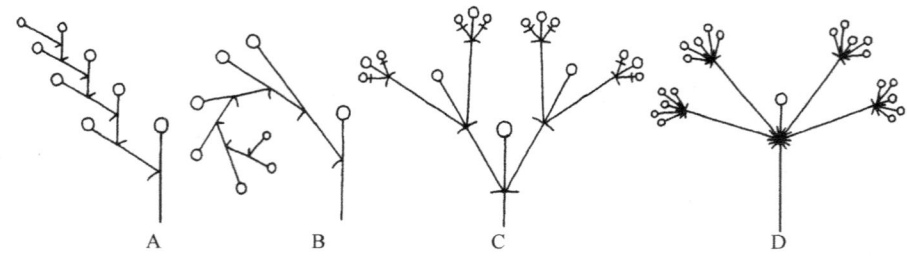

图 4-9 有限花序
A. 蝎尾状聚伞花序；B. 螺状聚伞花序；C. 二歧聚伞花序；D. 多歧聚伞花序

1. 单歧聚伞花序

单歧聚伞花序（monochasium）为花轴顶端先开一花，然后顶花下主轴仅在一侧形成一侧枝，继而侧枝的顶端又生一花，其下方再生一侧枝，如此依次开花，形成合轴分枝式花序。

根据分枝方式的不同，单歧聚伞花序又分为以下两种。

1) 蝎尾状聚伞花序（scorpioid cyme）。分枝时，各枝左右间隔生出，同时分枝与花不在同一平面上，如委陵菜的花序。

2) 螺状聚伞花序（helicoid cyme）。分枝时，各枝由同侧生出，形成卷曲状，如勿忘草、附地菜等的花序。

2. 二歧聚伞花序

二歧聚伞花序（dichasium）为花序主轴顶花或中央一朵花开后，其下两侧各形成一分枝，侧枝顶端生花，每一侧枝再在两侧分枝，如此反复，如繁缕、大叶黄杨等的花序。

3. 多歧聚伞花序

多歧聚伞花序（pleiochasium）为花序主轴顶花或中央一朵花开后，顶花下主轴形成三个以上分枝，各分枝再形成一个小的聚伞花序，如泽漆、大戟等的花序。泽漆的花梗短而密集，也称密伞花序；益母草、薄荷、夏枯草等唇形科植物的叶对生，花序轴和花梗极短，成轮状排列，这种花序称为轮伞花序。

第三节　雄蕊的发育和结构

雄蕊由雄蕊原基发育而来，包括花丝和花药两部分。

花丝与生殖过程没有直接关系，它的作用主要是支撑花药，以利于传粉。花丝的构造较简单，外层是表皮，内部为薄壁组织，中间具有一条连接花托和花药的维管束。

花药是雄蕊的主要部分，大多数被子植物的花药分为左右两半，由4个花粉囊组成。每个花粉囊由囊壁包围，内生许多花粉粒。当花粉粒成熟后，花药开裂，花粉粒散出进行传粉。

一、花药的发育

花托上的雄蕊原基形成花药原始体。花药原始体结构简单，其最外层为原表皮，将来发育形成花药的表皮；内部细胞为基本分生组织，参与药隔和花粉囊的形成；近中央处分化出原形成层，将来发育形成药隔内的维管束（图4-10）。

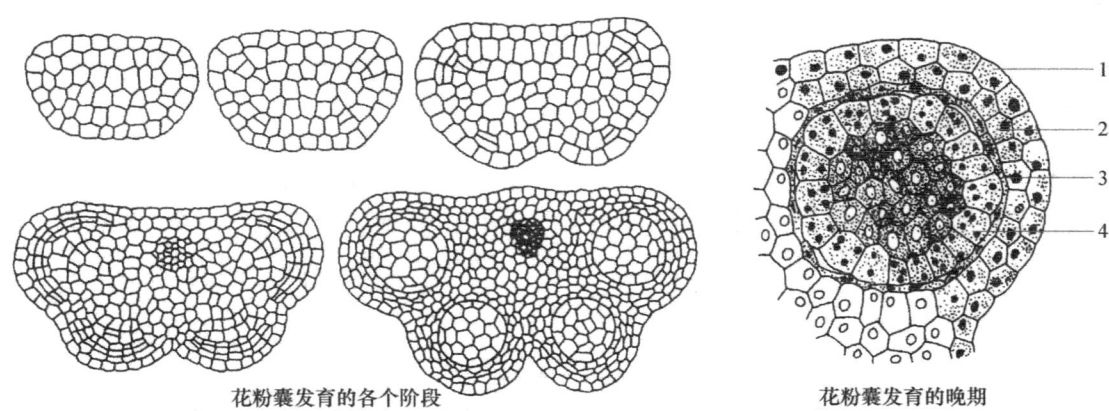

图4-10　花药的发育
1. 表皮；2. 药室内壁；3. 中层；4. 绒毡层

雄蕊发育初期，花药原始体的4个角隅的细胞分裂较快，使花药横切呈现四棱形。在表皮内花药四角各出现一至几列分生细胞，称为孢原细胞（archesporial cell）。孢原细胞经一次平周分裂形成内外两层细胞，外层称初生壁细胞（primary wall cell），或称周缘细胞，内层为造孢细胞（sporogenous cell），以后经分裂或直接长大形成花粉母细胞（pollen mother cell，也称小孢子母细胞）。

初生壁细胞进行数次平周分裂，产生3~5层细胞，由外向内分别是药室内壁（endothecium）（1层细胞）、中层（middle layer）（1~3层细胞）、绒毡层（tapetum）（1层细胞），它们与表皮一起构成花粉囊壁。

1. 表皮

表皮的外切向壁有薄的角质层，有些植物花粉囊壁的表皮上有绒毛或气孔。

2. 药室内壁

药室内壁紧接表皮，细胞体积较大，初期贮藏大量有机物质。大多数植物在花药成熟后，药室内壁细胞沿半径方向伸展扩大，细胞的内切向壁和横向壁上发生带状加厚，因其主要成分为纤维素，所以，此时的药室内壁又称为纤维层（fibrous layer）。纤维层细胞壁的这种加厚特点有助于花药的开裂和花粉的散布。花药孔裂及一些水生、闭花受精的植物，花药成熟后不开裂，故其药室内壁不发生带状加厚。

3. 中层

中层为药室内壁以内的1~3层细胞，由较小的薄壁细胞组成。初期，中层细胞含大量淀粉和其他贮存物质；花粉母细胞（小孢子母细胞）减数分裂时，这些物质被吸收而消失，细胞变为扁平，并逐渐解体，最终被吸收消失。所以，成熟花药中的中层多已消失。

4. 绒毡层

绒毡层是花粉囊壁最内一层薄壁细胞。其体积和细胞核较大，细胞质浓，细胞器丰富，含有蛋白质、RNA、油脂、类胡萝卜素和孢粉素等营养物质。初期，绒毡层细胞为单核，而后核裂，出现双核或多核结构。当花粉母细胞（小孢子母细胞）减数分裂接近完成时，绒毡层退化；至花粉发育后期，绒毡层解体或仅留残迹。

绒毡层解体有两种情况：其一，绒毡层细胞分泌各种物质进入药室，直到花粉成熟，该层细胞自溶消失；其二，绒毡层细胞壁破坏，原生质体逸出细胞外，融合为多核的原生质团，充塞在花粉粒之间，供其吸收利用。因此，绒毡层对花粉粒的形成和发育起重要的营养和调节作用；同时，绒毡层还可以分泌与花粉形成直接相关的胼胝质酶，以溶解四分体的胼胝质壁。

当花粉粒成熟时，花药也即达到成熟阶段。此时，中层和绒毡层已先后解体消失，花粉囊壁仅剩下表皮和纤维层。花药通常有2对花粉囊，花药成熟时，每一侧的2个花粉囊之间的壁破裂，即花药开裂，相互连通为1个药室。棉花等少数植物的花药只有2个花粉囊，开裂时形成1个药室（图4-11）。

二、小孢子的形成

在初生壁细胞发育的同时，造孢细胞也不断地进行有丝分裂，形成大量小孢子母细胞（microspore mother cell），也称花粉母细胞。锦葵科和葫芦科的某些植物的造孢细胞不进行分裂，可直接发育成小孢子母细胞。小孢子母细胞的特点是：体积大，细胞核较大，原生质浓，核糖体密集，线粒体增多，大量合成RNA和蛋白质。随后，每个小孢子母细胞经减数

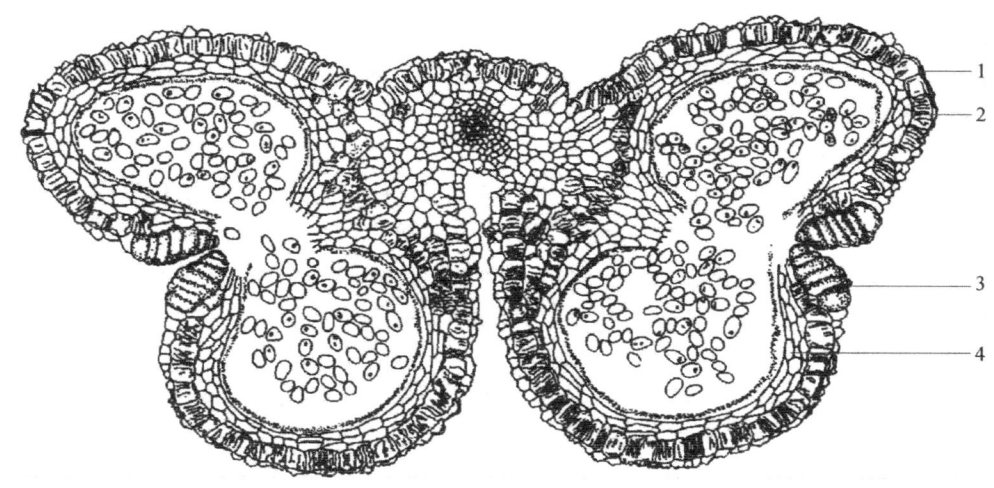

图 4-11　百合成熟花药横切
1. 表皮；2. 纤维层；3. 唇细胞；4. 中层

分裂形成 4 个单倍体细胞。4 个单倍体细胞集合在一起，称为四分体（quadrant）。多数双子叶植物四分体的 4 个细胞呈四面体排列，如白菜、棉花；而多数单子叶植物四分体的 4 个细胞排列在一个平面上，呈等双面体排列，如小麦、水稻。以后，四分体的胼胝质壁溶解，形成 4 个单核细胞，即小孢子（microspore），也称单核花粉粒。

三、花粉粒的发育和形态结构

1. 花粉粒的发育

成熟的花粉粒也称雄配子体，因此，花粉粒的发育过程也即雄配子体的形成过程。

刚从四分体释放出来的小孢子细胞壁薄，细胞质浓，细胞核位于中央。随后，小孢子的体积迅速增大，细胞质液泡化，并逐渐形成一个中央大液泡，细胞核由中央移向边缘。接着，小孢子在近壁处进行一次不等的有丝分裂，形成大小悬殊的 2 个细胞。大细胞为营养细胞（vegetative cell），小细胞是生殖细胞（generative cell），2 细胞间的壁主要由胼胝质组成。然后，生殖细胞向营养细胞的细胞质中延伸，逐渐脱离花粉粒壁的束缚；同时，胼胝质壁溶解，生殖细胞发育成为纺锤状无壁的裸细胞，并游离在营养细胞的细胞质中，形成了细胞之中有细胞的独特现象。

许多植物的花粉粒在含有 1 个营养细胞和 1 个生殖细胞时，花药成熟开裂，花粉粒散出，这种花粉称为二细胞型花粉。在已经研究的被子植物中，约 70% 的种类属于该类型，如棉、桃、李、茶、杨和柑橘等。另有一些植物的花粉，在花药开裂前，生殖细胞进行一次有丝分裂，形成 2 个精细胞，这种成熟花粉粒含有 1 个营养细胞和 2 个精细胞，称为三细胞型花粉，如水稻、大麦、小麦、玉米和油菜等。

2. 成熟花粉粒的形态与结构

（1）花粉粒的形态

花粉粒的形态多种多样，有圆球形、椭圆形、三角形、四方形以及其他各种形状。花粉粒表面光滑或具各种雕纹、突起等，有形态各异的萌发孔和萌发沟。花粉粒直径通常为15～60 μm，如小麦 45～60 μm、水稻 42～43 μm。

每种植物的花粉粒在形状、大小和结构上都有各自的特征，可以根据花粉粒的形态、结构进行植物的分类鉴定，尤其是在化石植物的鉴定上。因此，花粉形态是古植物学、地质学和植物分类学研究中的重要依据。

(2) 花粉粒的结构

1) 花粉壁。花粉壁由外壁（exine）和内壁（intine）构成。在花粉粒发育过程中，四分体时形成的初生外壁发育成花粉外壁；同时，在外壁内侧生成花粉内壁。

花粉外壁较厚，质地坚硬而缺乏弹性，主要成分为孢粉素，具有抗高温、高压，抗酸碱，抗酶解的特性。因此，花粉外壁及其上的纹饰能够保留下来，这对于花粉鉴别和植物分类有重要意义。另外，花粉外壁中还有类胡萝卜素、类黄酮素、类脂及蛋白质等物质。

花粉内壁较薄，柔软而有弹性，主要成分为纤维素、果胶质、半纤维素和蛋白质。

花粉外壁和内壁均含有活性蛋白质和酶类。外壁蛋白质来自绒毡层，具有基因型的特异性，在花粉与柱头的相互识别中起作用；内壁蛋白质由花粉粒本身制造，主要是各种水解酶，在花粉粒萌发和花粉管的生长中起作用。

2) 营养细胞。营养细胞较大，占据花粉粒的大部分体积。它包含营养核和来自小孢子的大部分细胞质与细胞器，而且在发育中随着大液泡的消失和细胞质的增加，各种细胞器的数量均有所增加。营养细胞含大量脂肪、淀粉等物质，其作用主要是促进花粉管的形成和伸长。

3) 生殖细胞。在二细胞型花粉粒中，生殖细胞较小，但细胞核相对较大，占据了细胞的大部分；细胞器有线粒体、核糖体、内质网、高尔基体等，但数量较少，分布也不及营养细胞密集。

4) 精细胞。在三细胞型花粉粒中，生殖细胞进行分裂形成2个精细胞。精细胞体积小，细胞质稀少，仅被质膜包围，具有线粒体、高尔基体、内质网和核糖体等细胞器。

(3) 花粉粒的成分

花粉的体积虽小，但它贮藏了大量的营养物质。这些物质主要是淀粉和脂肪，还有蛋白质、各种氨基酸、维生素、酶和无机盐类等。所有这些物质对于保证花粉的进一步萌发和花粉管的生长是必需的。

3. 花粉败育和雄性不育

由于外界或内在因素的影响，花粉没有经过正常发育，从而无生殖能力的现象，称为花粉败育（abortion）。花粉败育的直接原因有4种：小孢子母细胞减数分裂不正常，因而产生的花粉不能正常发育；营养不良致使花粉不能健全发育；绒毡层作用失常；减数分裂后，花粉停留在单核或双核阶段，不产生精子。上述原因的发生，常与环境条件相关，如温度过低、干旱等。

在正常自然条件下，植物由于内在因素，产生的花药或花粉不能正常发育而成为畸形或完全退化的现象，称为雄性不育（male sterility）。雄性不育的原因有3种：花药退化，仅花丝部分残存；花药内不产生花粉；产生的花粉败育。雄性不育可以在生产中加以应用。例如，在杂交育种中为免去人工去雄的操作，而采用药物促使雄性不育，称为药物杀雄。

第四节 雌蕊的发育和结构

雌蕊由雌蕊原基发育而来，包括柱头、花柱和子房三部分。

一、胚珠的发育

胚珠是子房壁内侧腹缝线上的卵形小体,由珠被(integument)、珠心(nucellus)、珠孔(micropyle)和合点(chalaza)组成。胚珠受精以后发育成种子。

1. 胚珠的形成

首先,子房内壁表皮下层的局部细胞分裂,产生一团突起,即胚珠原基。胚珠原基的前端发育形成珠心,基部成为珠柄。以后,珠心基部的细胞分裂较快,产生一环状突起,逐渐向上扩展而将珠心包围起来,形成珠被。珠被通常并不完全愈合,仅在顶端留下一小孔,称为珠孔(micropyle)。有些植物只有一层珠被,如胡桃、向日葵;多数植物的胚珠有两层珠被,外珠被的形成是在内珠被形成之后,按同样的方式发育而成,如小麦、水稻、油菜。胚珠基部的一部分细胞发育成柄状结构,与心皮连接,称为珠柄(funiculus)。珠被、珠心和珠柄愈合的部分称为合点(chalaza)。心皮的维管束从珠柄进入胚珠,最后到达合点(图 4-12)。

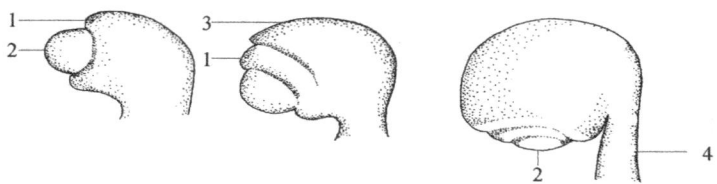

图 4-12 胚珠的发育
1. 内珠被;2. 珠心;3. 外珠被;4. 珠柄

2. 胚珠的类型

胚珠生长时,由于珠柄和其他各部分的生长速度并不均匀,因此,胚珠在珠柄上着生的方位也不相同,从而形成了不同类型的胚珠(图 4-13)。

1) 直生胚珠(orthotropous ovule):胚珠各部分生长速度均匀,胚珠直生在珠柄上,即珠柄、珠心和珠孔排列在同一直线上,珠孔与珠柄相对,如大黄、酸模和荞麦等。

2) 倒生胚珠(anatropous ovule):珠柄细长,胚珠 180°扭转,珠孔与珠柄基部在同一侧,外珠被常与珠柄贴合形成一个隆起,称珠脊(raphe),形成种子后即为种脊。大多数被子植物的胚珠为此种类型。

3) 横生胚珠(amphitropous ovule):胚珠呈 90°扭转,胚珠与珠柄垂直,珠孔偏向一侧,如锦葵等。

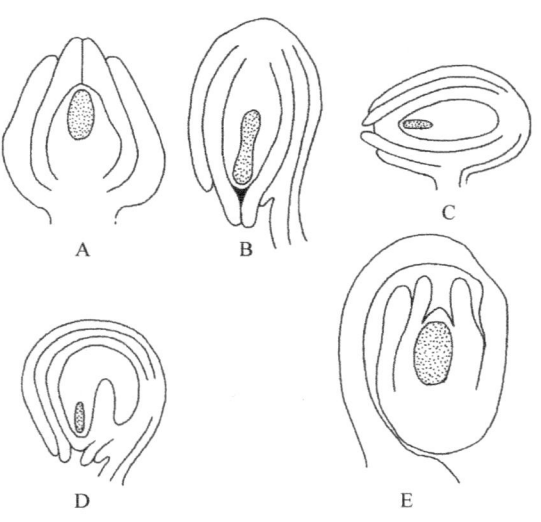

图 4-13 胚珠的类型
A. 直生胚珠;B. 倒生胚珠;
C. 横生胚珠;D. 弯生胚珠;E. 拳卷胚珠

4) 弯生胚珠(campylotropous ovule):胚珠下部直立,上部弯曲,但珠柄不弯曲,珠孔向下,如芸薹、豌豆、蚕豆、禾本科植物的胚珠。

5）拳卷胚珠（circinotropous ovule）：珠柄极长且卷曲，包裹整个胚珠，如仙人掌属、漆树的胚珠。

二、胚囊的发育和结构

1. 胚囊的发育

在胚珠发育初期，珠心细胞由均匀一致的薄壁细胞组成。以后，在珠孔端的珠心组织中分化出一个大细胞，称为孢原细胞。孢原细胞体积较大，细胞质浓厚，具有大的细胞核。有些植物（如棉）的孢原细胞经过一次平周分裂形成内外两个细胞，外方一个称为周缘细胞，内方一个称为造孢细胞。周缘细胞不再分裂，或经平周和垂周分裂形成多数细胞，参与珠心的形成。造孢细胞则发育成大孢子母细胞（megaspore mother cell），也称胚囊母细胞。有些植物（如小麦）的孢原细胞不经分裂，直接发育成大孢子母细胞。

大孢子母细胞经过减数分裂，产生4个单倍体的大孢子。大孢子通常纵向排列，近珠孔端3个逐渐退化，只有近合点端的1个为功能大孢子，经进一步发育形成胚囊。体积增大的功能大孢子含有大液泡，称为单核胚囊。

单核胚囊长大到一定程度后，细胞核连续进行三次有丝分裂。第一次分裂形成2个核，并分别移向胚囊两端；之后，又分别进行第二次、第三次分裂，在两端各形成4个核。每次核分裂后不进行细胞质的分裂和新细胞壁的形成。因此，此时为游离核时期。以后，胚囊两端各有1个核移到中央，这2个核称为极核（polar nuclei），它们组成一个大型中央细胞（central cell）；同时，珠孔端3个核进行细胞质分裂和新壁的形成，其中一个较大的细胞称为卵细胞，另2个较小的细胞称为助细胞（synergid），卵细胞与2个助细胞合称为卵器（egg apparatus）。合点端3个核也组成3个细胞，称为反足细胞（antipodal cell）。至此，包括1个卵细胞、2个助细胞、3个反足细胞和1个中央细胞的成熟胚囊就形成了。这样，成熟胚囊含有8个核或7个细胞，称为8核胚囊或7细胞胚囊（图4-14）。

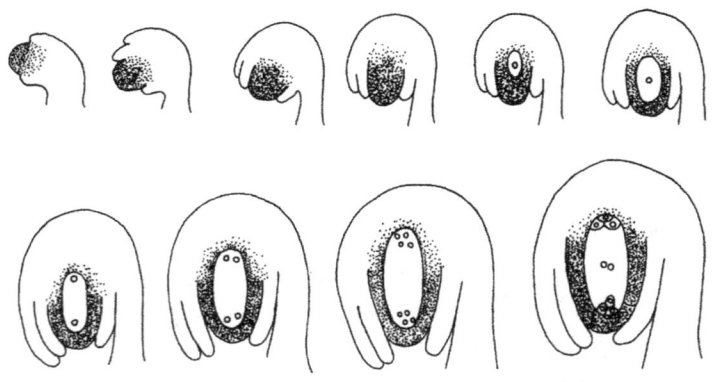

图4-14　胚珠发育的纵切，示胚囊的形成

大约70%的被子植物胚囊是以上述方式发育来的。由于该胚囊是由1个大孢子发育而来，所以，这种方式产生的胚囊被称为单孢型胚囊，也称为正常型或蓼型胚囊。除此之外，还有双孢型胚囊和四孢型胚囊两种类型（图4-15）。

2. 成熟胚囊的结构

成熟胚囊就是被子植物的雌配子体，其中的卵细胞为有性生殖的雌配子（图4-16）。

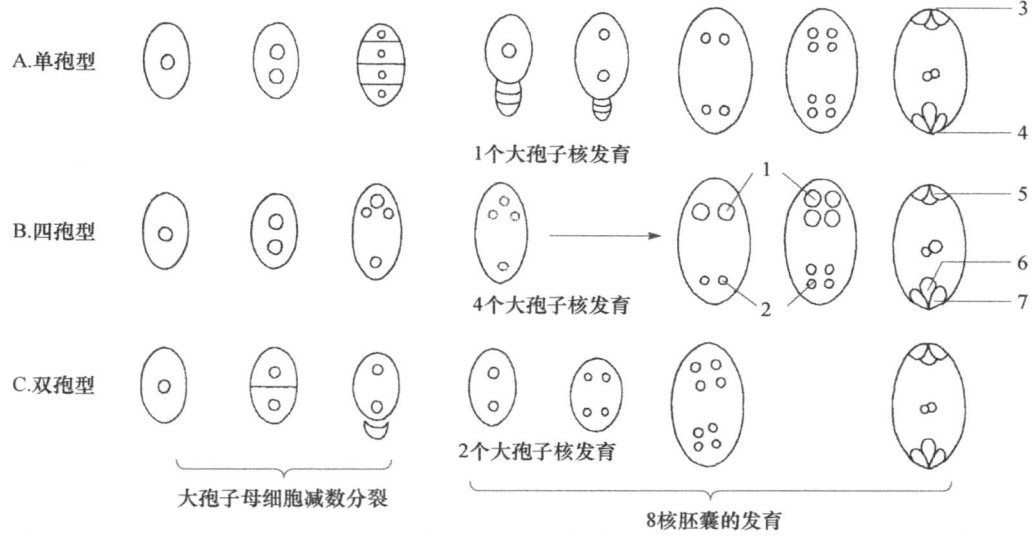

图 4-15　胚囊发育的模式图
1. 三相核；2. 单相核；3. 合点端；4. 珠孔端；5. 反足细胞；6. 卵；7. 助细胞

（1）卵细胞

卵细胞是胚囊中最重要的细胞，受精后将发育为胚。卵细胞是高度极性的细胞，呈梨形，近珠孔端有一大液泡，核则位于近合点端。卵细胞壁通常近珠孔端厚，接近合点端逐渐变薄。成熟的卵细胞内细胞器较少，代谢活动减弱。

卵细胞与2个助细胞排成三角形，并有胞间连丝相通。

（2）助细胞

助细胞通常2个，也具有明显极性。但与卵细胞相反，其液泡位于近合点端，核位于近珠孔端。助细胞壁比较特殊，珠孔端厚，且向细胞腔内伸出不规则的指状突起，称为丝状器（filiform apparatus），其作用是使助细胞犹如传递细胞。

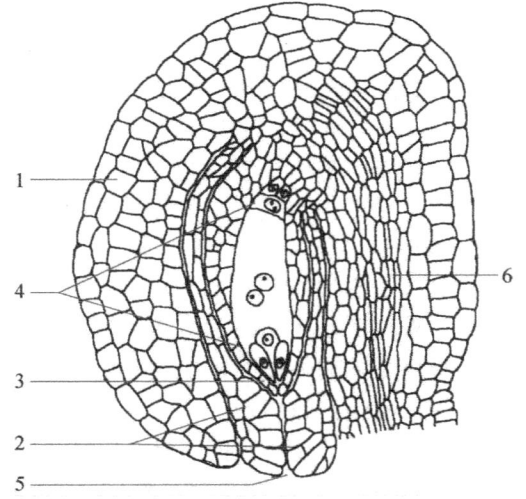

图 4-16　百合胚珠纵切，示成熟胚囊
1. 外珠被；2. 内珠被；3. 珠心；
4. 成熟胚囊；5. 珠孔；6. 珠柄

在受精过程中，助细胞能产生诱导物质，诱导花粉管进入胚囊；同时，助细胞还具有吸收、贮藏和转运珠心组织的物质进入胚囊的功能。

助细胞的寿命较短，一般在受精前后即解体。

（3）反足细胞

反足细胞的细胞质含有丰富的细胞器，代谢较为活跃，其功能主要是吸收母体营养物质并运输到胚囊。多数植物具有3个反足细胞，但其数量因植物种类不同而相差很大，少到1个，多到上百个。反足细胞的寿命也较短，在受精前后退化。

(4) 中央细胞

中央细胞体积大且高度液泡化，含有 2 个极核。极核靠近卵器，在受精前或在受精过程中，两极核发生融合，形成次生核（secondary nucleus）。中央细胞是胚囊贮藏营养物质的场所，其与第二个精细胞融合后，迅速进行细胞分裂，发育成三倍体的胚乳。

第五节 开花、传粉与受精

一、开花

当雄蕊中的花粉粒和雌蕊中的胚囊，或二者之一成熟时，花被打开，露出雌雄蕊，为传粉做准备，这一现象称为开花（anthesis）。

各种植物的开花习性，如开花年龄、开花季节和花期长短各不相同，这是植物长期适应原产地生活环境的结果，也是由它们的遗传特性所决定的。例如，桃属植物开花年龄为 3～5 年，桦属为 10～12 年，椴属 20～25 年；腊梅、玉兰等在早春季节开花，菊花则在秋冬开花；水稻、小麦开花期约 1 周，棉、番茄可持续开花 1～2 个月。

有些植物花不开放，在花被闭合情况下，就能完成传粉和受精作用，这一现象出现在闭花受精植物中。

二、传粉

成熟的花粉粒由花粉囊中散出，借助一定的媒介力量，传送到雌蕊柱头上的过程，称为传粉（pollination）。传粉是种子植物有性生殖过程中必不可少的一个环节。

1. 自花传粉和异花传粉

在自然界中普遍存在两种传粉方式：自花传粉（self-pollination）和异花传粉（cross-pollination）。

（1）自花传粉

花粉粒从花药中散出后落到同一朵花的雌蕊柱头上的现象，称自花传粉，如大麦、小麦、豌豆和番茄等植物。在农业生产上，农作物同株异花间的传粉，同一品种不同植株之间的传粉也称为自花传粉。

自花传粉的花必须同时具备三个条件。

1）花两性，雄蕊围绕着雌蕊，使花粉粒容易落在雌蕊的柱头上。

2）雌雄蕊必须同时成熟。

3）雌蕊的柱头对本花花粉粒萌发及花粉管生长无任何生理障碍。

在植物界中，自花传粉并不普遍，这是因为自花传粉会削弱后代的生活力，引起后代的衰退；而自花传粉的生物学意义在于保证了植物在不利于异花传粉条件下的传粉受精。

典型的自花传粉是闭花传粉或闭花受精（cleistogamy）。这类植物的花粉粒在花粉囊里萌发，花粉管穿过花粉囊伸向柱头，进而到达子房进入胚囊完成受精。因此，它们在开花以前已经完成了受精作用。严格地说，该过程并无传粉现象，如豌豆、落花生等。闭花受精使花粉粒可以避免恶劣的气候条件和昆虫的吞食，从而完成生殖过程，是植物对环境条件不适于开花传粉时的一种合理的适应现象。

（2）异花传粉

花粉粒从花药中散出后，借助媒介力量，传送到同一植株或不同植株的另一朵花的雌蕊柱头上的传粉方式，称为异花传粉。异花传粉是被子植物较为普遍的一种传粉方式。

植物对异花传粉的适应表现在 4 个方面。

1）花单性。

2）花两性，但雌雄蕊异熟，不能有效的接受同花的花粉，如莴苣、木兰等。

3）雌、雄蕊异长或异位，不能进行自花传粉，如报春花等。

4）自花不孕，即花粉粒落在本花的柱头上，由于生理不协调而不能萌发，或者萌发后不能受精，如桃、苹果和梨等。

与自花传粉相比，异花传粉是一种进化的传粉方式。异花传粉的雌、雄配子在不同的生活条件下产生，遗传差异较大，由它们结合产生的后代具有较强的生活力和适应性。

2. 传粉方式

植物进行异花传粉时，必须借助各种媒介力量来完成传粉过程。在自然条件下，花粉粒主要靠风和昆虫进行传播。并且，植物通过长期自然选择和演化，形成了与其传粉媒介相适应的形态和结构。

（1）风媒传粉

植物借助风力来传播花粉的传粉方式称为风媒传粉（anemophily），风媒传粉的花称为风媒花（anemophilous flower），该类植物为风媒植物（anemophilous plant），约占被子植物的 1/10，如杨、胡桃和桦木等。

风媒植物的花多密集成穗状花序和柔荑花序；花小或退化，无香味；花粉质轻，干燥，表面光滑，便于被风吹送；数量很多。另外，有些植物早春开花，先花后叶，以利于花粉的传播；有些植物的雄花序长而倒悬，且雄蕊花丝细长，利于花粉的散布；还有些植物的雌蕊柱头大，呈羽毛状，伸出花被外，以增加接受花粉的机会。

（2）虫媒传粉

植物借助昆虫传播花粉的传粉方式称为虫媒传粉（entomophily），虫媒传粉的花称为虫媒花（entomophilous flower），该类植物为虫媒植物（entomophilous plant），如油菜、苹果和梨等。

虫媒植物的花大而显著，有各种鲜艳的色彩；具有香气，并有蜜腺分泌花蜜；花粉粒较大，表面粗糙，常形成刺突雕纹，有黏性，或结合成花粉块；花与昆虫有各种吻合的适应结构，如花的大小、结构和蜜腺位置与昆虫大小、形态、结构、行为有密切关系。

（3）其他传粉方式

1）水媒传粉（hydrophily）：借助水力传播花粉的传粉方式，如水生植物苦草等。

2）鸟媒传粉（ornithophily）：借助鸟类传播花粉的传粉方式，如由体形较小的蜂鸟传粉等。

（4）人工辅助授粉

异花传粉容易受外界条件的影响。例如，风力不足使风媒传粉受阻；由于温度太低或风雨太大等原因，限制了昆虫的活动，使传粉机会减少等。而人工辅助授粉可解决这些矛盾，即使外界条件适宜，通过人工辅助授粉也可以提高作物产量和营养物质的含量。

三、受精

卵细胞和精细胞互相融合的过程称为受精作用（fertilization）。其过程是花粉粒在柱头上萌发后，花粉管沿花柱生长进入胚囊释放精子，两个精子分别与卵细胞和中央细胞融合。

1. 花粉粒的萌发

花粉粒落在柱头上后吸水膨胀，花粉粒内壁从萌发孔向外突出形成花粉管（pollen tube）的过程，称为花粉粒的萌发（图 4-17）。

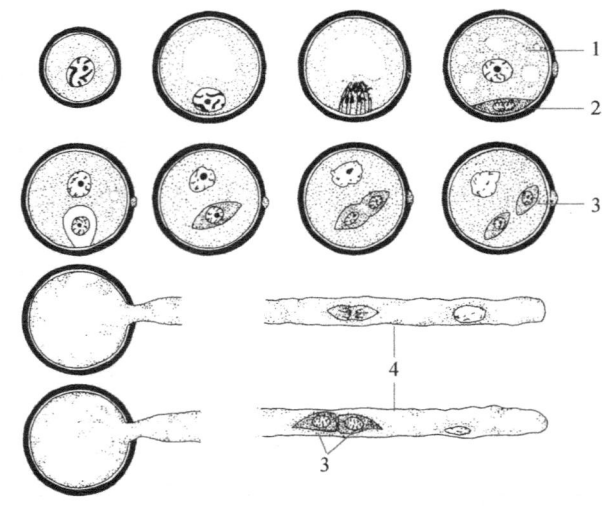

图 4-17　花粉粒萌发和花粉管形成
1. 营养细胞；2. 生殖细胞；3. 精细胞；4. 花粉管

花粉粒萌发的基础是花粉壁蛋白与柱头表面蛋白之间的识别。当花粉粒落到柱头上时，花粉壁上的蛋白质与柱头表面的蛋白质相互识别，亲和的花粉粒能从柱头上获得水分和营养物质，开始萌发；不亲和的花粉粒遭到拒绝，花粉萌发孔或柱头表面形成胼胝质，阻止花粉粒萌发。

由于各种植物遗传性及其所处环境条件的差异，花粉粒萌发所需时间也不相同。有立即萌发的，如水稻、甘蔗等，也有经过较长时间才萌发的，如甜菜、小麦等。

2. 花粉管的生长

花粉粒萌发后，花粉粒和花粉管中的角质酶、果胶酶可使柱头表面的角质溶解，从而使花粉管顺利穿过柱头。

花粉管生长具有顶端生长特性，即生长仅限于前端 3～5 μm 处。

花粉管生长过程中，三细胞型花粉粒的营养细胞核和 2 个精细胞全部进入花粉管；如果是二细胞型花粉粒，在营养细胞和生殖细胞进入花粉管后，生殖细胞在花粉管中分裂为 2 个精细胞（图 4-17）。

花粉管穿越花柱到达子房有两种生长途径：在空心型花柱中，沿着花柱道表面的黏性分泌物生长；在实心型花柱中，从引导组织或薄壁组织的胞间隙通过。

花粉管到达子房后，沿子房内壁和胎座直达胚珠。花粉管进入胚珠有三种方式（图 4-18）。

珠孔受精（porogamy）：花粉管到达子房后，直接或经过弯曲后伸向珠孔，由珠孔进入胚囊。

合点受精（chalazogamy）：花粉管到达子房后，经过胚珠基部的合点，然后到达胚珠的珠孔端再进入胚囊。

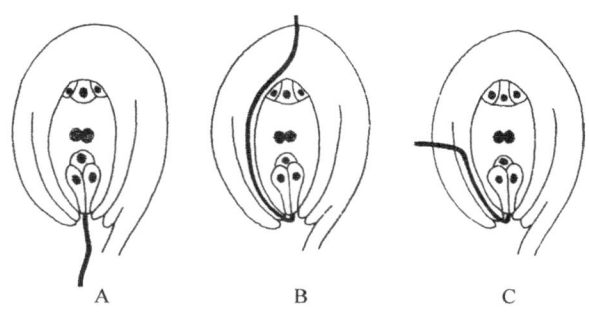

图 4-18 花粉管进入胚珠的方式
A. 珠孔受精；B. 合点受精；C. 中部受精

中部受精（mesogamy）：花粉管到达子房后，穿过胚珠中部珠被，由侧道折入胚珠的珠孔端再进入胚囊。

一般植物为珠孔受精；少数植物为合点受精，如榆、胡桃等；中部受精极为少见，如南瓜等。

3. 双受精

花粉管到达胚囊后，穿过胚囊的壁，经过助细胞的丝状器进入一个助细胞中。花粉管进入助细胞后，通常顶端破裂，花粉管的内容物一起倾出。助细胞核与营养细胞核随即被破坏消失。花粉管中的 2 个精细胞释放到胚囊中后，其中的一个精细胞与卵细胞融合，形成受精卵，将来发育成胚；另一个精细胞与 2 个极核融合，形成初生胚乳核（primary endosperm nucleus），以后发育为胚乳。这种卵细胞和极核同时与 2 个精细胞分别完成融合的过程，称为双受精（double fertilization）。双受精现象在被子植物中普遍存在。

双受精作用具有特殊的生物学意义。单倍体的精细胞和卵融合形成二倍体的合子，恢复了植物体原有的染色体数目，保持了物种遗传性的相对稳定；经过减数分裂后形成的精细胞、卵在遗传上常有差异，受精以后产生的后代常出现新的性状，为新变异的产生提供了基础；精细胞与极核融合形成三倍体的初生胚乳核，并发育成为胚乳，同样结合了父本、母本的遗传特性，生理上更为活跃，作为营养被胚吸收利用后，使后代的变异性更大，生活力更强，适应性更广。所以，双受精作用不仅是植物界最进化、最高级的有性生殖方式，也是被子植物占优势的重要原因之一。

双受精是有选择性的，表现为：花粉与柱头的相互识别；只有生活力最强的花粉管才能进入胚囊，将精细胞送入胚囊中进行受精作用；花粉粒萌发后，有可能几条花粉管同时进入一个胚囊，此时胚囊中就有 2 个以上的精细胞，但卵细胞总是选择遗传上最合适的精细胞受精，多余的精细胞则被同化吸收。

4. 无融合生殖和多胚现象

（1）无融合生殖

有些植物不经过精卵结合也能直接发育形成胚的现象，称为无融合生殖（apomixis）。无融合生殖主要有三种类型。

孤雌生殖（parthenogenesis）：卵细胞不经过受精直接发育成胚的生殖方式，如蒲公英、早熟禾等。

无配子生殖（apogamy）：由助细胞、反足细胞、中央细胞等非生殖性细胞直接发育成胚的生殖方式，如葱、鸢尾和含羞草等。

无孢子生殖（apospory）：由珠心、珠被细胞直接发育成胚的生殖方式，如柑橘等。

（2）多胚现象

通常，被子植物的一粒种子中只形成一个胚，但有的植物种子中含有两个或更多的胚，这种情况称为多胚现象（polyembryony）。多胚现象的产生常与植物的无融合生殖有关，如无融合生殖中无配子生殖或无孢子生殖的结果；也可能是受精卵分裂或幼胚裂生形成多胚，或者是一个胚珠中产生了多个胚囊。

第六节　种　　子

种子植物受精作用完成后，胚珠发育成种子。它是所有种子植物特有的器官。

一、种子的结构

（一）种子的基本结构

不同植物的种子虽然在形态、大小、颜色等方面千变万化，但其基本结构是一致的，一般均由胚（embryo）、胚乳（endosperm）和种皮（seed coat）三部分组成。部分植物种子的胚乳在发育过程中被吸收消失，形成无胚乳种子。少数种类的种子还具有外胚乳（perisperm）。

1. 胚

胚是种子的最重要部分，是新一代植物的雏体。

胚由胚根（radicle）、胚轴（embryonic axis）、胚芽（plumule）和子叶（cotyledon）4部分组成。胚根和胚芽的体积很小，胚根一般呈圆锥形，胚芽常呈现锥叶的形态。胚轴介于胚根和胚芽之间，同时又与子叶相连，一般极短，不甚明显；胚轴一般又分成两部分：子叶着生点到第一片真叶之间的部分称为上胚轴；子叶着生点到胚根之间的部分称为下胚轴。

胚根和胚芽的顶端为生长点，当种子萌发时，它们能很快分裂长大，使胚根和胚芽伸长，突破种皮，分别长成新一代植物的主根和茎、叶。与此同时，胚轴也随着一起生长，根据不同情况发育成为幼根或幼茎的一部分。

子叶是植物体最早的叶，在不同种类植物的种子里子叶数目及其生理功能不完全相同。种子内的子叶数通常为两片或一片。具有两片子叶的植物，称为双子叶植物（dicotyledons），如豆类、瓜类和番茄等；具有一片子叶的植物，称为单子叶植物（monocotyledons），如水稻、小麦、玉米和洋葱等。种子内的子叶数目也有多片的，如松、云杉等。

2. 胚乳

胚乳位于种皮和胚之间，是种子中贮藏营养物质的场所。但有些植物的种子在生长发育过程中胚乳的养料被胚吸收，转入子叶中贮存，所以种子成熟后无胚乳存在，营养物质贮藏在子叶中。

胚乳中贮藏的营养物质因种而异，主要是淀粉、脂类和蛋白质。例如，小麦、水稻种子中淀粉含量可达70%左右；蓖麻、落花生种子中贮藏有油脂；而大豆种子内含蛋白质较多。

少数植物（如甜菜）的种子在形成过程中，胚珠中的一部分珠心组织保留下来，在种子中形成类似胚乳的营养组织，称为外胚乳（perisperm）。外胚乳与胚乳的来源不同，但功能相同。

3. 种皮

种皮是种子外面的保护层，具有保护种子不受外力机械损伤和防止病虫害入侵的作用。种皮的厚薄、色泽和层数因植物种类的不同而有差异。有些植物的种子成熟后一直包在果实内，有坚韧的果皮保护种子，这类种子的种皮较薄，成薄膜状或纸状，如桃、花生等。有些植物的果实成熟后即行开裂，种子散出，这类种子一般具坚厚的革质种皮，如蚕豆、大豆等。小麦、水稻等植物的种子，种皮与外围的果皮紧密结合，成为共同的保护层，因此，小麦等禾谷类作物的种子实质上是果实。种子表皮细胞内一般含有色物质，从而使种皮呈现各种不同的颜色。

(二) 种子的类型

根据种子成熟后是否具有胚乳，可将种子分为有胚乳种子和无胚乳种子两类。

1. 有胚乳种子

蓖麻、柿、烟草、辣椒和番茄等双子叶植物的种子具有胚乳，属于有胚乳种子。

蓖麻的种子椭圆形，稍侧扁，有两层种皮，外种皮坚硬光滑并有花纹（图 4-19）。种子的一端有外种皮延伸而成的海绵状突起，称为种阜（caruncle），具有吸水作用，有利于种子萌发。种脐（hilum）靠近种阜，不明显。在种子略平的一面中央有一纵棱，称为种脊（raphe），它是倒生胚珠的珠柄与珠被愈合处留于种皮上的痕迹。种皮以内为白色胚乳，含有大量脂肪。紧贴胚乳的为两片大而薄的子叶，其上有明显脉纹；两片子叶的基部与胚轴相连，胚轴下方是胚根，上方是胚芽，胚芽夹在二片子叶的中间，从胚的正中纵切面上可以清楚地看到。

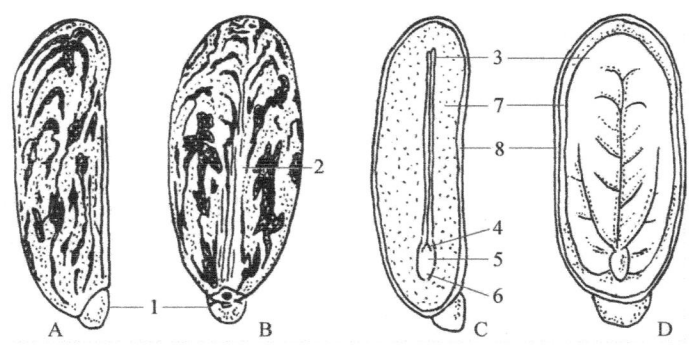

图 4-19　蓖麻种子的结构

A. 种子外形侧面观；B. 种子外形腹面观；C. 子叶侧面观；D. 子叶正面观

1. 种阜；2. 种脊；3. 子叶；4. 胚芽；5. 胚轴；6. 胚根；7. 胚乳；8. 种皮

小麦、洋葱、玉米和水稻等单子叶植物的种子也是有胚乳种子。

小麦籽粒的一端有果毛，腹面有一纵行的腹沟，外层为果皮和种皮的复合结构（图 4-20）。小麦的胚乳发达，占据籽粒中的绝大部分，贮藏了大量养料。紧贴种皮的 1 层或 2 层胚乳细胞中充满糊粉粒，称为糊粉层（aleurone layer）。糊粉层细胞含蛋白质、脂肪等有机养料，所以营养价值较高。糊粉层内侧的大部分结构是胚乳组织，其主要内含物是淀粉。胚位于籽粒基部的一侧，体积较小，包括胚芽、胚芽鞘、胚轴、胚根、胚根鞘和子叶（盾片）。胚轴上与子叶相对的外侧还有一小突起，称为外胚叶（epiblast）。

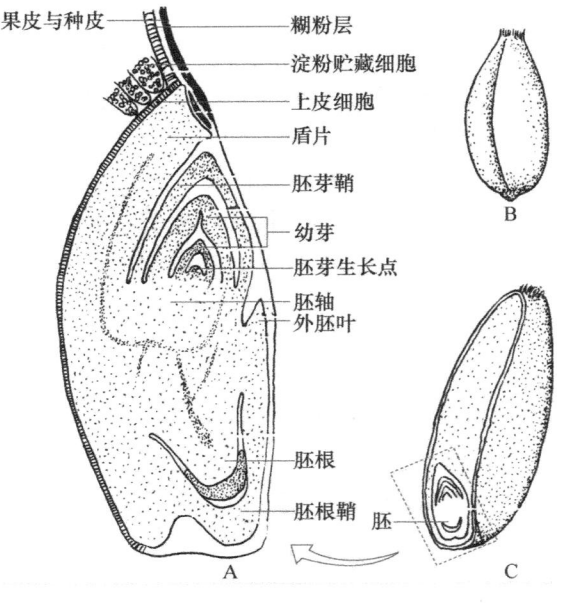

2. 无胚乳种子

种子成熟时，胚乳已被吸收，营养物质贮藏在发达的子叶中。豆类、瓜类、油菜、棉、桃和柑橘等双子叶植物的种子属于这种类型。

菜豆种皮表面有花纹或无，颜色多种。在种子一侧的中央有一椭圆形的斑痕，为种脐，多为灰白色（图 4-21）。在种脐的一端有一小孔，称为种孔（micropyle），种子萌发时，胚根多从此处伸出。在种脐另一端有一瘤状小突起，与种皮同色，但颜色较深，称为种瘤。在种瘤下边直到种子顶端，具较长隆起的种脊。种皮内的胚由胚根、胚轴、胚芽和两片子叶组成。剥开种皮，露出两片肥厚的豆瓣就是子叶，呈乳白色。

单子叶植物中无胚乳的种子较少见，

图 4-20 小麦颖果的结构
A. 胚的纵切面；B. 颖果外形；C. 颖果纵切面

主要有兰科植物和慈姑的种子。慈姑的种子很小，仅有种皮和胚两部分。种皮薄，仅一层细胞；胚弯曲，长筒形子叶一片，胚根顶端与子叶端紧紧靠拢（图 4-22）。

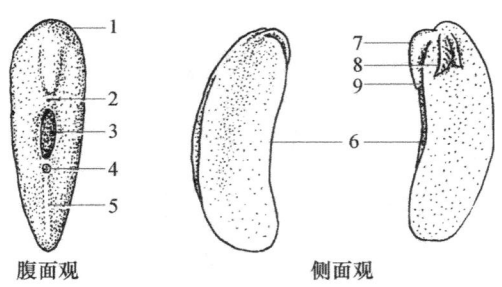

图 4-21 菜豆种子的结构
1. 种皮；2. 种孔；3. 种脐；4. 种瘤；5. 种脊；
6. 子叶；7. 胚轴；8. 胚芽；9. 胚根

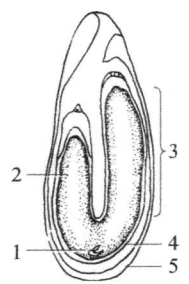

图 4-22 慈姑属种子的结构
1. 生长点和初生叶；2. 子叶；3. 由胚根与下胚轴合成的短轴；4. 种皮；5. 果实部分

二、种子的形成

（一）胚的发育

胚的发育从合子（zygote）开始。合子形成后通常要经过一定时间的"休眠"。休眠期的长短因植物种类而异。例如，水稻为 4~6 h，小麦为 16~18 h，而茶树需经过 5~6 个月的休眠。合子在休眠期间其内部仍继续进行代谢活动，为合子的第一次不均等分裂奠定基础。

合子是一个高度极性化的细胞。通常，第一次分裂为不均等的横向分裂，产生两个细胞：靠近珠孔端的基细胞（basic cell）和远离珠孔端的顶端细胞（apical cell）。从合子第一次分裂形成的两细胞开始，直至器官分化之前的胚胎发育阶段，称为原胚（proembryo）时期。双子叶植物和单子叶植物原胚时期的发育形态相似，但在以后的胚分化过程和成熟胚的结构上则有较大差别。

1. 双子叶植物胚的发育

以荠菜胚为例来说明双子叶植物胚的发育过程（图 4-23）。

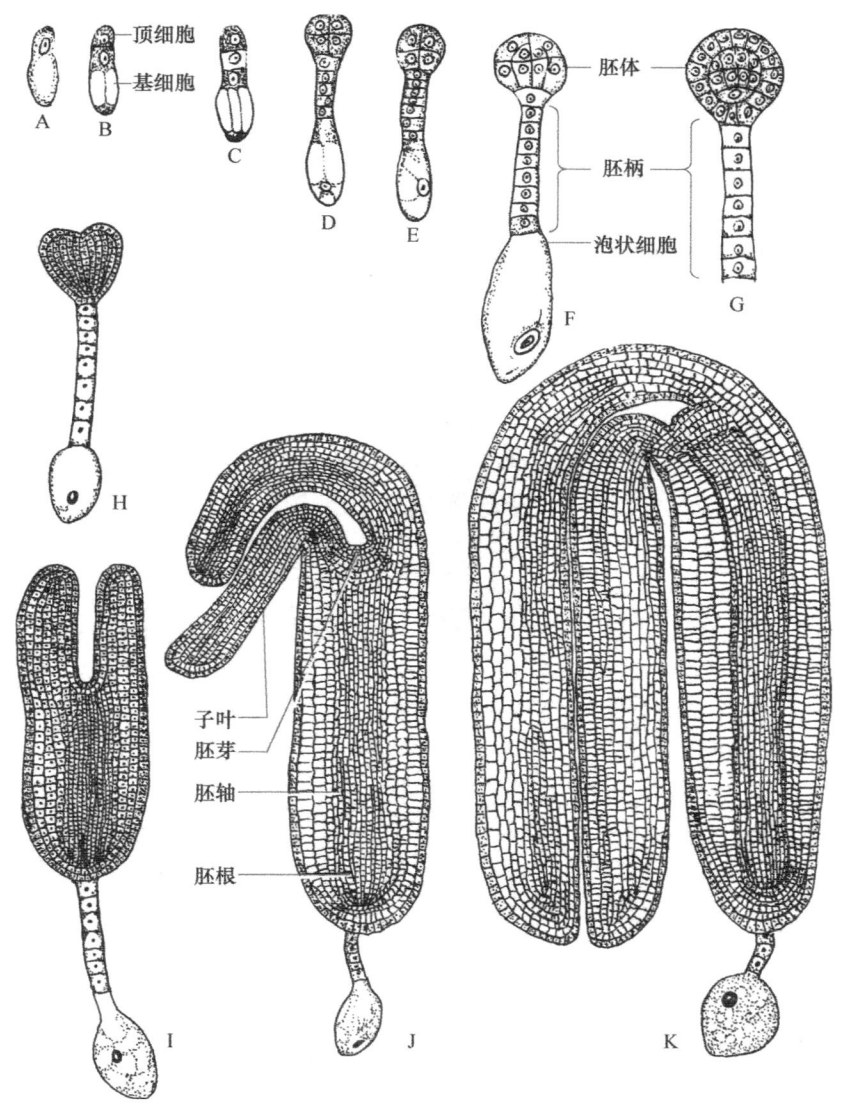

图 4-23 荠菜胚的发育

A. 合子；B. 二细胞原胚；C. 基细胞横裂为二细胞胚柄；D. 四分体胚体形成；E. 八分体胚体形成；F、G. 球形胚体形成；H. 心形胚体形成；I. 鱼雷形胚体形成；J、K. 马蹄形胚体形成，出现胚的各部分结构

荠菜胚发育时，合子进行一次不均等分裂，形成 2 个细胞，靠近珠孔端的为基细胞，远离珠孔的为顶端细胞。基细胞略大，经连续横向分裂，形成一列由 6～10 个细胞组成的胚柄（suspensor），这些细胞之间有胞间连丝相连。顶端细胞先要进行一次纵分裂，形成左、右 2 个并列的细胞，随后 2 个细胞各进行一次纵分裂（第二次的分裂面与第一次的垂直），成为

4个细胞，即四分体时期。四分体的各个细胞再横向分裂一次，成为8个细胞的球状体，即八分体（octant）时期。八分体的各细胞先进行一次平周分裂，再经过各个方向的连续分裂，成为球形，称为球形胚（globular embryo）。球形胚两侧的细胞分裂较快，产生2个侧生突起，成为心形胚（heart-shaped embryo）。以后，由于心形胚的2个突起分裂生长较快，迅速发育，成为2片子叶，子叶之间的凹陷部分逐渐分化出胚芽。与此同时，胚体下方的胚柄顶端一个细胞，即胚根原细胞（hypophysis cell）和胚体的基部细胞不断分裂生长，一起分化形成胚根。胚根与胚芽间的部分即为胚轴。这一阶段的胚呈心脏形。不久，由于细胞的横向分裂，子叶和胚轴延长，但因空间体积的限制，胚体弯曲成马蹄形。至此，一个成熟的胚形成，胚柄退化消失。

在原胚发育的初期，近珠孔端的一个胚柄细胞体积增大，发育成一个膨大细胞，称为吸器（haustoria）。吸器近珠孔的一端及其两侧的细胞壁向细胞腔内生出许多突起，因此，吸器具有从胚珠组织中吸收营养物质，并通过胚柄将其转运至胚的作用。

2. 单子叶植物胚的发育

以小麦胚为例来说明单子叶植物胚的发育过程（图4-24）。

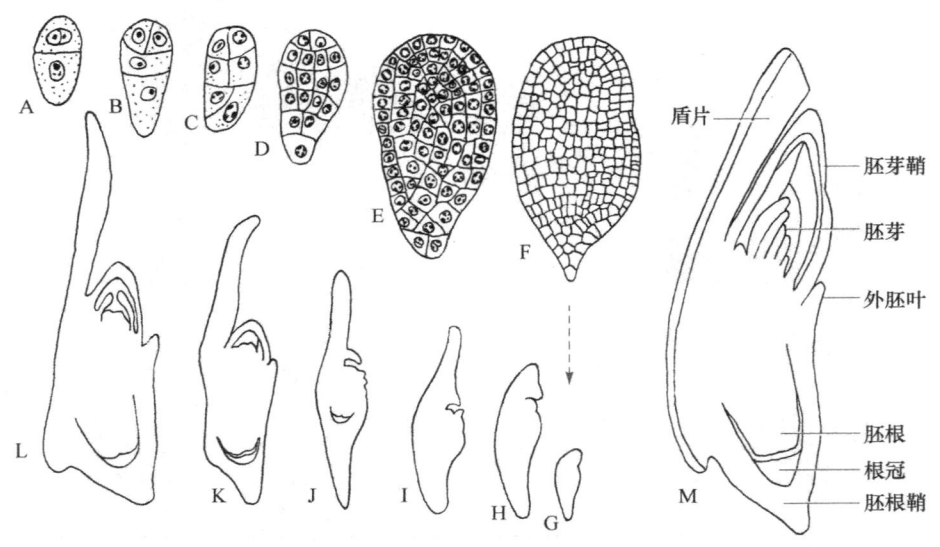

图4-24　小麦胚的发育

A～D. 二细胞、四细胞、多细胞的原胚（授粉后1 d、2 d、3 d、4 d）；E～G. 梨形多细胞原胚，盾片刚微现（授粉后5～7 d）；H～K. 胚芽、胚根鞘、胚根和外胚叶逐渐分化形成（授粉后10～15 d）；L. 胚发育比较完全（授粉后20 d）；M. 胚发育完全（授粉后25 d）

小麦合子休眠后的第一次分裂常为斜向分裂，形成顶细胞和基细胞。接着，顶细胞和基细胞各自再斜向分裂一次，形成4细胞原胚。原胚再经各个方向的分裂和扩大，至16～32细胞时，形成基部稍长的棍棒状胚。棍棒状胚的上部膨大部分为胚体的前身，下部细长部分分化为胚柄，但两者之间没有明显的界线。此后，在棍棒状胚体的一侧出现一凹沟，就在凹沟处形成胚体主轴的生长点，凹沟以上的部分胚体将陆续形成盾片（scutellum）（子叶）。由于这一部分生长较快，它很快就突出于生长点之上。生长点分化后不久，胚芽鞘原始体出现，并罩在生长点和第一片真叶原基的外面。与此同时，与盾片相对一侧形成一个新的突起，继续长大后形成外胚叶。

因此，小麦胚在结构上包括一片盾片，位于胚的内侧，与胚乳相贴近；胚芽生长点与第一片真叶原基合称胚芽，外面有胚芽鞘包被；相对于胚芽的一端是胚根，外有胚根鞘包被。在与盾片相对的一侧可以见到外胚叶的突起。

（二）胚乳的发育

胚乳由两个极核受精后形成的初生胚乳核发育而成，具有三倍染色体。极核受精后，不经休眠，就发育成胚乳。胚乳的发育一般有核型（nuclear type）、细胞型（cellular type）和沼生目型（helobial type）三种方式。

1. 核型胚乳

多数植物胚乳的发育为核型方式（图 4-25）。

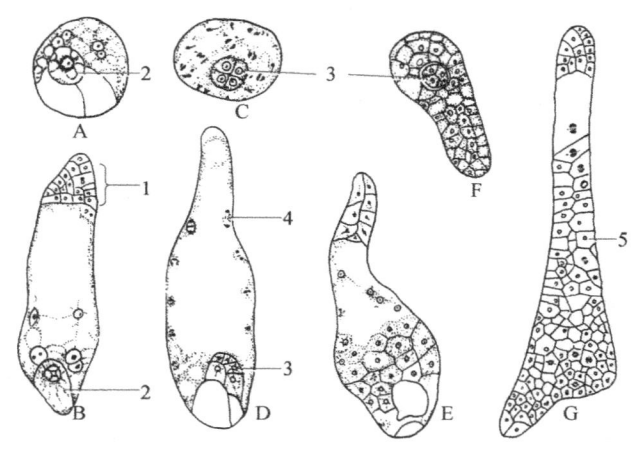

图 4-25　玉米的胚乳发育（核型）

A、C、F. 胚囊的横切面观；B、D、G. 胚囊的纵切面观；E. 胚囊斜切面观。A、B. 示合子和少量胚乳核（传粉 26～34 h 后）；C、D. 胚发育早期，胚乳核在分裂中（由 128 过渡到 256 游离核时期，传粉后 3 d）；E. 由游离核时期向细胞期过渡（传粉后 3.5 d）；F、G. 胚乳细胞形成（传粉后 4 d）
1. 反足细胞群；2. 合子；3. 胚早期；4. 游离的胚乳核在分裂中；5. 胚乳细胞

胚乳发育时，初生胚乳核分裂多次，形成很多游离的核，但不伴随细胞质的分裂和细胞壁的形成，因此，各个细胞核保留游离状态。随着核数目的增加和中央液泡的出现，这些游离核和原生质逐渐被挤向胚囊的四周，但在胚囊的珠孔端和合点端较为密集，而在胚囊的侧方仅分布一薄层。

胚乳核分裂进行到一定阶段后，在游离核之间形成细胞壁，即形成胚乳细胞，整个组织称为胚乳。胚乳细胞在发育的后期积累淀粉、蛋白质、脂肪等营养物质。

核型胚乳在单子叶植物和具有离瓣花的双子叶植物中普遍存在，如小麦、水稻、玉米、棉花、油菜和苹果等都属此类型。

2. 细胞型胚乳

细胞型胚乳的发育是在初生胚乳核第一次分裂后，随即进行细胞质的分裂和细胞壁的形成，以后进行的分裂全属于细胞分裂，所以胚乳自始至终是细胞的形式，不出现游离核时期，整个胚乳为多细胞结构（图 4-26）。

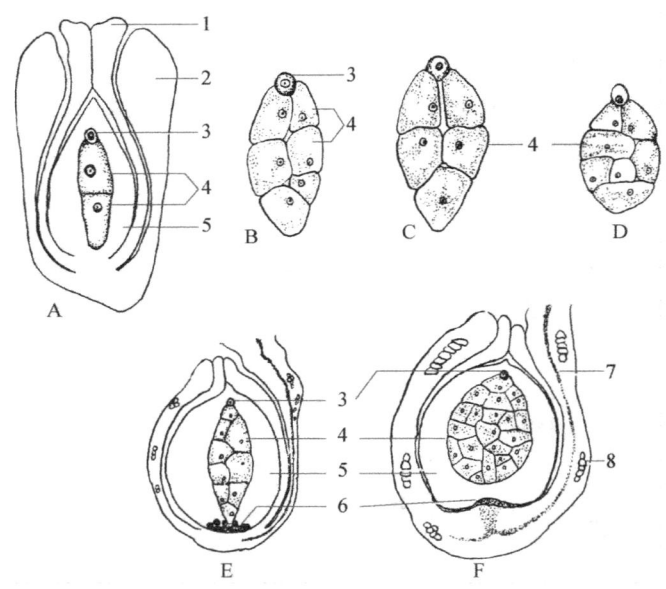

图 4-26 胚乳的发育（细胞型）

A. 胚珠的纵切面，示合子和 2 细胞时期的胚乳；B～D. 胚乳发育的各期，示胚乳细胞；E、F. 胚珠纵切，示胚乳继续发育，胚乳细胞增多，但合子仍未开始分裂

1. 内珠被；2. 外珠被；3. 合子；4. 胚乳细胞；5. 珠心；6. 退化的珠心；7. 通向胚珠的维管束；8. 含油细胞群

大多数合瓣花类属于这一类型，如烟草、番茄、芝麻等。

3. 沼生目型胚乳

沼生目型胚乳的发育是核型胚乳和细胞型胚乳的中间类型（图 4-27）。

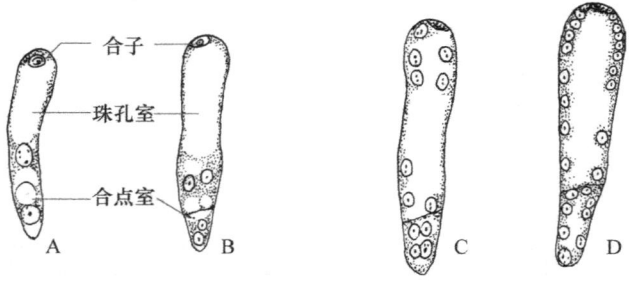

图 4-27 独尾草属胚乳的发育

A～D. 发育过程

初生胚乳核第一次分裂将胚囊分为两室（细胞），即珠孔室和合点室。珠孔室比较大，这一部分的核进行多次游离核分裂，在发育的后期形成细胞结构，完成胚乳的发育。合点室核的分裂次数较少，并一直保持游离状态，或者合点室的核不再进行游离核分裂。属于这一胚乳发育类型的植物仅限于沼生目种类，如刺果泽泻、慈姑、独尾草属等。

（三）种皮的发育

在胚和胚乳发育的同时，珠被发育成种皮，包被在种子的最外面，起保护作用。具两层珠被的胚珠常形成两层种皮，即外珠被形成外种皮，内珠被形成内种皮，如蓖麻、苹果等。

但有些植物，如毛茛科、豆科植物等，其内珠被在种子形成过程中全部被吸收而消失，只有外珠被继续发育为种皮，因此，这些植物形成种子时一般只具一层种皮（图 4-28）。

种皮成熟时其内部结构也会发生相应改变。大多数植物的种皮外层常分化为厚壁组织，内层为薄壁组织，中间各层往往分化为纤维、石细胞或薄壁组织。以后，随着细胞失水种皮成为干种皮。

三、种子的萌发和幼苗的形成

胚体充分成熟的种子，在合适的条件下，通过一系列同化和异化作用就开始萌发，形成幼苗（seedling）。

有些植物的种子形成后置于适宜的环境条件下仍不能萌发，需要经过一段时间才能萌发，种子的这一特性称为种子的休眠（dormancy）。种子休眠的原因是多方面的：有些植物，如银杏属、毛茛属和紫堇属等的种子或果实脱离母株时，其胚尚未发育成熟，需要经过一段休眠时期，等胚充分成熟后才能萌发，这种现象称为后熟作用（after-ripening）；有些种子，如苜蓿等的种子，种皮极其坚厚，不易透过水分，对氧的渗透作用也极其微弱，使胚不能萌发；苋属的种子虽已成熟，种皮也不阻碍水分的进入，但因种皮坚硬，胚不能突破种皮，须经过冻结或利用土壤微生物的作用，使种皮逐渐软化后才能萌发；有些抑制物质，如植物碱、有机酸和某些植物激素等可产生于胚、种皮以及果实的果肉或果汁内，只有消除这些抑制物质才能使种子正常萌发；番茄和黄瓜等新鲜果实内有抑制种子萌发的物质，可将这类种子用水冲洗，除去附着在种子上的抑制物质就可解除休眠。

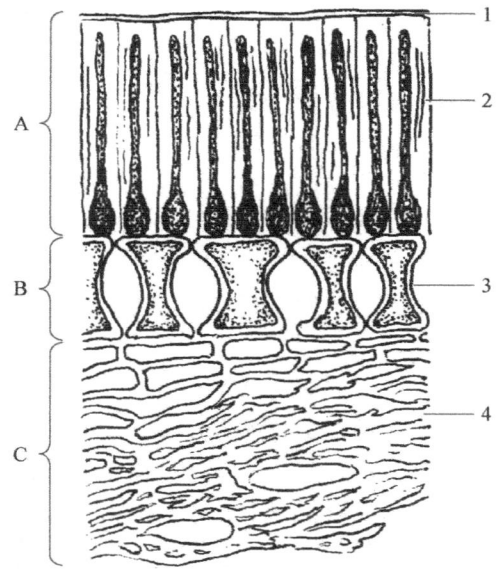

图 4-28 蚕豆种皮的横切面
A. 长柱状厚壁细胞层；B. 骨形厚壁细胞层；
C. 薄壁细胞层
1. 角质层；2. 长柱状厚壁细胞呈栅状排列；
3. 骨形厚壁细胞；4. 薄壁细胞

1. 种子萌发的条件

成熟的种子渡过了休眠期或解除休眠后，当获得合适的环境条件时，胚从相对静止状态转入活动状态，称为种子萌发（seed germination）。种子萌发需要三个缺一不可的外界条件。

（1）充足的水分

水对种子的萌发是最重要的。干燥种子的含水量一般仅占种子总重量的 5%～10%，一切生理活动几乎完全停止。细胞只有在吸水后各种生理活动才能正常进行。种子浸水后，坚硬的种皮吸水软化，氧借助水分扩散作用透过湿润的细胞壁进入细胞内，促进了呼吸作用，产生的二氧化碳也容易排出。

但是，在种子萌发过程中，如果水分过多，容易引起无氧呼吸，产生较多的乙醇，便会使种子中毒，出现烂种、烂根或烂芽的现象。一般种子在土壤中萌发所需要的水分条件以土壤饱和含水量的 60%～70% 为宜。

（2）适宜的温度

温度是种子萌发的主要因素，也是决定种子萌发速度的首要条件。各种植物种子萌发都有一定的最适温度。多数植物种子萌发所需的最低温度为 0~5℃，最高温度为 35~40℃，最适温度为 25~30℃。一般来说，原产南方的植物萌发所需的温度较高，原产北方的植物萌发所需的温度较低。

(3) 充足的氧气

种子萌发过程中，贮藏物质通过呼吸作用提供中间产物和能量，供应种子的正常萌发。氧对种子萌发非常重要，在氧气充足的情况下，胚细胞呼吸作用逐渐加强，酶的活动加快，代谢活动旺盛。不同植物种子萌发时需氧量不同，大多数种子需要空气中含氧量在10%以上才能正常萌发，而含脂肪较多的油料种子，如大豆、花生等种子发芽时比淀粉种子要求更多的氧气。

2. 种子萌发的过程

干燥的种子吸收水分后，在适宜的温度和氧的供给下开始萌发。

首先，种皮逐渐变软，种皮细胞壁的坚韧性逐渐减小，胚或胚乳细胞因吸水而膨胀，最后将种皮撑破。吸水后，胚细胞里的各种酶把贮藏物质，如淀粉、半纤维素、蛋白质或脂肪等分解为简单的可溶性物质，自胚乳或子叶运往胚根、胚芽、胚轴等部分。这些可溶性物质的吸收和运输主要是通过细胞之间的共质体途径来实现的。胚同化了这部分养料后，使之转变为细胞中的原生质和细胞壁。随后，细胞的体积增大，细胞分裂也增加了细胞的数量，使胚根、胚芽和胚轴很快生长起来。而这些生长活动所需的能量均由有机物的氧化产生，所以种子萌发时，呼吸作用特别旺盛。

一般情况下，种子萌发时，胚根首先突破种皮，伸入土中形成主根。种子萌发过程中先形成根，一方面可以将植物固定于土壤中，另一方面也可以及时吸收植物所需要的水分和无机盐类，使幼小的植物很快独立生长。胚根伸出后不久，胚轴的细胞也相应生长和伸长，把胚芽或胚芽连同子叶一起推出土面。胚芽出土后将发育为新植株的茎叶系统。至此，一株独立生活的幼苗形成。

3. 幼苗的类型

在种子萌发过程中，由于胚轴的生长情况不同，因而有不同的幼苗类型。

(1) 子叶出土幼苗

种子萌发时，胚根突破种皮，伸入土中，形成主根；随后，下胚轴迅速伸长，把子叶、上胚轴和胚芽一起推出土面（图 4-29），这样形成的幼苗称为子叶出土幼苗（epigaeous seedling）。子叶出土后立即展开变为绿色，进行光合作用，营养物质耗尽后即枯萎脱落。大部分双子叶植物，如大豆、蓖麻、白菜、胡萝卜、黄瓜以及各种瓜类的无胚乳种子和裸子植物，如松树等的幼苗都属于这种类型。

(2) 子叶留土幼苗

种子萌发时，上胚轴迅速向上生长，形成幼苗的主茎，而下胚轴并不伸长，或伸长极其有限，使子叶始终留在土壤中（图 4-30），这样形成的幼苗称为子叶留土幼苗（hypogeous seedling）。蚕豆、荔枝、柑橘、胡桃和油茶等双子叶植物及大部分单子叶植物，如小麦、水稻、玉米、毛竹等的幼苗都属于这种类型。

播种时，子叶出土幼苗的种子宜浅播，子叶留土幼苗的种子宜深播。

花生种子的萌发兼有子叶出土和子叶留土的特性，它的上胚轴和胚芽伸长较快，同时下胚轴也相应生长（图 4-31）。

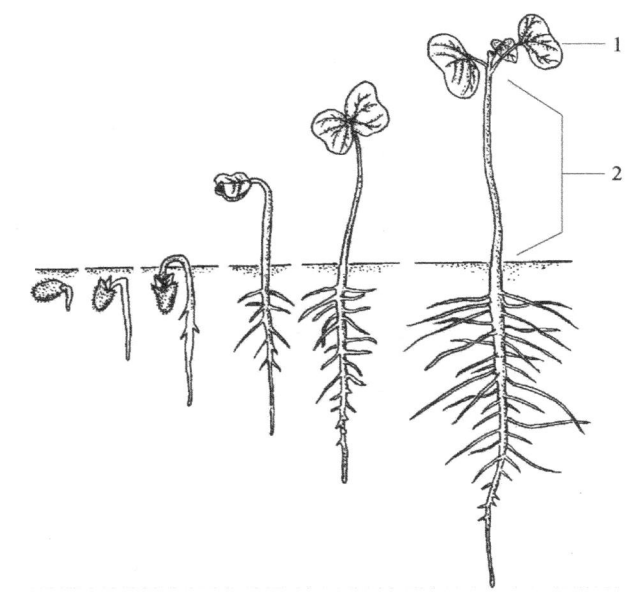

图 4-29 棉花种子子叶出土萌发情况
1. 子叶；2. 下胚轴

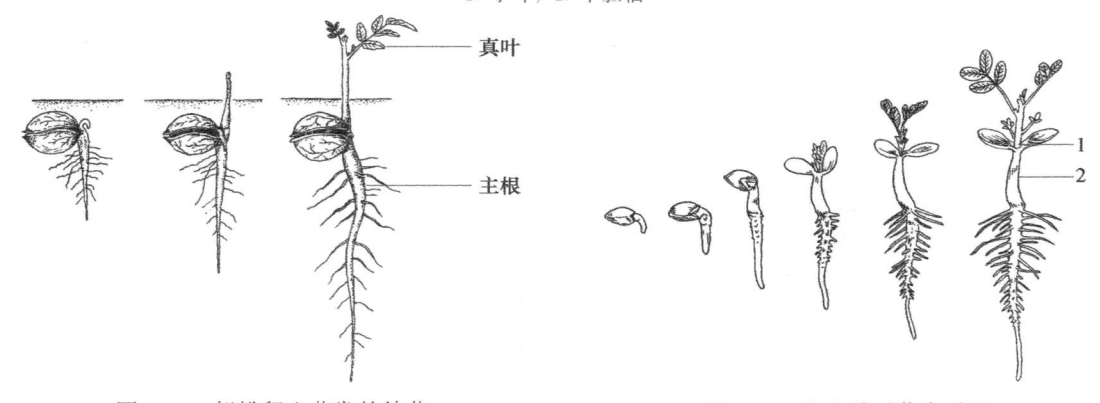

图 4-30 胡桃留土萌发的幼苗　　　　图 4-31 花生种子萌发过程
　　　　　　　　　　　　　　　　　　　1. 上胚轴；2. 下胚轴

第七节　果　　实

一、果实的形成和类型

（一）果实的形成和结构

1. 果实的形成

受精作用完成后，胚珠发育为种子，子房发育为果实（fruit）。花的其他部分，如花被、雄蕊及雌蕊的柱头、花柱等多枯萎凋谢。

单纯由子房发育而成的果实称为真果（true fruit），如小麦、水稻、棉花、柑橘等的果实（图 4-32）。

但有些植物，如苹果、梨、菠萝等的果实，除子房外，还有花托、花萼，甚至整个花序都参与形成果实，这类果实称为假果（spurious fruit）（图 4-33）。假果在自然界中普遍存在。

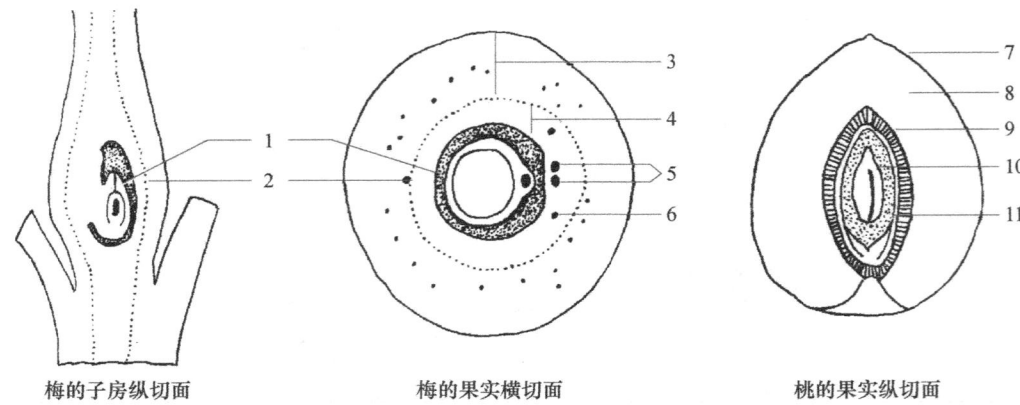

图 4-32 李属果实（真果）的发育和结构
1. 胚珠；2. 背维管束；3. 果肉区域；4. 核区域；5. 胚珠的维管束；6. 腹维管束；
7. 外果皮；8. 中果皮；9. 内果皮；10. 胚；11. 胚乳

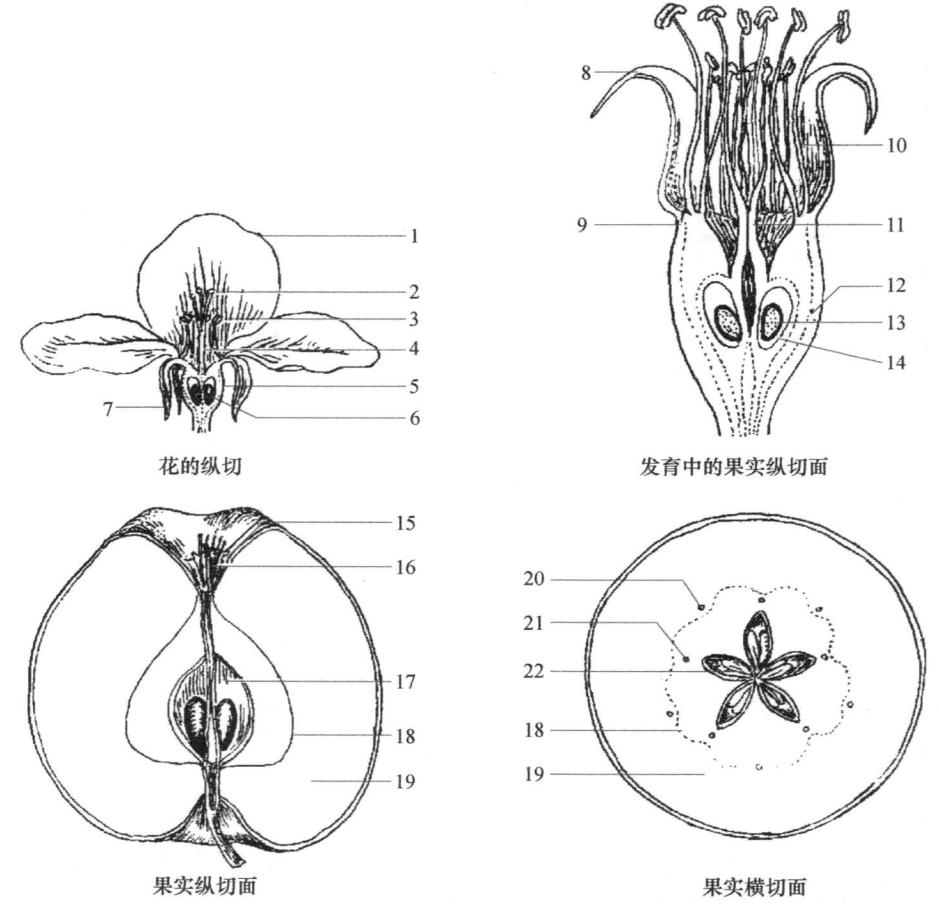

图 4-33 苹果的果实（假果）发育和结构
1. 花瓣；2. 柱头；3. 花药；4. 花柱；5. 子房；6. 胚珠；7. 萼片；8. 萼片；9. 花瓣痕；10. 花丝；11. 花柱；12. 花筒；13. 胚珠；14. 子房；15. 花萼遗迹；16. 雄蕊和花柱遗迹；17. 内果皮；18. 心皮外限（果心线）；19. 花筒；20. 花瓣维管束；21. 心皮背维管束；22. 种子

2. 果实的结构

果实由果皮（pericarp）和种子组成。

果皮可进一步划分为外果皮（exocarp）、中果皮（mesocarp）和内果皮（endocarp）。有些植物的果实中，三层果皮的分界比较明显，如桃、杏、李等；但在很多植物的果实中，果皮的分界则不甚明确，甚至很难区分。

（二）果实的类型

根据心皮与花部的关系，果实可分为三大类：单果（simple fruit）、聚合果（aggregate fruit）和聚花果（collective fruit）。

1. 单果

单果是由一朵花中的一个单雌蕊或复雌蕊参与形成的果实。按照果实成熟时果皮的质地和结构，单果又分为肉果（fleshy fruit）和干果（dry fruit）两类。

（1）肉果

果实成熟时，果皮肉质多汁（图4-34）。

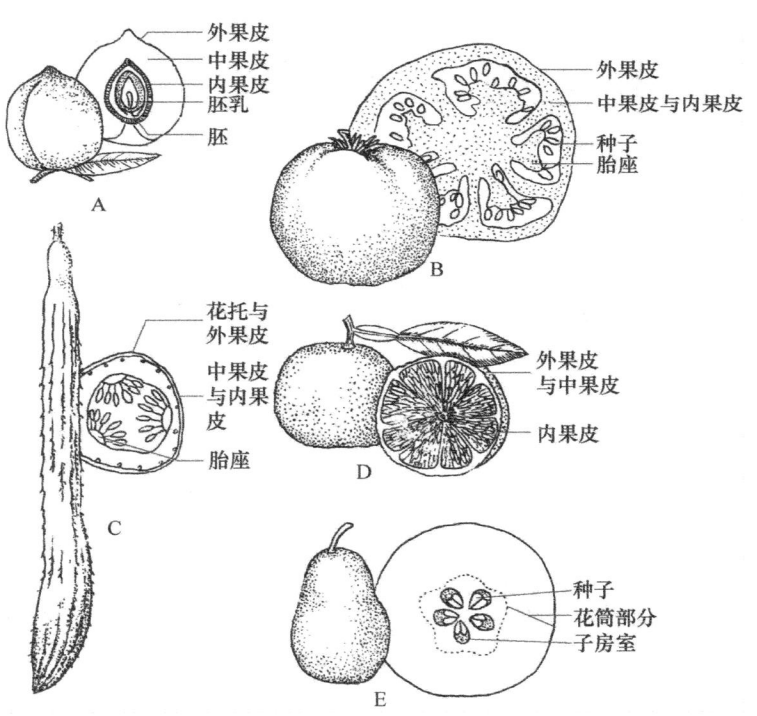

图4-34 肉果的主要类型
A. 核果（桃）；B. 浆果（番茄）；C. 瓠果（黄瓜）；D. 柑果（柑橘）；
E. 梨果（梨）。

1）浆果（berry）。由复雌蕊的上位子房或下位子房发育而来。外果皮薄，中果皮、内果皮和胎座均肉质化，浆汁丰富，含多粒种子，如番茄、柿、葡萄和香蕉等。

柑果（hesperidium）。由复雌蕊、具中轴胎座的上位子房发育而成，为柑橘类植物所特有。外果皮厚，外表革质，内部分布许多油腔；中果皮较疏松，具多分枝的维管束；内果皮膜质，分为若干室，向内产生多汁的毛囊，是食用的主要部分。

瓠果（pepo）。由3心皮、具侧膜胎座的下位子房发育而成的假果，是葫芦科植物特有的果实类型。其外面为花托与外果皮愈合而成的果壁。南瓜、冬瓜和黄瓜的食用部分为肉质的中果皮和内果皮，西瓜的主要食用部分为发达的胎座。

2）核果（drupe）。由单雌蕊或复雌蕊的上位子房或下位子房发育来，具有坚硬果核。外果皮薄；中果皮厚，多为肉质化；内果皮由石细胞构成硬核，含一粒种子，如桃、梅、李和杏等。

3）梨果（pome）。由复雌蕊的下位子房和花托愈合发育而成的假果。花筒与外、中果皮均肉质化，无明显分界；内果皮木质化，较易分辨，如梨、苹果和山楂等的果实。

（2）干果

果实成熟时，果皮干燥。根据果皮开裂与否，干果又可分为裂果类和闭果类。

A. 裂果类

果实成熟时果皮开裂（图4-35）。

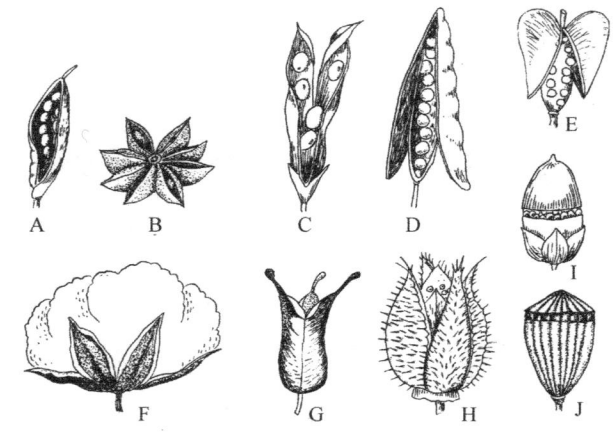

图4-35 裂果的主要类型

A. 蓇葖果（飞燕草）；B. 聚合蓇葖果（八角茴香）；C. 荚果（豌豆）；D. 长角果（芸薹属）；E. 短角果（荠菜）；F. 背裂蒴果（棉花）；G. 间裂蒴果（金丝桃）；H. 轴裂蒴果（曼陀罗）；I. 盖裂蒴果（马齿苋）；J. 孔裂蒴果（虞美人）

1）荚果（legume）。由单雌蕊的上位子房发育而来，子房1室，边缘胎座；果实成熟时沿背缝线和腹缝线两面开裂，为豆科植物特有的一类干果，如大豆、豌豆和菜豆等。

2）蓇葖果（follicle）。由单雌蕊或离生单雌蕊的子房发育而来；果实成熟时沿腹缝线或背缝线开裂，含一至多粒种子。牡丹和飞燕草等沿腹缝线开裂，木兰和辛夷等沿背缝线开裂。

3）角果（silique）。由2心皮复雌蕊的子房发育而来，侧膜胎座，子房1室，或从腹缝线合生处向中央生出假隔膜，将子房分隔为2室。油菜和甘蓝等的角果很长，称为长角果；荠菜等的角果短阔，称为短角果。角果为十字花科植物所特有。

4）蒴果（capsule）。复雌蕊的上位子房或下位子房发育而来，每室含有多粒种子。果实成熟时有几种开裂方式：室背开裂（loculicidal dehiscence），即沿心皮的背缝线裂开，如百合；室间开裂（septicidal dehiscence），即沿心皮相接处的隔膜裂开，如烟草；室轴开裂（septifragal dehiscence），即果皮外侧沿心皮的背缝线或腹缝线相接处裂开，但中央的部分隔膜仍与轴柱相连而残存，如牵牛；盖裂（circumscissile dehiscence），即果实中上部环状横裂成盖状脱落，如马齿苋；孔裂（porous dehiscence），即每一心皮顶端裂一小孔，以散发种子，如虞美人。

B. 闭果类

果实成熟时果皮不开裂（图4-36）。

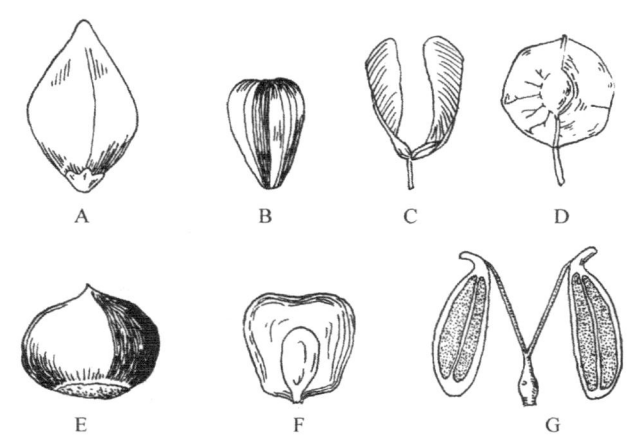

图 4-36　闭果的主要类型
A. 瘦果（荞麦）；B. 瘦果（向日葵）；C. 翅果（槭树）；D. 翅果（榆树）；
E. 坚果（板栗）；F. 颖果（玉米）；G. 双悬果（伞形科）

1）瘦果（achene）。由 1～3 个心皮组成的上位子房或下位子房发育而来，内含 1 粒种子；果实成熟时，果皮革质或木质，易与种子分离，如白头翁、向日葵等。

2）胞果（utricle）。也称"囊果"，是由合生心皮形成的一类果实，常由 2 个或 3 个心皮组成；果皮薄，疏松地包围种子，极易与种子分离，如藜、地肤等的果实。

3）颖果（caryopsis）。由 2 个或 3 个心皮组成，含 1 粒种子；果皮与种皮愈合，不能分离，为禾本科植物特有的一类不裂干果，如小麦、水稻和玉米等的果实。

4）坚果（nut）。由复雌蕊的下位子房发育而来，含 1 粒种子；果皮坚硬木质化。坚果外面常有壳斗（花序的总苞），如板栗、榛子和栓皮栎等的果实。

5）翅果（samara）。由单雌蕊或复雌蕊的上位子房形成，部分果皮向外扩延成翅，如臭椿、槭、枫杨和榆等的果实。

6）分果（schizocarp）。由 2 个或 2 个以上心皮组成的复雌蕊的子房发育而来，形成 2 室或数室。胡萝卜和芹菜等的分果由 2 个心皮的下位子房发育而成，成熟时分离为 2 个分果瓣，分悬于中央果柄的上端，称为双悬果（cremocarp）；双悬果是伞形科植物的主要特征之一。

2. 聚合果

由一朵花中的许多离生单雌蕊聚集生长在花托上，并与花托共同发育成的果实，称为聚合果。每一离生雌蕊各为一单果（小果）。

根据小果的种类不同，聚合果又可分为聚合瘦果（草莓）、聚合核果（悬钩子）、聚合坚果（莲）和聚合蓇葖果（八角）等（图4-37）。

3. 聚花果

由整个花序发育成的果实，称为聚花果，也称复果（multiple fruit），如桑葚、凤梨、无花果等（图4-38）。

图 4-37 聚合果

A. 草莓的聚合果（由膨大的花托转变成可食的肉质部分，每一真正的小果为瘦果）；
B. 悬钩子的聚合果（由许多核果聚合而成）

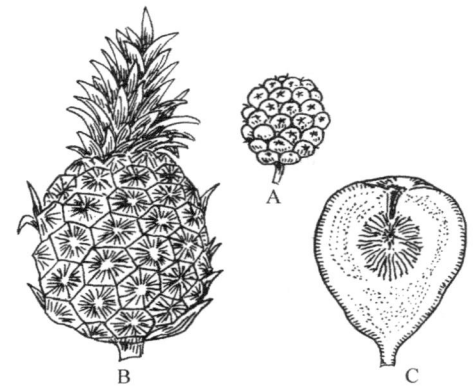

图 4-38 聚花果（复果）

A. 桑葚（为多数单花形成的果实，集于花序轴上形成一个聚花果）；B. 凤梨的果实（多汁的花序轴成为果实的食用部分）；C. 无花果果实的剖面图（隐头花序膨大的花序轴成为果实的可食部分）

桑葚来源于一个雌花序，各花的子房发育成一小坚果，包藏于肥厚多汁的花萼内。无花果的肉质花序轴内陷成囊状，囊的内壁上着生许多小坚果。

二、果实和种子对传播的适应

成熟的果实和种子被传播到广大地区，在适宜的条件下种子萌发形成幼苗，这样就扩大了植物的分布范围。不同植物的果实和种子的传播方式不同，同一植物的果实和种子的传播方式也并非只有一种。

1. 借风力传播

借风力传播的果实和种子，一般体积小而轻，常具毛、翅等附属物，有利于其随风远扬。例如，兰科植物的种子细小质轻，易漂浮空中；莴苣、蒲公英等菊科植物的果实上生有冠毛；垂柳、白杨的种子外有细绒毛等，这些都是适应风力传播的结构（图4-39）。

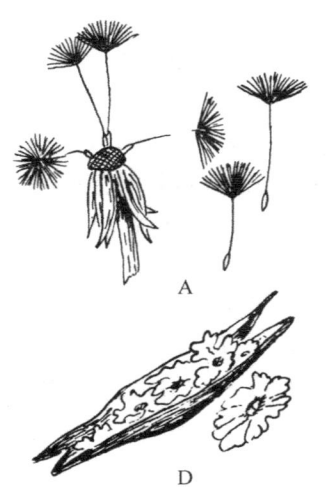
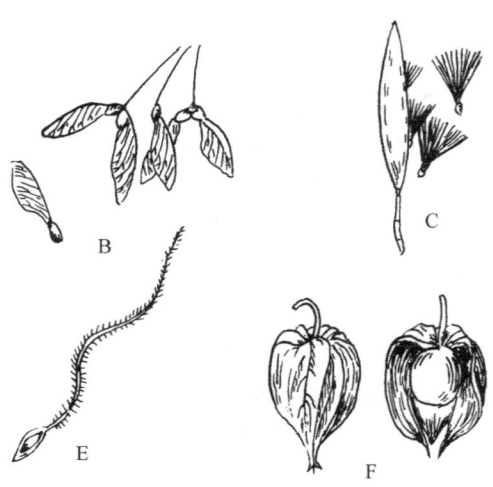

图 4-39 借风力传播的果实和种子

A. 蒲公英的果实；B. 槭树的果实；C. 马利筋的种子；D. 凌霄的种子；E. 铁线莲的果实；F. 酸浆的果实

2. 借水力传播

水生植物和沼泽地带植物的果实和种子主要借水力传播，其果实或种子多形成漂浮结构。例如，莲的花托组织疏松，形成"莲蓬"，可以漂载果实（聚合果）进行传播（图 4-40）。

3. 借动物和人的活动传播

苍耳、鬼针草等植物的果实外面生有钩刺，能附于动物的皮毛上或人的衣服上而被携至远方（图 4-41）；有些植物的果实鲜艳、味美，人或动物喜食，被吞食后坚硬的果皮或种皮不易被消化，以后随粪便排出体外而散播。

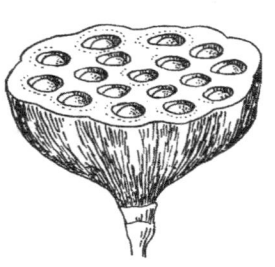

图 4-40　莲的果实和种子借水力传播

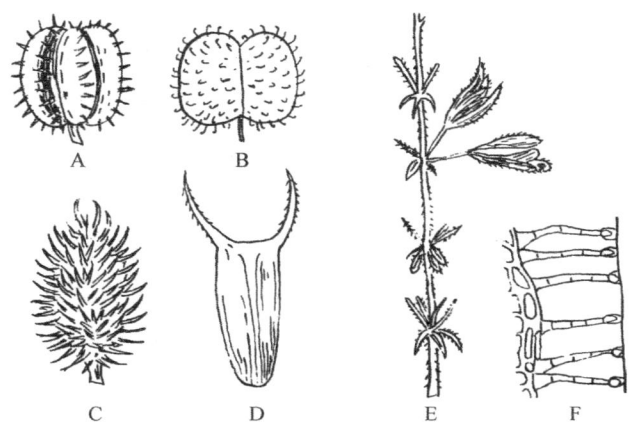

图 4-41　借人类和动物活动传播的果实和种子
A. 蓖麻的果实；B. 葎草的果实；C. 苍耳的果实；D. 鬼针草的果实；
E. 鼠尾草的一部分；F. 鼠尾草的黏液腺一部分放大

4. 借果实开裂时的弹力传播

有些植物的果实，如大豆、凤仙花等，其果皮各部分的结构和含水量不同，果实成熟干燥时，果皮各部分发生不均衡的收缩，使果皮爆裂将种子弹出（图 4-42）。

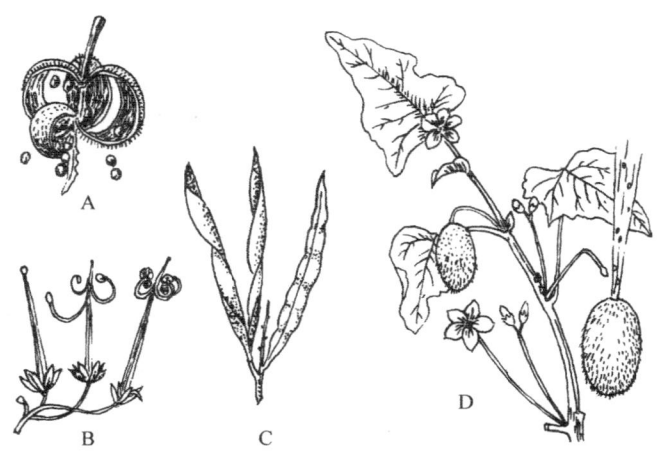

图 4-42　靠果实本身机械力量散播的种子
A. 凤仙花；B. 老鹳草；C. 菜豆；D. 喷瓜

5. 靠重力传播

许多植物的果实或种子呈圆球形，成熟后掉落到地上可随地势滚动，从而将种子带到新的地方，如苹果、红松和锥栗等。这种传播方式在山区尤为常见。

小 结

繁殖包括营养繁殖、无性生殖和有性生殖。有性生殖又包括同配生殖、异配生殖和卵式生殖三种类型。

花是具有繁殖作用的变态短枝。一朵完全花由花柄、花托及着生其上的花被（花萼和花冠）、雄蕊群和雌蕊群组成。花柄是着生花的小枝；花柄顶端膨大的部分是花托，花萼、花冠、雄蕊群和雌蕊群按照一定形式由外向内或由下至上排列在花托上。

花按照一定的方式和顺序排列于花轴上形成花序。花序有无限花序和有限花序之分。无限花序的类型主要有总状花序、穗状花序、伞房花序、伞形花序和柔荑花序等；有限花序主要包括单歧聚伞花序、二歧聚伞花序和多歧聚伞花序。

雄蕊由花药和花丝组成。根据一朵花中雄蕊的数目、长短和离合情况的不同，雄蕊可分为单体雄蕊、二体雄蕊、多体雄蕊、聚药雄蕊等类型。雄蕊发育初期，花药原始体的4个角隅的细胞分裂形成孢原细胞。孢原细胞经一次平周分裂形成内外两层细胞：外层的初生壁细胞进行数次平周分裂，产生3~5层细胞，由外向内分别是药室内壁（1层细胞）、中层(1~3层细胞)和绒毡层（1层细胞），它们与表皮一起构成花粉囊壁；内层的造孢细胞经分裂或直接形成花粉母细胞（小孢子母细胞），花粉母细胞经减数分裂形成单核花粉粒，再由单核花粉粒进一步分裂形成二细胞或三细胞花粉粒，即成熟的雄配子体。

雌蕊由子房、花柱和柱头组成。根据一朵花中心皮的数目和离合情况，将雌蕊分为单雌蕊、离生雌蕊和合生雌蕊。胚珠在子房内的着生部位称为胎座，根据心皮数目及其连合情况以及胚珠着生部位，胎座可分为边缘胎座、侧膜胎座、中轴胎座、特立中央胎座、基生胎座和顶生胎座。在胚珠发育初期，珠孔端的珠心组织中分化出孢原细胞。孢原细胞经过一次平周分裂形成内外两个细胞，外方一个称为周缘细胞，内方一个称为造孢细胞。周缘细胞不再分裂或经平周和垂周分裂形成多数细胞，参与珠心的形成。造孢细胞则发育成大孢子母细胞，经减数分裂，产生4个单倍体的大孢子，其中近珠孔端3个大孢子逐渐退化，近合点端的1个功能大孢子经进一步发育形成单核胚囊。单核胚囊发育到一定程度后，细胞核连续进行3次有丝分裂，形成由1个卵细胞、2个助细胞、1个中央细胞和3个反足细胞组成的7个细胞8个核的成熟胚囊，即雌配子体。

雌雄配子体成熟后，经开花、传粉，最终完成受精作用。被子植物具有特殊的双受精现象。受精作用完成后，胚珠发育为种子，子房发育为果实。成熟种子通常具有种皮、胚和胚乳三部分。

单纯由子房发育而来的果实为真果，有些植物花的其他部分也参与了果实的形成，最常见的是花托和花萼。由单雌蕊或复雌蕊形成的果实是单果，同一朵花多个离生雌蕊形成的果实是聚合果，由整个花序发育而来的果实是聚花果。果实主要根据果皮的性质以及成熟后是否开裂分为肉果和干果两大类。肉果包含浆果（也含有瓠果、柑果等）、核果和梨果；干果则包含裂果和闭果，裂果有荚果、蓇葖果、蒴果和角果，闭果有瘦果、颖果、翅果、坚果和双悬果等。果实和种子的传播可由它们形态上的特化结构借助风力、水流、动物或鸟传播，也可由果实自身开裂把种子弹射出去传播或靠重力传播。

思考题

1. 花由哪几部分组成？各有何特点？
2. 从雄蕊的数目和花丝长短方面说明雄蕊的类型。
3. 说明雌蕊与心皮的关系。何谓单雌蕊、离生雌蕊和合生雌蕊？
4. 绘简图说明子房的位置。
5. 何谓胎座？绘边缘胎座、侧膜胎座和中轴胎座图解。
6. 以小麦花为例，说明禾本科植物小花和小穗的组成。
7. 什么是花程式和花图式？举例说明。
8. 何谓花序？花序有哪几种主要类型？各有何特点？
9. 说明花药发育的过程、各部分细胞的特征及功能。
10. 说明花粉粒的发育过程和形态结构。
11. 详述胚囊的结构。
12. 简述被子植物双受精现象的生物学意义。
13. 被子植物传粉的类型及异花传粉的意义？
14. 果实分为哪些类型？各有何特点？

知识窗

细胞程序死亡（programmed cell death，PCD）也常常被称为细胞凋亡，是生物体发育过程中普遍存在的现象，是一个由基因决定的细胞主动的有序的死亡方式。细胞凋亡表现为细胞和染色质浓缩，最终形成凋亡小体，大多数细胞出现DNA片段化。对植物细胞死亡的研究已有近20年的历史。有关植物存在细胞程序死亡现象最早是在1994年关于拟南芥的过敏反应中报道的。以后逐渐有报道证明细胞程序死亡广泛存在于植物中。目前，植物细胞程序死亡已成为生物学研究的热点。

细胞程序性死亡在植物有性生殖过程中也同样具有重要意义。在生殖过程中，细胞不但要恰当地诞生，而且也要恰当地死亡。植物的生殖是个非常复杂的过程，其雌、雄异花和雌、雄异株植物的性别决定，花瓣的凋谢，绒毡层细胞退化，大孢子、小孢子的发育和败育，花粉的成熟，传粉后花粉管生长和受精后失去功能等，助细胞、反足细胞、胚柄细胞和胚乳细胞退化等，都是通过植物细胞程序性死亡来完成的。总之，从花发生到胚胎发育完成，整朵花除了卵细胞受精后发育成胚外，其他细胞几乎都在不同阶段相继发生了细胞程序性死亡，也就是说那么多细胞的死保证了一个受精卵细胞的存活。但是，对植物体内诱导生殖细胞程序死亡的信号及其传导系统了解还不够深入。因此，进一步探索植物生殖过程中的细胞程序死亡现象有利于阐明植物生殖过程中的一些机理问题，使过去的细胞学研究结果深入到分子水平进行探讨。

第五章 植物分类学概述

第一节 植物分类的历史

植物分类学（plant taxonomy）是对植物进行识别、描述、命名和分群归类的科学。它是生命学科中理论性、应用性和直观性均较强的基础学科之一，也是所有与植物相关学科的重要基础。由于识别和命名是所有分类的重要前提，所以分类学被定义为"关于分类的科学，包括分类的根据、原理、规则和过程"（Davis and Heywood，1963）。

植物分类学是植物科学中出现较早的学科之一。自从人类有了利用植物的活动，也就开始了对植物的分类。1981年，英国著名植物分类学家杰弗雷（C. Jeffrey）在《植物分类学入门》（An Introduction to Plant Taxonomy）一书中，按照植物分类系统的性质和时期，将植物分类的历史分为三个阶段，即人为分类系统（artificial system）时期、进化论前的自然系统（pre-evolutionary system）时期和系统发育系统（phylogenetic system）时期。

一、人为分类系统时期

人为分类系统时期包括人类认识药用植物的本草时期在内，约从远古到18世纪末期。人类最初在寻找食物和治病草药的过程中积累了认识植物的经验，尤其是药用植物。在中国，古书《淮南子》就有"神农尝百草，一日而遇七十毒"的记述。药用植物"人参"可能就是因被人们食用以后，人感到精神兴奋而被发现。今知人参确有消除疲劳的功效，因为人参属（Panax）植物均含有人参皂苷。其他药用植物如催吐药、泻药、发汗药等皆由尝、吃等经验得来。我国古代的药物学称为《本草学》，只因"诸药以草为本"，这说明自古以来的药用植物都是中药的主体。公元1～2世纪时的《神农本草经》共记载药物365种，其中有药用植物237种。该书总结了我国汉朝以前的医药经验，是我国现存的第一部记载药物的专著，为后人用药及编写本草著作奠定了基础。

明代李时珍（1518～1593年）历时27年所著的《本草纲目》共收集药物1892种，其中收录低等、高等植物1100余种，划归为草、谷、菜、果和木5部，以及山草、芳草等30类。尽管该书中的分类方法比较粗放，主要是从实用、生长环境和植物习性来分，但对当时药用植物的分类起到了很大作用。后来，《本草纲目》被译为多种文字传至国外，促进了日本和欧洲药用植物分类学的发展，至今仍不失其参考价值。清代吴其濬在《植物名实图考》一书中，从应用和生长环境角度将1714种植物分为谷、蔬、山草、湿草、石草、水草、蔓草、芳草、毒草、群芳、果和木12类。

在国外，古希腊本草学家（herbalist）和植物学家（botanist）提奥弗拉斯特（Theophrastus，公元前372年～前287年）在《植物学调查》（Enquiry into Plants）和《植物成因》（The Cause of Plants）中大约记载了500种植物，并以经济用途或生长习性对它们进行了分类。例如，将植物分为乔木、灌木、亚灌木和草本。同时，他也注意到了有花植物和无花植物、子房上位和下位等特征。因此，后人称他为"植物学之父"。1583 年，意大利植物学家凯沙尔宾罗（A. Caesalpina，1519~1603 年）出版的《植物》（*Die Plants*）一书，描述了 1520 种植物，并把它们分为草本和木本两大类。同时，他还区分了几个自然科，如豆科、伞形科、菊科等；他认为，研究植物分类首先应注意植物生殖器官的性质。这一观点对后期的分类研究产生了重要的影响。1737 年，瑞典著名植物分类学家林奈（C. Linnaeus，1707~1778 年）在前人研究的基础上，根据雄蕊的数目将植物分为 24 纲，再依据心皮的特征将这些纲进一步划分为目。

上述对植物的分类方法仅仅根据植物体的一、两个明显的形态特征或某一方面的实际用途进行分类，既没有认识到植物的自然性质，又缺乏对植物各类群间系统演化中亲疏关系的考量。此时对植物的分类采用的是人为分类方法，这一时期被人们称为人为分类系统时期。

人为分类方法虽然包含许多人为主观和不科学的缺陷，但在当时的生产力和科学水平条件下，在人类的生产和生活中发挥了重要作用，同时也为科学分类方法的产生积累了丰富的资料和经验。由于这些方法不能科学地反映植物间的亲缘关系，也给植物分类和应用造成了一定混乱。

二、进化论前的自然系统时期

随着科学的发展，人们对植物自然属性的认识不断深入。许多学者逐渐发现 18 世纪前的植物分类方法和系统存在明显的漏洞和片面性，纷纷努力寻求能够反映自然界客观规律的植物分类方法。人们从多角度探索，对植物体特征进行综合比较分析，开始走上了自然分类的途径。在这样的思想指导下，人们力求反映植物界自然演化过程以及彼此间的亲缘关系，逐渐建立起新的分类系统，被称为自然分类系统（natural system）。

在这一时期，著名的法国植物学家裕苏（A. L. de Jussieu）的自然分类系统反映在《植物属志》（*Genera Plantarum*，1789 年）一书中。在这一系统中，植物被分为无子叶植物类（acotyledon）、单子叶植物类（monocotyledones）和双子叶植物类（dicotyledones），之下再根据花冠特征和子房位置进一步分为 15 纲和 100 目。

著名的瑞士-法国植物学家德堪多（A. P. de Candolle）的系统反映在《植物学基本原理》（*Theorie Elementaire De la Botanique*，1813 年）一书中，书中阐述了一种新的分类方案，概括了一些重要原理并引入了"分类学"的概念。其中，蕨类植物的地位与单子叶植物等同；裸子植物位置独立；植物分类标准中增添了解剖学的特征。

英国植物学家本生（G. Bentham）和虎克（J. D. Hooker）的系统反映在他们的三卷本《植物属志》（*Genera Plantarum*，1862~1883 年）一书中。他们提出了一个将双子叶植物、裸子植物和单子叶植物视为单独类群的种子植物分类系统。尽管他们的著作出版于达尔文（C. R. Darwin，1809~1882 年）的《物种起源》（1859 年）之后，但在概念上把物种视为稳定的实体，不会随时间而变化。因此，本生和虎克的系统与裕苏、德堪多系统等一并被认为是进化论前的自然系统。

三、系统发育系统时期

由于达尔文的《物种起源》（*Origin of Species*，1859 年）一书提出了"生物进化"的学说，即任何生物都有它的起源、进化和发展的过程，各物种不再被认为是一经形成便是一成不变的稳定实体，而是始终处在随时间变化不断进化的历史进程中，各类生物间有着或近或远的亲缘关系。进化论的思想开阔了人们的眼界，分类学家们争相以新的视角重新评估和审视前人建立的各个系统，认识到植物分类系统应当在达尔文进化论的思想指导下，体现出植物界各类群间进化的亲缘关系，从而创立反映植物界客观进化情况的新系统，这样的系统被称为系统发育系统。

在百余年来的系统发育系统时期，人们所建立有重要影响的系统发育系统达数十个。著名的有德国艾希勒（A. W. Eichler）分类系统（1883 年）、德国恩格勒（A. Engler）分类系统（1887～1915 年）、英国哈钦松（J. Hutchinson）分类系统（1926 年）、前苏联塔赫他间（A. Takhtajan）分类系统（1954 年）和美国克朗奎斯特（A. Cronquist）系统（1957 年）等。我国著名植物分类学家胡先骕教授也于1950年提出了一个被子植物的多元系统。

最近几十年来，伴随着生命科学的快速进步，特别是分子生物学等新技术的引入，植物分类进入了一个全新的阶段。DNA 序列直接反映物种的基因型，记录了物种进化过程中发生的很多信息。因此，DNA 序列分析为植物分类研究提供了更加可靠的证据。聚合酶链反应（polymerase chain reaction，PCR）和 DNA 自动测序技术的发展，为利用分子生物学资料进行植物分类研究奠定了基础，一些传统的观点和系统陆续被修订、质疑或被颠覆。可以预见，植物分类学必将迎来新的系统发育时期。

第二节　植物分类等级及命名

一、植物分类等级

为了将植物界的植物进行分门别类，就要把它们按其形态相似的程度和亲缘关系的远近划分为若干分类等级（taxon，复数 taxa），又称为分类群、分类单位。分类群指归属于任何等级的一个分类学类群。一般来说，大类群下设中类群，中类群下再设小类群，依此类推，至种为止，形成多种分类等级。分类等级的高低通常主要根据植物类群之间形态相似性和构造的简繁程度来划分，各分类等级的不同体现了各类群植物之间的相似程度和亲缘关系的远近。

（一）植物分类的等级

植物分类中有一系列的分类等级，即界、门、纲、目、科、属、种。同种的植物都有它们自己共有的特征、特性，并与其他种相区别。将形态特征、亲缘关系相近的种集合为属（genus），再把近似的属集合为科（familia），依此类推，再集合成目（ordo）、纲（classis）、门（divisio），最后统归于植物界（regnum），界是植物分类中的最高等级。有时因各等级之间范围过大或种类繁多，在每一等级内，再分别加入亚级，如亚门（subdivisio）、亚纲（subclassis）、亚目（subordo）、亚科（subfamilia）和亚属（subgenus）。有的科下除亚科外，还设有族（tribus）和亚族（subtribus）；属下除亚属外还设有组或派（sectio）和系（series）等等级。

常用分类等级中文名、英文名、拉丁名和国际植物命名法规中规定的拉丁词尾见表 5-1。

表 5-1　植物界常用分类等级表

中文名	英文名	拉丁名	拉丁词尾
门	Division, Phylum	Divisio	-phyta, -mycota（菌类）
亚门	Subdivision, Subphylum	Subdivisio	-phytina, -ae
纲	Class	Classis	-opsida, -phyceae（藻类）
亚纲	Subclass	Subclassis	-idea
目	Order	Ordo	-ales
亚目	Suborder	Subordo	-inales
科	Family	Familia	-aceae
亚科	Subfamily	Subfamilia	-oideae
属	Genus	Genus	-a, -um, -us
亚属	Subgenus	Subgenus	
种	Species	Species (sp.)	
亚种	Subspecies	Subspecies (ssp.)	
变种	Variety	Varietas (var.)	
变型	Form	Forma (f.)	

这里需要说明的是，某些等级的词尾因历史上习用已久而被普遍公认，故仍可保留其习用名和词尾。例如，十字花科（Cruciferae，Brassicaceae）、豆科（Leguminosae，Fabaceae）、伞形科（Umbelliferae，Apiaceae）、唇形科（Labiatae，Lamiaceae）、菊科（Compositae，Asteraceae）、禾本科（Gramineae，Poaceae）等，双子叶植物纲（Dicotyledoneae）、单子叶植物纲（Monocotyledoneae）的词尾可以不用-opsida。

（二）种及种下分类等级

种（物种）（species）是生物分类等级中的基本单位。对"种"的定义现在还没有完全统一的意见。但一般认为，种（野生种）是具有一定的自然分布范围、一定的形态、结构特征和生理特性的生物类群。同一种中的各个体具有相同的遗传性状，而且彼此交配可以产生后代。但一般不与其他种中的个体交配，或交配后一般不能产生有生殖能力的后代。种是生物进化与自然选择的产物。

根据《国际植物命名法规》的规定，在种下可设亚种（subspecies）、变种（varietas）和变型（forma）等等级。它们可分别缩写为 ssp.、var. 及 f.。

亚种：一般认为是一个种内的变异类群，形态上有一定区别，在分布范围、生态环境或季节上有所隔离，这样的类群即为亚种。

变种：种内的某些个体在形态上有所变异，而且比较稳定，分布范围比起亚种来要小得多。

变型：具有细小变异的种内类群，虽有形态变异，但无一定的分布区，而是零星分布的个体。有时将栽培植物中的品种也视为变型。

品种（cultivar，缩写为 cv.）：特指人工栽培植物的种内变异类群，是人类经过长期培育选择而形成的类型，有时称其为栽培变种或栽培变型。

二、植物的物种命名

在日常生活中，由于不同民族、不同语言，对同一种植物有着不同的名称。即使是同一民族，在不同的地区对同一植物也常有不同的名称。例如，马铃薯在我国南、北方各有不同叫法，如土豆、山药、洋芋、洋山芋等；在英国、日本、俄罗斯、德国的称呼也不同。另外，不同种的植物在不同的地区有时又有着相同的名称，如南方的女贞、冬青与北方的槲寄生都称为冬青。由此可以看出，没有统一的植物名称，同物异名或同名异物会给植物的分类、开发利用和国内外交流带来很大的困难，甚至会造成严重的损失。为了避免植物名称的不统一，给每一种植物制定世界各国可以统一使用交流的科学名称十分必要，这种世界公认的科学名称，即学名（scientific name）。为使植物学名的命名方法统一、合法有效，国际上制定了《国际植物命名法规》（*International Code of Botanical Nomenclature*，ICBN），采用双名命名法对每一种植物进行命名。

（一）双名命名法

双名命名法（binomial nomenclature）（简称"双名法"）由瑞典植物学家林奈首创，并以林奈在1753年出版的《植物种志》（*Species Plantarum*）为双名法的起点。

双名法就是用两个拉丁词或拉丁化形式的词给植物种命名，第一个词是属名，第二个词是种加词，种加词后面为命名人的姓或姓名。例如，向日葵的拉丁名是 *Helianthus annuus* L.，其中第一个词"*Helianthus*"为向日葵属的属名，首字母需要大写；第二个词"*annuus*"为种加词，"L."是命名人名称"Linnaeus"的缩写。一般来说，一种植物完整的学名实际上包括属名（首字母大写且斜体）、种加词（全部字母小写且斜体）和命名人名称（每个词的首字母大写，通常缩写）三部分。

如果种下还有亚种、变种等等级的话，还要加上亚种或变种加词，并在亚种或变种加词之前加上亚种（subsp. 或 ssp.）或变种（var.）的缩写词，即为"三名法"。

有些植物是由两人共同命名的，则在这两人的姓之间加"et"（即"和"的意思），如果命名人多于两人，则可用"et al."表示。有时两个命名人中间加"ex"，这表示前一个人是该种的命名人，但未公开发表，后一个人著文代他公开发表了这个种。有时命名人的姓后加有"f."，为filia、filius（子女）的缩写，即该种为某分类学家的子女所命名。

（二）植物命名法规简介

前面已经提及的《国际植物命名法规》是全世界植物分类学者以及以植物为研究对象的学者在对植物命名或使用植物名称时必须遵守的规则，只有遵守了这些规则，对植物的命名及称谓才是科学正确、有效的。除了对植物采用双名法命名外，还有以下一些主要规则。

1）每一种植物只有一个合法的拉丁学名。如果有2个或2个以上的拉丁学名，应以最早发表的、并按《国际植物命名法规》要求正确命名的学名为合法学名，其余为异名或废弃名。

2）一种植物合法的拉丁学名必须以印刷品的形式发行才能成为有效正式发表。

3）一种植物经过调整后列入到另一属中，但种加词不变时，则原来的拉丁学名为基本异名（basionym）。

4）对于科及科以下各级新类群的发表，必须指明其命名模式才算有效。新科应指明模式属；新属应指明模式种；新种或种以下分类群应指定模式标本。模式标本对植物分类而言至为重要，必须永久妥善保存。模式标本有以下7种。①主模式标本（holotype，简写为

type)：由命名人在发表时指定用做新种的描述、命名和绘图的那份标本。这种标本又称为全模式标本或模式标本。②同号模式标本（等模式标本、复模式标本）（isotype）：与主模式标本为同一采集者在同一地点与时间所采集的同号复份标本。③合模式标本（syntype）：当命名人未指定模式标本时，或有两号标本同时被指定为模式标本时（如一号为雌株，另一号为雄株），凡其所引用的标本中任何一份均称为合模式标本。④副模式标本（paratype）：命名人在原始描述中指定的，除模式标本以外的所有标本。⑤后选模式标本（lectotype）：原来发表的文章或著作中未曾指定模式标本，或主模式标本已遗失或损坏时，由后来的学者根据原始资料，在其原始材料中选用一号标本作为命名模式标本。⑥原产地模式标本（topotype）：当不能获得某种植物的模式标本时，便从该植物的模式标本产地采到同种植物的标本，与原始资料核对，完全符合者以代替模式标本，称为原产地模式标本。⑦新模式标本（neotype）：当主模式、等模式、合模式、副模式标本均有错误、损坏或遗失时，根据原始资料从其他标本中重新选定出来充当命名模式的标本。

5) 新属、新种、新变种等发表时，在学名后要加"gen. nov."，即 genus novum，新属；"sp. nov."，即 species nova，新种；"var. nov."，即 varietas nova，新变种。

当某种植物已被命名后，经后来学者的研究发现，认为该种放错了属或应由种改为变种等，这时就必须要重新组合，在首次发表重新组合的拉丁学名后面要加写"comb. nov."，即 combinatio nova，以表示为新组合。

第三节 植物的鉴定与描述

一、植物检索表

植物检索表（key）是植物分类学中识别鉴定植物的一种重要工具。通过检索表可以根据某种植物的特征迅速查出它所属的科、属、种或其他类群。

检索表的编制原理是根据法国人拉马克（C. de Lamarck，1744~1829年）的二歧分类原则，将要编制的检索表中需容纳的所有植物，选用一对以上显著不同的特征，首先分成两类；然后又从每类中再找出相对明显相异的特征再区分为两类；如此下去，直到所需要的分类单位（如科、属、种等）出现。目前各种植物志中通常使用的植物检索表式样有等距（定距）检索表、平行式（阶梯）检索表及连续平行式检索表等，这里介绍常用的两种。

1. 定距检索表

相对立的每一对特征编为同样的号码，其中之一写在左边一定的距离处，与之相对立的特征写在同样距离处，如此下去每行字数逐渐减少，距离越来越短，直到出现科、属或种。这种检索表的优点是每对相对性状的特征都被排列在相同距离，一目了然，便于查找。不足之处是当种类繁多时，左边空白太大，浪费篇幅。现以毛茛科7个属为例说明其编制方法及格式。

1. 花两侧对称。
  2. 上（后）面的萼片基部延长成距…………………………… 1. 翠雀属 *Delphinium* L.
  2. 上（后）面的萼片圆筒形、盔形或船形…………………………… 2. 乌头属 *Aconitum* L.
1. 花辐射对称。

3. 通常为藤本，稀直立；叶对生 ·· 3. 铁线莲属 *Clematis* L.
　　3. 直立草本或灌木；叶互生。
　　　　4. 花瓣基部有漏斗状距；蓇葖果 ··· 4. 耧斗菜属 *Aquilegia* L.
　　　　4. 花瓣无距；蓇葖果或瘦果。
　　　　　　5. 蓇葖果 ·· 5. 金莲花属 *Trollius* L.
　　　　　　5. 瘦果
　　　　　　　　6. 无花瓣，花多为白色；叶一回至五回三出复叶 ······· 6. 唐松草属 *Thalictrum* L.
　　　　　　　　6. 具花瓣，花多为黄色；单叶，多为掌状分裂 ············ 7. 毛茛属 *Ranunculus* L.

2. 平行检索表

　　平行检索表是把每一对相对特征的描述并列在相邻的两行里，便于比较。在每一行后面或为一植物名称，或为一数字。若为数字，则另起一行重写，与另一对相对性状平行排列，如此直至终止。这种检索表的优点是排列整齐、节省篇幅。缺点是不如定距检索表那么一目了然。还以上述 7 个属植物为例来说明。

1. 花两侧对称 ·· 2
1. 花辐射对称 ·· 3
2. 上（后）面的萼片基部延长成距 ··· 1. 翠雀属 *Delphinium* L.
2. 上（后）面的萼片圆筒形、盔形或船形 ······························· 2. 乌头属 *Aconitum* L.
3. 通常为藤本，稀直立；叶对生 ··· 3. 铁线莲属 *Clematis* L.
3. 直立草本或灌木；叶互生 ··· 4
4. 花瓣基部有漏斗状距；蓇葖果 ··· 4. 耧斗菜属 *Aquilegia* L.
4. 花瓣无距；蓇葖果或瘦果 ··· 5
5. 蓇葖果 ··· 5. 金莲花属 *Trollius* L.
5. 瘦果 ·· 6
6. 无花瓣，花多为白色；叶一回至五回三出复叶 ······················ 6. 唐松草属 *Thalictrum* L.
6. 具花瓣，花多为黄色；单叶，多为掌状分裂 ························· 7. 毛茛属 *Ranunculus* L.

　　常用的检索表有分科、分属和分种检索表，可以分别检索出植物的科、属、种。若要正确检索一种植物，首先，要有合适、完整的检索表资料。其次，必须熟悉、正确理解检索表中使用的名词术语的含义，仔细观察被查植物的特征（尤其是繁殖器官），然后逐项检索。若其特征与某一项不符，则应查相对应的一项，直到检索出结果为止。检索的过程也是学习、掌握分类学知识的过程。因此，在检索过程中，必须力求认真细心，并要有足够的耐心反复练习，才可熟能生巧，得心应手。

二、植物分类学文献

　　进行植物分类学研究需要两个最基本的条件：第一是标本，第二是文献。各种形式的分类学文献对于正确鉴定未知植物非常有帮助。常用的植物分类学文献有如下几类。

1. 植物志

　　植物志（flora）是记载某一范围（世界、国家或地区）植物种类的分类学专著。一般按照一定的分类系统记载该区域内所有植物的种名（学名及别名或本国名、俗名）、科、属、种描述、生态环境、地理分布及经济价值等，并附有分类检索表和插图等。根据所涵盖的范围和地区的不同，植物志可以分为：世界植物志、国家植物志、地方植物志和地区植物志等，举例如下。

《世界植物志》：*Species Plantarum*（C. Linnaeus，Vols. 1-2，1753）；*Genera Plantarum*（C. Linnaeus，1754）；*The Families and Genera of Vascular Plants*（Klaus Kubitzki，Vols. 1～，1990～）。

《中国植物志》[中国科学院《中国植物志》编辑委员会编，1～80卷（计126册），1959～2004]；《中国树木志》（郑万钧主编，1～4卷，1983～2004）；《中国苔藓志》（中国科学院中国孢子植物志编辑委员会编辑，1～12，1994～）；《中国蕨类植物科属志》（吴兆洪、秦仁昌著，1991）。

《秦岭植物志》[中国科学院西北植物研究所编著，Vols. 1（1～5），2 & 3（1），1974～1983]；《东北藓类植物志》（辽宁省林业土壤研究所编，1977）；《东北苔类植物志》（高谦、张光初著，1981）；《黄土高原植物志》（傅坤俊主编，Vols. 1～6，1989）。

《河北植物志》（贺士元主编，Vols. 1～3，1986～1991，正在修订中）；《山西植物志》[《山西植物志》编辑委员会编，Vols. 1～5，1992～2004]；《天津植物志》（刘家宜主编，2004）；《内蒙古苔藓植物志》（白学良主编，1997）；《西藏植物志》（吴征镒主编，Vols. 1～5，1983～1987）；《云南植物志》（吴征镒主编，Vols. 1～22，1977～2010）。

2. 检索表

按检索表所含的范围与内容，可分为世界性、国家或地区检索表，分科、分属、分种检索表等类别。检索表比植物志更加简明，携带方便，是鉴定植物的重要工具书。例如，《中国高等植物科属检索表》（中国科学院植物研究所主编，1979）；《华东种子植物检索手册》（李宏庆主编，2010）；《武陵山地区维管束植物检索表》（王文采主编，1995）。

3. 专著类

专著是对一个植物分类群的综合分类处理，通常是一个属或一个科，专著中提供与这个类群有关的所有信息。专著通常涉及的范围是全世界某一科、属的种类。

4. 图鉴

图鉴包括绘图以及对绘图部分的详细分解，通常和植物志、专著的正文一起出版。有时图鉴也会编辑得非常详尽，可以作为鉴定植物的实用工具。例如，《中国高等植物图鉴》（中国科学院植物研究所编，5册，补编2册，1972～1976，1982～1983）；《中国主要植物图说蕨类植物门》（傅书遐编著，1957）；《中国主要植物图说·禾本科》（耿以礼主编，1959）；《中国高等植物》（傅立国等主编，1～14卷，1999～）。

5. 期刊

在持续的植物分类学研究中，信息在不断更新。例如，一个地区增加了一个类群的描述或报告、名称的变化以及其他分类信息，都可以由期刊来完成。分类学期刊可以提供植物分类学最新的研究进展。植物分类学期刊数目繁多，世界上经常刊登植物学或与其有密切关系的期刊3万余种，仅中国刊登植物分类学文章的期刊就有百种以上（包括大专院校校刊的自然科学版），而专门刊登植物分类学或与其有关的专业性期刊也有20种以上。现举例如下。

植物分类学报（*Acta Phytotaxonomica Sinica*），中国科学院植物研究所，中国植物学会主办。2008年刊名由拉丁名 *Acta Phytotaxonomica Sinica* 改为英文 *Journal of Systematics and Evolution*，但中文名称不变；2009年起改为英文版，科学出版社出版。

植物研究（*Bulletin of Botanical Research*），东北林业大学主办，科学出版社出版。

西北植物学报（*Acta Botanica Boreali-Occidentalia Sinica*），西北农林科技大学，陕西

省植物学会主办,科学出版社出版。

6. 辅助性分类学文献

随着全世界大量研究资料的出版,常常需要一些辅助性文献来汇总世界范围内已出版的研究著作。这些辅助性文献可以追踪某个时期内一个特殊分类群的相关资料。常见的辅助性文献有文摘、索引、词典等。例如,《中国植物标本馆索引》(*Index Herbariorum Sinicorum*)(傅立国主编,覃海宁、张宪春、马金双副主编,中国科学技术出版社,1993);《中国隐花(孢子)植物科属辞典》(臧穆、黎兴江主编. 高等教育出版社,2011)。

2011年7月23~30日,第18届国际植物学大会(XVIII International Botanical Congress)在澳大利亚海滨城市墨尔本成功举行。经过讨论,第18届国际植物学大会通过了关于《国际植物命名法规》(*International Code of Botanical Nomenclature*)的修正案。新版法规执行后的主要变化有:①墨尔本会后出版的新法规将改名为《藻类、真菌和植物国际命名法规》(*International Code of Nomenclature for Algae,Fungi,and Plants*);②从2012年1月1日起,植物、真菌、藻类可以在有资质的电子出版物上在线发表新分类群;③从2012年1月1日起,发表新分类群可以用英文或拉丁文描述和撰写特征简介,拉丁文不再是必需的;④真菌新分类群名称的发表需在MycoBank注册,一种真菌只能有一个名称,不再允许一种真菌的有性形式和无性形式分别给予不同名称;⑤一个化石物种只能有一个名称,不再准许一个化石物种的不同部分或状态有不同的名称等(中国植物学会会讯,2011年第4期)。

小 结

植物分类学是对植物进行识别、描述、命名和分群归类的科学,包括分类的根据、原理、规则和过程。

《国际植物命名法规》是全世界植物分类学者以及以植物为研究对象的学者在对植物命名或使用植物名称时必须遵守的规则,只有遵守了这些规则,对植物的命名及称谓才是科学、正确、有效的。

第18届国际植物学大会(XVIII International Botanical Congress)通过了关于《国际植物命名法规》(*International Code of Botanical Nomenclature*)的修正案。新版法规进行后的主要变化有:①墨尔本会后出版的新法规将改名为《藻类、真菌和植物国际命名法规》(*International Code of Nomenclature for Algae,Fungi,and Plants*);②从2012年1月1日起,植物、真菌、藻类可以在有资质的电子出版物上在线发表新分类群;③从2012年1月1日起,发表新分类群可以用英文或拉丁文描述和撰写特征简介,拉丁文不再是必需的;④真菌新分类群名称的发表需在MycoBank注册,一种真菌只能有一个名称,不再允许一种真菌的有性形式和无性形式分别给予不同名称;⑤一个化石物种只能有一个名称,不再准许一个化石物种的不同部分或状态有不同的名称等。

思考题

1. 简述植物分类学的基本概念和包含的内容以及在生命科学中的地位。
2. 解释术语:双名法;种(物种);亚种;变种;变型;品种。
3. 举例说明植物界常用分类等级的拉丁词尾。
4. 简要说明《国际植物命名法规》的基本内容,第18届国际植物学大会通过的新版法规有哪些主要变化?

第六章 植物界的各大类群

按照林奈的二界系统，植物界主要包括藻类植物（Algae）、菌类（Fungi）、地衣门（Lichens）、苔藓植物门（Bryophyta）、蕨类植物门（Pteridophyta）、裸子植物门（Gymnospermae）和被子植物门（Angiospermae）。根据植物体是否有根、茎、叶的分化，合子是否发育为胚等特征，又可将植物界分成低等植物（lower plant）和高等植物（higher plant）两大类群。低等植物又称为原植体植物（thallophyte）或无胚植物（noembryophyte），包括藻类植物、菌类和地衣；高等植物又称茎叶体植物（phyllophyte）或有胚植物（embryophyte），包括苔藓植物、蕨类植物、裸子植物和被子植物。

第一节 藻类植物

一、藻类植物概述

（一）藻类植物的主要特征

藻类植物是具有叶绿素和其他辅助色素、无维管束、无胚的原植体植物。化石资料表明，在距今35亿～33亿年前，蓝藻就在地球上出现了，其他各类真核藻类在距今15亿～13亿年前相继出现。除部分海产种类外，藻类植物的体型一般比较微小，不少种类需借助显微镜才能看到。藻类植物有以下共同特征：

1）藻类植物多为单细胞、群体、丝状体、叶状体等，绝大多数没有组织分化，更没有根、茎、叶等器官的分化。

2）藻类植物含有叶绿素等光合色素，能够进行光合作用和制造有机物，并放出氧气。因此，藻类植物被称为自养植物（autophyte）。

3）藻类植物的生殖结构多为单细胞。若为多个细胞组成时，它的每个细胞都能生育，生殖细胞的周围没有不育细胞构成的保护层。

4）藻类植物的合子不发育为胚。所以，藻类植物也被称为无胚植物。

5）大多数藻类植物生活在淡水、海水或潮湿的地方。

（二）藻类植物的分门依据

全世界已知藻类植物约为2100属3万余种。虽然这些藻类植物具有很多相似之处，但是从形态学、细胞学、生物化学、遗传学、发育学和系统学等研究可以看出，藻类植物是一个复杂的大类群，它们彼此间的差异甚大，亲缘关系也模糊不清。因此可以说，"藻类植物"并不是一个自然分类群，可分为若干个门。

藻类植物分门的主要依据是：形态结构，细胞核的结构和细胞壁的成分，载色体的结构和所含色素的种类，贮存营养物质的类别，鞭毛的有无、数目、着生位置和类型，生活方式和生活史类型等。

根据上述主要分门依据，胡鸿钧和魏印心（2006）在C. Van Den Hoek等系统的基础上加以调整,将藻类植物分为13门,即蓝藻门(Cyanophyta)、原绿藻门(Prochlorophyta)、灰色藻门(Glaucophyta)、红藻门(Rhodophyta)、金藻门(Chrysophyta)、定鞭藻门(Haptophyta)、黄藻门(Xanthophyta)、硅藻门(Bacillariophyta)、褐藻门(Phaeophyta)、隐藻门(Cryptophyta)、甲藻门(Dinophyta)、裸藻门(Euglenophyta)和绿藻门(Chlorophyta)。

由于篇幅和目前一般院校植物学课时数所限,本教材重点介绍蓝藻门、硅藻门、绿藻门、红藻门和褐藻门5门。

二、蓝藻门

(一) 蓝藻门的一般特征

1. 形态

蓝藻为单细胞、丝状或非丝状群体。丝状群体由相连的一列细胞组成藻丝(trichome),藻丝具胶鞘或不具胶鞘。藻丝及胶鞘合称"丝状体"(filament),每条丝状体中具一条或数条藻丝。藻丝具有分枝或假分枝。非丝状群体有板状、中空球状、立方体等各种形态,但大多数为不定形群体。

2. 细胞结构

蓝藻细胞壁的主要化学成分是肽聚糖(peptidoglycan),在细胞壁的外面有果胶酸(pectic acid)和黏多糖(mucopolysaccharide)构成的胶质鞘(gelatinous sheath)包围。

蓝藻细胞的原生质体分化为周质(periplasm)和中心质(centroplasm)两部分。周质又称色素质(chromoplasm),内有类囊体(thylakoid)或称光合作用片层(photosynthetic lamellae)。中心质又称中央体(central body),位于细胞中央,仅具环形细纤丝状的DNA,无核膜和核仁,故称原始核或原核(prokaryon)(图6-1)。

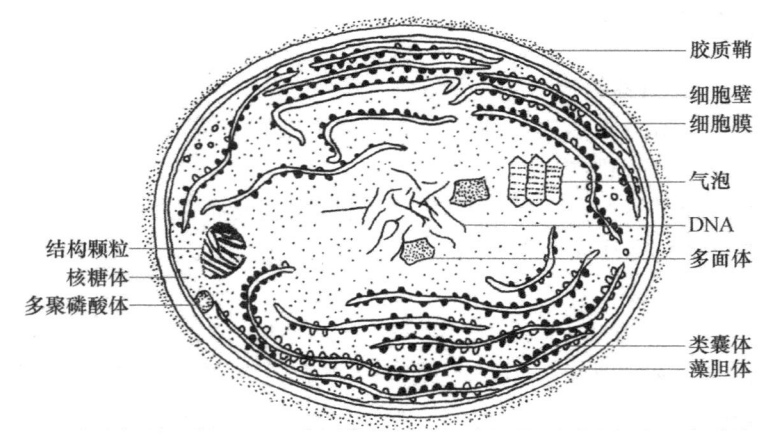

图 6-1 蓝藻原核细胞结构图

蓝藻除含有叶绿素a和叶黄素外,还含有大量藻胆蛋白。藻胆蛋白以颗粒状的藻胆体(phycobilisome)形式附着在类囊体表面。蓝藻的藻胆蛋白有4种色素:藻蓝素(C-phycocyanin,C-PC)、别藻蓝素(allophycocyanin,APC)、藻红素(C-phycoerythrin,C-PE)及藻红蓝素(phycoerythrocyanin,PEC)。所有蓝藻都含有前两种色素,后两种色素仅存在于某些类群中。蓝藻光合作用的产物为蓝藻淀粉（cyanophycean starch）和藻蓝素颗粒体（cyanophycin）。

部分属种的少数营养细胞分化形成异形胞（heterocyst）（图 6-2）。异形胞比营养细胞大，细胞壁厚，内含物稀少。在光学显微镜下观察，细胞无色透明。异形胞内含丰富的固氮酶，

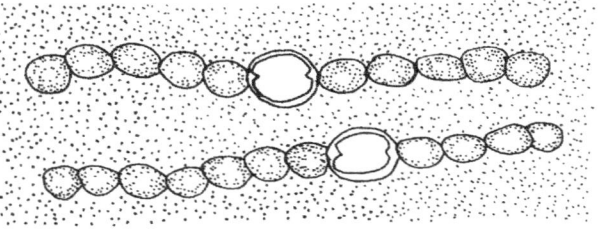

图 6-2　异形胞

可直接固定大气中的氮。营养细胞形成异形胞时，细胞内的贮藏颗粒溶解，光合作用片层破碎，形成新的膜，同时分泌出新的细胞壁物质于细胞壁外边。在亚显微结构下可见异形胞是一个生活细胞，其大小和在藻丝中的位置因种类不同而异。异形胞的主要作用是将藻丝分割成藻殖段（homogonium）进行营养繁殖。

3. 繁殖

蓝藻的繁殖方式（图 6-3）主要为营养繁殖，包括细胞直接分裂（direct division）、断裂和形成藻殖段。藻殖段是由异形胞、隔离盘或机械作用分离而形成的片段。此外，少数蓝藻可形成外生孢子（exospore）或内生孢子（endospore）进行无性生殖。许多丝状体种类能形成厚壁孢子（akinete），这种孢子可长期休眠以渡过不良环境，条件适宜时再萌发产生新个体。

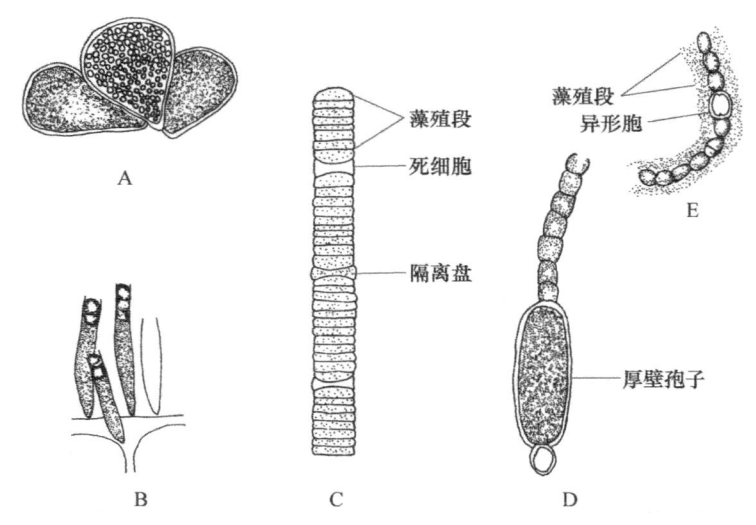

图 6-3　蓝藻的繁殖方式

A. 皮果藻属（*Dermocarpa*）产生内生孢子；B. 管胞藻属（*Chamaesiphon*）产生外生孢子；C. 颤藻属（*Oscillatoria*）死细胞或隔离盘形成藻殖段；D. 筒孢藻属（*Cylindrospermum*）产生厚壁孢子；E. 念珠藻属（*Nostoc*）由异形胞将藻丝隔离形成藻殖段

4. 分布

蓝藻分布很广，从两极到赤道，从高山到海洋，到处都有它们的踪迹，但主要生长于各种水体或潮湿土壤、岩石、树干及树叶上，一些种类还能在干旱的环境中生长繁殖。温泉水中及温泉旁，甚至在 85℃ 的温泉中也有蓝藻的分布。部分蓝藻还可与真菌共生形成地衣。

(二) 蓝藻门的分类及代表植物

蓝藻约有 150 属 1500 种，隶属于蓝藻纲（Cyanophyceae）1 纲，色球藻目（Chroococcales）、颤藻目（Osillatoriales）、念珠藻目（Nostocales）和真枝藻目（Stigonematales）4 目。常见代表植物有以下几种。

1. 色球藻属

色球藻属（*Chroococcus* Näg.）属色球藻目色球藻科（Chroococcaceae）。藻体为单细胞或群体，在水中营浮游生活，或生于潮湿的土壤表面、树皮等处。单细胞的藻体为球形，外被明显的胶质鞘。胶质鞘多数透明无色，均匀或分层。群体由两代或多代的子细胞在一起形成，每个细胞都有个体胶质鞘，同时还被群体胶质鞘包围。群体中的细胞呈半球形或四分体形，在细胞相接处平直（图 6-4A）。

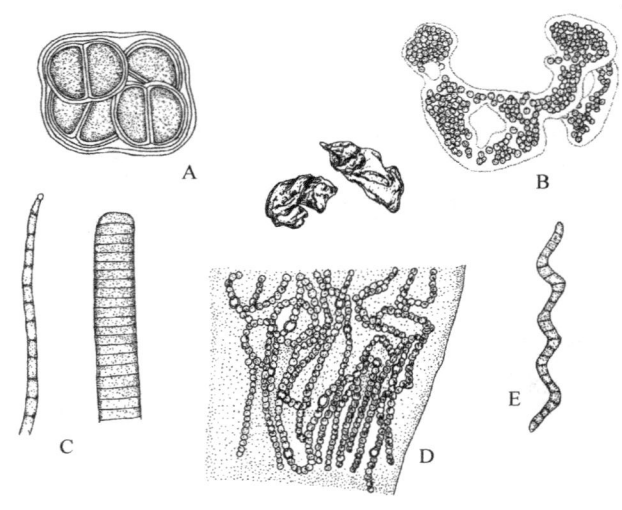

图 6-4 几种常见的蓝藻
A. 色球藻属；B. 微囊藻属；C. 颤藻属；D. 念珠藻属植株全形及群体一部分放大；E. 螺旋藻属

2. 微囊藻属

微囊藻属（*Microcystis* Kütz.）属色球藻目微囊藻科（Microcystaceae）。球形、不规则形或具有很多穿孔的浮游性群体。群体细胞很多，均匀地分布在无结构的基质中。细胞球形，多数具有气泡（图 6-4B）。细胞向三个方向进行分裂。微囊藻能分泌一种抑制其他藻类生长的物质，有些种类还可以产生一种称为"致死因子"的毒素，能毒害摄食藻类的动物。夏季微囊藻在营养丰富的水体中大量繁殖，常形成水华（water bloom），危害水生动物。

3. 颤藻属

颤藻属（*Oscillatoria* Vauch.）属颤藻目颤藻科（Oscillatoriaceae）。一列细胞组成的丝状体常丛生并形成团块。细胞短圆柱状，无胶质鞘，或有一层不明显的胶质鞘。丝状体能前后运动，或左右摆动，故称颤藻。以藻殖段进行繁殖。生于湿地或浅水中（图 6-4C）。

与颤藻极易混淆的席藻属（*Phormidium* Kütz.），其藻丝外有明显的胶质鞘。

4. 念珠藻属

念珠藻属（*Nostoc* Vauch.）属念珠藻目念珠藻科（Nostocaceae）。一列细胞组成的不分枝丝状体，常无规则地集合在一个公共的胶质鞘中，形成肉眼能看到或看不到的球形体、片状体、丝状体或不规则的团块。细胞圆形，排成一行如念珠状。丝状体有个体胶质鞘，或无个体胶质鞘。异形胞壁厚。以藻殖段进行繁殖。丝状体上有时有厚壁孢子。生长于淡水中、潮湿土壤上或岩石上（图 6-4D）。本属的地木耳（*N. commune* Vauch.）和发菜（*N. flagelliforme* Born. et Flah.）可供食用。

5. 螺旋藻属

螺旋藻属（*Spirulina* Turp.）属颤藻目颤藻科。不分枝的丝状体。在显微镜下可见其形态为螺旋丝状，故而得名（图 6-4E）。由于细胞中蛋白质等营养成分含量高，螺旋藻常用做食品和保健品。

6. 鱼腥藻属

鱼腥藻属（*Anabaena* Bory）属念珠藻目念珠藻科。外形与念珠藻属相似。直或弯曲的丝状体单一或聚集成团，浮生于水中。细胞圆形、桶形。无公共胶质鞘。在稻田中养殖鱼腥藻，可使水稻增产。

（三）蓝藻门在植物界中的地位

巴洪（E. S. Barghoon）和夏福（J. W. Schops）于 1966～1967 年，在南非特兰斯尔的无花果树群浅燧石岩中发现了类似细菌和蓝藻的微化石，据测定，其年代为 31 亿年前的蓝藻化石。在寒武纪和奥陶纪地层中发现有完整藻殖段结构的蓝藻化石。在泥盆纪地层中发现了比较高级类型的多列藻化石，其藻体是具有异形胞的异丝体型。从这些古生物学资料看，在距今 35 亿～33 亿年前地球上出现了细菌和蓝藻。到寒武纪时，蓝藻特别繁盛。因此，这一时期被称为"蓝藻时代"。

蓝藻和细菌的系统关系最接近，它们都是以细胞直接分裂的方法进行繁殖。因而，部分学者认为蓝藻和细菌具有共同的起源，并把两者合称为裂殖植物门（Schizophyta）。又因为两者在细胞构造上都是无细胞核和质体分化的生物，因此，H. F. Copeland 于 1938 年提出把蓝藻和细菌一起列在原核生物界（Prokaryota）。蓝藻和红藻在色素种类和不产生运动细胞方面比较相似，故有人认为它们的亲缘关系较近，主张红藻是由蓝藻演化发展而来。但两者在其他方面的特征相差甚远，因而被认为不可能有亲缘关系。蓝藻和其他植物之间在构造和生殖方式等方面均有明显差别。因此，蓝藻是一个相对独立的植物类群。

三、硅藻门

（一）硅藻门的一般特征

1. 形态

硅藻门的植物体为单细胞，或由多个细胞彼此连接成丝状、丛状、放射状的群体。

2. 细胞结构

细胞壁除了含果胶质外，还含有大量复杂的硅质结构，形成坚硬的硅藻细胞壳体（frustule）。壳体由上下两个半片套合而成，套在外面较大的半片称为上壳（epitheca），套在里面较小的半片称为下壳（hypotheca）。上、下壳的正面称为壳面（valve）；侧面，即上、下壳套合的地方很像一条环形的带，称为环带（girdle band）。

壳面具有辐射状或两侧对称排列的各种花纹。许多种类的壳面还有 1 条窄细的壳缝（raphe），凡有壳缝的种类都能在水中运动；有些具壳缝的种类在细胞壳面的两端有细胞壁增厚形成的遮光性强的极节,在细胞中央有1个中央节(图6-5)。

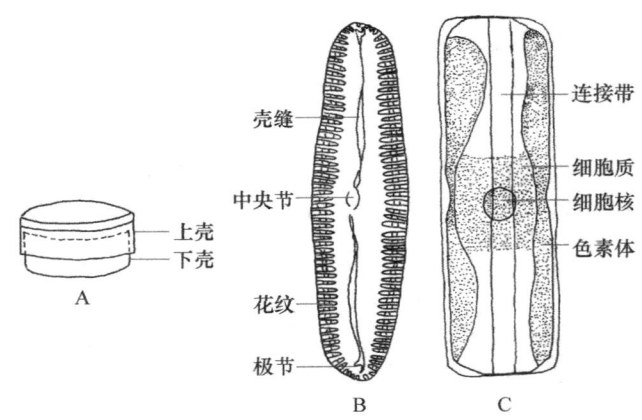

图 6-5　硅藻细胞的形态与结构
A. 圆筛硅藻的侧面观,示上壳、下壳;B. 羽纹硅藻壳面观;C. 羽纹硅藻环面观

硅藻的载色体1至多数,小盘状或片状。载色体中有叶绿素a和叶绿素c、α-胡萝卜素和β-胡萝卜素以及叶黄素。藻体呈橙黄色或黄褐色。光合作用产物为金藻昆布糖和油滴。细胞核1个。营养体无鞭毛,但部分种类的精子具有1条或2条茸鞭型鞭毛。

3. 繁殖

硅藻主要以细胞分裂的方式进行繁殖。细胞分裂时,原生质体膨胀,使上下两壳略为分离。细胞核进行有丝分裂,载色体、淀粉核等细胞器也随着分裂。原生质体一分为二,其中一个位于母细胞的上壳内,另一个位于母细胞的下壳内。然后,两壳分开各自成为新形成的子细胞的上壳,并各再生另一个新的半壳为下壳。这样形成的两个新硅藻中,一个与母体大小相等,而另一个则较母体为小。如此连续分裂下去,多数个体将越来越小(图6-6)。这种缩小分裂的趋势不利于其种系延续和发展。当细胞分裂缩小到一定程度时,可通过有性生殖产生复大孢子(auxospore),将细胞的体积恢复到该种细胞的正常大小。

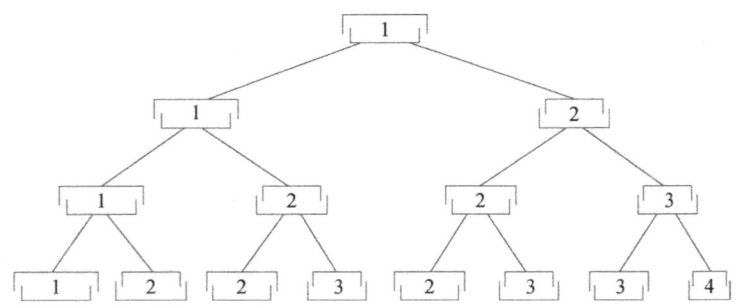

图 6-6　硅藻细胞的分裂,示细胞体积的变化
1. 子细胞与母细胞同大;2~4. 不同缩小的子代细胞

硅藻有性生殖和复大孢子形成的过程各种各样。以披针桥弯藻[*Cymbella lanceolata* (Ehr.) V. H.](图6-7)为例,两个结合的细胞首先各进行1次减数分裂,形成4个子核;其中2个核退化,另外2个核发育成大小不等的2个配子。配子结合形成2个复大孢子,进一步发育成2个新的植物体。

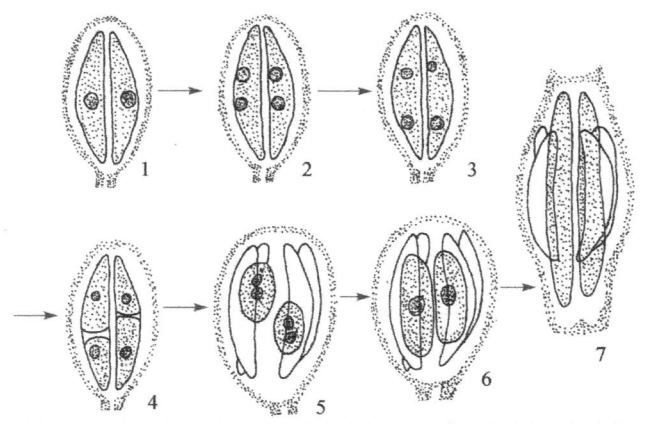

图 6-7 披针桥弯藻有性生殖和复大孢子的形成

1. 相融合的 2 个细胞靠在一起，并分泌胶质将细胞包围，每个细胞有一个二倍体的核；2、3. 减数分裂，每个细胞中仅有 2 个单倍体核发育，各有 2 个核退化；4. 每个细胞各形成 2 个大小不等的配子；5、6. 每个细胞中的小配子与相对细胞中的大配子融合，形成 2 个合子；7. 合子伸长增大成复大孢子。弃去旧胞壁，以后各自产生新胞壁，细胞恢复到该种的正常大小

4. 分布

硅藻分布极广，可生长在淡水、半咸水、海水中，或潮湿的土壤、岩石、树皮的表面，或高等水生植物丛及苔藓丛中，且一年四季都能生长繁殖。在温度低的极地、寒带、高山、高原及水温达 40℃ 的温泉中均有硅藻生存。春秋两季，硅藻生长旺盛，是鱼类、贝类等水生动物的主要饵料之一。

（二）硅藻门的分类及代表植物

硅藻大约有 200 属 10 000 种，分属于中心硅藻纲（Centricae）和羽纹硅藻纲（Pennatae）。

中心硅藻纲藻体圆形，辐射对称，壳面上的花纹自中央一点向四周呈辐射状排列，多为海产；羽纹硅藻纲藻体长形或舟形，表面有线纹、肋纹、纵裂缝（壳缝），壳面中央呈加厚状，称中央节，两端称极节，多产于淡水。

常见的硅藻有直链藻属（*Melosira* Ag.）、根管藻属（*Rhizosolenia* Zach.）、桥弯藻属（*Cymbella* Ehr.）、双菱藻属（*Surirella* Turp.）和舟形藻属（*Navicula* Bory）等。以羽纹硅藻属为代表进行介绍。

羽纹硅藻属（*Pinnularia* Ehr.）隶属于羽纹硅藻纲双壳缝目（Biraphidinales）舟形藻科（Naviculaceae）。植物体单细胞或连接成丝状群体。壳面线状、椭圆形至披针形，两侧平行；极少数种类两侧中部膨大，或成对称的波状。壳面两侧具横的平行肋纹。色素体片状，2 个，位于细胞带面两侧（图 6-5B、C）。

本属约 200 种，淡水和海水中均有分布，是硅藻中种类最多的属之一。

（三）硅藻门在植物界中的地位

硅藻在侏罗纪出现，白垩纪和第三纪是它们系统演化的鼎盛时期。然而，在漫长的历史发展进程中，它们并没有向多细胞的方向发展，而是停留在单细胞和群体的阶段。硅藻、金藻和褐藻的载色体中都含有叶绿素 a 和叶绿素 c 及墨角藻黄素，由此说明它们的亲缘关系密切。从硅藻细胞壁的构造看，其又与黄藻门相近。但硅藻的营养体是二倍体，在含叶绿素 a 和叶绿素 c 的类群中是比较特殊的一群植物。中心硅藻纲中有具鞭毛的雄配子和微孢子，在根管藻属（*Rhizosolenia* Zach.）和菱形藻属（*Nitzschia* Hassall）的细胞分裂时出现伸缩泡，都显示硅藻可能由具鞭毛的藻类演化而来。

四、绿藻门

（一）绿藻门的一般特征

1. 形态

绿藻门植物体的形态多种多样，有单细胞、群体、丝状体和叶状体。少数单细胞和群体类型的营养细胞前端有鞭毛，终生能运动。但绝大多数绿藻的营养体不能运动，只在繁殖时形成的游动孢子和配子有鞭毛，能运动。

2. 细胞结构

绿藻细胞的细胞壁分两层，内层主要成分为纤维素，外层是果胶质，常黏液化。

绿藻原生质体中央常具 1 个大液泡，有的种类具小液泡。多数种类具 1 个或数个杯状、片状、盘状或带状载色体。载色体所含的色素有叶绿素 a 和叶绿素 b、α-胡萝卜素和 β-胡萝卜素以及叶黄素类。在载色体内通常有 1 至数个蛋白核。光合作用产物是淀粉，其组成成分与高等植物的淀粉类似。

大多数种类的细胞具 1 个细胞核，少数种类多核。

运动细胞通常顶生 2 条等长鞭毛，少数为 1 条、6 条或 8 条。鞭毛基部常具 2 个伸缩泡。

3. 繁殖

绿藻的繁殖方式有 3 种：营养繁殖、无性生殖和有性生殖。

1）营养繁殖：植物体不通过形成生殖细胞而进行繁殖的一种方式。绝大多数单细胞种类以细胞分裂方式形成新个体；群体类型以细胞分裂增加群体细胞数目；丝状体种类还可以通过藻体断裂，由断裂片段进行细胞分裂长成新的个体。

2）无性生殖：植物体形成的生殖细胞不经过结合，直接萌发形成新的植物体。这种生殖细胞称为孢子（spore）。绿藻可形成游动孢子（zoospore）、静孢子（不动孢子）（aplanospore）、似亲孢子（autospore）、休眠孢子（cystospore）和厚壁孢子来进行无性生殖。

3）有性生殖：通过两个生殖细胞的结合，形成合子（zygote），由合子萌发（减数分裂）形成新的植物体。这种生殖细胞称为配子（gamete），其形态与游动孢子相似，只是数目较多，个体较小；有些配子具 4 条顶生鞭毛。

由形状、结构、大小和运动能力等方面完全相同的两个配子结合，称为同配生殖（isogamy）。形状和结构相同，但大小和运动能力不同，大而运动能力迟缓的为雌配子（female gamete），小而运动能力强的为雄配子（male gamete），此两种配子的结合称为异配生殖（anisogamy）。在形状、大小和结构上都不相同的配子，大而无鞭毛、不能运动的为卵（egg），小而有鞭毛、能运动的为精子（sperm），精卵结合称为卵式生殖（oogamy）。两个没有鞭毛、能变形的配子结合，称为接合生殖（conjugation）。

同一母体（单细胞或丝状体）产生的两个配子相结合的称为同宗配合（homothallism）；

不同母体（单细胞或丝状体）产生的两个配子相结合称为异宗配合（heterothallism）。

4. 分布

绿藻是藻类植物中最常见的类群之一，淡水种类约占 90%，主要分布在淡水或潮湿的土壤、墙壁、岩石或树干上；海水种类约占 10%，多分布于海洋沿岸的海水中。部分绿藻也可以寄生在动物体内，或与真菌共生形成地衣。

（二）绿藻门的分类及代表植物

绿藻是藻类植物中最大的 1 门，约有 350 属 8600 种，一般分为 3 纲，即绿藻纲（Chlorophyceae）、接合藻纲（Conjugatophyceae）和轮藻纲（Charophyceae）。

1. 衣藻属

衣藻属（*Chlamydomonas* Ehr.）隶属于绿藻纲团藻目（Volvocales）衣藻科（Chlamydomonadaceae）。单细胞，卵形、椭圆形或圆形。细胞前端有 2 条等长顶生鞭毛。鞭毛基部具 2 个伸缩泡；伸缩泡常常突然收缩，一般认为是排泄器官。具 1 个大型载色体；多数种的载色体厚底杯状，少数为片状、H 形或星芒状；在其基部有 1 个明显的蛋白核。细胞中央有 1 个细胞核。位于细胞前端的载色体膜与光合片层之间具 1 橙红色眼点，由 1 层或数层油滴构成，油滴中含有类胡萝卜素（图 6-8）。

衣藻常在夜间进行无性生殖。在进行多代无性生殖后，会进行有性生殖。多数种的有性生殖为同配生殖。合子经过休眠，环境适宜时萌发，经过减数分裂，产生 4 个单倍核的原生质体，最后发育成新的个体（图 6-9）。

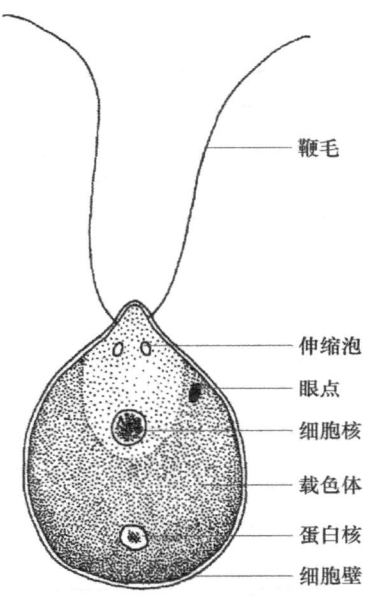

图 6-8 衣藻属细胞构造

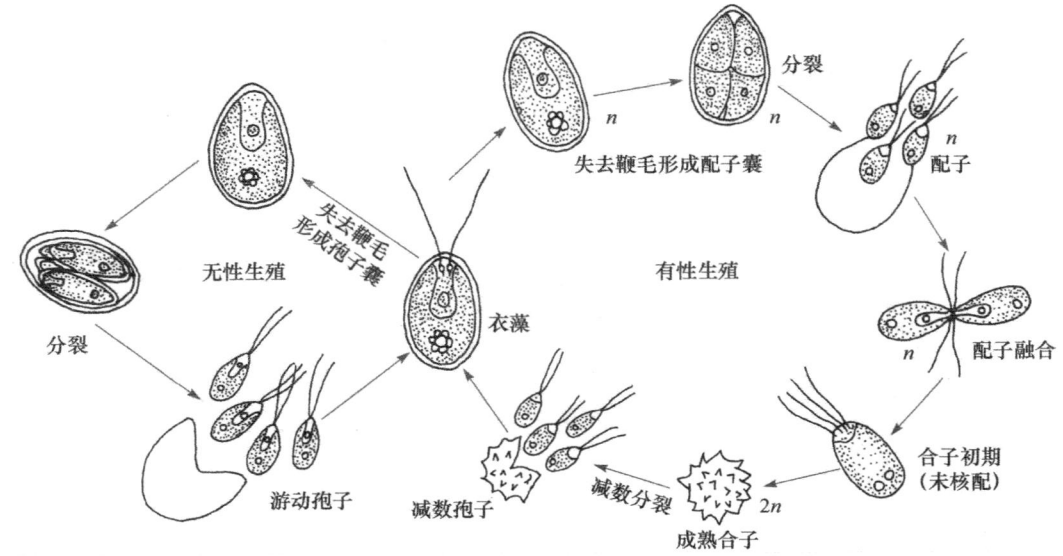

图 6-9 衣藻生殖和生活史

衣藻属有 100 多种，生活于含有机质的水沟和池塘中，早春和晚秋较多，常形成大片群落，使水变成绿色。

2. 团藻属

团藻属（*Volvox* L.）隶属于绿藻纲团藻目团藻科（Volvocaceae）。植物体由数百至上万个衣藻型细胞排列成 1 层空心球体，球体内充满胶质和水。每个细胞各有 1 层胶质包着，由于胶质膜彼此挤压，从表面观察细胞为多边形；各细胞间有原生质丝相连。成熟的群体常包含若干个幼小的子群体（图 6-10）。

团藻的无性生殖多以形成生殖胞（gonidium）的方式进行。群体后端的部分细胞失去鞭毛，形成比普通营养细胞大 10 倍或 10 倍以上的细胞，即生殖胞。无性生殖时，生殖胞进行多次纵分裂，形成皿状体（plakea）；当皿状体发展为 32 个细胞时，细胞开始分化为营养细胞和生殖细胞，并继续分裂直至形成 1 个球体（子群体）。此时，群体内细胞的前端朝向群体内侧。球体有 1 个孔，小孔通过翻转作用使球体内部翻转到外部。随后，各细胞分别生出 2 条鞭毛，并由母体释放，从而形成新的植物体。

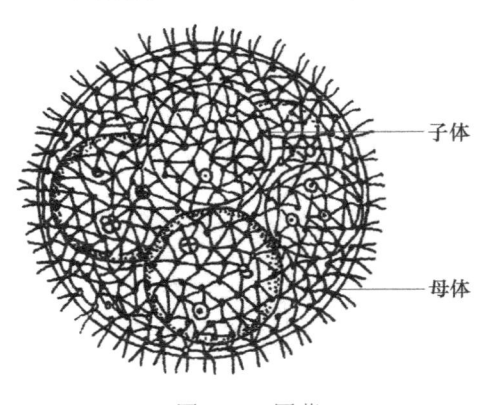

图 6-10 团藻

团藻的有性生殖为卵式生殖（oogamy）。细胞经过细胞分裂形成皿状体，再经过翻转过程，形成盘状或球状的精子囊，每个精子囊有 16～512 个精子。群体中的大多数细胞或全部细胞都可以产生游动精子，仅少数细胞形成卵细胞。精子与卵细胞结合形成合子。合子从群体中逸出后，经过减数分裂，形成 1 个具有双鞭毛的游动孢子（或静孢子）。游动孢子经过数次有丝分裂发育成一个群体，其发育过程与无性生殖类似。

团藻目中常见的属还有盘藻属（*Gonium* O. F. Müller）、空球藻属（*Eudorina* Ehrenberg）和实球藻属（*Pandorina* Bory）（图 6-11）。盘藻属是一种定形群体，无性生殖时，群体的全部细胞同时形成游动孢子，有性生殖为同配生殖。实球藻属也是定形群体，无性生殖同盘藻属，有性生殖为异配生殖。空球藻属是球形或椭圆形群体，少数种类的群体细胞中有些是不产生配子和孢子的营养细胞；这表明在空球藻属已开始出现营养细胞和生殖细胞的分化。其有性生殖为异配生殖。

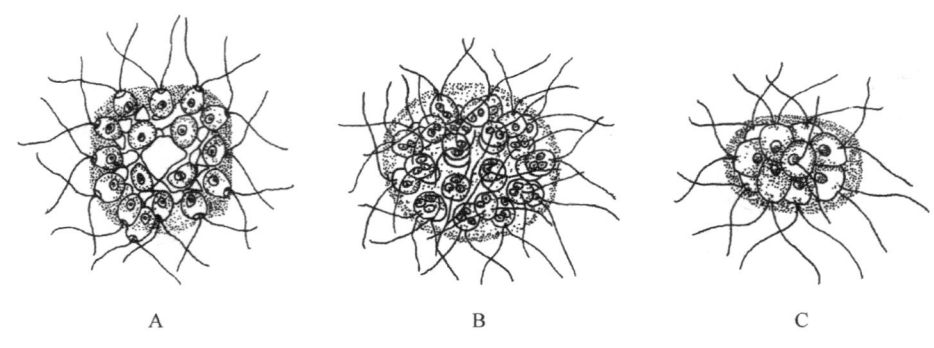

图 6-11 团藻目中常见藻类
A. 盘藻属；B. 空球藻属；C. 实球藻属

从单细胞的衣藻属，群体的盘藻属、实球藻属、空球藻属和多细胞体的团藻属，可以看出团藻目中出现了明显的演化趋势，即藻体由单细胞、群体到多细胞体，细胞由不分工到分工，有性生殖由同配、异配到卵配三个方面的演化过程。

3. 栅藻属

栅藻属（*Scenedesmus* Mey）隶属于绿藻纲绿球藻目（Chlorococcales）栅藻科（Scenedesmaceae）。栅藻属是绿球藻目中定型群体类型中的常见植物。常由4个、8个细胞或有时由2个、16个或32个细胞组成定形群体。群体中的各个细胞以其长轴互相平行，细胞壁彼此连接排列在一个平面上；或互相交错排列成两行。

细胞通常椭圆形或纺锤形；细胞壁光滑或有各种突起；单核。幼体细胞的载色体纵行片状，老细胞则充满着载色体，有1个蛋白核。

栅藻在各种淡水水域中都能生活，分布极广。

4. 石莼属

石莼属（*Ulva* L.）隶属于绿藻纲丝藻目（Ulotrichales）石莼科（Ulvaceae）。藻体是大型的多细胞叶状体，仅由2层细胞组成。藻体基部具假薄壁组织状的固着器，固着于岩石上。藻体细胞单核，载色体片状，内有1个蛋白核。

石莼属有2个外形类似的植物体，即二倍体的孢子体（sporophyte）和单倍体的配子体（gametophyte）。2个植物体都由2层细胞组成。孢子体的细胞（除基部和固着器外）均可形成孢子囊，其内的细胞核进行减数分裂，产生多个单倍体、具4条鞭毛的衣藻型游动孢子。游动孢子从母体释放出来后各自萌发产生1个单倍体的配子体。配子体成熟后进行有性生殖产生配子囊，配子的形成过程及释放与游动孢子相似，但配子囊母细胞产生配子时进行的是有丝分裂。每个配子囊可产生多个具2条鞭毛的游动配子。由不同藻体产生的（＋）、（－）配子结合形成合子。合子在2～3 d即可萌发为孢子体（图6-12）。

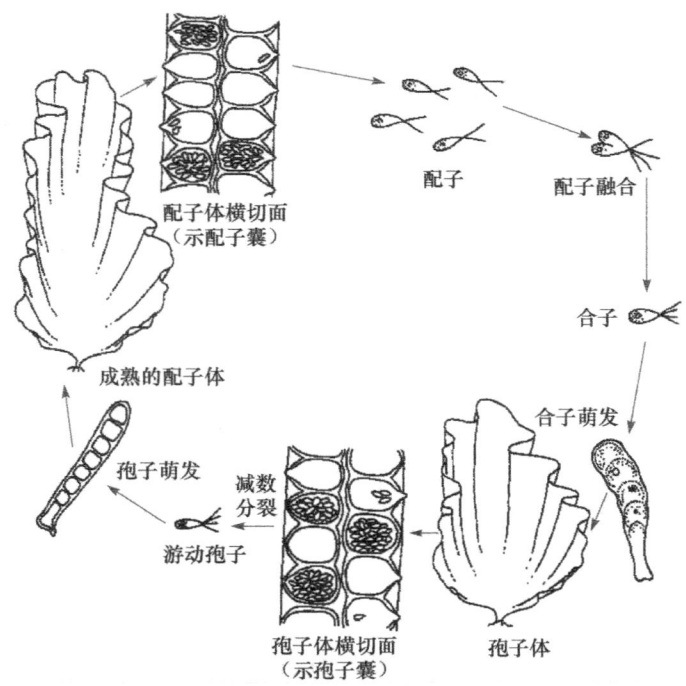

图6-12 石莼属的生活史

在石莼属植物的生活史中，从孢子母细胞减数分裂产生游动孢子开始，到配子体产生、成熟和产生配子止，细胞中的染色体都是单倍的，这一阶段称为配子体世代（gametophyte generation）或有性世代（sexual generation）；从合子产生开始，到孢子体产生及孢子母细胞减数分裂前止，细胞中的染色体都是双倍的，这一阶段称为孢子体世代（sporophyte generation）或无性世代（asexual generation）。单倍体的配子体世代和二倍体的孢子体世代相互交替的现象即为世代交替（alternation of generation）。石莼属的孢子体和配子体外形相同，由这两种世代的同形藻体交替出现以延续后代的生活史称为同形世代交替（isomorphic alternation of generation）。

5. 水绵属

水绵属（*Spirogyra* Link）隶属于接合藻纲双星藻目（Zygnematales）双星藻科（Zygnemataceae）。一列细胞组成的不分枝的丝状体。每节1个细胞；细胞核位于中央，以原生质丝与位于周边的细胞质相连；载色体带状，1条至多条，螺旋状缠绕在原生质外围，其上有多个蛋白核。细胞中有大液泡，占据细胞内的较大空间（图6-13）。

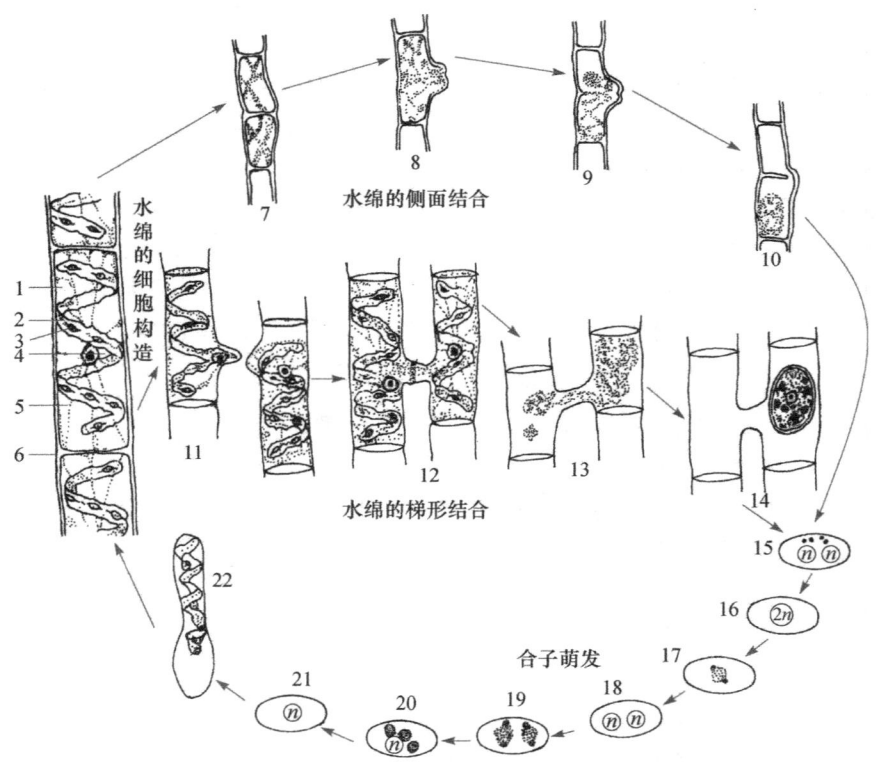

图6-13 水绵属的生活史

1. 液泡；2. 载色体；3. 蛋白核；4. 细胞核；5. 原生质；6. 细胞壁；7~10. 侧面接合各期；11~14. 梯形接合各期；15~22. 合子萌发各期

水绵的繁殖方式有营养繁殖和有性生殖。其营养繁殖为丝状体断裂；有性生殖为接合生殖，多发生于春季或秋季。生殖过程发生时，两条并列的丝状体相互靠近，在两个细胞相对的一侧各生出一个突起；突起逐渐伸长并接触，接触端细胞壁融解形成接合管（conjugation tube）。同时，相对的两个细胞原生质体浓缩，各形成一个配子。其中一条丝状体中的配子以变形虫式运动，通过接合管移至相对丝状体的细胞中，并与其中的配子结合形成合子。随后，合子产生厚壁，经休眠和减数分裂后萌发，形成新的植物体。由于两条丝状体与接合管一起外观上酷似梯子，故称这种接合为梯形接合（scalariform conjugation）（图 6-13）。水绵还可以进行侧面接合（lateral conjugation）生殖（图 6-13）和直接侧面接合生殖。

水绵属是常见的淡水绿藻，在小河、池塘、沟渠或水田等处均可见到。水绵繁盛时，其大片生于水底或成大块漂浮于水面，用手触及有黏滑的感觉。

6. 轮藻属

轮藻属（*Chara* Vaill. ex L.）隶属于轮藻纲轮藻目（Charales）轮藻科（Characeae）。轮藻是淡水藻类中个体较大、结构较复杂的一大类群。藻体直立，具分枝；中轴明显分化为节和节间两部分。每个节上生长一轮短的小枝和顶端继续生长的侧枝；在短枝基部或节上有单细胞刺状的苞片和小苞片。地下部分以单列细胞分支的假根固着于水底淤泥中。

节间细胞大，长形，多核，具中央大液泡。节部细胞短小，能反复分裂，分裂产生的细胞形成轮生短枝或形成包于节间细胞外面的皮层。

轮藻属的繁殖方式有营养繁殖和有性生殖。营养繁殖常以藻体断裂的方式进行；或在植物体的基部长出无色球状的珠芽，由珠芽发育形成新的植物体。轮藻的有性生殖为卵式生殖。雌性生殖器官为卵囊（oogonium），雄性生殖器官为精子囊（spermatangium）；两者均着生于短枝的节上，由多细胞组成，结构较为复杂；雌雄同株或异株。卵囊长卵形，内有 1 个卵细胞；在卵囊的外围有 5 个螺旋状的管状细胞（tube cell）围绕，每个管状细胞在卵囊的顶端又各产生 1 个小的冠细胞（corona cell），5 个冠细胞在卵囊上部组成冠（corona）。成熟时，冠细胞下部裂开，精子从此裂口进入。精子囊圆球形，橘红色，肉眼可见。外部为 8 个近三角形的盾状细胞（shied cell）。每个盾状细胞的内侧中央各有 1 个圆柱形的盾柄细胞（manubrium），该细胞的顶端有 1 个或 2 个圆形的头细胞（capitulum cell），头细胞上又产生几个圆形的次级头细胞。8 个盾柄细胞末端的头细胞和次级头细胞都在精子囊的中央彼此相连，以后再从这些次级头细胞上长出许多条单列的丝体，称为精囊丝（antheridial filament）。精囊丝的每个细胞内可产生 1 个精子。每个精子细长，螺旋状弯曲，近顶端有 2 条鞭毛。当精子成熟时，就从精囊丝和精子囊壁上的小孔释放出来，游到卵囊上方冠细胞的裂口处，并进入其内与卵结合，形成 1 个二倍体的合子。合子分泌厚壁，卵囊外围的管状细胞的内侧壁也加厚，然后脱离母体沉入水底休眠。条件适宜时萌发，合子核首先进行减数分裂，所产生的 4 个子核中有 3 个退化，仅有 1 个单倍体的核发育。以后就萌发出假根和原丝体，再由原丝体产生出数个轮藻植物体（图 6-14）。

（三）绿藻门在植物界中的地位

最早的绿藻化石出现在距今 14 亿～12 亿年前。1975 年，美国藻类学家莱文（R. A. Lewin），在一种海鞘的泄殖腔沟纹处发现了一种具有叶绿素 a 和叶绿素 b 的原核藻类，并定名为原绿藻（prochloron）。此后，多数学者认为：真核绿藻由原核的原绿藻演化而来。同时，人们把原绿藻的发现看成是藻类进化史上的一件大事，并称原绿藻为"活化石"。

绿藻和高等植物之间有很多相似之处，如它们有相同的光合作用色素、光合作用产物都是淀粉、鞭毛类型都是尾鞭型等。因此，多数植物学者承认高等植物的祖先是绿藻。绿藻门在植物界的系统发育中居于主干地位。然而高等植物究竟是从哪一类绿藻发展来的，还没有

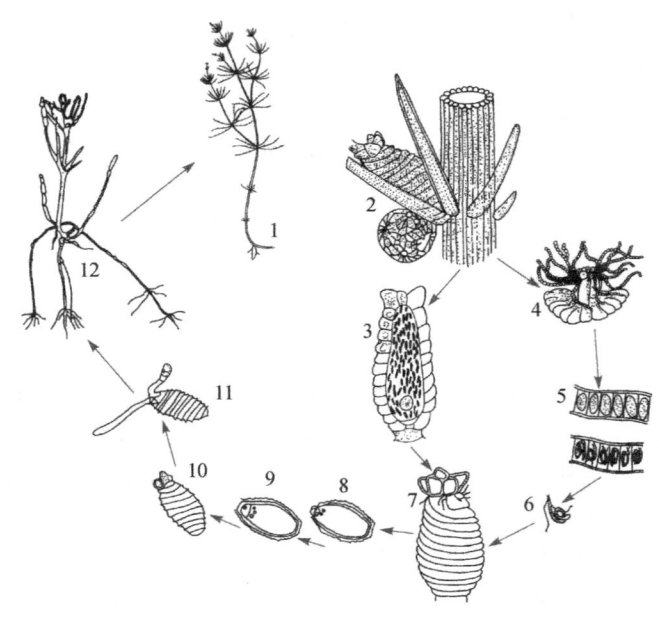

图 6-14 轮藻属的形态构造和生活史
1. 植物体的一部分；2. 短枝的一部分；3. 卵囊纵切面；4. 盾细胞及精囊丝；
5. 精囊丝的一部分及内部精子；6. 精子；7. 受精；8～11. 合子萌发；12. 幼植物体

直接证据。在印度、日本和非洲发现的佛氏藻（*Fritshiella tuberosa* Iyengar）有直立枝和匍匐枝的分化，匍匐枝生于地下，直立枝穿过薄土层，在土表分成丛状枝，外表有角质层，有世代交替现象，能适应陆地生活。鲍尔（Bower，1935）认为，高等陆生植物可能是从古代这种类型的绿藻发展而来。

五、红藻门

（一）红藻门的一般特征

1. 形态

除少数种类是单细胞类型外，多数种类的红藻门植物体为多细胞的丝状体、叶状体或枝状体。藻体一般较小，高约 10 cm，少数种类可超过 1 m。

2. 细胞结构

红藻的细胞壁分为两层，内层为纤维素，外层是果胶质。

载色体中含有叶绿素 a 和叶绿素 d、β-胡萝卜素和叶黄素类、藻红素和藻蓝素。但通常藻红素占优势，故藻体多呈红色。藻红素能吸收绿光、蓝光和黄光，因而红藻可在深水中生活。红藻的光合作用产物为红藻淀粉（floridean starch）。多数红藻的细胞中只有 1 个细胞核；少数种类幼时单核，成年时多核。

3. 繁殖

红藻的繁殖方式有营养繁殖、无性生殖和有性生殖。

营养繁殖：通过藻体的断裂进行，无论是单细胞的种类还是多细胞种类，其营养细胞均可进行分裂。

无性生殖：以产生静孢子的方式进行。有些种类的营养细胞产生单孢子囊，每一个孢子囊仅产生 1 个孢子，称单孢子（monospore）；有些种类可以通过减数分裂产生四分孢子（tetrad），如多管藻。

有性生殖：红藻一般为雌雄异株，少数为雌雄同株。雌性生殖器官为果胞（carpogonium），烧瓶状，内含 1 个卵细胞；雄性生殖器官称为精子囊，可产生无鞭毛的不动精子。果胞受精后立即进行减数分裂，产生果孢子（carpospore）；果孢子进一步发育形成配子体。部分红藻果胞受精后，不经过减数分裂，直接发育形成果孢子体（carposporophyte）。二倍体的果孢子体不能独立生活，寄生在配子体上。果孢子体产生果孢子时，有的经过减数分裂形成单倍的果孢子，进一步形成配子体；有的不经过减数分裂，直接形成二倍体的果孢子，进而发育成四分孢子体（tetrasporophyte），再经过减数分裂产生四分孢子，发育成配子体。

4. 分布

红藻门植物绝大多数为海产，由海滨一直到深海 100 m 都有分布；海产种的分布受到海水水温的限制，并且绝大多数是固着生活。仅有 10 余属 50 余种为淡水种类。

(二) 红藻门的分类及代表植物

红藻门约有 558 属 3740 种。仅有红藻纲（Rhodophyceae）1 纲，又分两个亚纲：红毛菜亚纲（紫菜亚纲）（Bangioideae）和真红藻亚纲（Florideae）。

1. 紫菜属

紫菜属（*Porphyra* C. Ag.）属红毛菜亚纲红毛菜目（Bangiales）红毛菜科（Bangiaceae）。藻体为单层或两层细胞组成的紫红色、紫色或蓝紫色叶状体。基部以固着器固着于基物上，无柄或有短柄。细胞单核，有 1 个或 2 个星芒状载色体，内有 1 个蛋白核。我国常见分布和栽培的紫菜有甘紫菜（*P. tenera* Kjellm.）和圆紫菜（*P. suborbiculata* Kjellm.）等。下面以甘紫菜为例介绍紫菜属植物的生活史。

甘紫菜雌雄同株，高 20~30 cm。有性生殖时，由一层细胞组成叶状体的部分营养细胞可转变为精子囊器，其原生质体分裂形成 64（4×4×4）个精子囊，每个精子囊中含有 1 个精子。另一部分营养细胞可变态形成果胞，内含 1 个卵细胞；果胞一端或两端稍微隆起，形成受精丝。精子放出后随水流到受精丝处，由受精丝进入果胞与卵结合成二倍体的合子。合子不经休眠，经过有丝分裂形成 8（4×2）个二倍体的果孢子；果孢子成熟后，落到文蛤、牡蛎或其他软体动物的壳上，萌发进入壳内发育成单列分枝的丝状体，即壳斑藻（conchocelis）；壳斑藻经过减数分裂产生壳孢子（conchospore）。当水温在 15℃ 左右时，壳孢子也可直接发育成大型紫菜。夏季因水中温度高，壳孢子只能萌发产生直径仅几毫米的小紫菜，小紫菜产生单孢子，再发育为小紫菜。晚秋水温在 15℃ 左右时，单孢子萌发为大型紫菜（图 6-15）。因此，我国北方的大型紫菜的生长期为每年的 11 月至翌年的 5 月。

2. 多管藻属

多管藻属（*Polysiphonia* Greville）属真红藻亚纲仙菜目（Ceramiales），为海水中最普通的红藻。

藻体为多列细胞组成的分枝丝状体。丝状体的中央有 1 列细胞，称为中轴管（central siphon），其外围有自中轴管产生的边缘细胞，称围轴管（peripheral siphon）。部分种类的丝状体分化有直立丝状体和匍匐丝状体，基部以单细胞假根固着于海边岩石上，高 3~20 cm。

多管藻属植物有雌配子体、雄配子体、果孢子体及四分孢子体 4 种类型的植物体。由于配子体和四分孢子体在外形上完全相同，因此，多管藻属是典型的同形世代交替。

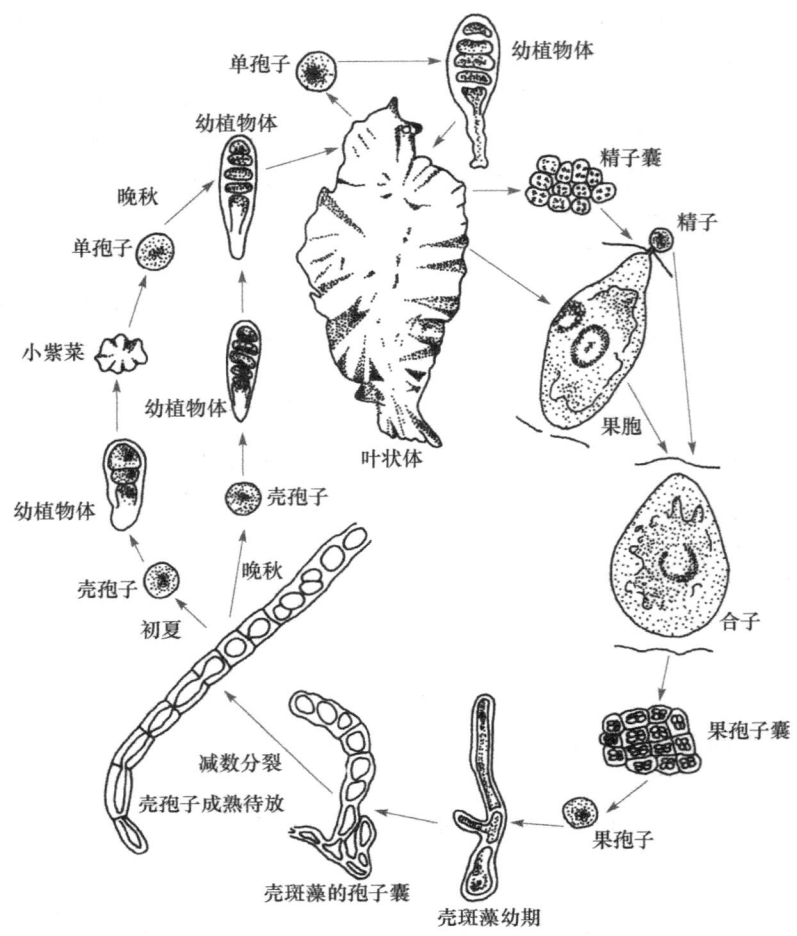

图 6-15 紫菜的生活史

有性生殖时,精子囊生于雄配子体上部的生育枝上,成熟时呈葡萄状;果胞生在雌配子体上部生育性的毛丝状体上。产生果胞时,毛丝状体的中轴细胞旁生一个特殊的围轴细胞(又称支持细胞),由此细胞经过纵横两次分裂生出 4 个细胞组成的果胞丝体(carpogonial filament)。果胞丝体的顶端细胞是具有受精丝的果胞,果胞核分裂为二,下核为果胞核,上核为受精丝核(此核以后退化)。精子由受精丝进入果胞与卵结合。同时,围轴细胞又生出几个细胞,称为辅助细胞。果胞通过它下面的辅助细胞与围轴细胞相连。随后,合子核分裂为二,进入围轴细胞,并在此细胞中继续分裂,其余核退化。此时,围轴细胞产生很多产孢丝,且围轴细胞中的核移至产孢丝中,产孢丝末端形成果孢子囊,每个囊内有 2 个核。与此同时,围轴细胞与四周的细胞融合成孢子囊团块,总称为囊果(即果孢子体)。果孢子成熟之后离开母体,萌发形成二倍体的四分孢子体。四分孢子体上形成分孢子囊,经减数分裂,形成 4 个单倍的孢子,即四分孢子,再由四分孢子萌发形成单倍体的雌、雄配子体。

(三)红藻门在植物界中的地位

红藻是一群古老的植物,它的化石发现于志留纪和泥盆纪的地层中。红藻和蓝藻植物具有一些相同的特征,但是,也有显著的差别,正像在蓝藻门中已叙述过的那样,它们的亲缘关系并不清楚。绿藻门中的溪菜属（*Prasiola* C. A. Agardh）和红藻门中的紫菜属的细胞都有星芒状载色体，植物体构造和孢子形成方式比较相似，因而有人主张红藻是沿着绿藻门溪菜属这一条路线进化而来的；但它们的色素截然不同，似乎这条进化路线也不可能。还有很多人认为红藻的有性生殖和子囊菌的有性生殖相似，设想子囊菌是由红藻演化而来的。

六、褐藻门

（一）褐藻门的一般特征

1. 形态

褐藻门植物体为多细胞体，简单的类型呈分枝状的丝状体，较进化的类型由丝状体互相紧密结合，形成假薄壁组织或有组织分化的植物体。

2. 细胞结构

褐藻的细胞壁分为两层，内层为纤维素，其化学成分和维管植物一样；外层由藻胶组成。细胞壁内还含有一种称为褐藻糖胶的碳水化合物，能使褐藻形成黏液质，它可使退潮时暴露在空气中的褐藻藻体免于干燥。

载色体1至多数，粒状或小盘状。载色体含有叶绿素a和叶绿素c、β-胡萝卜素和6种叶黄素，其中1种叶黄素称为墨角藻黄素，色素含量及在光合作用中起的作用最大，掩盖了叶绿素，使藻体一般呈现褐色。光合作用的产物主要是褐藻淀粉（laminarin）和甘露醇（mannitol）。

褐藻细胞中具特有的小液泡，称为褐藻小液泡，呈酸性反应，它大量存在于分生组织、同化组织和生殖细胞中。

许多褐藻细胞中含有大量的碘，如在海带属（*Laminaria* Lamx.）的藻体中，碘占鲜重的0.3%，而每升海水中仅含碘0.0002%。因此，它是提取碘的工业原料。

3. 繁殖

褐藻的繁殖方式有营养繁殖、无性生殖和有性生殖三种类型。

营养繁殖是通过藻体断裂产生新个体的。

除墨角藻目外，无性生殖均以产生游动孢子和静孢子来进行。孢子囊有单室和多室两种：单室孢子囊（unilocular sporangium）由一个细胞增大形成，细胞核减数分裂后形成具2条侧生鞭毛的游动孢子；多室孢子囊（plurilocular sporangium）由1个细胞经过多次分裂形成一棒状多细胞结构，每个细胞不经过减数分裂发育成具两条侧生鞭毛的游动孢子。因此，因种类不同，游动孢子可能是单倍体，也可能是二倍体。静孢子均为单倍体。

有性生殖时在配子体上形成一个多室的配子囊，配子囊的形成过程和多室孢子囊相同。配子结合有同配生殖、异配生殖、卵式生殖；游动孢子和游动配子均具有鞭毛。

4. 分布

褐藻是营附着生活的植物，绝大部分生活在海水中，仅有少数稀见种生活在淡水中。褐藻可从潮间带一直分布到低潮线下约30 m处，是构成海底森林的主要类群。褐藻属于冷水藻类，寒带海中分布最多。

（二）褐藻门的分类及代表植物

褐藻门大约有250属1500种。根据它们世代交替的有无和类型一般分为三纲，即等世代纲（Isogeneratae）、不等世代纲（Heterogeneratae）和无孢子纲（Cyclosporae）。

海带（*Laminaria japonica* Aresch）属不等世代纲海带目（Laminariales）海带科（Laminariaceae）。原产俄罗斯远东地区、日本和朝鲜北部沿海一带，后来由日本传播到大连海滨，并逐渐在辽东和山东半岛的肥沃海区生长。海带营养丰富，是人们喜爱的海产品之一。

海带的孢子体大型，长达 2~4 m，分固着器、带柄和带片三部分。固着器呈分枝的根状，连接带柄，将藻体固定于岩石等基物上；带柄粗短呈叶柄状；带片扁平，无中脉，是人们食用的部分。带柄和带片组织均分化为表皮、皮层和髓三部分。髓部中央有筛管状的喇叭丝，具有输导有机养料的功能。

孢子体成熟时，在带片的两面产生许多棒状的单室游动孢子囊。孢子囊间夹生长形的隔丝（paraphysis），其顶端膨大，内含许多深褐色的色素体；隔丝顶端具透明的胶质冠。孢子囊内的孢子母细胞经减数分裂及数次有丝分裂，产生多个单倍、具两条不等长侧生鞭毛的梨形游动孢子。游动孢子释放出来后萌发，分别形成体型很小的雌、雄配子体。雄配子体由几个至几十个细胞组成分枝的丝状体或不规则体，其上的每一个细胞均可形成一个精子囊，产生一个具两条侧生不等长鞭毛的精子；雌配子体通常仅由一个较大细胞构成，内具一个卵，或由几个较大细胞组成很少分枝的丝状体，在枝端产生具一个卵细胞的卵囊。卵细胞成熟后逸出，附着于卵囊顶端，与精子结合形成合子。合子不离开母体，几天后即萌发形成幼小的孢子体，即新的海带（图 6-16）。

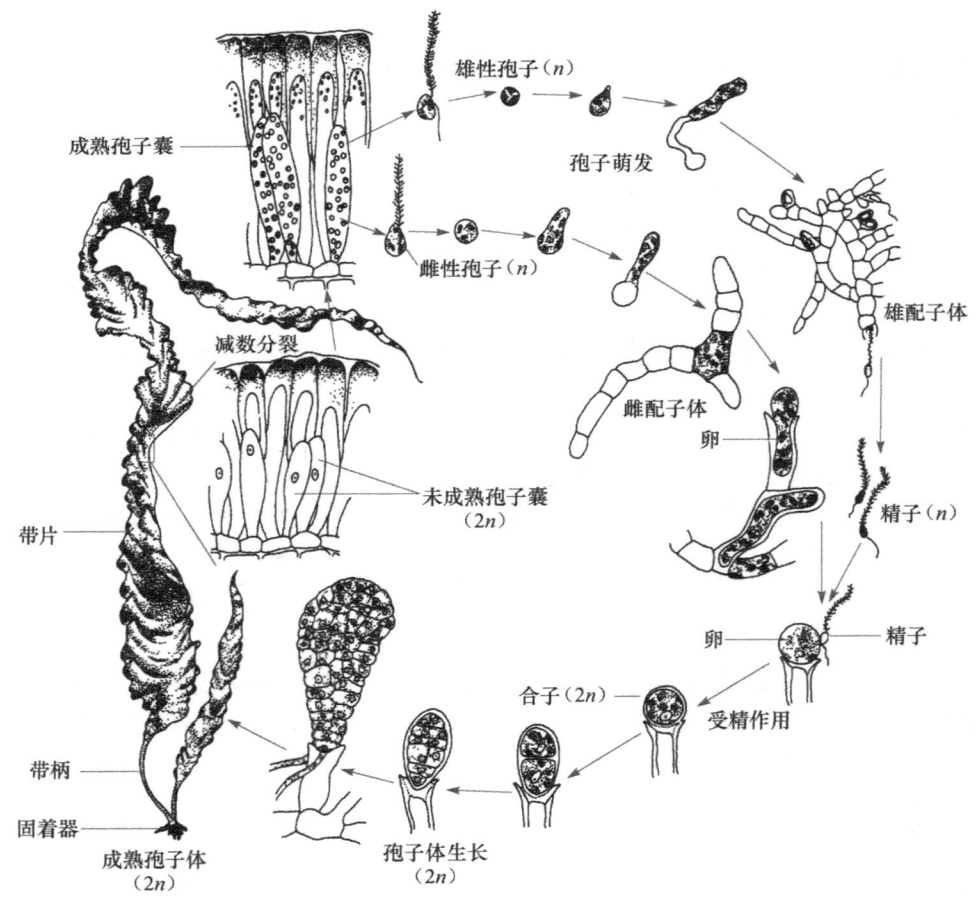

图 6-16　海带的生活史

海带的生活史为典型的孢子体占优势的异形世代交替。海带要求水温较低，夏季平均温度不超过20℃，而孢子体生长的最适温度是5~10℃。

（三）褐藻门在植物界中的地位

褐藻是一群古老的植物，在志留纪和泥盆纪的沉积物中发现有类似海带的化石；最可靠的化石发现于三叠纪。褐藻有侧生不等长双鞭毛的运动细胞，其形态和构造与金藻门黄藻纲的运动性细胞相似，所含色素也相似。因此，有人主张褐藻可能是由单细胞、具两条不等长侧生鞭毛的祖先进化来的。

七、藻类植物的演化

自地球上出现藻类植物以来，经过了漫长的岁月，直到6亿年前，它仍是当时地球上唯一的绿色植物，人们称此时期为地球生物史上的"藻类时代"。今天，藻类植物虽不能称为植物界的霸主，但仍然十分繁盛，遍布世界各地的各种生态环境中。藻类植物在几十亿年的发展中，各门之间和各门之内的进化关系基本上都是按着由单细胞到多细胞，由简单到复杂，由低级到高级的规律在不断演化和发展。

（一）藻类植物细胞的演化

距今35亿~33亿年前，地球上首先出现的是原核藻类——蓝藻；真核藻类出现在距今15亿~14亿年前。近年来，人们又发现甲藻和隐藻细胞的核中无蛋白质，细胞分裂时核膜不消失，并称此种核为"中核"。因而，人们认为细胞核的进化可能是由原核进化到中核，再由中核进化至真核。

细胞质的进化，是由细胞质中不具载色体等各种细胞器演化到有细胞器。例如，原核蓝藻的细胞质中不具有载色体等各种细胞器，而真核藻类具有载色体等各种细胞器。

伴随着藻体结构不断向复杂化的方向发展，藻类植物的细胞也由不分化演化为分化有各种特殊机能的细胞。在单细胞和部分群体类型的藻类中，如衣藻细胞无分化，同时兼有营养和生殖两种功能；而在多细胞藻类中，如团藻、轮藻及大多数红藻和褐藻，开始逐渐明显的分化为营养细胞和生殖细胞；甚至有些构造比较复杂的红藻和褐藻的植物体内分化成不同的组织。例如，人们熟悉的海带，其带片和柄部的细胞分化为表皮层、皮层和髓部。

（二）藻类植物体的演化

藻体在结构上的演化，也是按照由单细胞逐渐向群体及多细胞，由简单到复杂，由自由游动到不游动、营固着生活的规律进行。

单细胞在营养时期具鞭毛，能自由游动，是藻类中最简单最原始的类型。在裸藻门、绿藻门、甲藻门和金藻门中都有这种原始类型的藻类，并由此向几个方向发展。

单细胞具鞭毛的藻类进一步演化为具鞭毛能自由游动的群体和多细胞体。团藻属则是具鞭毛能自由游动的多细胞体的典型代表。单细胞、具鞭毛、能自由游动的藻类，还可向藻体失去鞭毛、不能自由游动的方向发展。藻体是单细胞或非丝状群体，在营养时期细胞不分裂，如绿球藻目。在这一类型中，有的种类在营养时期细胞核能分裂形成多核，如绿球藻，由此向多核体方向演化。在失去鞭毛不能游动的演化道路上，又分化出另一支，即在营养时期细胞不断分裂，形成不分枝的丝状体、分枝的丝状体和片状体，如丝藻、刚毛藻和石莼等。它们中的多数是营固着生活或幼时固着。沿着这条路线进化，可分化为具有匍匐枝和直立枝的异丝状体型或具有类似根、茎、叶分化的枝状体。

藻体外部形态发展变化的过程中，藻体内部构造也在不断发生着变化，由无组织分化演化到具有各种组织，如海带等。

（三）藻类繁殖及生活史的演化

藻类植物延续后代基本上沿着营养繁殖、无性生殖到有性生殖的路线演化。

1）藻类植物生活史中仅有营养繁殖，没有无性生殖和有性生殖。一些蓝藻和部分单细胞藻类的生活史属于这种类型。还有些蓝藻以内生孢子和外生孢子进行无性生殖。这两种生活史中尚无有性生殖，也就无减数分裂的发生和核相的变化，植物体也就没有单倍体（n）和二倍体（$2n$）之分。

2）大多数真核藻类都具有有性生殖，且有性生殖基本上沿着同配生殖、异配生殖和卵式生殖的方向演化。同配生殖是比较原始的，卵式生殖是有性生殖中最进化的一种类型。有性生殖的出现，在生活史中必然发生减数分裂，形成单倍体核相和二倍体核相交替的现象。由于减数分裂发生的时间不同，藻类的生活史基本上又可分为三种类型。

第一，减数分裂在合子萌发时发生。在这种类型的生活史中，只有一种单倍体的植物体，合子是生活史中唯一的二倍体阶段，如衣藻、水绵和轮藻的生活史（图 6-17A）。

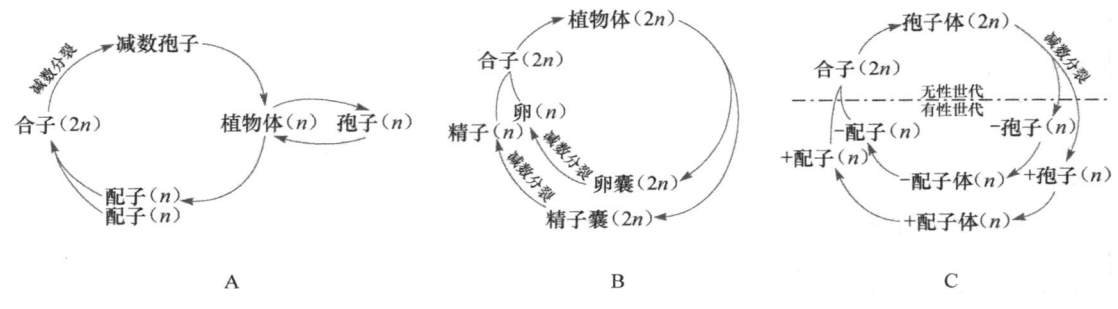

图 6-17 藻类的生活史图解

A. 只有 1 种单倍体植物体的生活史；B. 只有 1 种二倍体植物体的生活史；
C. 有 2 种或 3 种植物体，即单倍体植物体和二倍体植物体进行世代交替的生活史

第二，减数分裂在配子囊形成配子时发生。这种类型的生活史中，只有一种二倍体植物体，配子是生活史中唯一的单倍体阶段，如松藻、硅藻和鹿角菜的生活史（图 6-17B）。

第三，减数分裂在孢子形成时发生。此类生活史中出现了世代交替的现象，即有 2 种或 3 种植物体，也就是单倍植物体和二倍植物体在生活史中的交替现象。生活史中，形成孢子时进行减数分裂；随后，孢子萌发形成单倍体植物体，单倍体植物体进行有性生殖。从合子开始到减数分裂发生，这段时期为无性世代，由孢子开始一直到配子形成，称这一时期为有性世代。有性世代和无性世代的交替，称为世代交替（图 6-17C）。

在藻类植物生活史中，孢子体和配子体在形态构造上相同，称为同形世代交替，如石莼的生活史。异形世代交替则是由两种在外部形态和内部构造上不同的植物体在生活史中进行交替。在异形世代交替的生活史中，有一类是孢子体占优势，如海带；另一类是配子体占优势，如礁膜、萱藻。一般认为孢子体占优势的种类较进化，是进化发展中的主要方向。同形

世代交替在进化史上是较低级的,由它向异形世代交替进化。

八、藻类植物的资源利用

藻类植物种类繁多,生物量比较丰富,且和人类生产、生活关系密切。

1)食用。藻类植物营养价值丰富,除含有大量碳水化合物外,还富含蛋白质和脂肪。许多种藻类植物可以直接食用。例如,蓝藻门的地木耳、发菜、螺旋藻,绿藻门的小球藻、石莼,褐藻门的海带,红藻门的紫菜等。

2)饲料。在海滨地区,藻类植物常被用做家畜的辅助饲料。例如,褐藻被制成粉末后,以1%~15%的量加到基本饲料中。这种家畜饲料除含有高价热量外,还富含维生素和各种微量元素。其良好的效果已经在猪、牛、羊和马等家畜的饲养中得到证实。

3)肥料。在湖泊地区,人们将多种轮藻用做农田的肥料;欧洲大西洋沿岸的农民自古以来就利用褐藻作为农田的肥料。蓝藻能固定大气中的氮,从而提高土壤的肥沃性;我国南方和东南亚的一些地区,在水稻田中利用蓝藻的固氮作用,增产可达7%~15%。

4)医药原料。藻类的部分种类具有较高的药用价值。例如,海带体内的碘能促进炎性渗出物的吸收,能使病态组织崩溃和溶解;可纠正因缺碘引起的甲状腺机能不足等;红藻门的海人草[*Digenea simplex* (Wulf.) C. Ag.]具有祛风除湿、清热化痰、消食的功效,常用于治疗痰结、痔疮、关节酸痛、风湿痛等症。

5)工业用。藻类在工业上可作为加工用的原料。例如,从褐藻和红藻中可提取如藻胶酸、琼脂、卡拉胶等多种物质,常用于制造人造纤维和食用添加剂;古代硅藻大量沉积为"硅藻土",可作为现代工业的重要原料,也可用于硫酸工业催化剂载体、建筑磨光材料、工业用过滤剂、吸附剂和保温材料,以及用于造纸、橡胶、化妆品、火漆和涂料等的填充剂。

6)地质古生物学方面。硅藻化石可作为研究地史、古地理、古气候的材料以及勘探石油的重要证据。

7)净化水体。藻类植物可净化废水、消除污染。有些藻类具有吸收和富集水体毒素的能力;一些有毒元素可通过藻体内的解毒作用和生理过程逐步分解和消除,以达到净化污水、消除污染的目的。

此外,藻类植物还对水环境具有一定的指示作用。但是,有些藻类植物能分泌毒素,造成渔业减产;甚至有些藻类直接危害鱼类,引起鱼类生病甚至死亡。

知识窗

水华与赤潮

1)成因。因水中浮游生物暴发性繁殖或突然性聚集而带来水体变色的现象,在海水、淡水中都有可能发生。其中,在海水中形成的藻类大面积聚集称为"赤潮"(red tide),而在淡水中发生的则称为"水华"(water bloom)。

构成赤潮的浮游生物种类很多,以鞭毛虫类、硅藻类最为常见。海洋中的浮游藻类、原生动物或更小的细菌,在一定的条件下都有可能形成赤潮。赤潮发生时,水面并不一定都呈现红色。根据赤潮发生的原因、种类和数量的不同,水体会呈现不同的颜色,有红色、砖红色、绿色、黄色、棕色等。某些赤潮生物(如膝沟藻、裸甲藻、梨甲藻等)引起赤潮时并不使海水呈现任何特别的颜色。

水华是一种淡水中的生态现象，仅由藻类引起，如蓝藻、绿藻、硅藻等。水华发生时，水体一般呈蓝色或绿色。随着现代化工业、农业生产的迅猛发展，沿海、沿湖地区人口的增多，大量工农业废水和生活污水排入海洋、湖泊，最主要的是氮、磷营养成分的增加，造成淡水、海水的富营养化，为水中这些微小生物的暴发性生长繁殖提供了十分有利的条件。淡水富营养化后，水华就会频繁出现，而且面积逐年扩散，持续时间逐年延长。近年来，太湖、滇池、巢湖、洪泽湖等都有水华出现，就连流动的河流，如长江最大支流——汉江下游汉口江段中也出现了水华。

2）危害。赤潮和水华现象中外历史上都曾发生过。但它们一般在自然界中会逐渐消失。

赤潮可使鱼类等水生动物遭受较大危害，这是由于浮游生物堵塞鱼鳃，引起鱼类呼吸障碍。而在赤潮消失期，赤潮生物大量死亡和分解，可能会耗尽水中的溶解氧，使水生动物因缺氧而死亡。有些赤潮生物的体内或代谢产物中含有生物毒素，能直接毒死鱼、虾、贝类等生物。这些鱼虾、贝类如果不慎被人食用，就会引起人体中毒，严重时可导致死亡。

淡水中水华造成的最大危害是饮用水源受到威胁，水生动物大量减少，水体生态环境遭到破坏。2007年，蓝藻在太湖大面积暴发，污染了无锡市的自来水取水口，导致自来水变质发臭，直接影响了当地人民的生活。

3）防治。关于有害赤潮的治理方法有多种。物理方法有隔离法、超声波破碎法、电磁波处理技术等；化学方法有用除莠剂直接杀灭法、絮凝剂沉淀法、天然矿物絮凝法；生物方法有营养物质竞争法、生物捕食法、生物排斥技术等。其中，天然矿物絮凝法已被实际应用并取得较好的效果。

对于淡水蓝藻"水华"的治理——利用鲢鳙控制"水华"的生物操纵法。这一新的生物操纵理论已经在长春南湖蓝藻"水华"治理中取得显著效果，在巢湖的围隔试验中也得到了验证。此方法还揭开了东湖蓝藻"水华"消失16年之谜。在滇池蓝藻"水华"污染控制技术研究中还开展了底栖动物除藻技术、移动式富集湖面蓝藻"水华"技术、气浮捕集蓝藻"水华"技术、蓝藻"水华"机械收获技术、藻水重力振动分离技术、分离和筛选溶藻菌株和噬藻体的灭藻技术、克藻植物-浮叶植物的培育技术等。

第二节　菌　类

菌类（Fungus，复数 Fungi）是一个庞大的家族，目前已被定名的大约有 120 000 种之多。据估计，自然界的菌类约有 1 500 000 种。菌类植物结构简单，没有根、茎、叶等器官的分化，一般不具有叶绿素等色素，除极少数细菌外，绝大部分不能进行光合作用，营养方式为异养，多数营寄生（parasitism）或腐生（saprophytism）生活。菌类包含细菌门（Bacteriophyta）、黏菌门（Myxomycota）和真菌门（Eumycota）三大类群，但彼此之间并无自然的亲缘关系。

一、细菌门

(一) 细菌的基本特征

细菌是微小的单细胞原核生物。绝大多数细菌不含叶绿素，异养。其繁殖方式为细胞分裂，不进行有性生殖。某些杆菌在不良环境下可形成芽孢 (spore)，环境适宜时芽孢再发育成细菌，一个芽孢只产生一个菌体。因此，芽孢只是渡过不良环境的适应结构。

细菌体积微小，易于散布，营养方式类型多，繁殖迅速，适应能力强，所以它们在地球上分布极其广泛，在空气中、水中、土壤中和生物体的内外等都有细菌的存在。

(二) 细菌的形态和构造

细菌是一群微小的单细胞有机体，肉眼不易观察，平均体长 $2\sim3~\mu m$，宽 $0.5~\mu m$。细菌的外形常随环境的变化而变化，通常分为球菌 (coccus)、杆菌 (bacillus) 和螺旋菌 (spirillum) 三种类型 (图 6-18)。球菌没有鞭毛，因而不能运动；而杆菌和螺旋菌通常具有鞭毛，能够游动。

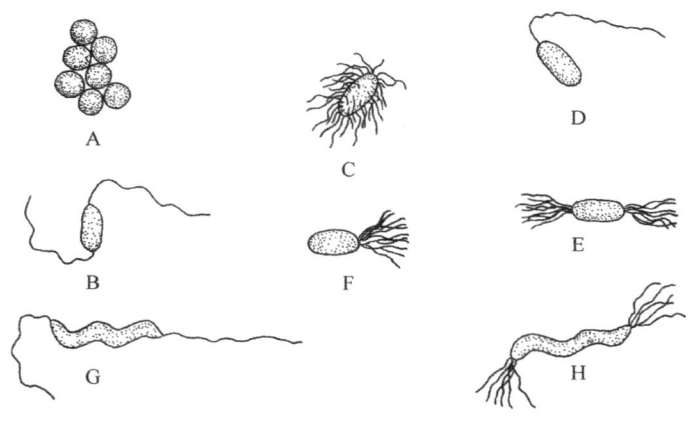

图 6-18　细菌形态
A. 球菌；B~F. 杆菌；G、H. 螺旋菌

细菌的细胞构造由细胞壁、细胞膜、细胞质、核质和内含物等几部分构成。有的细菌还有荚膜 (capsule)、芽孢和鞭毛。荚膜是由多糖类物质组成，有保护细胞的作用。芽孢的壁很厚，能抵抗不良环境。细菌细胞壁的化学成分为黏质复合物，细胞内充满细胞质。细菌没有真正的细胞核，核质分散于细胞质中，称为原核 (prokaryote)。

(三) 细菌的繁殖

细菌主要采用直接分裂的方式进行营养繁殖，即细胞壁的中部向内凹入，在凹入处长出新的细胞壁，细胞分成两个子细胞。由于这种特殊的分裂繁殖方式，所以细菌也常被称为"裂殖菌"(schizomycete)。还有人认为，这与蓝藻的繁殖方式相同，推测二者具有共同的起源，故合称为裂殖植物门 (Schizophyta)。细菌的裂殖速度极快，在适宜的条件下，$20\sim30$ min 就可分裂一次，并可继续分裂若干次。

(四) 细菌在自然界中的作用和资源利用价值

细菌在自然界中具有重要的作用，其中大量的腐生细菌和腐生真菌一起，能把动植物的尸体和排泄物分解，不仅完成了自然界中的物质循环过程，而且还为绿色植物的生长提供了肥料。在农业生产中，与豆科植物共生的根瘤菌（*Rhizobium*）能摄取大气中的游离氮，将空气中的氮固定为氮化物供植物利用。另外，细菌在石油的分解、造纸、制革、炼糖以及浸剥麻纤维等工业领域也有重要的利用价值。在医药工业中，人们常利用细菌的活动，制取抗生素和抗血清。但细菌也有许多有害的方面，主要是使动、植物及人类致病。例如，痢疾、伤寒、破伤风等病原菌侵入人体时，可导致严重疾病。

二、黏菌门

（一）黏菌门的基本特征

黏菌常腐生于阴湿森林中的腐木、树叶或其他湿润的物体上，在营养生长期为裸露的无细胞壁的多核原生质团，称变形体（plasmodium）。黏菌的营养体构造、运动或摄食方式与原生动物中的变形虫相似。但在繁殖时期产生具纤维素细胞壁的孢子，又表现出真菌的性状，因此，人们认为黏菌是介于动物和真菌之间的一群生物。

（二）黏菌门的主要类群

黏菌门的种类不多，约有 500 种，一般分为 4 纲，即集胞菌纲（Acrasiomycetes）、水生黏菌纲（Hydromyxomycetes）、黏菌纲（Myxomycetes）和根肿菌纲（Plasmodiophoromycetes）（Ainsworth，1973）。

黏菌纲的种类最多，其中最为常见的是发网菌属（*Stemonitis*），其变形体呈不规则网状，能借助体形的改变在阴湿处的腐木上或枯叶上缓缓爬行，并能吞食固体食物。在繁殖时期，变形体爬至干燥光亮的地方，形成很多的发状突起，每个突起发育成一个具柄的孢子囊（子实体）。孢子囊通常为长筒形，外有包被（peridium），孢子囊柄伸入囊内的部分称为囊轴（columella），囊内有孢丝（capillitium）交织成孢网。原生质团中的许多核进行减数分裂后，原生质团被割裂成许多块单核的小原生质，每块小原生质分泌出细胞壁，形成一个孢子，藏在孢丝的网眼中。成熟时，包被破裂，借助孢网的弹力将孢子弹出。孢子在适宜的环境下即可萌发为具两条不等长鞭毛的游动细胞。游动细胞的鞭毛可以收缩，使游动细胞变成一个变形体状细胞，称为变形菌胞（myxamoebae）。发网菌进行有性生殖时，由游动细胞或变形菌胞两两配合，形成合子，合子核不经过休眠即进行多次有丝分裂，形成许多二倍体核，从而构成一个多核的变形体（图 6-19）。

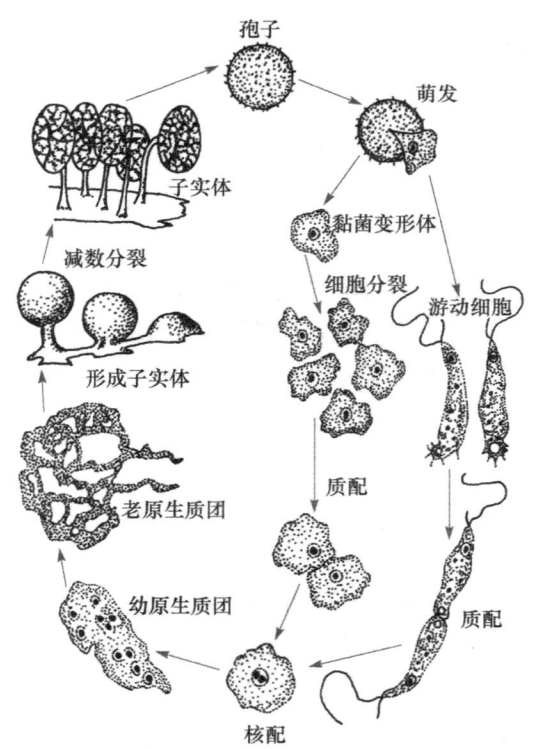

图 6-19　黏菌的生活史

(三) 黏菌门在生物界中的地位

黏菌的起源和亲缘关系迄今仍不明确，仅从它的生长特性来看可能属于动物和真菌之间的类群。1949年，黏菌学家马丁将其列入"真菌分区"的黏菌纲。1950年，贝西认为黏菌应划归到原生动物门。目前，众多学者对于黏菌的地位、起源和分类的观点仍不能统一，植物学教材为便于讲授，通常采用施罗特的传统分类法，把黏菌和细菌、真菌分开，成为植物界中一个独立的门，称黏菌门。1973年，安兹沃斯（Ainsworth）将黏菌门归入真菌界。

三、真菌门

(一) 真菌的基本特征

1. 营养体和细胞结构

真菌门的细胞中不含叶绿素和质体，是典型的异养真核生物。除少数单细胞真菌（如酵母）外，绝大多数真菌是由丝状菌丝（hyphae）构成的多细胞体。菌丝是纤细的管状体，组成一个菌体的全部菌丝合称为菌丝体（mycelium）。菌丝分无隔菌丝和有隔菌丝两种（图6-20）。低等真菌的菌丝通常无隔，内含多个细胞核。高等真菌的菌丝多为有隔菌丝，每个细胞内含1个或2个核。菌丝中的横隔上有小孔，原生质体甚至可以从小孔流通。

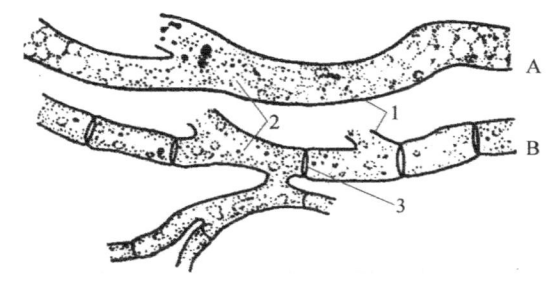

图 6-20 营养菌丝
A. 无隔菌丝；B. 有隔菌丝
1. 细胞壁；2. 原生质体；3. 隔膜

绝大部分真菌的细胞具有细胞壁。高等真菌细胞壁的主要成分为几丁质（chitin），少数低等真菌，如鞭毛菌的细胞壁主要成分仍为纤维素。真菌细胞贮存的养分主要是肝糖，也有少量的蛋白质和脂肪以及微量的维生素。

真菌在繁殖时期或环境条件不良时，菌丝互相密结，形成两种菌丝组织，即排列紧密的拟薄壁组织（pseudoparenchyma）和结构较为疏松的疏丝组织（prosenchyma）。菌丝组织除了构成繁殖结构外围的保护组织外，还可以形成不同形态的菌丝组织体（图6-21），常分为三类。

1) 根状菌索（rhizomorph）：菌丝体密结呈绳索状，外形似根。
2) 子座（stroma）：容纳子实体的褥座，是从营养阶段到繁殖阶段的一种过渡形式。
3) 菌核（sclerotium）：由菌丝密结成颜色深、质地坚硬的核状体。

2. 营养方式

真菌的营养方式为异养型，主要为寄生或腐生。凡从活的动、植物体吸取养分的称为寄生（parasitism）；从动、植物尸体或无生命的有机物质吸取养分的称为腐生（saprophytism）。有些真菌只能寄生，故称为专性寄生（specific parasitism）。有些菌类只能腐生，故称为专性腐生（specific saprophytism）。以寄生为主兼腐生的，称为兼性腐生（facultative saprophytic）；以腐生为主兼寄生的，称为兼性寄生（facultative parasitic）。

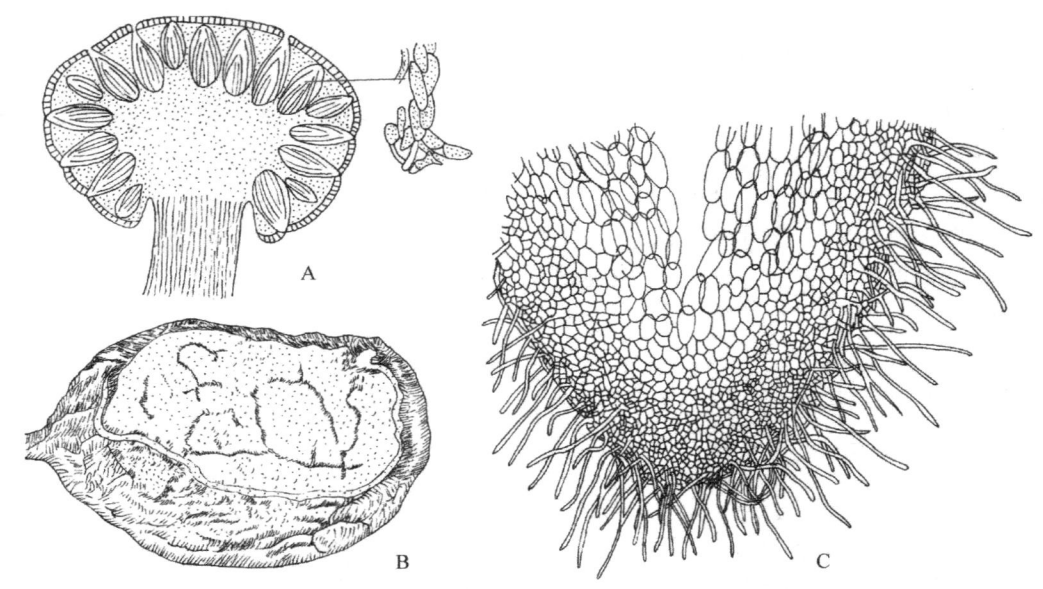

图 6-21 菌丝组织体
A. 麦角菌的子座；B. 茯苓的菌核；C. 根状菌索尖端纵断面

寄生生活的真菌，其菌丝可变态形成各种形态的吸器，直接吸取养料。腐生菌的菌丝能分泌出各种酶，可将大分子有机物分解成小分子物质再被吸收。

3. 真菌的繁殖

真菌繁殖的方式多种多样，并产生很多不同类型的孢子（图 6-22）。通常有营养繁殖、无性生殖和有性生殖三种类型。

（1）营养繁殖

少数单细胞真菌以细胞分裂的方式进行繁殖，如裂殖酵母菌（*Schizosaccharomyces*）。大部分真菌可以通过产生芽生孢子（blastospore）、厚壁孢子（chlamydospore）或节孢子（arthrospore）等进行营养繁殖。

芽生孢子是从一个细胞出芽形成的，脱离母体后即长成一个新个体。

厚壁孢子是由菌丝中间个别细胞膨大形成的休眠孢子，其原生质浓缩，细胞壁加厚，渡过不良环境后再萌发为菌丝体。

节孢子是由菌丝细胞断裂形成的。

（2）无性生殖

真菌还可产生大量的游动孢子（zoospore）、孢囊孢子（sporangiospore）或分生孢子（conidium）等进行无性生殖。

游动孢子是水生真菌产生的借水传播的孢子，无壁、具鞭毛、能游动，在游动孢子囊（zoosporangium）中形成。

孢囊孢子是在孢子囊（sporangium）内形成的不动孢子，借气流传播。

分生孢子是由分生孢子囊梗的顶端或侧面产生的一种不动孢子，借气流或动物传播。

（3）有性生殖

真菌的有性生殖方式极其多样化。低等的真菌为配子配合，有同配生殖和异配生殖；另

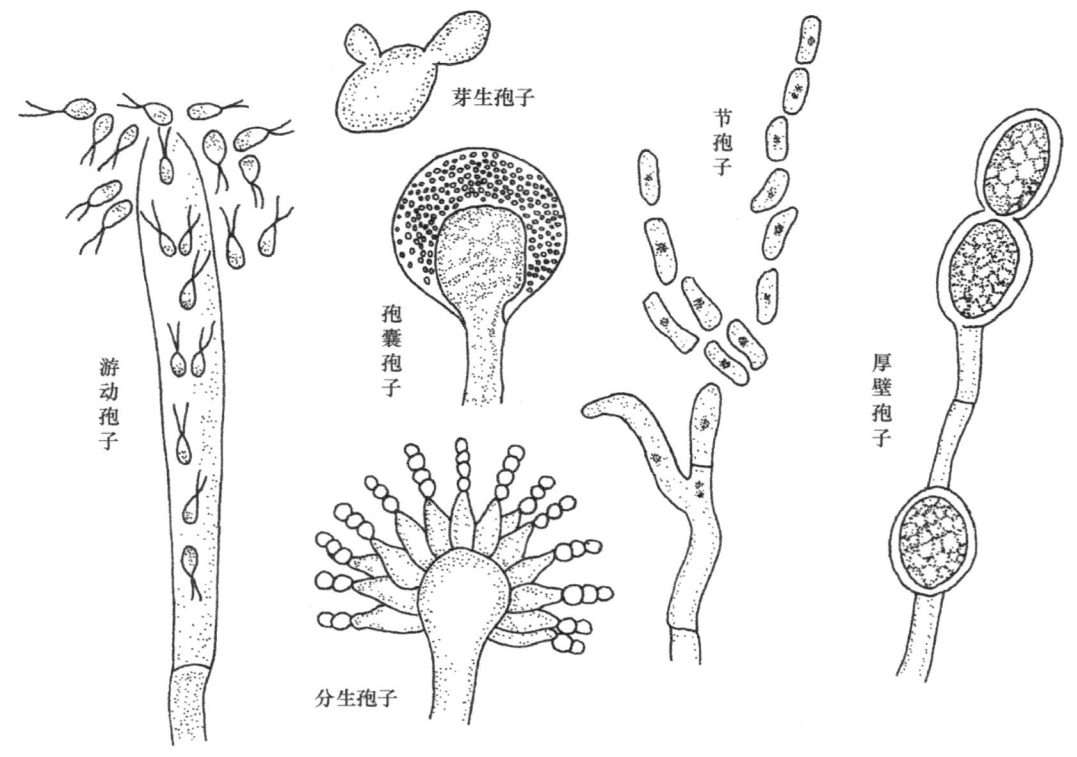

图 6-22　真菌营养繁殖和无性生殖的各种孢子

有一些真菌形成卵囊和精囊，由精子和卵配合后形成卵孢子（oospore）。子囊菌有性配合后，形成子囊，在子囊内产生子囊孢子。担子菌有性生殖后，形成担子，在担子上形成担孢子。子囊孢子和担孢子是真菌有性结合后产生的孢子，和无性生殖的孢子完全不同。

4. 真菌的生活史

真菌的生活史是从孢子萌发开始，经过生长和发育阶段，最后又产生同样孢子的全部过程。孢子在适当的条件下萌发形成芽管，再继续生长形成新的菌丝体，这是生活史中的无性阶段。真菌在生长后期开始有性阶段，从菌丝上发生配子囊，产生配子，一般先经过质配形成双核阶段，再经过核配形成双相核的细胞，即合子。通常合子迅速减数分裂，再回到单倍体的菌丝体时期。

在真菌的生活史中，具有单倍体和二倍体的核相交替，双相核的细胞是一个合子而不是一个营养体，故无二倍体阶段。所以说，真菌生活史中没有世代交替现象。

（二）真菌门的分类及代表类群

真菌是生物界中一个很大的类群，据统计，约有 10 000 属 120 000 余种。根据 Ainsworth（1971；1973）的分类系统，将真菌门分为鞭毛菌亚门（Mastigomycotina）、接合菌亚门（Zygomycotina）、子囊菌亚门（Ascomycotina）、担子菌亚门（Basidiomycotina）和半知菌亚门（Deuteromycotina）5 个亚门。其中，鞭毛菌亚门和接合菌亚门的菌丝无横隔，属低等真菌；子囊菌亚门和担子菌亚门的菌丝具横隔，属高等真菌；半知菌亚门的菌丝也具横隔，虽然也属于高等真菌，但尚未发现其有性阶段。

1. 鞭毛菌亚门

(1) 鞭毛菌亚门的特征

鞭毛菌亚门的真菌除一部分为典型的单细胞外，大部分营养体是具分枝的丝状体。菌丝通常无隔、多核，只在繁殖时期繁殖器官的基部产生横隔。细胞壁成分有纤维素、几丁质或两类均含。无性生殖时产生具单鞭毛或双鞭毛的游动孢子。有性生殖时产生卵孢子或休眠孢子；低等种类为同配生殖或异配生殖。无性孢子具鞭毛是本亚门的主要特征。

(2) 常见代表种类

本亚门中的种类大多数为水生、两栖生，少数为陆生。目前已知有1100种，隶属于4纲10目。水霉属可作为本亚门的代表种类。

水霉属

水霉属（*Saprolegnia* Nees）是淡水水域中比较常见的丝状真菌，以寄生水霉（*S. parasitica* Coker）为例，菌丝体白色，绒毛状，多核无隔，分枝多。无性生殖时在菌丝顶端产生一个横隔膜，形成一个长筒状的孢子囊，其内产生多个具两条顶生鞭毛的球形或梨形的游动孢子，称为初生孢子（primary spore）。孢子成熟时自孢子囊顶端的孔口放出，在水中游动短时间后，失去鞭毛，静止变圆。以后孢子又萌发成具有两条侧生鞭毛的肾形游动孢子，称为次生孢子（secondary spore）。次生孢子不久又静止，萌发形成新的菌丝体。水霉的这种游动孢子有两种形态变化的现象称为双游现象（diplanetism）。游动孢子从孢子囊顶端孔口游出后，在旧孢子囊的基部再生第二个孢子囊，伸入旧孢子囊空壳中，如此重复产生3次或4次；囊壁一个套着一个，这种现象称为孢子囊的"层出形成"，是本属的主要特征之一。

水霉的有性生殖为配子囊接触配合。首先在不同菌丝的顶端分别产生隔膜，形成卵囊和精囊。卵囊呈球形，较大，基部具横隔，其内产生1~20个卵；精囊较小，长形，通常紧靠卵囊，其内产生多个精核。精囊产生一至数条丝状突起，称受精管。它们穿过卵囊壁将精核送入卵囊内，一个精核和一个卵融合，完成受精作用。每个受精卵形成一个二倍体的合子，称卵孢子。经过休眠，卵孢子萌发，首先进行减数分裂，然后反复分裂形成一条多核的芽管，再形成菌丝体（图6-23）。

水霉为淡水生，常寄生在鱼卵、鱼破损的皮部、腮盖、侧线等处，可破坏寄主的组织，影响渔业生产；水霉也腐生于死鱼、蝌蚪等淡水动物的尸体上。

2. 接合菌亚门

(1) 接合菌亚门的特征

接合菌亚门的真菌多为无隔多核菌丝组成的菌丝体，不形成菌丝组织体和子实体。细胞壁成分多为几丁质。无性生殖时产生不动的静孢子（aplanospore），或称孢囊孢子；有性生殖为配子囊配合，有性孢子为二倍体的接合孢子（zygospore）。

(2) 常见代表种类

本亚门是真菌由水生向陆生生活发展的一个过渡类群。已知有2纲7目610余种。根霉属是其中最常见的代表种类。

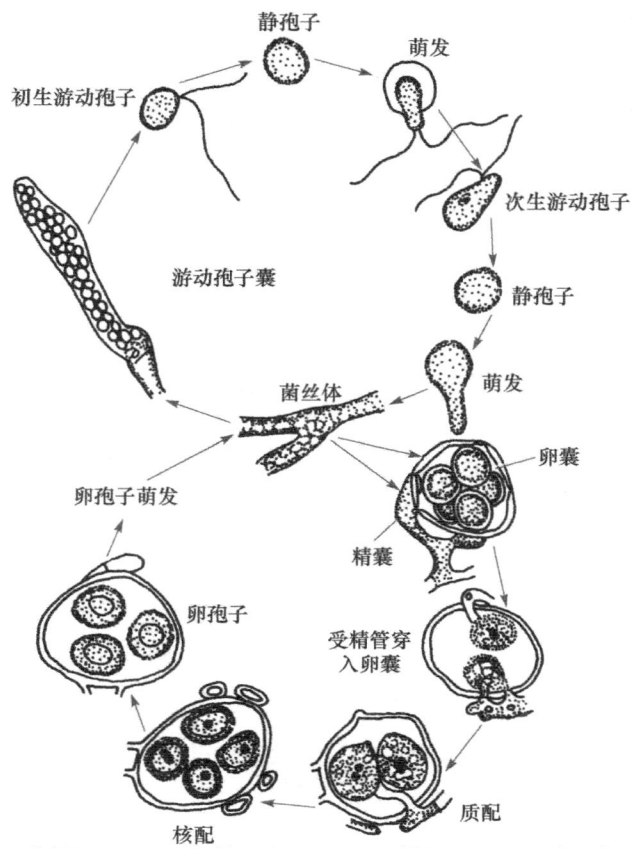

图 6-23 水霉的形态和生活史

根霉属

根霉属（*Rhizopus*）的真菌均为腐生菌，最常见种是匍枝根霉 [*R. stolonifer* (Ehrenb. ex Fr.) Vuill.]，又称黑根霉、面包霉。常生于面包、馒头和富含淀粉质的食物上，使食物腐烂变质。匍枝根霉的孢子球形，多核，落到基质上形成棉絮状的菌丝体，在基质表面形成大量的匍匐枝，在匍匐枝的紧贴基质处生出假根，伸进基质内吸取营养。无性生殖时，在假根的上方生出一至数条直立的孢囊梗（sporangiophore），其顶端膨大形成孢子囊，孢子囊形成具多核的孢囊孢子。孢子成熟后，孢子囊破裂，黑色的孢子散出。外界条件适宜时，孢囊孢子萌发形成新的菌丝体。有性生殖为异宗配合，配子囊连接融合后形成接合孢子（图 6-24）。接合孢子黑色，厚壁，具疣状突起。休眠后在适宜条件下长出孢子囊梗，顶端形成孢子囊。其中的二倍体核经过减数分裂产生孢子，孢子释放后萌发形成新一代的菌丝体。

匍枝根霉的孢子可侵染甘薯，引起甘薯软腐病，病部常迅速腐烂，湿润表面密生白色菌丝体，顶端产生黑色的孢子囊。

接合菌亚门中常见的种类还有毛霉属（*Mucor*），它和根霉属的主要区别为无匍匐枝，孢子梗单株从菌丝上发生，分枝或不分枝。这两属真菌用途很广，它们都含有大量的淀粉酶，能分解淀粉为葡萄糖。酿酒过程中利用这种糖化作用先制成酒曲再酿酒。

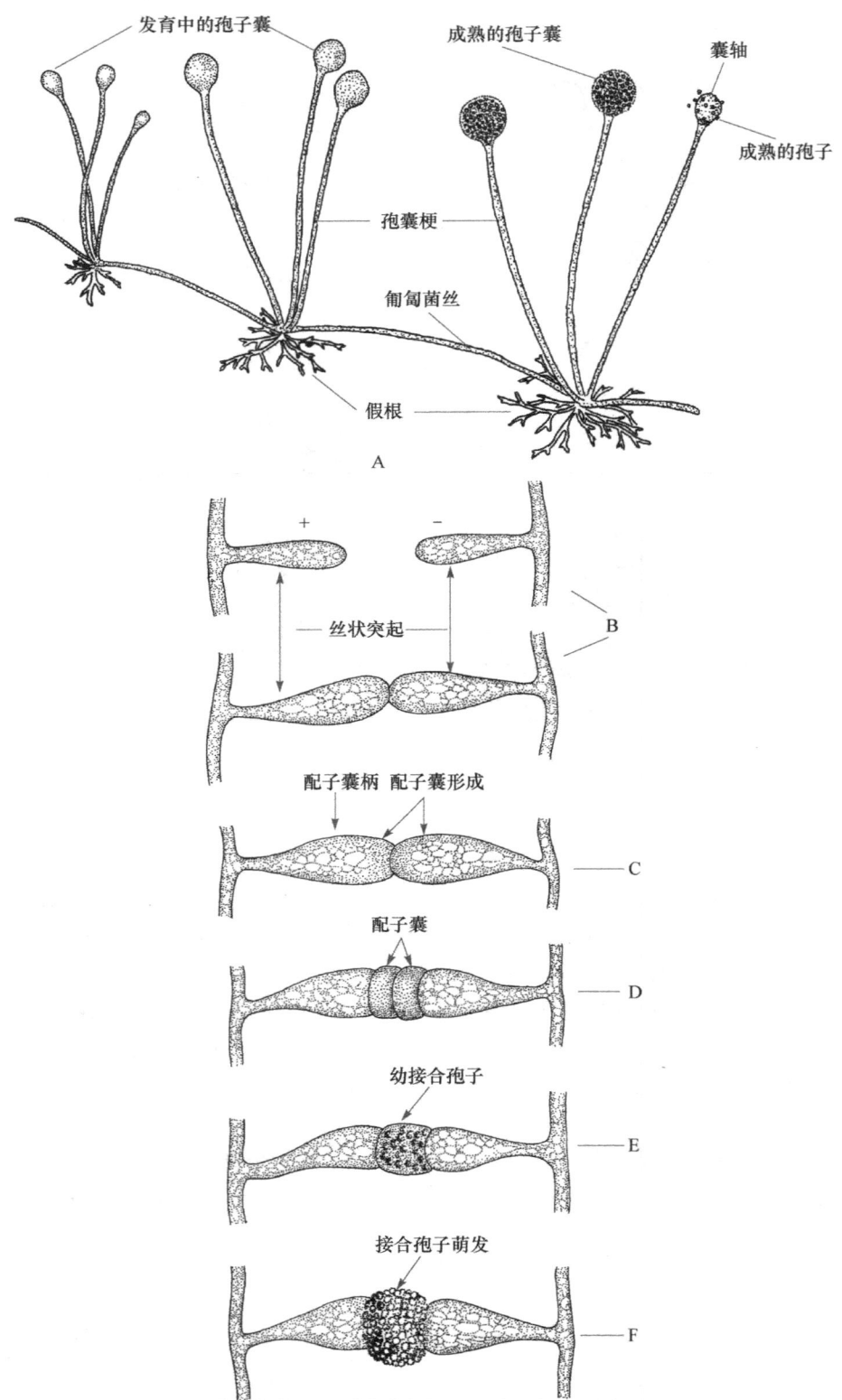

图 6-24 匍枝根霉的无性生殖和有性生殖
A. 无性生殖；B～E. 有性生殖（配子囊配合）各时期；F. 接合孢子萌发

3. 子囊菌亚门

(1) 子囊菌亚门的特征

子囊菌亚门中除酵母菌类为单细胞外,大部分营养体是有隔菌丝组成的菌丝体,单核或多核。细胞壁的成分为几丁质。无性生殖时,单细胞的种类出芽繁殖,多细胞的种类产生分生孢子。有性生殖时形成子囊,合子在子囊内进行减数分裂,产生子囊孢子。在一定条件下菌丝体可以形成子实体(sporophore),子囊包于子实体内。子囊菌的子实体又称为子囊果(ascocarp)。子囊果有三种类型:子囊盘(apothecium)、闭囊壳(cleistothecium)、子囊壳(perithecium)(图 6-25)。

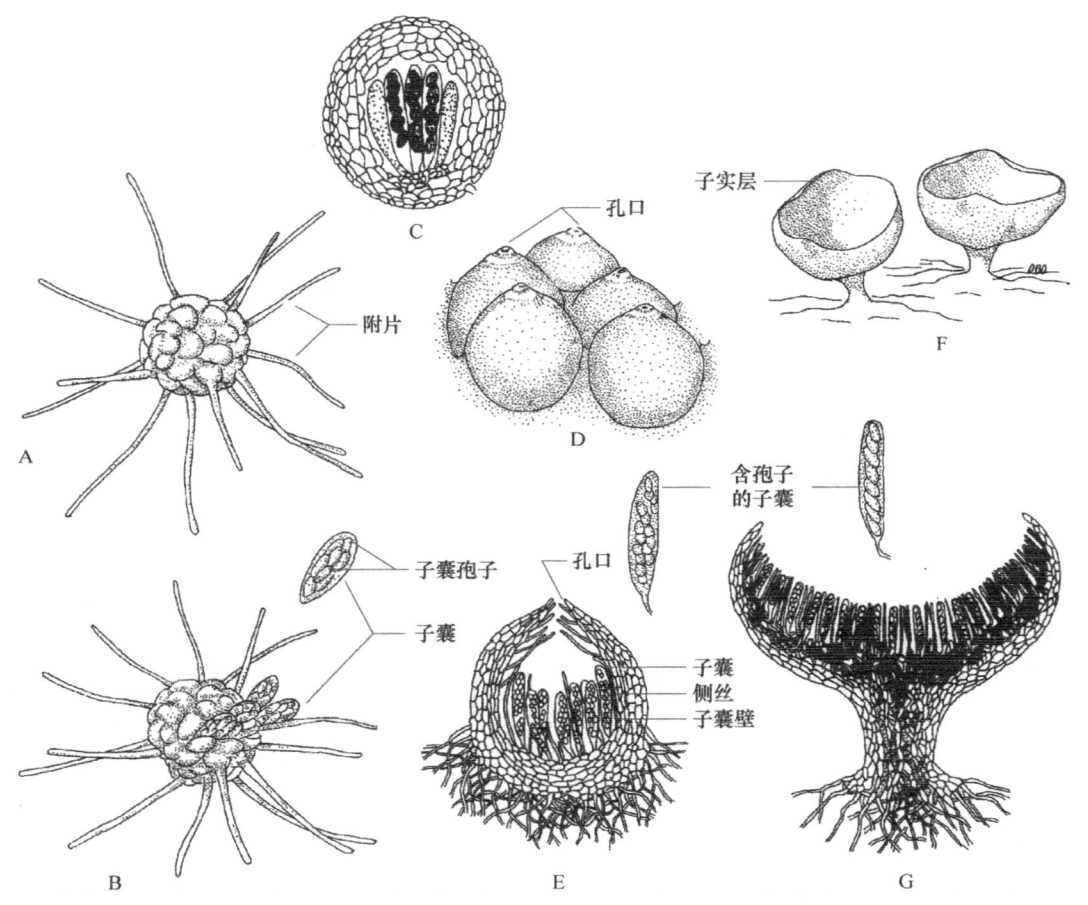

图 6-25 子囊果的主要类型(外形和纵切面放大)

A~C. 闭囊壳: 球形,无开口(A、B 为外形,C 为纵切面); D、E. 子囊壳: 瓶状,仅顶端有 1 个小孔口,多埋生于子座中(D 为外形,E 为纵切面); F、G. 子囊盘: 盘状、杯状、子实层完全外露(F 为外形,G 为纵切面)

(2) 子囊、子囊孢子、子囊果的形成过程

子囊菌最突出的特征是在有性生殖过程中形成子囊、子囊孢子和子囊果,通常以火丝菌[*Pyronema confluens* (Pers.) Tul.]为例介绍这一过程(图 6-26)。

火丝菌常在火烧后的土壤上发生,初期菌丝体白色,分枝多。当性器官形成时,在菌丝体上生出一些短小、直立、二叉状分枝的菌丝,顶端形成精囊和卵囊,卵囊也称为产囊体(ascogonium)。产囊体的顶端产生一条弯管形的受精丝(trichogyne),其基部有横隔,顶端

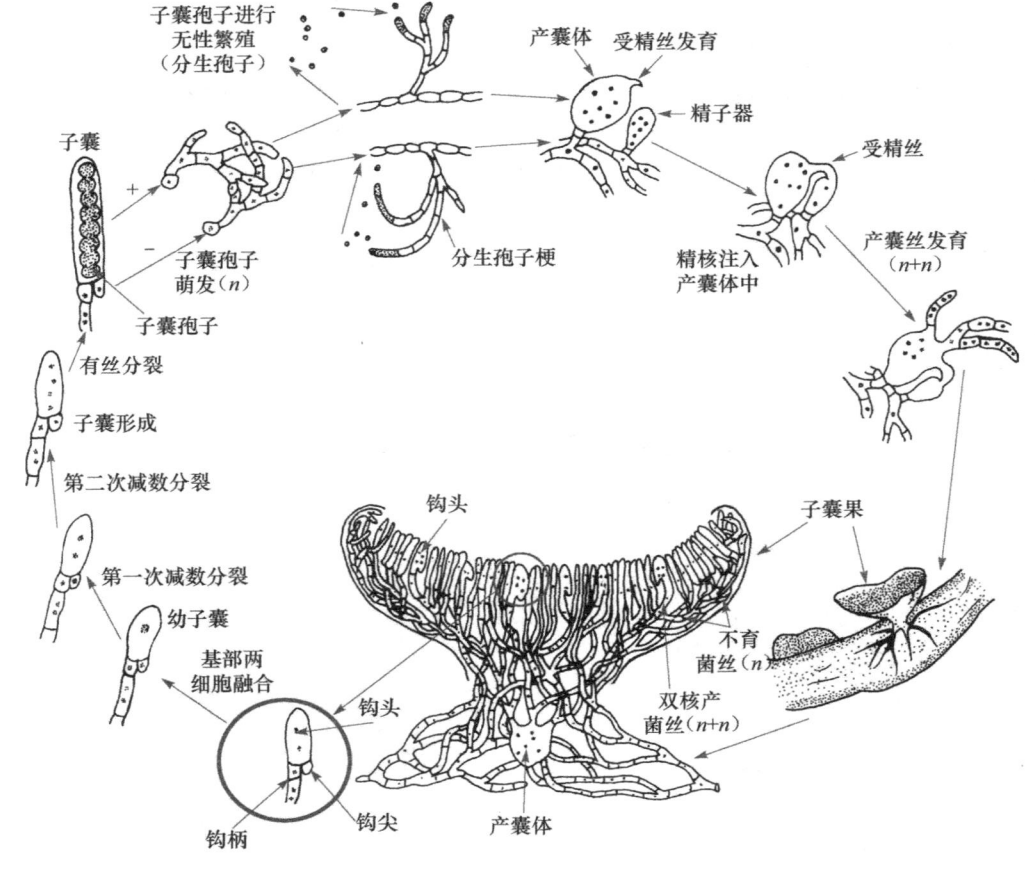

图 6-26 火丝菌属的生活史

伸向精囊,当受精丝与精囊接触后,接触处细胞壁融解,受精丝基部的横隔也同时融解,精囊中大部分细胞质与精核通过受精丝而流入产囊体中,进行质配,雌雄核成对排列,经过有性过程的刺激,在产囊体的上半部分产生无数管状的产囊丝(ascogenoushypha),雌核与雄核成对地分别流入产囊丝中,每条产囊丝中有若干对双核,然后产囊丝基部产生横隔,将菌丝分为若干个细胞,每个细胞中都有 1 对核,产囊丝顶端的双核细胞伸长,并弯曲形成钩状体(产囊丝钩,crosier),双核同时分裂,形成 4 个核,此时钩状体产生 2 个横隔,隔成 3 个细胞。钩状体尖端细胞称钩尖,具 1 个核;居中的细胞称钩头,即子囊母细胞(ascus mother cell),具 1 对核;钩状体的基部细胞为钩柄,也具 1 个核。子囊母细胞中的雌、雄核经核配后形成合子。合子随即进行一次减数分裂和一次有丝分裂,形成 8 个子囊孢子,排成一行。子囊母细胞形成子囊的同时,钩尖细胞经下弯与钩柄细胞接触、融合,再形成 1 个双核细胞,2 个核同时分裂,产生 2 个雌核、2 个雄核,再形成钩头、钩尖和钩柄。如此反复多次,形成许多子囊;不育的产囊丝便发育为子囊果的侧丝。子囊果内的子囊和侧丝排列成子实层(hymenium),另有大量的营养菌丝立刻从产囊体下方生出,形成子囊果的包被。包被和子实层共同组成火丝菌的盘状子实体,即子囊盘。

(3) 常见代表种类

子囊菌亚门的种类极多,约 15 000 种,常见的代表种类有以下几种。

酵母属

酵母属（*Saccharomyces*）是本亚门中较低级的类群。单细胞，有明显的细胞壁和细胞核。营养繁殖通常以出芽方式进行。有性生殖时形成球形或近球形的子囊。酿酒酵母（*S. cerevisiae* Han.）是最常见的用于酿造啤酒的一种酵母菌（图6-27）。

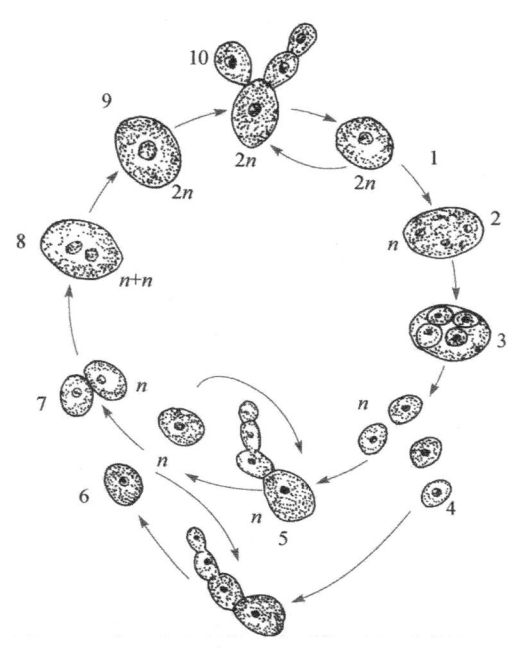

图6-27 酵母菌生活史图解

1、2. 子囊和减数分裂后产生的4个子核（n）；3. 子囊内的4个子囊孢子；4. 释放出来的子囊孢子；5. 出芽生殖；6. 由芽孢子形成的单倍体的细胞；7～9. 质配与核配所形成的合子；10. 出芽生殖

麦角菌属

麦角菌属（*Claviceps*）中的麦角菌［*C. purpurea*（Fr.）Tul.］寄生于大麦、小麦、燕麦及许多禾本科杂草的子房内，所产生的菌核，中药称为麦角（ergot）。菌核越冬后萌发为子实体；子实体蘑菇状，头部膨大呈球形，称子座。其中埋生许多子囊壳。子囊壳椭圆形，每个子囊壳内产生数个长圆柱形子囊，每个子囊内产生8个线状的子囊孢子。麦角有剧毒，但也是贵重药材，含12种生物碱，总称麦角碱，为妇产科常用药材。

青霉属

青霉属（*Penicillium*）分布极为普遍，多生于水果的伤口处，导致果实腐烂。无性生殖产生的分生孢子梗顶端数次分枝，呈扫帚状，最末端小枝称小梗，小梗上着生一串绿色分生孢子。有性生殖极少见。本属应用极广，如工业上应用某些青霉制造有机酸、乳酸等；药用青霉素又称盘尼西林，是从产黄青霉（*P. chrysogenum* Thom）、点青霉（*P. notatum* Westl.）中提取而来（图6-28）。

其他常见的子囊菌还有白粉菌属（*Erysiphe* DC. Fr.）、盘菌属（*Peziza* Dill. ex. st. Amans.）和虫草属［*Cordyceps*（Fr.）Link］（图6-29）等。

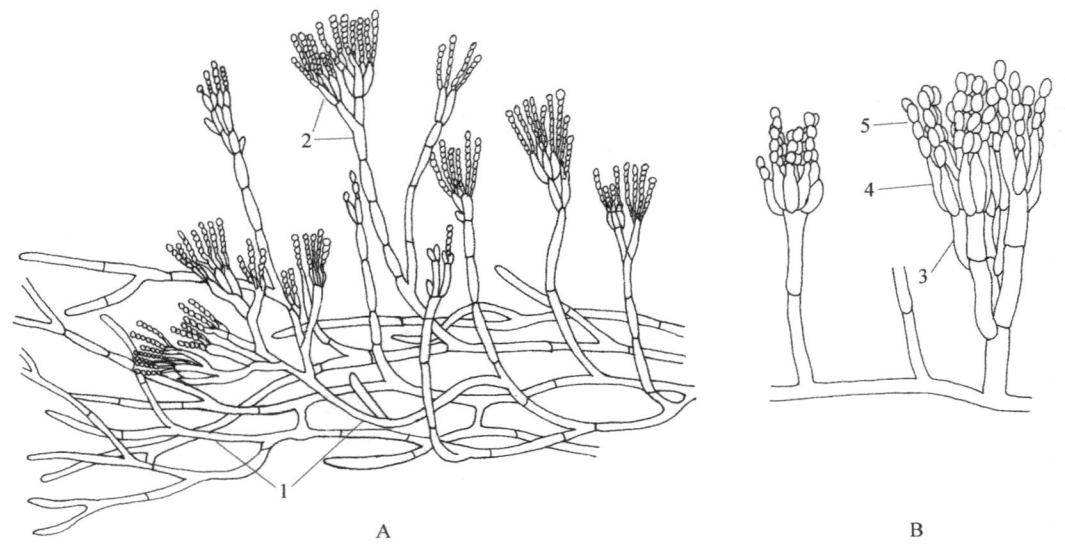

图 6-28 青霉属的无性生殖

A. 青霉属菌株,从营养菌丝上长出分生孢子梗;B. 放大的分生孢子梗

1. 营养菌丝;2. 分生孢子梗;3. 梗基;4. 小梗;5. 分生孢子

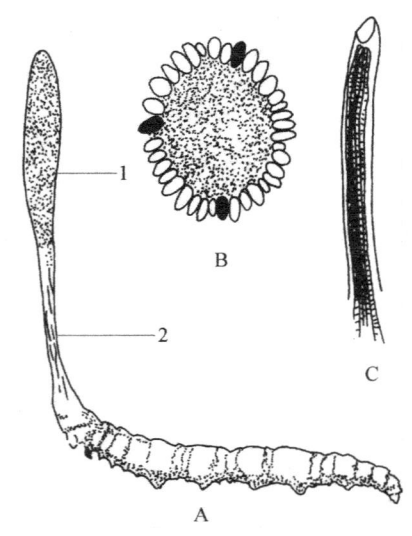

图 6-29 冬虫夏草

A. 外形;B. 子座横切面;C. 子囊和子囊孢子

1. 子座;2. 柄部

4. 担子菌亚门

（1）担子菌亚门的特征

担子菌亚门营养体全为多细胞组成的有隔菌丝体,菌丝发达,常有分枝。生活史中一般有初生菌丝、次生菌丝和三生菌丝三种类型。

初生菌丝由担孢子萌发形成,初期无隔多核,不久产生的横隔将细胞核隔开,形成单核菌丝,称为初生菌丝（primary hyphae）,由此组成初生菌丝体（primary mycelium）,为单倍体,在生活史中时间很短。

由初生菌丝的两个单核细胞结合后质配而不核配,形成双核细胞,并常直接分裂形成双核菌丝,称为次生菌丝(secondary hyphae),由此组成次生菌丝体,又称为双核菌丝体(dicaryophytic mycelium)。次生菌丝体是担子菌的主要营养体,在生活史中时间很长。这个阶段中每个细胞内有两个没有结合的核。到最后在一个特殊细胞内这两个核才结合。这是其他生物所没有的现象(图6-30)。

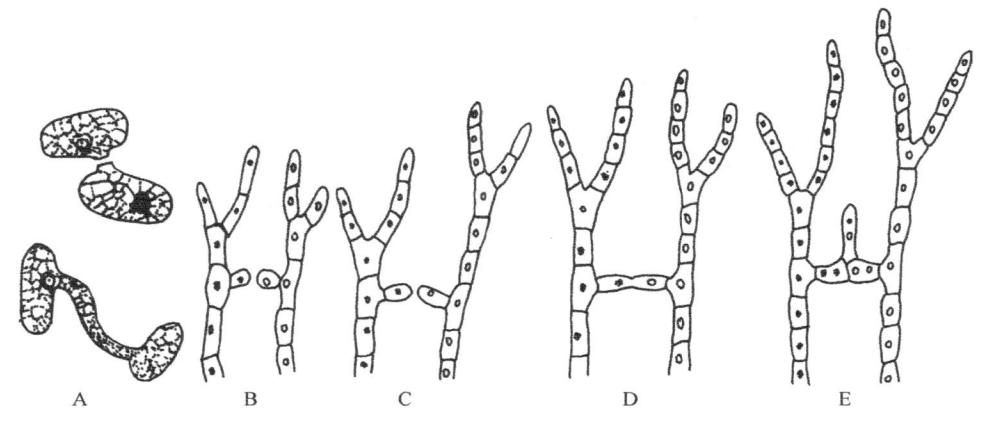

图 6-30 担子菌亚门
A. 2个担孢子之间的结合;B~E. 2条营养菌丝细胞的结合

由次生菌丝特化形成仍具双核的三生菌丝,由三生菌丝组织可形成伞状、头状、球状、星状和耳状等形状的子实体,又称担子果(basidiocarp),为三生菌丝体。次生菌丝和三生菌丝可以通过锁状联合(clamp connection)的方式进行细胞分裂。

锁状联合的过程如图6-31所示,在细胞两核的中央生出一个喙状突起,双核中的一个核移入喙突中,继而两个核同时分裂形成4个核;其中2个核留在细胞的上部,一个留在下部,另一个留在喙突中。这时细胞中生出横隔,将上下分割为两部分及喙突,共形成3个细胞。上部细胞双核,下部细胞及喙突都是单核。以后喙突的尖端与下部的细胞接触并沟通,喙突中的核流入下部细胞内,又形成双核细胞。这样,一个双核细胞分裂成两个双核细胞,在两个细胞之间残留一个喙状的痕迹,即锁状联合。

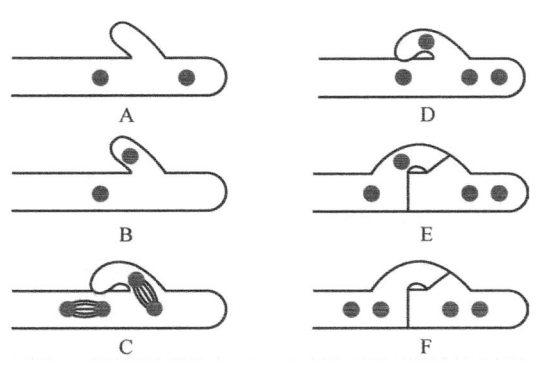

图 6-31 锁状联合过程的示意图

担子菌的无性生殖主要通过产生节孢子、分生孢子、厚壁孢子或芽殖等方式进行。

有性生殖通常不形成有性结构,或者初期仅进行质配,主要有三种方式。①初生菌丝的接合:两条初生菌丝生长不久,即进行配合,但只进行质配而不核配,形成双核的异核细胞。②担子(basidium)、担孢子(basidiospore)的形成(图6-32):双核菌丝的顶端细胞膨大形成担子〔分为单细胞的无隔担子(holobasidium)和4个细胞组成的有隔担子

(phragmobasidium) 两种类型]。担子经过核配和减数分裂产生 4 个单倍的核，其顶端生出 4 个突起，随后突起顶端膨大，4 个单倍核分别流入突起中，最后产生 4 个单细胞、单核、单倍的担孢子。2 个单核担孢子也可结合，萌发后形成双核菌丝。③性孢子与菌丝（受精丝）结合：性孢子借助昆虫或水的作用到达营养菌丝旁，此时，在营养菌丝的接触处溶解成一个小孔，性孢子的原生质体及细胞核进入营养菌丝内形成双核菌丝。这里的营养菌丝实际上起到了雌性器官的作用，故称为受精丝。

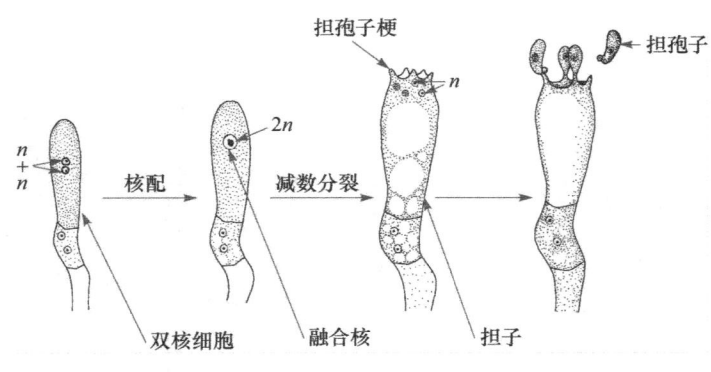

图 6-32 担子、担孢子的形成

具有典型的双核菌丝、特殊的锁状联合现象以及形成担孢子，是担子菌亚门的三个最主要特征。

(2) 常见代表种类

担子菌亚门是一群种类繁多的高等真菌，已知有 900 属 22 000 余种。根据是否产生担子果和担子果是否开裂，通常将其分为 3 纲，即不产生担子果的冬孢菌纲（Teliomycetes）、担子果开裂的层菌纲（Hymenomycetes）和担子果不开裂的腹菌纲（Gasteromycetes）。

A. 冬孢菌纲常见代表种类

玉米黑粉菌 [*Ustilago maydis* (DC.) Corda]，属于黑粉菌目，玉米最常见的病害菌。其孢子是从有隔担子上产生的。担孢子随风传至玉米植株上，可从茎和花侵入，首先萌发产生单核的初生菌丝体，经过质配和锁状联合过程产生大量的次生菌丝体，在玉米受害部位形成白色瘤；后期由次生菌丝体的菌丝产生大量的双核厚壁孢子，或称冬孢子，越冬后核配；翌年春减数分裂，萌发产生具有 4 个细胞的有隔担子，每个细胞均可产生担孢子。担孢子未落地前以出芽的方式产生芽孢子，其后担孢子或芽孢子又可侵害玉米。

禾柄锈菌（小麦秆锈病菌）(*Puccinia graminis* Pers.)，属于锈菌目，是一种寄生菌。禾柄锈菌完成整个生活史要在两种不同的寄主上寄生，这种寄生方式称转主寄生（heteroecism）。第一寄主为小麦、大麦、燕麦及其他禾本科植物，第二寄主为小檗属（*Berberis* L.）或十大功劳属（*Mahonia* Nutt.）的某些种。禾柄锈菌在不同的寄主上产生不同的孢子：第一寄主上形成性孢子和锈孢子（春孢子，aeciospore）；第二寄主上形成夏孢子（urediospore）和冬孢子。冬孢子越冬后核配产生担孢子，担孢子萌发再形成初生菌丝体。

B. 层菌纲常见代表种类

伞菌目（Agaricales）是最常见的一类担子菌。担子果多为伞形、肉质，由菌盖（pileus）和菌柄（stipe）两部分组成（图 6-33）。菌盖由表皮、菌肉和下面呈放射状排列的薄片[即菌褶（gill）]组成。有些种类在菌柄上有膜质的环状结构，称菌环（annulus），如蘑菇属（Agaricus）；有些种类在菌柄的基部有菌托（volva），如草菇属（Voluariella）等；有些种类既有菌环又有菌托，如毒伞属（Amanita）；也有的既无菌环又无菌托，如口蘑（Tricholoma mongolicum Imai.）等。菌环由担子果上的内菌幕（partial veil）破裂时的残留物形成，而内菌幕是幼嫩的担子果连在菌盖边缘和菌柄之间的薄膜，它破裂之前遮盖住菌褶。当担子果继续发育，菌盖伸展，菌柄伸长时，内菌幕即被拉破，残留在菌柄上的部分就形成了菌环。菌托是由外菌幕破裂形成的，即有些伞菌的担子果在幼嫩时外面包围有一层膜，称外菌幕（universal veil），当菌柄伸长，菌盖展开时，外菌幕被撕破，残留在菌柄基部的部分形成菌托。

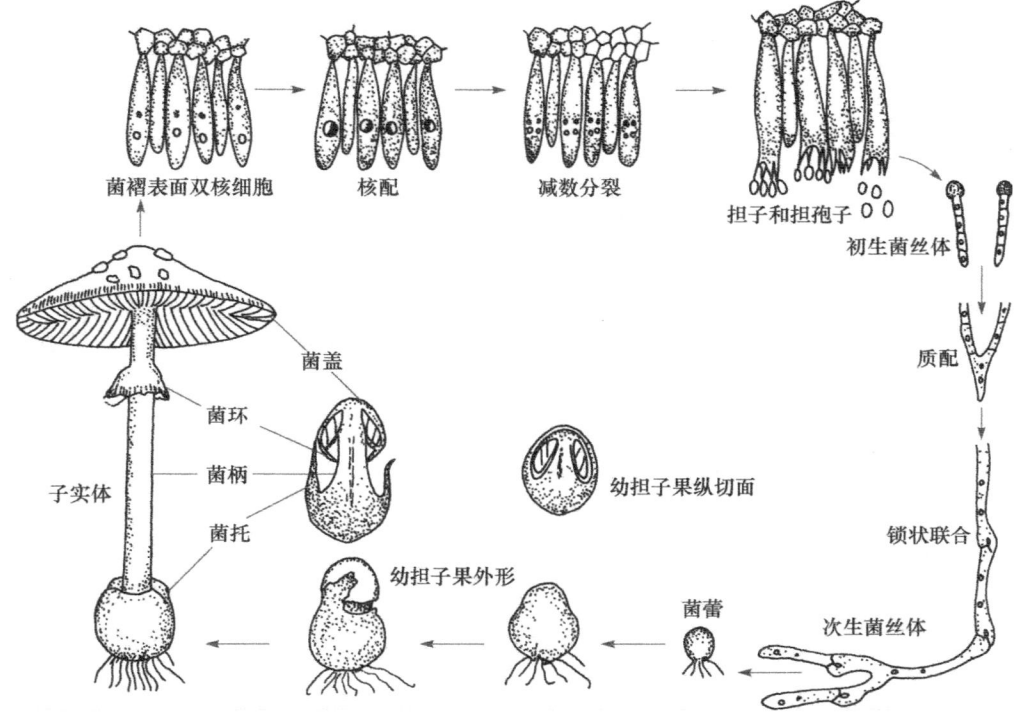

图 6-33　伞菌生活史的基本过程

菌褶是菌盖下面呈放射状排列的薄片，是产生担子和担孢子的地方，由子实层、子实层基（subhymenium）和菌髓（trama）三部分组成。菌褶的两面均为子实层，它主要是由无隔担子、不育的侧丝和囊状体（cystidium）排列组成。无隔担子在其顶端的小梗（sterigmata）上产生担孢子。子实层的下面为子实层基，由等径细胞构成。最里面是由长管形细胞构成的菌髓，其细胞的长轴与子实层平行。

子实层的双核细胞首先进行核配，随之进行减数分裂，产生 4 个单倍体核；该细胞体积也随之增大，顶端产生 4 个小梗；每个小梗顶端膨大，细胞质随之流入，同时各有 1 个核进入其中；小梗基部产生隔膜，各形成 1 个担子外生的担孢子。担孢子散落后，在适宜的条件下萌发产生单核初生菌丝体，但它们生活时间很短，很快通过体配的方式在（＋）、（－）菌丝间进行质配，并通过锁状联合产生大量的双核次生菌丝体。次生菌丝体经过进一步分化，形成三生菌丝体，最后由三生菌丝体扭结和分化形成新一代的伞状子实体。

层菌纲常见的植物还有银耳目（Tremellales）（银耳）、木耳目（Auriculariales）（木耳)、非褶菌目〔Aphyllophorales，原名多孔菌目（Polyporales）〕（灵芝）等（图6-34），多为食用、药用真菌，并可人工栽培。

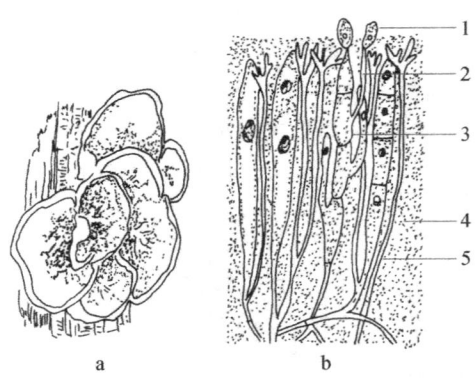 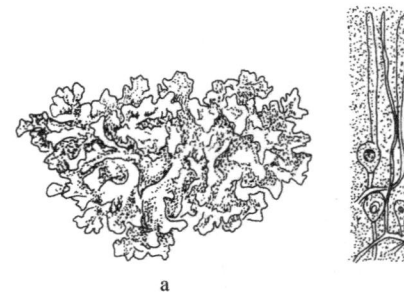 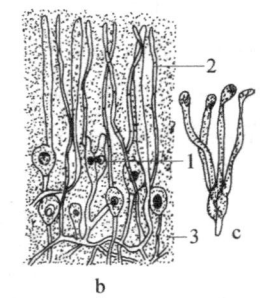

图6-34A 木耳

a. 担子果外形；b. 担子果纵切一部分，示子实层
1. 担孢子；2. 小梗；3. 担子；4. 胶质；5. 侧丝

图6-34B 银耳

a. 担子果外形；b. 担子果一部分垂直切面；
c. 1个纵隔担子和担孢子放大
1. 未发育的担子；2. 侧丝；3. 胶质

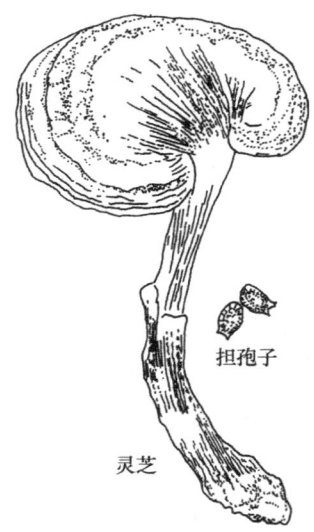

图6-34C 灵芝及其担孢子

C. 腹菌纲常见代表种类

腹菌纲的担子果很发达，外有多层包被，内为产孢体（gleba），即产孢组织，通常多腔，担子沿着腔的边缘生出。经济价值较高的有鬼笔目（Phallales）和马勃目（Lycoperdales）中的种类，多为食用和药用真菌。

5. 半知菌亚门

半知菌或称不完全菌（fungi imperfecti），世界上已知有1800余属26 000余种。其中约有300属是农作物和森林病害的病原菌，还有些属是能引起人类和一些动物皮肤病的病原菌。

半知菌亚门的菌类绝大部分由有隔菌丝构成，菌丝体发达，为单倍体。只以分生孢子进行无性生殖，很少见有性生殖，甚至某些种连分生孢子也未发现。实际上这些菌类可以看做是子囊菌或担子菌的无性发育阶段，只是其有性阶段尚未发现，或很少进行有性生殖，或有性阶段退化所致。

（三）真菌界的起源及真菌门各亚门之间的亲缘关系

关于真菌界的起源和演化，一般有两种假说，即多元论和单元论。多元论认为真菌起源于不同的藻类，单元论则认为真菌由原始的单细胞鞭毛生物演化而来。近代分子生物学的证据也表明：各类真菌起源于一个共同的祖先。因此，多数学者支持单元论的观点。

从真菌各亚门的演化关系来看，鞭毛菌亚门具游动孢子、水生。接合菌亚门与鞭毛菌亚门的菌丝具有相似的形态特征，只是在进化途中产生不动的静孢子，失去了游动孢子，并产生了接合生殖的特征，说明了它们由水生向陆生演化的适应。子囊菌亚门不产生游动孢子和游动配子，子囊来源于两个细胞的结合，并形成子囊孢子，更适于陆地生活，它可能是由接合菌亚门中的某一支演化而来。担子菌亚门陆生，次生菌丝为双核。子囊菌在子囊形成之前也有一个较长的双核阶段。担子菌的性器官虽然退化了，但在有性生殖过程中还保持了与子囊菌很多相似的特点。因此，担子菌亚门是由子囊菌亚门演化而来，似乎具有较充分的论据。

总之，真菌门的各亚门，由小到大，由简单到繁杂，由低级到高级，由水生向陆生的演化规律比较明显。还需要指出的是，真菌除了直接参与地衣的形成外，与植物界其他绿色高等植物存在很大差距，无明显的联系。因此，一般认为真菌很可能是生物进化中的一个盲支，故另立为真菌界或菌物界。

（四）真菌在自然界中的作用及其资源利用价值

1. 真菌在自然界中的作用

生于朽木、枯枝、落叶及土壤里的真菌，是分解木质素、纤维素和其他有机物质的主力，它们在增加土壤肥力和完成自然界的物质循环过程中有着极其重要的作用。

2. 真菌的资源利用价值

1）食用。许多大型真菌是味道鲜美、营养丰富的食用菌，如蘑菇、松口蘑、口蘑、草菇、银耳及羊肚菌等，全国总计可食的真菌约 800 种。

2）药用。许多真菌既可食用，又可药用，如香菇、猴头菌、木耳等；有些是著名的中药材，如冬虫夏草、竹黄、茯苓、猪苓、灵芝等。据统计，有抗癌作用的真菌达 100 种以上。

3）工业用。在酿造工业上，利用酵母、曲霉、毛霉和根霉等菌种造酒；酵母可制面包等发酵食物。真菌还广泛用于化工、造纸、制革等工业，借助于真菌的发酵作用，已获得了许多化工产品。此外，还可利用真菌提取生长激素促进作物生长。

但是，有些真菌能对动、植物和人类造成一定的危害。例如，食品的霉烂、森林和作物的病害很多是由于真菌的寄生和腐生引起的；人和家畜的某些皮肤病也起因于真菌的寄生；黄曲霉毒素可致肝癌，误食毒蘑菇常可使人中毒甚至死亡。

知识窗

真菌基因组学研究

基因组学是指对生物的基因组 DNA 序列以及用于获得基因序列的方法进行研究的一门科学。自然界中约有 150 万种真菌，实际上就是 150 万个真菌基因库，这些彼此不同的基因库是人类最宝贵的财富之一。真菌基因组学的研究有利于生物进化、系统发生学、药物靶基因、基因发现及基因功能等方面的研究，同时，也能促进疫苗和抗菌药物的开发研制。

1996 年，人类完成了第一个真核生物酿酒酵母（*Saccharomyces cerevisiae* Han.）的基因组序列的测序工作，基因组序列的全长为 12.067Mb，共含有 6287 个编码蛋白的基因。2000 年由美国 Broad 研究所与真菌学研究团体发起真菌基因组行动（fungal genome initiative，FGI）加快了真菌基因组研究的步伐。2002 年 2 月 FGI 发表了第一份关于测定 15 种真菌基因组计划的白皮书，有 7 种已得到美国国家人类基因组研究中心的资助，开展了相关研究。2003 年 6 月，真菌基因组行动发表了第二份白皮书，将 44 种真菌列为测序目标，并强调对其中 10 个属的物种优先测序，即青霉（*Penicillium*）、曲霉（*Aspergillus*）、组织胞浆菌（*Histoplasma*）、球孢子菌（*Coccidioides*）、镰刀菌（*Fusarium*）、脉孢菌（*Neurospora*）、假丝酵母（*Candida*）、裂殖酵母（*Schizosaccharomyces*）、隐球酵母（*Cryptococcus*）和锈病菌（*Puccinia*）。有关计划的细节可以查阅网址 www.broad.mit.edu/annotation fungi/fgi/history.html。此后，真菌基因组学研究取得重大突破，至 2008 年，共有 3734 种生物的全基因组序列测定工作已经完成或正在进行，公开发表 812 个完整的基因组，其中，70 余种真菌基因组测序工作已经组装完成或正在组装。目前，真菌基因组学的研究已进入后基因组时代，从结构基因组学过渡到功能基因组学，基因组表达的研究成为热点。

第三节 地 衣 门

一、地衣的基本特征

地衣是由真菌和光合共生物（藻类）共生联合形成的有稳定形态和特殊结构的复合生物体。地衣中真菌和藻类有各自独立的分工。真菌从周围基质和大气中吸收水分、CO_2 和无机盐供给藻类；而藻类通过光合作用提供碳源给自身和真菌，不同类群的藻类所释放的碳化物类型也各不相同。在地衣体内，一方面，真菌菌丝伸出吸器从藻类的生活细胞中获得有机营养（寄生现象）或将部分藻细胞致死后吸收残余养分（内腐生现象），同时藻细胞膜的透性被改变，从而藻细胞内养分的外渗增强，利于真菌的吸收利用；另一方面，真菌缠绕于光合共生物外面，具有保护作用。它可以作为过滤机制，减弱光强度，使光合共生物的光合作用在最佳状态下进行，同时真菌的存在也可以预防某些病菌的侵袭或机械损害。

长期以来，多数学者认为地衣是自然界"互惠共生"（mutualism）的典范。但是，也有部分学者认为地衣的菌、藻共生关系为"寄生"（parasitism）。

二、地衣的形态和构造

（一）地衣的生长型

地衣生长型是指地衣生长中形成的外部形状，并由于结构分化的差异而呈现不同的类型。

壳状（crustose）、叶状（foliose）及枝状（fruticose）是地衣主要的三大生长型（图 6-35）。

壳状地衣为水平扩展，形体微小，结构分化程度较低，无下皮层，以髓层菌丝紧附于基物。

叶状地衣也为水平扩展，但是为叶片状，具有背腹结构，借助腹面的脐、假根或绒毛附着于基物。

枝状地衣根据其外形又可分为须状、带状或灌木状，直立或悬垂，分枝或不分枝，以地

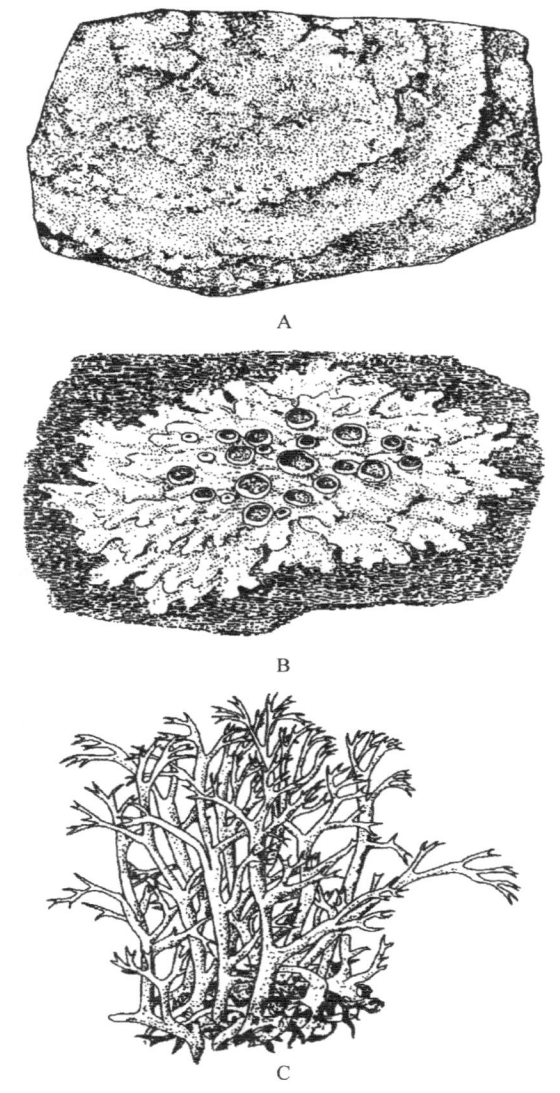

图 6-35 地衣的生长型
A. 壳状地衣；B. 叶状地衣；C. 枝状地衣

衣体基部或基部固着器固着于基物，横断面圆形或扁平型。

另外，还有一些中间类型，如小鳞叶状（squamulose）地衣：地衣体裂片小型，仅几毫米，无下皮层；癞屑状（leprose）地衣：菌丝和藻疏松地缠结，没有组织分化，呈粉状或颗粒状。

通常一种地衣只具有一种生长型，而石蕊属（*Cladonia* Hill.）地衣是二型地衣体：其初生地衣体为小鳞叶状，次生地衣体为枝状，由初生地衣体的营养组织和产囊体组织同时发育而成，称果柄（podetium）；另外，珊瑚枝属（*Stereocaulon* Schreb.）枝状次生地衣体只由初生地衣体的营养组织发育形成，而后产囊体才出现，称为假果柄（pseudopodetium）。

（二）地衣的基本结构

地衣体按解剖结构可分为同层型地衣和异层型地衣（图 6-36）。

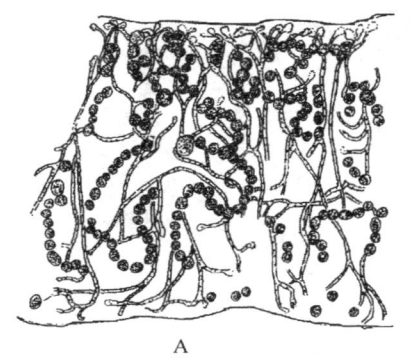 

图 6-36 地衣体的解剖结构
A. 同层型地衣；B. 异层型地衣

对异层型地衣体纵切，从上至下可见上皮层、藻层、髓层、下皮层。

皮层组织是由横向分裂的菌丝交织而成，不同于高等植物细胞所形成的真组织，故称为假组织。地衣体下皮层结构与上皮层相似，但较薄，有时具假根等附着器，有些种类甚至缺乏下皮层。

藻层位于上皮层下方，光合共生物细胞被菌丝缠绕，该部位在深度上既能满足共生藻细胞所需要的非直射光照强度，也具有足够的空间以贮存空气和水分。

髓层由蛛网状疏松的菌丝交织而成，呈棉絮状。在无下皮层的地衣体中，有时具有脉纹，而脉纹是由特定部位增殖的髓层菌丝组成的。

同层型地衣上下皮层之间无分层现象，藻细胞在蛛网状疏松菌丝区内。

枝状和绝大多数叶状地衣为异层型。少数叶状和壳状地衣为同层型，且结构分化程度不高，常缺乏下皮层，生长于基物内的地衣还缺乏上皮层。

（三）地衣的附属结构

地衣的附属结构大体分为营养结构和营养性繁殖结构。营养结构执行某种生理功能，如固着作用、水分关系作用，包括杯点（cyphella）、假杯点（pseudocyphella）、假根（rhizine）、脐（umbilicus）、绒毛（tomentum）、缘毛（cilium）等。营养性繁殖结构是生长于地衣体上的具有繁殖功能的营养体，如粉芽（soredium）、裂芽（isidium）、小裂片（lobules）等。这些结构中，假根、绒毛在非地衣型真菌中也存在，而杯点、假杯点、粉芽、裂芽、小裂片、衣瘿是地衣的独特结构。

三、地衣的繁殖

地衣的繁殖可分为营养繁殖、无性生殖和有性生殖三种方式。

营养繁殖由地衣体本身断裂或形成营养繁殖体，散布到适宜环境，发育成新的地衣体。

无性生殖特指真菌的无性孢子繁殖，在地衣体上形成分生孢子器（pycnidia），内分化出承载分生孢子和产孢子的专型菌丝，称分生孢子梗（conidiophores）。在分生孢子器或地衣体表面菌丝上生成分生孢子（pycnoconidia）。分生孢子可分为大型分生孢子和小型分生孢子。大型分生孢子仅作为无性孢子，从分生孢子器散出后，不经过减数分裂，直接萌发成新的菌丝，与相应的光合共生物结合，在适宜生境中发育成新的地衣体。小型分生孢子可以进行有性生殖，减数分裂后形成精子。

有性生殖是指地衣体真菌组织上形成子实体，子实体内产生有性孢子，经减数分裂和受精作用后，在适宜环境萌发，与相应光合共生物结合发育成新的地衣体；若不结合，则菌丝死亡。地衣共生菌为子囊菌时，其子实体为子囊果，有性孢子为子囊孢子；若共生菌为担子菌，则子实体为担子果，有性孢子为担孢子。

通常，无性阶段的分生孢子器和有性阶段的子实体同时存在于同一个地衣体上。

四、地衣的分类及代表类群

地衣真菌约 525 属 13 500 种，其中，98% 为子囊菌，属于子囊菌纲（Ascomycetes）的核菌类（Pyrenomycetes）和盘菌类（Discomycetes）；少数为担子菌，属担子菌纲（Basidiophyceae）中伞菌目（Agaricales）和非褶菌目（Aphyllophorales）的一些属种；还有一些真菌未发现有性生殖过程，暂归为半知菌纲（Deuteromycetes）。

地衣的光合共生物近 200 种，隶属于绿藻门轮藻纲中 1 属，绿藻纲 1 目 10 属，石莼纲 5 目 11 属；黄藻门 1 种；褐藻门 1 种；蓝细菌 4 目 12 属。其中，共球藻属（*Trebouxia*）、橘色藻属（*Trentepohlia*）、念珠藻属（*Nostoc*）最多，约占全部地衣共生藻类的 90%。

根据构成地衣的真菌类型，地衣划分为以下三纲。

子囊衣纲（Ascolichenes）：地衣共生菌是子囊菌，有性生殖形成子囊果（ascocarp）、子囊（ascus）和子囊孢子（ascospore）。本纲占地衣总数的 98%，常见的地衣如文字衣属（*Graphis* Adans. em Miill. Arg.）、石蕊属、松萝属 [*Usnea* (Hill.) Wigg.] 等。

担子衣纲（Basidiolichenes）：地衣共生菌是担子菌，光合共生物是蓝细菌，有性生殖形成担子果（basidiocarp）、担子（basidium）和担孢子（basidiospore）。主要分布于热带地区，种类较少，目前已知的仅 1 目 3 科 6 属，约 16 种，常见的地衣如云片衣属（*Dictyonema* C. Ag. ex kunth.）。

半知衣纲（Deuterolichenes）：本纲未发现有性生殖过程，暂不能安排其所属地位。约 100 种，常见的地衣如地茶属（*Thamnolia* Ach.）和癞屑衣属（*Lepraria* Ach.）。

五、地衣在自然界中的作用及资源利用

1）生态方面：地衣通常被称为自然界的先锋植物、拓荒者生物，因其分泌具有分化解体岩石功能的次生代谢物质，可以风化岩石，形成薄的土壤层，从而为高等植物创造生存繁衍的自然环境。

2）食用饲料方面：石耳 [*Umbilicaria esculenta* (Miyoshi) Minks] 被称为山珍之一；太白茶，即地茶 [*Thamnolia vermicularis* (Sw.) Ach. ex Schaer.] 和雪地茶 [*Thamnolia subuliformis* (Ehrh.) Culb.]，在陕西南部是人们喜用的保健饮料；甘露衣 [*Aspicilia esculenta* (Pall.) Flagey] 是中亚地区人民度过荒年的主食添加物。北极严寒的秋冬，鹿蕊属（*Cladina* Nyl.）地衣是喂养驯鹿的主要饲料。

3）医药方面：据估计，约 55% 的地衣种类均可产生具抗菌作用的次生代谢物质，如松萝酸、地衣硬酸、柔扁枝衣酸、橄榄陶酸、石花酸、袋衣酸。在欧洲诸国，这些地衣抗生素用于烧伤、结核性巴腺炎、外伤性骨髓炎的治疗。地衣多糖、异地衣多糖、石耳多糖、茶痂衣酸可以通过健康细胞的免疫力而抑制癌细胞的变态增殖。地衣多糖的硫酸盐衍生物还具有抗艾滋病病毒的活性。

4) 环境方面：地衣对外界环境反应极为敏感，其生长分布受大气成分影响。凡空气污染较为严重的地区，地衣就会随之减少甚至消失。据此特性，人们将它视为一种监测环境污染程度的指示剂，应用于空气质量的检测与评定。

5) 地质方面：根据地衣生长缓慢的特性，测量它成为估算冰川及冰缘沉积物年代的一种简便可行方法。可以用于测年的地衣应该具备4个条件：生长很缓慢；稳定的生长速率，持续时间长；原植体大致呈圆形以便测量其大小，作出生长曲线；分布较广泛，即对环境有较强适应力。黄绿地图衣〔*Rhizocarpon geographicum*（L.）DC.〕是一种典型的测年地衣。

6) 工业方面：地衣是日化香料、生物染料的重要原料。

由于地衣生长速率缓慢，且难以人工培养，一个地衣幼体通常要经过数十年或更长的时间才能被采集利用，因此开发利用地衣应遵循"少而精"的原则。具体表现在：对于已经开发利用的地衣，高度注意其生态分布；采集时，不能在一个地点或基物上一扫而光。此外，地衣具有一定程度的富集放射性物质的能力，若以食用为目的进行地衣开发利用时，应该谨慎。

知识窗

目前，地衣的相关研究已经引起科学家的巨大兴趣，不断有高水平的文章发表在影响较大的刊物上，如 PNAS（*Proceedings of the National Academy of Sciences of the United States of America*）、*Nature* 及 *Science*。

地衣研究主要涉及的领域有地衣化石、地衣生殖、系统进化及生态学等方面。在中国南方瓮安发现的一块距今6.35亿～5.51亿年前类似地衣的化石，显微观察显示纤维状的菌丝与球菌状的蓝细菌或藻类紧密缠绕。表明真菌早于维管植物与光合自养生物形成共生关系。多基因位点分析方法的成熟为系统发育学研究奠定了基础。通过对子囊菌研究发现，地衣共生化基因的丢失比其获得要频繁得多，表明在子囊菌中地衣共生现象的出现比之前的推测要早得多。而且，某些大的非地衣型真菌类群可能是由地衣型祖先进化而来的。运用分子技术对地衣共生藻的研究越来越多，不仅从多方面阐明共生藻的系统学关系，还研究提出了不同地衣型真菌对共生藻选择性的模式。例如，共球藻属（*Trebouxia* De Puymaly）的系统学知识现已渐成体系，而且数据表明共球藻属中的共生藻的物种多样性十分丰富。

当前，我国的地衣学研究还是以经典分类学的研究为主。例如，区系调查及物种的地理成分分析，优势种、特有种和替代种等关键种的研究，系统学研究，以及建立在经典分类的基础上的系统发育学和地衣共生菌、藻的分离及培养的研究工作等。根据现有的研究基础和条件，在系统进化与生态学方面的研究可以进一步深化和完善，同时仍然要加强地衣多样性、比较区系学及保育生物学的研究；应用地衣学研究，如地衣型真菌分布与空气污染关系，特殊生境和极端环境下地衣型真菌，地衣型真菌的保存和保护方法及持续利用的研究等应适当开展。近年来兴起的以地衣为主的微型生物结皮及其固沙生物学研究也是值得关注的一个重要领域。

第四节 苔藓植物门

苔藓植物是一群体型矮小，植物体结构有一定分化，但无维管组织的绿色自养型高等植物。与藻类相比，苔藓植物大多数有了类似茎、叶的分化；生殖器官为多细胞结构，且有多个不育细胞构成的保护壁层，雌性生殖器官为颈卵器（archegonium），故又称为颈卵器植物（archegoniatae），受精卵均发育为胚，故又称为有胚植物（embryophyta）。苔藓植物绝大多数生活在阴湿的陆地上，与蕨类植物、裸子植物和被子植物一起合称为高等植物（higher plant）。

与其他类群的高等植物相比，苔藓植物体虽大多数有茎叶的分化，但由于内部尚无维管组织的分化，因此并不是真正的茎和叶，根也属"假根"（rhizoid），有人称之为"拟茎叶体"，仍属于非维管植物；它们的生活史具有世代交替现象，孢子体不能独立生活，寄生于配子体上，主要依赖配子体提供养料。因此，苔藓植物生活史类型属于配子体占优势的异形世代交替。

苔藓植物具有初步适应陆地生活环境的形态结构和一系列生理特点，但尚不完善，除极少数种类外，大多数种类常常生活在比较潮湿、阴暗的环境中，所以说苔藓植物是植物界由水生向陆生过渡的代表类型。

苔藓植物种类繁多，分布广泛，形态结构各异，但作为植物界中的一个门类，仍有许多异于其他植物门类的特征。

一、苔藓植物的一般特征

1. 配子体

苔藓植物的营养体（即人们常见的植物体）为配子体，可分为两类：一类植物体分化程度较低，保持着叶状体性状；另一类植物体外形上已有假根和类似茎、叶的分化。苔藓植物的根较为简单，在苔类中，它仅仅是单个的管状细胞，在藓类中，它是单列细胞。苔藓植物的茎虽常可分成表皮、皮层和中轴三部分，但并无明显的组织分化和分工。少数结构复杂的类型，如金发藓属（*Polytrichum* Hedw.）中轴部分出现了所谓导水组织和导液组织，但还是没有出现类似于在维管植物中普遍存在的木质部（导管或管胞）和韧皮部（筛管、伴胞或筛胞）。苔藓植物的叶通常由单层细胞组成，少数为多层细胞，但它不像种子植物叶那样有栅栏组织与海绵组织的分化，更没有叶脉，只有由在形态上不同于其他叶细胞的狭长细胞组成的中肋（costa）。因此，人们称苔藓植物的叶为"拟叶体"（phyllidium），茎为"拟茎体"（caulidium），根为假根（rhizoid），以区别于维管植物的根、茎、叶。

重要的是，在世代交替过程中，苔藓植物的营养体属于配子体世代，而维管植物的营养体属于孢子体世代。通常认为，前者与后者在进化上没有直接的联系。

2. 孢子体

苔藓植物的孢子体着生在配子体上，不能独立生活。一般多由孢蒴（capsule）、蒴柄（seta）和基足（foot）三部分组成。基足位于孢子体的最下部，由薄壁细胞组成，包埋于配子体组织中，并从配子体中吸收水分和营养物质。蒴柄连接基足和孢蒴，将基足吸收的水分和营养物质转输到孢蒴，并起着支持孢蒴的作用。孢蒴生于蒴柄的顶端，是孢子体最上端膨大的部分，结构比较复杂，主要由蒴壁和造孢组织组成，幼嫩时绿色，成熟后多为褐色或棕红色，是产生孢子的器官。

3. 原丝体系统

在苔藓植物的个体发育过程中，孢子遇到适宜的水湿、温度和光照条件便开始萌发。萌发时首先吸水膨胀，将外孢壁胀破，原生质从突破口突出形成萌发管。接着细胞核进入萌发管内并进行分裂，在子核之间形成隔壁，这样持续下去，便逐渐形成了一个分枝繁多的原丝体（protonemata）系统。多数情况下，在原丝体上产生出配子枝（gametophore），也就是它的营养体。配子枝生成后，原丝体一般渐渐消失。但也有极少数种类的原丝体宿存，担当制造养料的功能，相反配子枝却极度退化。

绝大多数藓类植物的原丝体为丝状分枝体，并因种类不同而异；少数藓类和整个苔类的原丝体则呈片状、囊状、块状、带状或漏斗状。

苔藓植物在个体发育过程中存在特殊的原丝体阶段，它代表着由孢子发育成配子体的一个必经的过程，在植物界中是独一无二的。有人认为，这一特点说明了苔藓植物可能是由藻类演化而来的。

4. 繁殖

（1）营养繁殖

苔藓植物的营养繁殖大致有三种方式。第一种方式是随着植物体老熟部分的不断死亡，新枝或新的叶状体不断长出来；第二种方式是已成熟的营养体（茎、叶）或是由于受到伤害，或是由于其他原因，其细胞恢复分生能力，产生出新的植物体；第三种方式是营养体的某些部分发生变形，形成某种特殊的营养繁殖器官。例如，茎或枝组织产生块状的芽体（brood）或是易落的枝（caducous branch），或是形成内生的胞芽（endogenous gemmae）。

（2）有性生殖

苔藓植物的雌性生殖器官——颈卵器（archegonium），由细长的颈部和膨大的腹部所组成，这两部分都由单层细胞构成的外壁保护着。颈部之内有一列颈沟细胞，腹部有一个卵细胞，在卵细胞与颈沟细胞之间尚有一个腹沟细胞。苔藓植物的雄性生殖器官称为精子器（antheridium），棒状、卵形或球形，外周由一层不育细胞构成精子器壁，保护着内部的精原细胞。其基部具柄，连接精子器与配子体（图6-37）。苔藓植物的生殖器官开始出现了由不育性细胞组成的保护层，这是对陆地生态环境的一种适应。

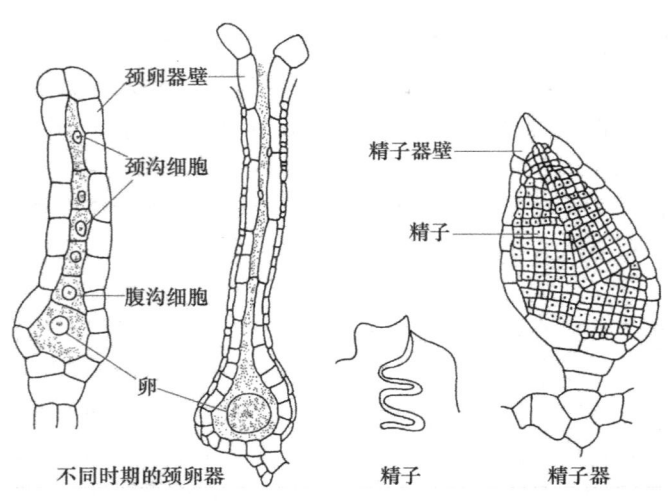

图 6-37　颈卵器和精子器

苔藓植物均以卵式生殖进行有性生殖。在受精过程中，精子在有水的条件下游动至颈卵器，从颈沟进入腹部，与其中的卵细胞融合，完成受精作用。苔藓植物的受精卵不经休眠，直接进行横分裂形成两个细胞，即外细胞（outer cell）和内细胞（inner cell），前者进一步发育形成胚（embryo），后者发育为基足，连接配子体获取营养（图6-38）。在整个植物界中，从苔藓植物开始出现了胚和颈卵器，这是系统进化过程中的高级适应性状。

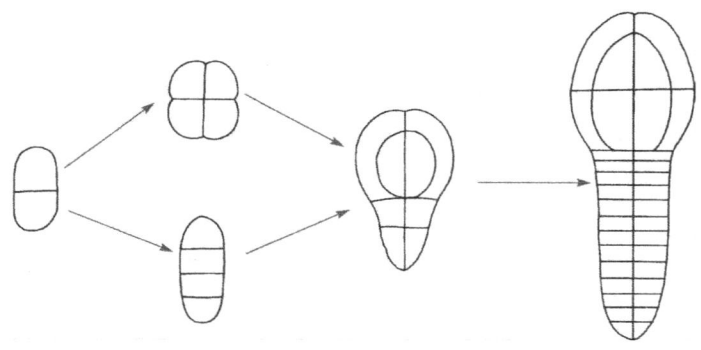

图6-38 苔藓植物胚的发育

5. 生活史

在苔藓植物的生活史中，孢子体依赖于配子体而生存。二倍体的受精卵经过胚胎阶段发育成孢子体；孢子体顶端的孢蒴内的造孢细胞经过减数分裂，形成单倍体的孢子；孢子萌发成原丝体，由原丝体上长出配子枝。

二、苔藓植物的分类

全世界的苔藓植物大约有23 000种，中国有2800余种。苔藓植物一般分为苔纲（Hepaticae）、藓纲（Musci）和角苔纲（Anthocerotae）。

（一）苔纲

1. 苔纲的一般特征

苔类植物的配子体有两种形式，一种为简单的叶状体型（thallose type）；另一种为具茎叶分化的茎叶体型（foliose type），如圆叶耳叶苔（*Frullania inoei* Hatt.）（图6-39）。

苔类成熟的孢子体一般都包括基足、蒴柄和孢蒴三部分。苔类植物的孢子体接近成熟时，各部分均已分化，但仍被包在颈卵器的腹部。当孢蒴完全成熟后，蒴柄迅速伸长，并将孢蒴从配子体中推出。也有少数的种，由于蒴柄退

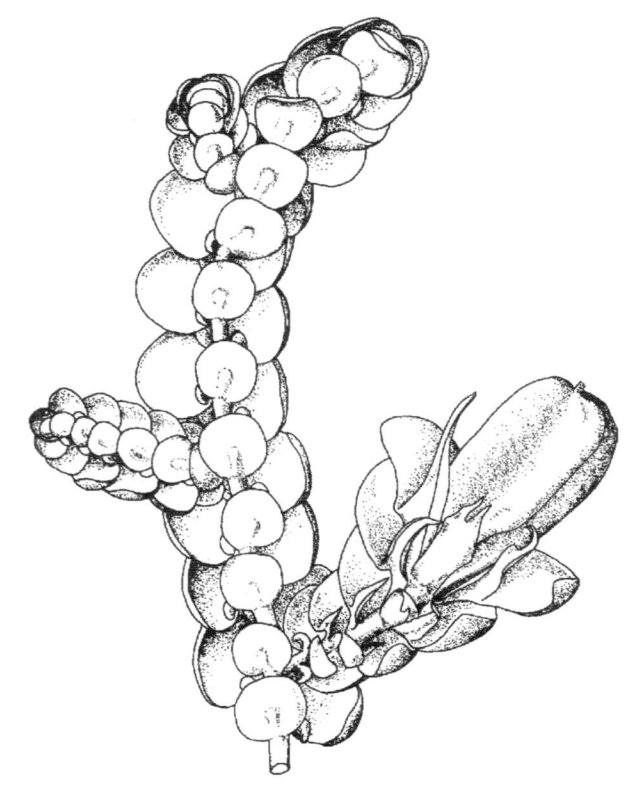

图6-39 圆叶耳叶苔

化，孢蒴始终不能脱离配子体的包围。孢子只有待母体组织腐烂后才能散出。

苔类植物的孢蒴内部有两种细胞，一种为可育性细胞，即孢子；另一种为不育性细胞，即弹丝（elater）。弹丝一般为单细胞，细长管形，壁甚薄，具1~4条螺纹加厚，吸水时伸展，干燥时扭曲。此种运动，有助于孢子的散发。

苔类植物孢子萌发没有明显的原丝体阶段，其每一原丝体只能产生一个配子体（植物体）。

2. 苔纲代表植物

地钱（*Marchantia polymorpha* L.）（图6-40）隶属于地钱目（Marchantiales）地钱科（Marchantiaceae）地钱属（*Marchantia* L.）。

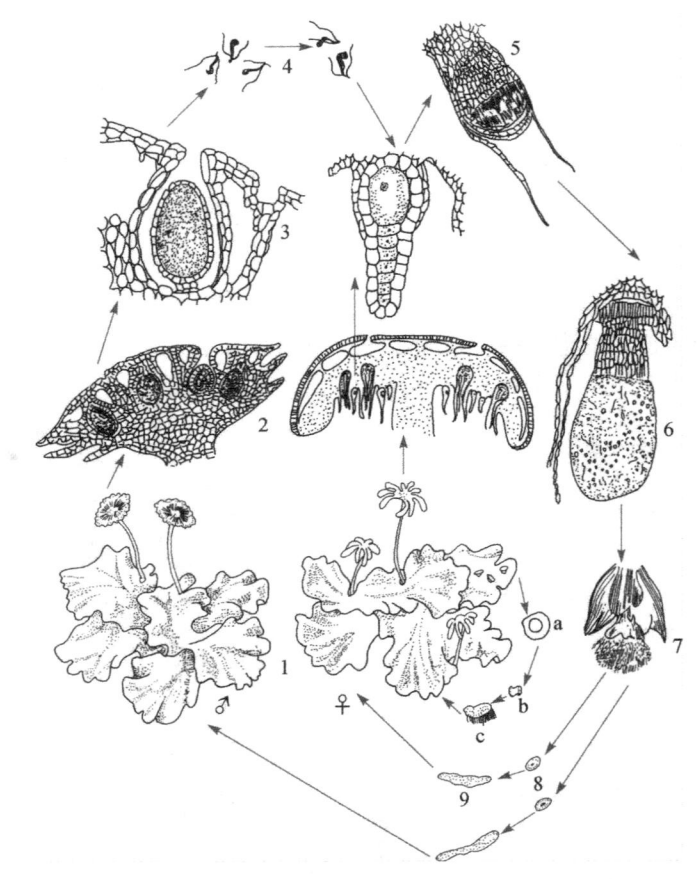

图6-40 地钱的生活史

1. 雌、雄配子体；2. 雌器托和雄器托；3. 颈卵器和精子器；4. 精子；5. 受精卵发育成胚；6. 孢子体；7. 孢子体成熟后散发孢子；8. 孢子；9. 原丝体。a. 胞芽杯内胞芽成熟；b. 胞芽脱离母体；c. 胞芽发育成新植物体

地钱的配子体是扁平的二叉分枝的叶状体，匍匐生长，生长点在二叉分枝的凹陷中，叶状体分为背腹两面。背面深绿色，分布有多数整齐而构造特殊的气孔；腹面生有假根和鳞片，具有吸收、固着和保持水分的作用。表皮内为细胞直立排列、不整齐而疏松的同化组织，同化组织以下的细胞较大，横生，排列紧密，细胞内含有油脂。

地钱的配子体雌雄异株（dioecious），着生性器官的雌托（archegoniophore）和雄托

（antheridiophore）分别长在不同叶状体的背部，形似伞状，具柄（图6-40）。雌托边缘深裂，呈星芒状，腹面倒悬许多颈卵器。颈卵器分颈部和腹部两部分，颈部外壁是一层细胞，里面是一条颈沟，沟内有一串小细胞称为颈沟细胞。腹部外壁由许多细胞构成，里面有一个大的卵细胞，卵细胞上方是腹沟，沟内有一个腹沟细胞。雄托边缘浅裂，形如盘状，在盘状体背面生有许多小腔，每一个小腔里有一个卵圆形的精子器。精子器内形成许多顶端具两根等长鞭毛的游动精子，游动精子借助于水游至颈卵器内，与卵细胞融合，发生受精作用。

卵受精后在颈卵器内发育成胚，胚进一步发育成具短柄的孢子体。地钱的孢子体由孢蒴、蒴柄和基足三部分组成。孢蒴内的孢原组织分裂形成孢子和弹丝。孢子成熟时，蒴柄伸长，孢蒴裂开，孢子借弹丝的力量散出。孢子落地萌发成原丝体，再分别发育成雌、雄配子体。

（二）角苔纲

1. 角苔纲的一般特征

角苔纲植物的配子体为叶状体，有时呈叉状分枝（图6-41）。腹面生有多数细胞壁平滑的假根，但无鳞片和黏液细胞。叶状体由多层细胞构成，但无组织分化。配子体细胞内通常含有一个大型的叶绿体，每一个叶绿体中含有一个蛋白核，这些特征在其他的苔藓植物中是没有的。

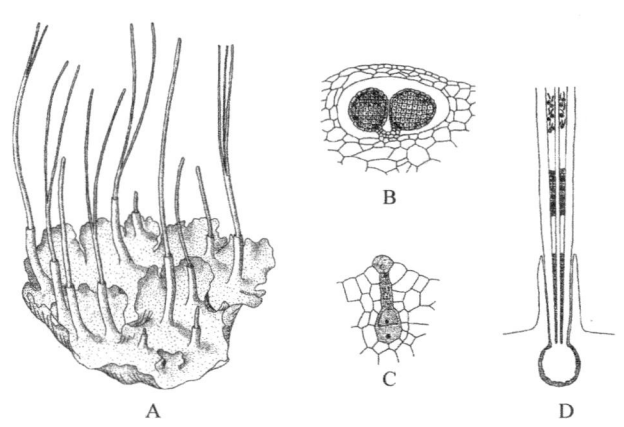

图6-41　角苔
A. 角苔；B. 角苔精子器纵切图；C. 角苔颈卵器纵切图；D. 角苔孢子体纵切图

角苔纲植物的精子器发生于表皮之下，成熟后被包藏于精子器腔内，当精子器腔的顶壁破裂后，精子才能释放出来。角苔纲植物的颈卵器没有柄，颈部和腹部都完全和配子体结合在一起，不呈游离状态。

角苔纲的孢子体由基足和孢蒴两部分组成，无蒴柄或蒴柄不发达；基足膨大，插生于配子体中，从中吸取养料；孢蒴呈针形或棒形，有发达的蒴轴（columella）。造孢组织减数分裂后形成孢子和假弹丝。孢蒴成熟时纵向开裂成两瓣，孢子在假弹丝的作用下散出体外。角苔的孢子萌发形成叶状配子体。

2. 角苔纲代表植物

角苔纲仅含1目，即角苔目（Anthocerotales）；2科，即角苔科（Anthocerotaceae）和

短角苔科（Notothylaceae）。

角苔（*Anthoceros punctatus* L.）隶属于角苔科角苔属（*Anthoceros* L.）。直径 3～4 mm，鲜绿色。叶状体上表面有栉片状增生而呈波纹状。叶状体横切面 5～10 个细胞厚，有黏液腔。雌雄同株，精子器 3～5 集中生长。孢蒴长角形，1～2 cm 长，成熟时两瓣开裂，中央有鬃毛状蒴轴，基部总苞口狭。孢子为四分孢子型，黑褐色，具刺状疣，直径 40～45 μm。假弹丝灰色，由 3～5 个细胞联结而成，其细胞壁不规则加厚。

（三）藓纲

1. 藓纲的一般特征

藓纲是苔藓植物门中最大的纲，种类繁多。全世界约有 15 000 种，中国约有 1 800 种，占全国苔藓植物总种数的 70%。

藓纲植物的配子体由假根、茎和叶三部分组成。假根线状，有分枝，由单列细胞组成。其主要功能是固着与吸收。茎一般比较短小，长数厘米。单一或具分枝，多数种具分枝。其内部分化为表皮、皮层和中轴三部分。藓类植物的叶无叶柄，而是以叶基（leaf base）着生于茎上。部分种类的叶片中部有 1 条或 2 条中肋（costa）。叶片多由单层细胞构成，少数种类为两层以上细胞构成。其主要具光合作用，也兼有吸收功能。

藓纲植物的精子器和颈卵器多生于茎或枝的顶端。精子器多呈棒状，其中的精原细胞经过多次分裂后形成具两条等长鞭毛的精子。颈卵器瓶状，有细长的颈部与膨大的腹部。精子成熟后，在适宜的条件下进入颈卵器，与卵细胞受精后形成合子。合子不经过休眠继续进行细胞分裂形成胚。

藓纲植物的孢子体由基足、蒴柄和孢蒴三部分组成，寄生在配子体上，不同属种的孢蒴的形态不同（图 6-42）。多数藓纲植物的孢蒴具明显的蒴轴，并分化有蒴盖、环带和蒴齿等结构。孢蒴内的孢原组织进行多次有丝分裂并最终经减数分裂形成孢子。孢子落到适宜的环境中就开始萌发，形成发达的原丝体；每一原丝体上常形成多个配子体。

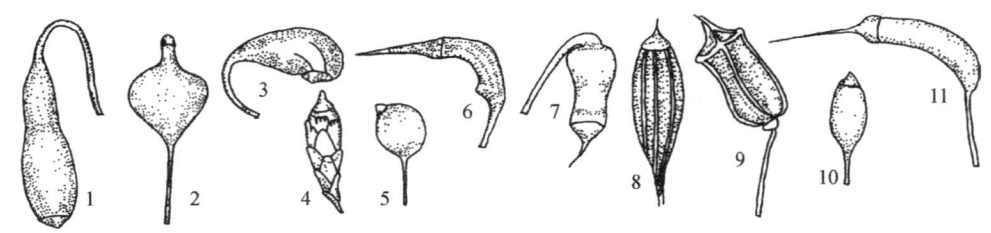

图 6-42　藓类植物孢蒴的几种形态类型

1. 真藓属（*Bryum*）部分种孢蒴下垂，有发达的壶部和台部；2. 壶藓属（*Splachnum*）孢蒴直立壶部小，台部呈大珠形和裙子形；3. 葫芦藓属（*Funaria*）孢蒴垂悬，不对称；4. 水藓属（*Fontinalis*）孢蒴隐陷于苞叶中，短柱形；5. 珠藓属（*Bartramia*）孢蒴球形，直立，蒴盖偏斜，不对称；6. 白发藓属（*Leucobryum*）孢蒴鹤头形弯曲，蒴盖长喙状，孢蒴基部有颏突；7. 孔雀藓属（*Hypopterygium*）孢蒴垂悬，不对称，具锐长喙蒴盖；8. 卷叶藓属（*Ulota*）部分种孢蒴直立，有 8 条纵褶；9. 金发藓属（*Pogonatum*）部分种四棱形，台部与壶部界限明显；10. 小鼠尾藓属（*Myurella*）孢蒴短柱形，辐射对称；11. 仙鹤藓属（*Atrichum*）孢蒴圆柱形背曲，蒴盖长鹤嘴状

藓纲植物的分布极广泛，从赤道到两极几乎到处都有它们的踪迹。

2. 藓纲代表植物

藓纲又分为泥炭藓亚纲（Sphagnidae）、黑藓亚纲（Andreaeidae）和真藓亚纲（Bryidae)。

葫芦藓（*Funaria hygrometrica* Hedw.）（图 6-43）隶属于真藓亚纲葫芦藓目（Funariales）葫芦藓科（Funariaceae）葫芦藓属（*Funaria* Hedw.）。

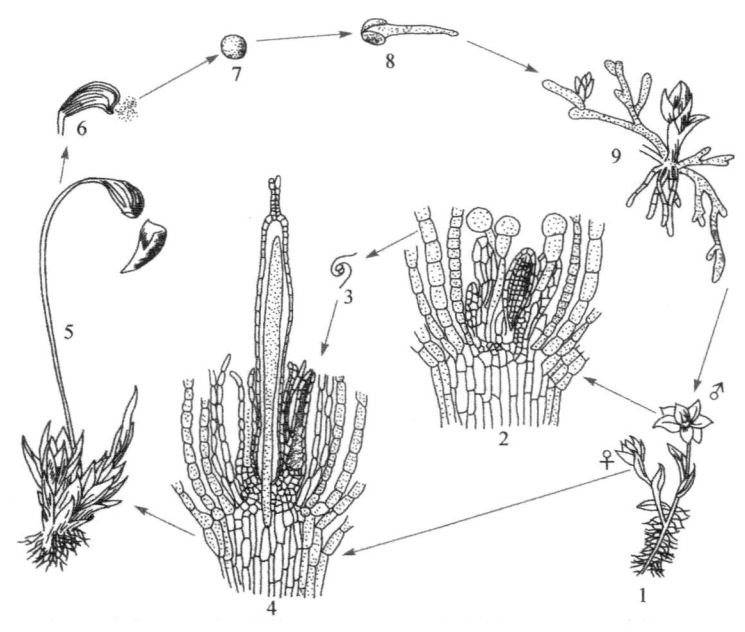

图 6-43　葫芦藓的生活史
1. 配子体上的雌雄生殖枝；2. 雄器苞的纵切面（示精子器及隔丝）；3. 精子；4. 雌器苞的纵切面（示颈卵器和正在发育的孢子体）；5. 成熟的孢子体仍着生于配子体上；6. 散发孢子；7. 孢子；8. 孢子萌发；9. 具芽及假根的原丝体

葫芦藓的配子体矮小直立，有茎、叶分化。茎细而短，单一或基部分枝，下部生有多细胞假根。叶往往在茎先端簇生，具至顶或突出的中肋。配子体雌雄同株（monoecious）；雌、雄生殖器官分别生于不同的枝顶。棒状精子器丛生在花蕾状的雄苞内，内有许多螺旋状弯曲且前端具两根鞭毛的精子；在精子器的周围生长多数隔丝，隔丝顶端常膨大呈球形；多数颈卵器生于芽状雌苞内，其间生有隔丝。游动精子游至颈卵器，与卵细胞接合，形成合子。合子在颈卵器内发育成胚，胚继续生长分化形成孢子体。成熟的孢子体分基足、蒴柄和孢蒴（图 6-44）三部分。蒴柄细长；孢蒴梨形，具圆盘状蒴盖，狭长披针形蒴齿；其蒴帽兜形，先端具细长喙状尖头，形

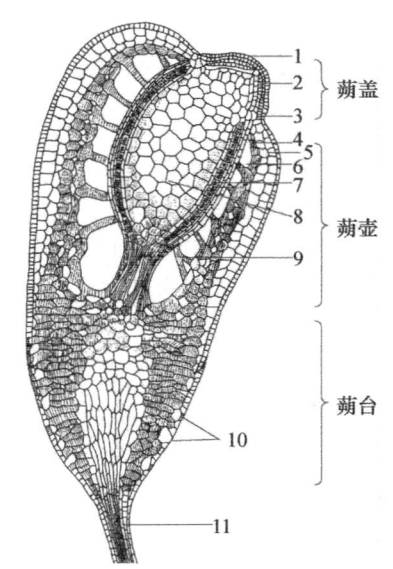

图 6-44　孢蒴
1. 蒴盖；2. 蒴齿；3. 环带；4. 同化丝；5. 蒴壁；6. 气室；7. 孢原组织；8. 蒴轴；9. 气室中营养丝；10. 蒴台的气孔；11. 蒴柄

似葫芦瓢状。其内的孢子母细胞经减数分裂形成圆球形的孢子。孢子成熟时，蒴盖脱落，孢子散出。藓类植物孢蒴的常见形态类型见图6-42。

三、苔藓植物的起源与演化

目前，大多数学者均认为苔藓植物应起源于绿藻植物，有以下主要依据。①它们含有相同的光合色素，即叶绿素a、叶绿素b及叶黄素（xanthophyll）。光合作用产物都是淀粉，这一点是化学进化的主要佐证。②绿藻的植物体、配子或孢子具2条或4条等长的鞭毛，苔藓植物的精子也具有2条等长的鞭毛，说明它们在有性生殖方面也有联系。③苔藓植物普遍具有世代交替，而绿藻中也有一些植物有世代交替，如石莼属（*Ulva* L.）和刚毛藻（*Cladophora* Kuetz.）。④苔藓植物的孢子萌发形成的原丝体，类似于丝状绿藻。⑤在苔藓植物和绿藻之间存在某些中间类型。例如，1932年在印度发现的绿藻门胶毛藻科（Chaetophoraceae）、佛氏藻属（*Fritschiella* Iyengar）的佛氏藻（*F. tuberosa* Iyengar）生长于潮湿泥土或树木上，其植物体由多数丝状体交织成垫状。其中，有的丝状体伸入土壤成为无色的假根细胞，有的则向上形成由单列细胞组成的气生枝。佛氏藻的这种结构特点与叶状体的苔类十分相似。多数学者认为这是藻类向苔类过渡的一个中间类型。

20世纪60年代，苏联学者塔赫他间（Takhtajan）提出苔藓植物起源于裸蕨。他认为，苔藓植物的孢子体是由类似于裸蕨中的莱尼蕨一类的顶枝植物的顶枝及生于顶枝上的孢子囊互相合并而成。而裸蕨类植物的形态简单的配子体进一步复杂化便形成了苔藓植物的配子体。也就是说，苔藓植物是由裸蕨类的孢子体的变形和减退，配子体的进化发展的结果。

目前，多数人支持苔藓植物与裸蕨植物都直接起源于水生的绿藻，并且在很早阶段它们就分道扬镳，各自发展成为一个独立的类群。苔藓植物沿着改进配子体的方向发展，从而成为植物演化系统中的一个独特的旁支；而裸蕨类则沿着发展孢子体的方向发展，直接或间接演化出了蕨类植物和种子植物。

四、苔藓植物在自然界中的作用及其资源利用

1. 苔藓植物在自然界中的作用

（1）苔藓植物是自然界的拓荒者

苔藓植物能继蓝藻、地衣之后，生活于沙碛、沙漠、冻原地带及裸露的石面或新断裂的岩层上。在生长的过程中，它们能不断分泌酸性物质，溶解岩面，而其死亡的残骸也堆积在岩面之上，年深日久，即为其他高等植物创造了生存条件。

（2）防止水土流失

苔藓植物一般都有很强的吸水能力，尤其是当密集丛生时，其吸水量高时可达植物体干重的15~20倍，而其蒸发量却只有净水表面的1/5。

（3）在湖泊、沼泽与陆地的相互演替过程中有着重要作用

苔藓植物有很强的适应水湿的特性，特别是一些适应水湿很强的种类，如泥炭藓属（*Sphagnum* L.）等。当它们在湖边或沼泽中大片生长时，植株上部逐年生出新枝叶，而下部不断死亡、腐烂，经过长期堆积，就可使湖泊、沼泽干枯，逐渐陆地化，从而为陆生的草本、灌木、乔木的生存创造了条件。相反，如果空气湿度过大，这些种类又可以大量吸收水湿气，并使水长期蓄积在藓丛中，从而形成高位沼泽，使陆地沼泽化。这种演变对森林的危害很大，可造成林木的大批死亡。

2. 苔藓植物的资源利用

（1）工业上的应用

提灯藓科（Mniaceae）、碎米藓科（Fabroniaceae）和羽藓科（Thuidiaceae）的一些种类是五倍子蚜虫的冬寄主；而五倍子的虫瘿内含倍酸（单宁酸、没食子酸和焦性没食子酸的合称），是石油、冶金、医药、轻工业以及国防工业的原料和化学试剂。还有一些藓类形成的泥炭，不仅可作为燃料，也可以从中提取乙醇、褐煤蜡、蜡酸等工业原料。

（2）农业上的应用

上述的倍酸在农业上可用以抑制农作物受病害和病毒的感染，提取倍酸后的渣滓可作为肥料，还可用于鲜果、蔬菜的保鲜剂。泥炭藓等可用做花卉、苗木和鲜果、蔬菜的保青、保鲜等运输包装材料。泥炭可用来改良土壤和创造颗粒肥料等。

（3）医药上的应用

大叶藓[*Rhodobryum giganteum* （Schwaegr.） Par.]可镇静安神，对治疗心脏病有显著疗效。地钱可治黄胆性肝炎和肺结核等症。

（4）可作为大气监测和土壤的指示植物

科学家们经过长期的观察和实验研究（如熏蒸试验）发现，苔藓植物是仅次于地衣的指示大气污染的植物。苔藓植物的叶片多由单层细胞构成，外界环境中的污染物可从叶的两面直接侵入叶细胞。因此，每个叶细胞受污染的平均浓度都大于其他高等植物。而且它们的植物体小，生长缓慢，一旦受污染就不易恢复，所以容易观察，很适于作为大气监测植物。此外，不少藓类对土壤的酸碱性有特定的要求，故可作为土壤的指示植物。

（5）园林上的应用

藓类植物广泛用于花卉苗木移栽过程中根部的包扎，它能有效地保护花卉苗木的根毛少受损伤，同时维持了根际小环境的湿度，有效提高移栽成活率。泥炭藓是用于包扎花卉苗木的首选材料。一些较大型的藓类植物，如万年藓[*Climacium dendroides* （Hedw.） Web. et Mohr.]、大叶藓等，具有直立生长的茎，时常被栽植于盆钵中供人们室内观赏。

知识窗

陈邦杰（1907～1970年），江苏丹徒人。世界著名苔藓植物学家，中国苔藓植物学研究的奠基人。

陈邦杰的第一篇苔藓植物著作是他1941年的博士学位论文《东亚丛藓科的研究》（德文），论文讨论了丛藓科的分类特征及内部变异、地理分布和系统发育，提出一个丛藓科的系统图解。这篇论文，为他在苔藓植物学领域中的国际地位奠定了基础。后来，陈邦杰又发表了《海南岛苔藓植物》、《中国藓类植物标本第一辑》、《中国雉尾藓属之报告》等，这些浸润着他心血的研究成果，受到了国内外生物学界的高度评价。

新中国成立之初，我国的植物学课本中以及科研工作方面存在着苔类和藓类的中文名称与拉丁文原名之间的混乱甚至相反的情况，陈邦杰便将自己多年来所积累的有关方面的资料加以整理，于1952年在中国植物学杂志6卷第4期上发表了《苔和藓名称考订与商榷》的论文，论文参照当时苔和藓在课本中的统计结果，从多数的原则和植物学命名优先律的原则，确定了以藓类名 Moss 和以苔类名 Hepaticae。这一观点得到了广大教师和科研工作者的认可,改变了我国苔藓类植物名称的混乱状况,并广泛应用于教学和科研工作中。

20世纪60年代,陈邦杰完成了《中国藓类植物属志》的编著,这是他长期致力于中国苔藓植物研究的巨著。该著作系统地介绍了我国藓类植物科属分类与分布的概况,并结合生态和群落组合上的特性,讨论了中国藓类植物的地理分布,成为植物科学工作者、从事植被调查和林业经营等工作人员的重要参考书,被中外学者誉为中国藓类植物学的第一本经典。1985年10月,该书获得中国科学院科技研究重大成果奖二等奖。

陈邦杰为中国苔藓科学的建立和发展奉献了毕生的精力,为我国培养了一批苔藓植物研究的高级人才。他在国内、国际上有很高的学术地位和影响,1985年,美国密苏里植物园制作发行了一套世界著名植物学家的明信片,其中一张就是专门纪念陈邦杰先生的,他的名字被收录在《世界植物名人录》中。荷兰藓类学家托维(Touv)博士说:"陈邦杰教授乃是中国苔藓学之父"。

第五节 蕨类植物门

一、维管植物

蕨类植物和种子植物是具有维管系统(vascular system)的有胚植物类群,统称为维管植物(vascular plant)。维管系统是指植物整体或某一器官全部维管组织(vascular tissue)组成的纵向系统及横向系统,其中维管组织又是木质部和韧皮部的总称。维管植物高度适应陆生环境,孢子体在生活史中占优势,高度分化成复杂的根茎叶系统;配子体较小,甚至完全寄生在孢子体中。

由初生木质部和初生韧皮部所组成的维管组织聚集在一起称为中柱(stele)。在种子植物的茎中,因与皮层之间界限不明显而常称为维管柱。按照维管组织排列方式的不同,中柱可分为不同类型(图6-45)。中柱类型是反映不同植物类群之间亲缘关系的重要证据之一。

1. 原生中柱

原生中柱(protostele)是最简单、最原始的中柱类型。若原生中柱的中央为木质部所占,其周围围绕着呈圆筒形韧皮部的为单中柱(haplostele);若木质部向四周生长出辐射排列的脊状突起,则称为星状中柱(actinostele);而韧皮部生长侵入木质部,使其在局部地区成为不连续的结构,就演变成编织中柱(plectostele)。蕨类植物中比较低等的类群具原生中柱。

2. 管状中柱

管状中柱(siphonostele)的特征是木质部围绕中央髓部形成圆筒状。若韧皮部在木质部的内外两侧都出现则成为双韧管状中柱(amphiphloic siphonostele)。若韧皮部只位于木质部外部表面,则称为外韧管状中柱(ectophloic siphonostele)。管状中柱在蕨类植物中普遍存在。

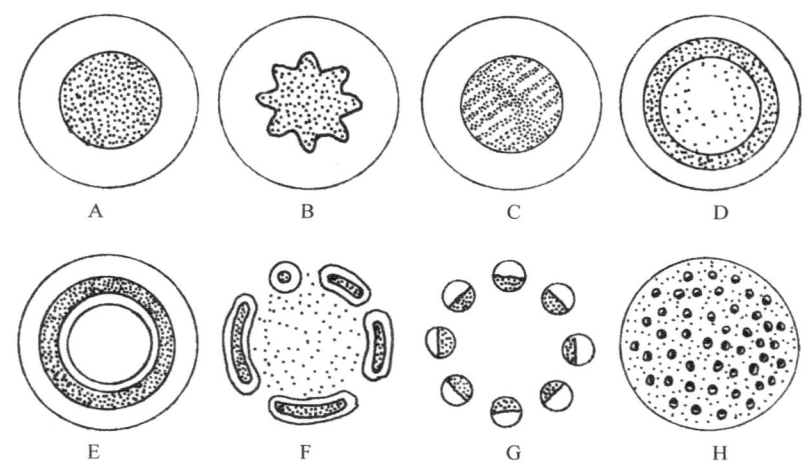

图 6-45 中柱类型横剖面图解

A~C. 原生中柱：A. 单中柱；B. 星状中柱；C. 编织中柱。D、E. 管状中柱：D. 外韧管状中柱；
E. 双韧管状中柱。F. 网状中柱。G. 真中柱。H. 散生中柱。黑色表示木质部；白色表示韧皮部；黑点表示髓部

3. 网状中柱

网状中柱（dictyostele）由管状中柱演变而来，由于茎的节间缩短，节部叶隙、枝隙密集，从而使中柱产生许多裂隙，从立体观察，形成筒形网状结构，从横切面上看是一圈分开的维管束，每束的结构都是周韧的，中央为木质部，外面围以韧皮部。不少蕨类植物具有网状中柱。

4. 真中柱

真中柱（eustele）的木质部与韧皮部为内外并生型，成束状或索状。在横切面上可见一圈由薄壁组织分隔开的分离维管束。蕨类植物中的木贼属（*Hippochaete* Milde）以及多数裸子植物、被子植物具有此种类型的中柱。

5. 散生中柱

散生中柱（atactostele）是木质部和韧皮部内外并生的维管束散生在基本组织内，在茎中形成一至多轮。散生中柱出现在单子叶植物中。

一些学者认为，在植物界系统演化过程中，原生中柱中央的木质部逐渐被薄壁组织所取代，发展成管状中柱，其证据就是在髓部会出现木质部的成分（管胞）。这种分化过程被称为髓形成作用（medullation）。由于叶隙和枝隙的大量出现和节间缩短，使管状中柱演化为真中柱和散生中柱。1963 年，韦特蒙（Wetmon）和里尔（Rier）在研究维管组织分化的实验中发现不同浓度的生长激素与糖在愈伤组织中能局部导致维管组织的出现与分化。

二、蕨类植物的基本特征

蕨类植物又称羊齿植物，既是高等的孢子植物，又是原始的维管植物，同时也属颈卵器植物和有胚植物，其生活史具有明显的世代交替现象。孢子体远比配子体发达，常为多年生草本，具有根、茎、叶的分化，产生孢子进行无性生殖。配子体可独立生活，产生精子器和颈卵器。

（一）孢子体

蕨类的植物体即为孢子体，一般为多年生草本，少数为一年生。具有根、茎、叶的分

化，体表常被单细胞毛、节状毛、星状毛、鳞毛、鳞片等附属物。

1. 根

除极少数原始种类仅具假根外，大多数蕨类植物都有吸收能力较强、结构复杂的真根，但其主根不发育，通常为不定根。

2. 茎

蕨类植物的茎可分为两类，即地上茎和地下茎。地上茎有的粗壮如树干状，如桫椤（*Alsophila spinulosa* R. M. Tryon）、苏铁蕨（*Brainea insignis* J. Sm.）等；有的茎直立草本状，如木贼（*Equisetum hyemale* L.）等；有的则平卧匍匐状，如石松（*Lycopodium japonicum* Thunb.）、卷柏（*Selaginella tamariscina* Spring）等；还有的为块状，如水韭（*Isoetes japonica* A. Br.）等。多数真蕨类植物的茎属地下根状茎，横走、斜升、匍匐地面或蔓生。部分蕨类植物茎枝常有生殖枝和营养枝的分化，在形态上也常不同，如问荆（*Equisetum arvense* L.）等。

蕨类植物茎的内部构造主要由表皮层、皮层和中柱构成。茎部最外层的表皮细胞统称为表皮层，具有保护作用。表皮细胞略扁平，具有厚的外壁。介于表皮层和中柱之间的组织称为皮层组织，由薄壁细胞组成，靠近表皮层的皮层细胞常具加厚的细胞壁，具有强化支持作用。中柱类型主要有原生中柱、管状中柱、网状中柱等。蕨类植物的维管组织由木质部和韧皮部组成，除极少数如水韭属（*Isoetes* L.）和瓶尔小草属（*Ophioglossum* L.）等种类外，一般没有形成层结构。木质部主要成分为管胞及薄壁细胞，管胞壁上具有环纹、螺纹、梯纹或其他类型的加厚，也有一些蕨类具有导管，但导管与管胞的大小区别不明显；韧皮部的主要成分是筛胞及薄壁组织，少数种类具筛管。

3. 叶

蕨类植物的叶根据形态和结构可分为小型叶（microphyll）和大型叶（macrophyll）：小型叶鳞片状，无叶隙和叶柄，只具一个单一不分枝的叶脉；大型叶常具有叶柄、叶片，维管束有或无叶隙，叶脉多分枝，一般为单叶或一至多回羽裂或羽状复叶。根据功能又可将蕨类植物的叶分为两类，即营养叶（foliage leaf）或不育叶（sterile frond）和孢子叶（sporophyll）或能育叶（fertile frond）：前者是只能进行光合作用的叶，而后者主要作用是产生孢子囊和孢子。有些蕨类无营养叶与孢子叶之分，且形状相同，称为同型叶（homomorphic leaf）；也有些孢子叶与营养叶形状完全不同，称为异型叶（heteromorphic leaf）。

4. 孢子囊群

蕨类植物的孢子体生长发育到一定阶段，在叶片上产生无性生殖器官，即孢子囊（sporangia）（图 6-46），进行无性生殖。在孢子囊内产生无性生殖细胞——孢子（spore）。

孢子囊可分为两种类型：原始的蕨类植物孢子囊由一群细胞发育而成，称为厚囊型（eusporangiate type）发育，孢子囊形体较大，无柄，囊壁厚，由多层细胞构成，其上没有环带或仅具几个加厚细胞，能产生大量孢子。较进化的蕨类植物孢子囊由一个细胞发育而成，称薄囊型（leptosporangiate type）发育，孢子囊形体小，具三列细胞构成的长柄，囊壁薄，仅由一层细胞构成，其上有特化的环带。

小型叶蕨类中，孢子囊单生于孢子叶的近轴面叶腋或基部，许多孢子叶常聚生于枝顶，形成孢子叶穗（sporophyll spike）或孢子叶球（strobilus）。较进化的真蕨类，多数孢子囊常聚生在叶背面一个特化的囊托上，形成孢子囊群或孢子囊堆（sorus），沿叶缘、叶脉、脉

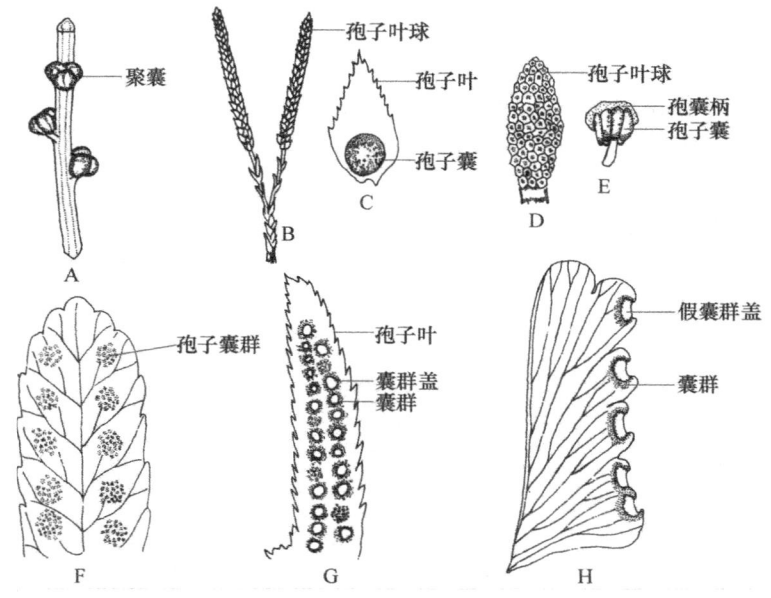

图 6-46 蕨类植物的孢子囊

A. 三个孢子囊形成聚囊［松叶蕨属（*Psilotum*）］；B、C. 孢子叶聚集成孢子叶球，孢子囊单生孢子叶近轴面基部［石松属（*Lycopodium*）］；D、E. 孢囊柄聚集成孢子叶球，孢子囊长筒形，生于孢囊柄六角形盘状体下面［木贼属（*Equisetum*）］；F～H. 孢子囊在孢子叶背面聚集成孢子囊群：F. 无囊群盖［水龙骨属（*Polypodium*）］；G. 具有囊群盖［鳞毛蕨属（*Dryopteris*）］；H. 具有假囊群盖［铁线蕨属（*Adiantum*）］

间、脉近侧着生，有些蕨类孢子囊群外面有囊群盖（indusium）。水生蕨类的孢子囊群生在特化的孢子果［或称孢子荚（sporocarp）］内。

5. 孢子

孢子囊内的孢子母细胞经减数分裂形成单倍体孢子，有孢子同型（homospory）和孢子异型（heterospory）之别。孢壁分为三层：内壁、外壁和周壁。内壁由纤维素构成，包于原生质外，柔软透明；外壁含孢粉素，坚硬，具有瘤、疣、刺、网、棒和穴等各种不同的纹饰，能耐酸碱和高温、高压等；仅少数种类具有周壁，位于孢子最外层，质薄、柔软、透明，光滑或有纹饰。孢子在形态上可分为两面型和四面型两种：前者两侧对称，近轴面观肾形或椭圆形，单裂缝；后者辐射对称，近轴面观近三角形，有三个裂缝，远轴面观为一个圆球面（图 6-47）。

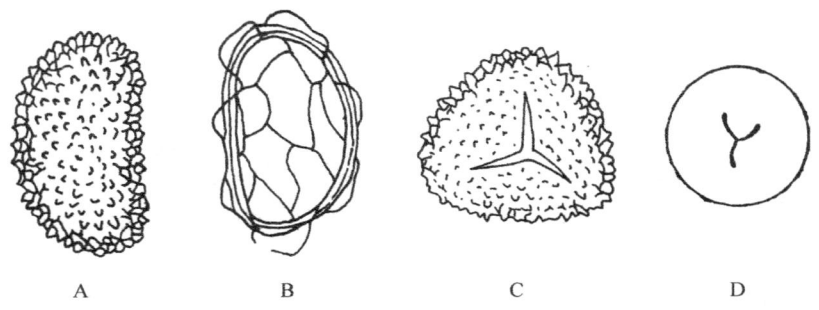

图 6-47 孢子类型

A、B. 两面型孢子；C. 四面型孢子；D. 球型四面型孢子

(二) 配子体

蕨类植物的配子体由孢子萌发形成，又称为原叶体。原始类群的配子体呈块状或圆柱状，无叶绿体，与真菌共生，完全或部分埋于土中，其精子器和颈卵器埋于其中。极少数种类的配子体为丝状，如莎草蕨属（*Schizaea*）。较进化类群的配子体为绿色、具背腹分化的叶状体，能独立生活，在腹面产生精子器和颈卵器（图 6-48）。蕨类植物的精子具鞭毛，受精作用离不开水。受精卵发育成胚，幼胚寄生在配子体上，长大后配子体死亡，孢子体即行独立生活。

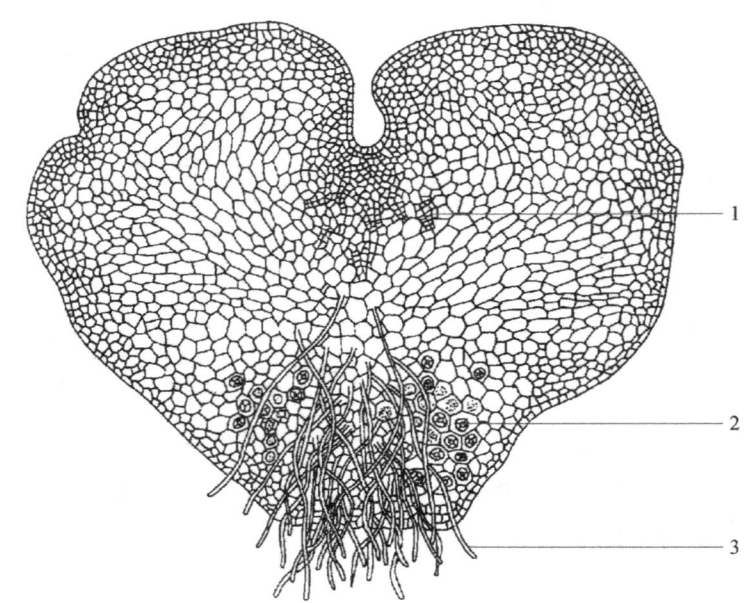

图 6-48 蕨类的配子体（示颈卵器、精子器）
1. 颈卵器；2. 精子器；3. 假根

(三) 生活史

在蕨类植物的生活史中有两个独立生活的植物体，即孢子体和配子体，世代交替明显，孢子体世代占绝对优势（图 6-49）。从受精卵萌发开始，到孢子囊中的孢子母细胞进行减数分裂前为止的阶段称为孢子体世代或无性世代；从孢子萌发到精子和卵结合前的阶段称为配子体世代或有性世代。

三、蕨类植物的分类及代表类群

1978 年，我国蕨类植物学家秦仁昌教授将蕨类植物门分为 5 个亚门，即石松亚门（Lycophytina）、水韭亚门（Isoephytina）、松叶蕨亚门（Psilophytina）、楔叶亚门（Sphenophytina）和真蕨亚门（Filicophytina）。秦氏蕨类植物的分类系统在该领域产生了重要影响，至今仍为世界上的很多学者所采用。前 4 个亚门的蕨类植物种类较少，多处于孑遗状态。最后 1 个亚门较进化，又称为真蕨类植物（fern）。根据 1992 年《中国蕨类植物科属志》中的一些修订，现将松叶蕨亚门放在最原始的位置。

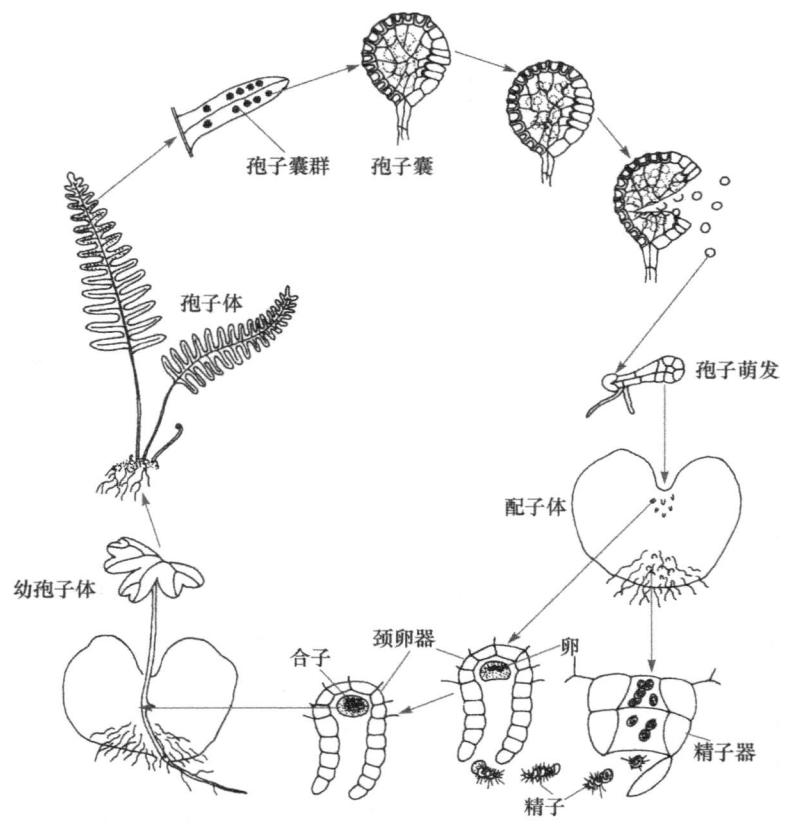

图 6-49 蕨类植物的生活史（以水龙骨为例）

现在地球上生存的蕨类植物有 12 000 余种，分布广泛，除了海洋和沙漠外，无论在高山平原，还是森林草地、溪流沼泽和湖泊中都有可能生长，尤以热带和亚热带地区种类较多。中国现有蕨类植物 63 科 221 属 2456 种（严岳鸿等，2012），其中 1218 种属于中国特有（约占中国蕨类总种数的 50%），是世界蕨类植物区系的重要组成部分。在中国，以西南和长江流域以南各省（自治区）及台湾等地种类较为丰富，仅云南省就有蕨类 1000 多种，故其有"蕨类王国"之称。

（一）松叶蕨亚门

1. 主要特征

松叶蕨亚门植物的孢子体具匍匐根状茎和直立茎，二叉分枝，有棱或扁平状，具原生中柱或管状中柱，与真菌共生。无根，仅在根状茎上生毛状假根。小型叶；营养叶钻形、披针形或鳞片状，有单一主脉；孢子叶二叉状，无叶脉。孢子囊单生孢子叶腋，厚囊型发育，2 个或 3 个融合为聚囊。孢子肾形，同型。

配子体为不规则的柱状体，内与菌丝共生，精子器和颈卵器生于配子体表面。

2. 分类及代表植物

现代松叶蕨亚门仅存松叶蕨目（Psilotales），特征同亚门，包含松叶蕨科（Psilotaceae）和梅溪蕨科（Tmesipteridaceae）2 科，2 属 10 余种。

松叶蕨属

松叶蕨属（*Psilotum* Sw.）植物的孢子体仅有假根，其内有共生菌丝。根状茎生于腐殖土或岩缝中，或附生树皮上；气生枝细长，扁平或具棱角，多次二叉分枝。叶细小或退化，无叶脉，短柄或近无柄；营养叶三角形，孢子叶有 2 片尖锐齿裂。孢子囊圆球形，3 枚腋生，彼此愈合，无环带，纵裂。孢子同型，椭圆形，单裂缝。配子体生地下，圆柱形，具菌根。

本属有 2 种，分布于热带及亚热带，我国仅 1 种：松叶蕨 [*P. nudum* (L.) Beauv.]，为孑遗植物。

松叶蕨，附生于树干或石缝中。根状茎具共生菌丝的假根，地上茎常绿、直立、丛生，上部多二叉分枝，光滑无毛。叶为鳞片状，无脉。3 个孢子囊聚合成孢子聚囊，生于叶腋，具 3 浅沟，短柄近无柄，成熟后金黄色。泛热带分布，现多为盆栽做观赏植物。

（二）石松亚门

1. 主要特征

石松亚门植物的孢子体有根、茎、叶的分化。茎多数二叉分枝，具原生中柱。小型叶，鳞片形、钻形或披针形，具 1 中脉，无叶隙，部分种类具叶舌。孢子囊单生于叶腋基部，厚囊型发育，孢子叶常聚生枝顶成孢子叶球（穗）。孢子同型或异型。配子体两性或单性。

2. 分类及代表植物

石松亚门现仅存石松目（Lycopodiales）和卷柏目（Selaginellales），共 1000 余种。

（1）石松目

多年生草本或藤本。茎辐射对称；无根托。叶多一型，螺旋状排列或交互对生，无叶舌。孢子囊生于特化的孢子叶腋内，在枝顶聚成孢子叶球（穗）。孢子同型。

配子体块状，生地下，与菌根共生。

石松目包括 3 科：石杉科（Huperziaceae）、石松科（Lycopodiaceae）和石葱科（Phylloglossaceae），共 12 属，360 余种。本目代表属为石松属。

石松属

石松属（*Lycopodium* L.）的植物为多年生草本，土生。主茎匍匐地面，具不定根；侧枝直立，一至多回二叉分枝。叶紧密螺旋状排列，鳞片形或线形。孢子叶球（穗）单生或聚生于孢子枝顶端，圆柱形，孢子叶较营养叶宽，阔披针形；孢子囊圆肾形，黄色。全球约 14 种。

石松（*L. japonicum* Thunb.）（图 6-50），地上茎细长匍匐，2 回或 3 回分叉，被稀疏的叶；侧枝直立，多回二叉分枝，编织中柱。叶螺旋状排列，密集，披针形，基部下延，无柄，中脉不明显。孢子叶 2~8 个集生于长约 30 cm 的总柄上；孢子叶阔卵形，具芒状长尖。产我国除东北以外的各省（自治区），日本及东南亚诸国有分布。

（2）卷柏目

多年生土生草本。茎通常匍匐平卧，有背腹面之分，单一或二叉分枝；匍匐茎中轴上具细长的根托。小型叶，鳞片状，4 行排列，或钻形，螺旋状排列，叶基部腹面有叶舌。孢子叶 4 行排列，于茎顶集成孢子叶球（穗）。孢子囊及孢子异型。

配子体在孢子壁内发育形成。

本目现存 1 科，即卷柏科（Selaginellaceae），仅含卷柏属 1 属。

卷柏属

卷柏属（*Selaginella* Beauv.）植物的特征同目。全世界分布，主产热带地区，约 700

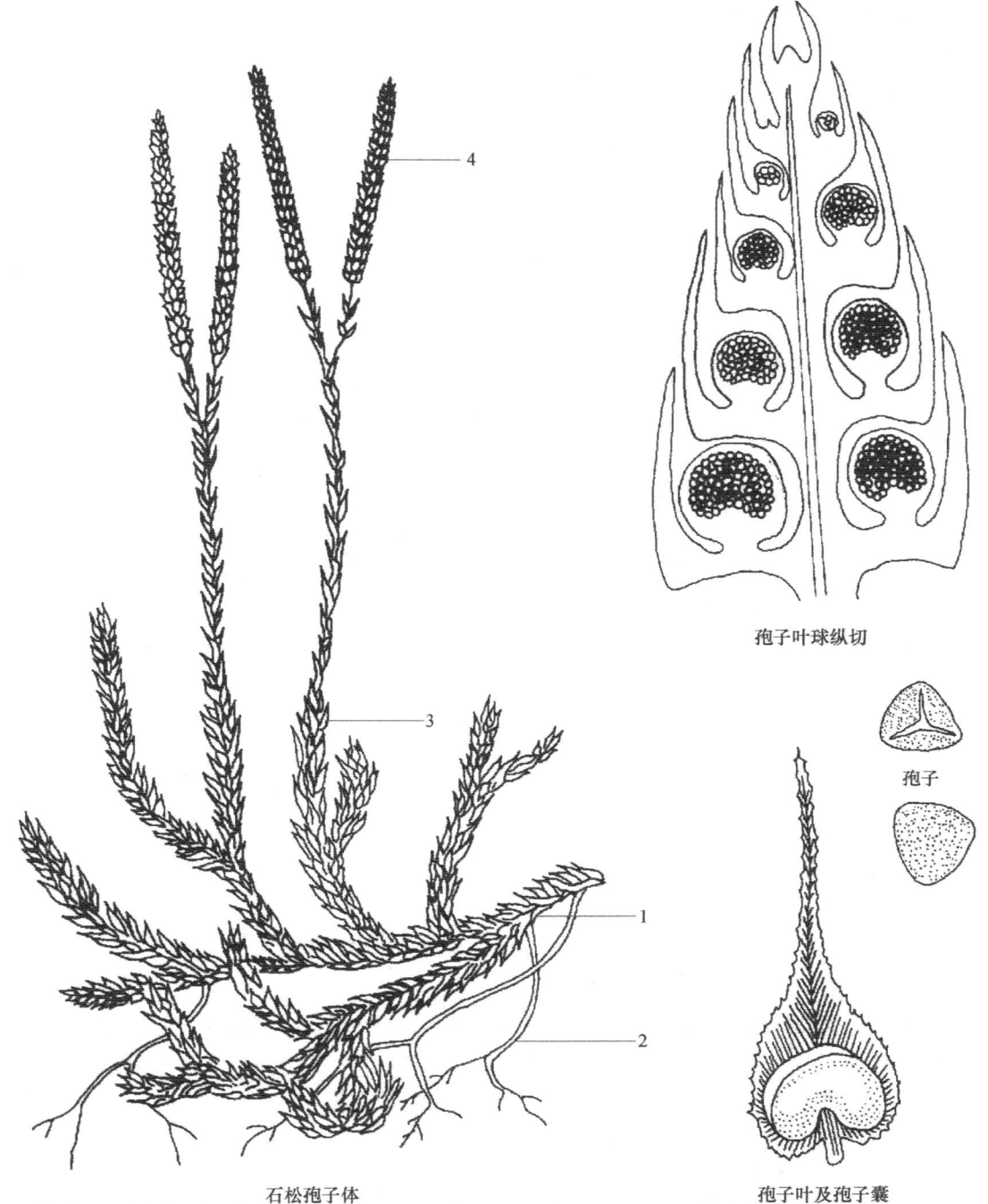

图 6-50 石松
1. 匍匐茎；2. 不定根；3. 直立茎；4. 孢子叶球

种。我国有 60~70 种，各地均有分布。

卷柏 [*S. tamariscina* (Beauv.) Spring]，多年生草本，呈垫状。主茎短而直立，茎分枝多而密，成莲座状或放射状丛生，主茎自中部开始羽状分枝或不等二叉分枝，根多分叉，密被毛，茎及分枝密集形成树状主干。叶覆瓦状排成4列，二型，表面光滑，边缘具白边。

孢子叶球（穗）生小枝顶端，四棱柱形；孢子囊肾形，大小孢子囊排列不规则。孢子二型。分布于中国各地，朝鲜、日本也有。当环境干旱时，卷柏的小枝向内拳卷，潮湿时又伸展开来，所以俗称"还魂草"。

本属其他常见植物还有中华卷柏［*S. sinensis*（Desv.）Spring］，可全草入药，能凉血、止血（图 6-51）；垫状卷柏［*S. pulvinata*（Hook. et Grev.）Maxim.］等。

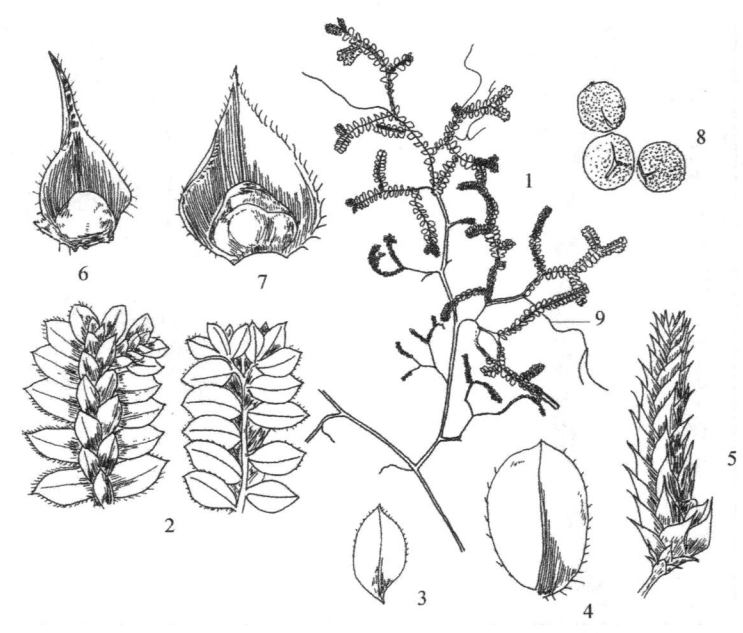

图 6-51　中华卷柏
1. 植株；2. 小枝的背面和腹面；3. 中叶；4. 侧叶；5. 孢子叶球（穗）；6. 小孢子叶和小孢子囊；
7. 大孢子叶和大孢子囊；8. 大孢子；9. 根托

（三）水韭亚门

1. 主要特征

水韭亚门植物的孢子体为水生或湿生草本。茎粗短呈块状，下部生根，原生中柱。叶丛生于短粗的茎上，狭长线形或刺形，基部扩大，腹面具叶舌。孢子囊单生于叶基部腹面的穴内，异型，外被盖膜。孢子异型。配子体有雌雄之分，强烈退化。

2. 分类及代表植物

水韭亚门现仅存水韭目（Isoetales）1 目，包括 1 科，即水韭科（Isoetaceae），现存 1 属，70 余种，多见于北半球。

水韭属

水韭属（*Isoetes* L.）植物的植株形似韭菜，茎粗短块状，下部纵沟内具根托，根托上长有须状不定根。叶莲座状丛生茎顶，基部宽而膨大成匙形，向上收缩成锥状伸长，叶舌宿存。外围叶不育，向内依次分化出大孢子叶和小孢子叶。孢子囊生于孢子叶叶舌下一特殊凹穴中，外被膜质盖膜。大孢子四面体型，三裂缝；小孢子二面体型，单裂缝，孢子在囊壁腐烂后散发。雌、雄配子体极度退化，精子多鞭毛。

水韭属（图 6-52）70 余种，广布于全世界，多水生或沼泽地生长。我国有 3 种，最常见的是中华水韭（*I. sinensis* Palm.），分布于长江下游地区；水韭（*I. japonica* A. Br.），产华中至西南。

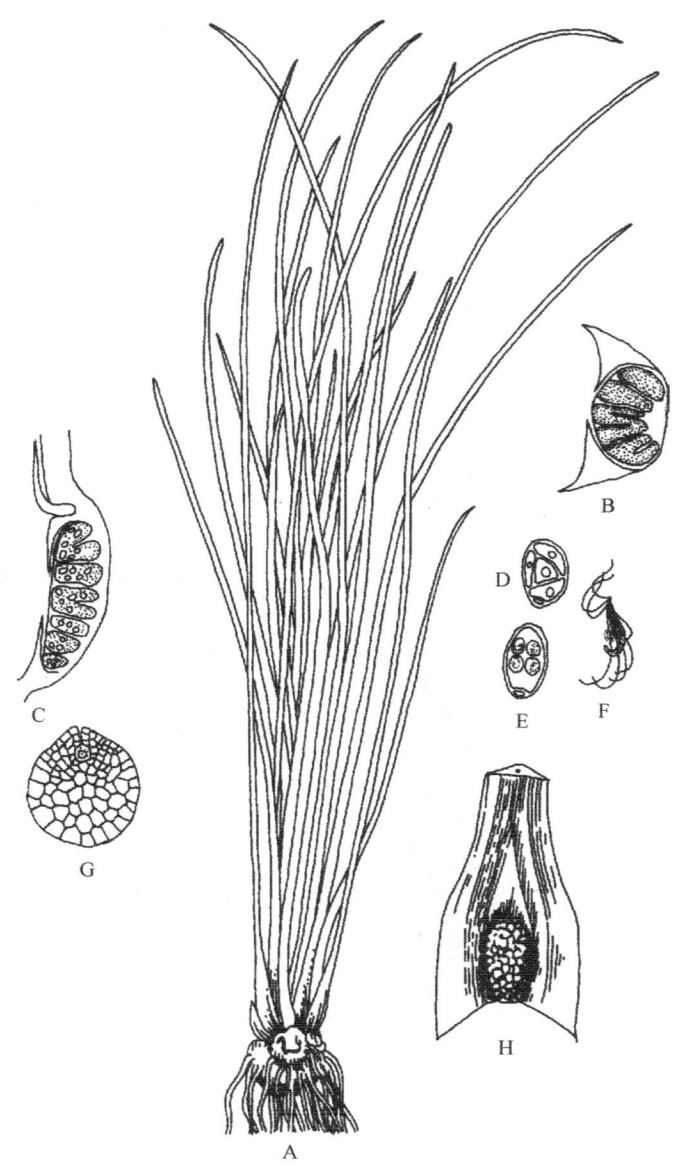

图 6-52　水韭属
A. 孢子体外形；B. 小孢子叶横切面（示小孢子囊）；C. 大孢子叶纵切面（示大孢子囊）；
D, E. 雄配子体；F. 游动精子；G. 雌配子体；H. 大孢子叶基部

（四）楔叶亚门

1. 主要特征

楔叶亚门植物最突出的特点是气生茎有节，节间中空；中柱由管状中柱转化为具节中

柱；茎外有纵棱，二叉或单轴分枝；根状茎棕色，蔓延地下，节上生具分枝的不定根。小型叶，不发达，于节处轮生成鞘状（细胞中不含叶绿素）。孢子叶特化成盾状的孢囊柄，孢囊柄在枝顶聚集成孢子叶球。孢子同型，圆球形，周壁具弹丝。

配子体两性或单性，具背腹面，腹面为多层细胞的垫状组织，下侧生假根，上部分裂成许多一层细胞组成的不规则带状裂片，绿色，裂片间发育配子囊。

2. 分类及代表植物

楔叶亚门现仅存1目1科，即木贼科（Equisetaceae），含问荆属（*Equisetum* L.）和木贼属（*Hippochaete* Milde）。

问荆属气生茎分化为营养枝（sterile stem）和生殖枝（fertile stem）。生殖枝在春季生出，短而粗，棕褐色，不分枝，枝端生孢子叶球；营养枝在夏季生出，绿色，节上轮生许多分枝。

问荆（*E. arvense* L.），气生茎二型，分化为营养枝和生殖枝。营养枝夏季生出，节上轮生分枝，侧枝柔软纤细；生殖枝春季生出，短粗，不分枝，顶端生孢子叶球。孢子囊穗顶端圆钝，成熟时柄伸长（图6-53）。

木贼属气生茎不分营养枝和生殖枝，绿色，节上轮生许多分枝，在分枝的顶端常产生孢子叶球。常见的种类有木贼［*H. hiemale*（L.）Borner.］和节节草（*H. ramosissimum* Desf.）。

（五）真蕨亚门

1. 主要特征

真蕨亚门是现代蕨类植物中最大的一个类群，最主要的特点是叶比茎发达；大型叶，顶枝起源，单叶或复叶，幼叶拳卷，常分化为叶片和叶柄，叶片具叶轴并常分裂。除树蕨类外，均为根状茎，具原生中柱、管状中柱和多环网状中柱等，茎及叶柄基部通常具有鳞片或毛。孢子囊聚生于叶腹面（远轴面）的小脉

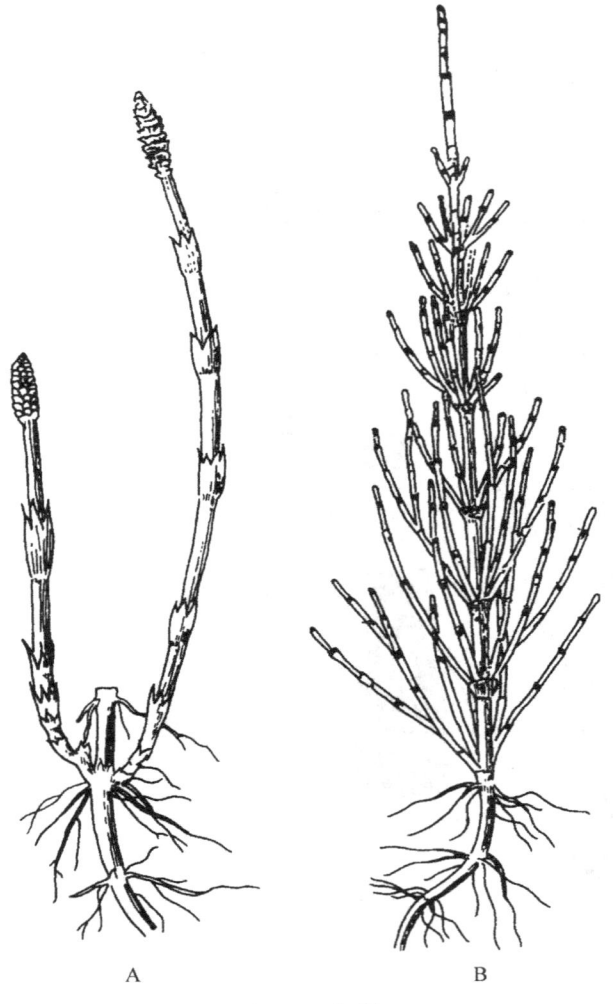

图6-53 问荆
A. 生殖枝；B. 营养枝

或叶缘，聚集成各种形状的孢子囊群，有或无囊群盖。孢子囊成熟时常要借助于孢子囊壁形成的环带裂开。

配子体形小，多数种类为背腹性心形叶状体，具假根，精子器和颈卵器均生于腹面。

2. 分类及代表植物

根据孢子囊的起源和孢子囊壁的厚薄，真蕨亚门分为3纲：厚囊蕨纲（Eusporangiopsida)、原始薄囊蕨纲（Protoleptosporangiopsida）和薄囊蕨纲（Leptosporangiopsida）。真蕨亚门是现存蕨类中最繁茂的一大类群。现存的真蕨植物超过1万种，广布于全世界。我国有56科2500多种，南北各地分布广泛。

(1) 厚囊蕨纲

厚囊蕨纲植物的孢子囊起源于一群细胞，孢子囊壁厚，由多层细胞组成。配子体地下生，具菌根。精子器埋于配子体组织中。

现存厚囊蕨纲多为孑遗植物，包括瓶尔小草目（Ophioglossales）和观音莲座目（Angiopteriales）。

A. 瓶尔小草目

瓶尔小草目的植物为草本。茎二叉分枝，深埋土中，通常每年茎上只生1枚营养叶。叶幼时不拳卷；孢子叶由营养叶的叶柄顶端生出。孢子囊群生于孢子叶边缘的囊托上，组成孢子囊穗。本目含3科9属，我国有3科7属。常见的有瓶尔小草（*Ophioglossum vulgatum* L.）（图6-54）、阴地蕨 [*Sceptridium ternatum*（Thunb.）Lyon] 和扇羽阴地蕨 [*B. lunaria*（L.）Sw.] 等。

B. 观音莲座目

观音莲座目植物的茎呈块状，半埋土中，连同宿存的叶基、托叶形成硕大的莲座状，外被毛或鳞片。叶为羽状或掌状复叶，叶柄基部有一对托叶。孢子囊聚合成孢子囊群，生于叶的下面。本目含4科6属，中国产3科4属。常见种类有福建观音莲座（*Angiopteris fokenensis* Hieron.）。

(2) 原始薄囊蕨纲

原始薄囊蕨纲植物是介于厚囊蕨纲和薄囊蕨纲之间的过渡类群，其孢子囊常由一个原始细胞发育而成，但囊柄可由多数细胞发生；孢子囊壁薄，仅由一层细胞组成，只在一侧有几个壁加厚的细胞组成盾形环带。植物体无真正的毛和鳞片，叶片或羽片二型。配子体为长心形的叶状体。

本纲仅1目1科，即紫萁目（Osmundales）、紫萁科（Osmundaceae）。代表种类为紫萁属植物。

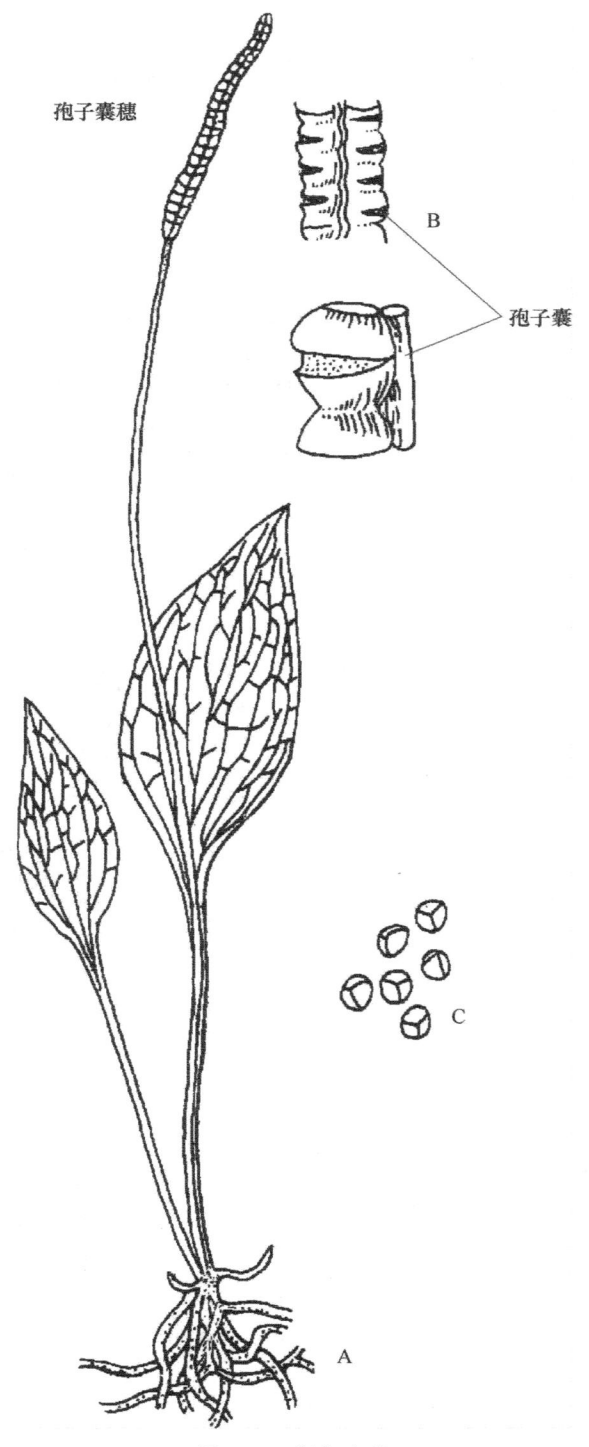

图6-54 瓶尔小草
A. 植株；B. 孢子囊穗一部分；C. 孢子

紫萁属

紫萁属（*Osmunda* L.）植物的根状茎粗短，主轴明显，外被宿存的叶基。叶大，簇生，幼时拳卷，被棕色绒毛；叶二型或一型，营养叶二回羽状。孢子囊大，圆球形，有柄，边缘着生。孢子四面体型。

本属约有 15 种，分布于北半球的温带和热带。我国约有 9 种，常见的有紫萁（图 6-55）（*O. japonica* Thunb.）、绒紫萁（*O. claytomiana* L.）和华南紫萁（*O. vachellii* Hk.）等。

图 6-55　紫萁
A. 植株；B. 孢子叶羽片；C. 孢子

（3）薄囊蕨纲

薄囊蕨纲植物的孢子囊起源于一个原始细胞，孢子囊壁薄，仅由一层细胞组成，具有发育完善的各式环带。孢子囊聚集成各种孢子囊群，生于叶背面，或少数水生种类集生成孢子果。囊群盖有或无，孢子少，定数，大多数种类为同型孢子，水生种类具异型孢子。

植物体被毛和鳞片。配子体小，具背腹面，精子器小，颈卵器仅颈部突出，弯生。

薄囊蕨纲通常分为 3 目：水龙骨目（Polypodiales）[或真蕨目（Filicales）]、苹目（Marsileales）和槐叶苹目（Salviniales）。

A. 水龙骨目

水龙骨目的植物绝大多数为土生或附生，少为湿生或水生。孢子囊聚生成各式孢子囊群，具囊群盖或无，原始类群的孢子囊同时发育，较进化的顺序向基发育，进化型则无一定次序，混合发育。孢子同型。

水龙骨目为蕨类植物中最大的一个目,在中国有 47 科,其种类占蕨类植物的 90%。下面以蕨科(Pteridiaceae)蕨属为例说明本目的主要特征。

蕨属

蕨属(*Pteridium* Scopoli)植物体多年生。根状茎长而横走,被棕色茸毛,无鳞片;内具多环网状中柱。叶远生,高可达 1 m,叶柄粗壮,叶片三角状卵形,三回羽状。孢子囊群沿叶边缘连续分布,囊壁有 1 条纵行的环带。配子体宽约 1 cm,为心形的扁平叶状体,细胞内含叶绿体;腹面生假根,颈卵器着生在心形凹陷处,其腹部埋于配子体内,颈部较短,突出体外;精子器球形,突出配子体表面。在有水的环境中精卵结合,受精卵在配子体上发育成幼胚,后成为独立生活的孢子体。

全属约有 15 种,广布世界各地,以泛热带地区的种类最多。我国有 6 种,常见种类有蕨 [*Pteridium aquilinum* var. *latiusculum* (Desv.) Underw. ex Heller](图 6-56),分布极为普遍,广布全国各省(自治区),世界的温带和暖温带及其他地区也有。嫩叶可食,称"蕨菜";根状茎富含优质淀粉,可制成蕨粉供食用,为滋养食品;全株入药,驱风湿、利尿解热。

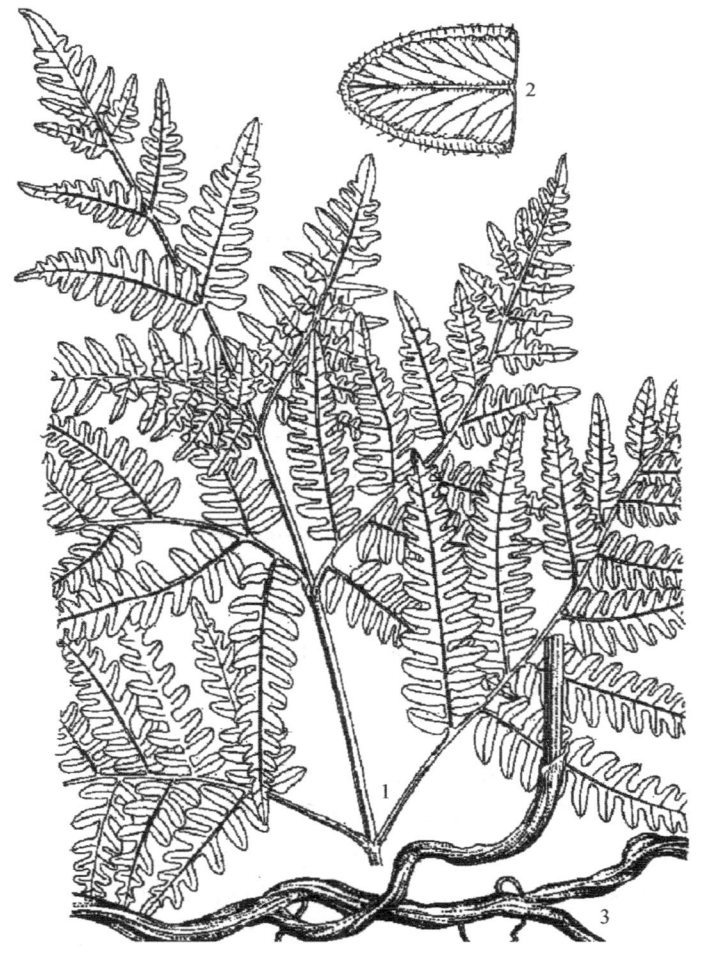

图 6-56 蕨
1. 叶片;2. 裂片示囊群;3. 根状茎

本目其他常见的种类有：银粉背蕨［*Aleuritopteris argentea*（Gmél.）Fée］、贯众（*Cyrtomium fortunei* J. Sm.）、肾蕨［*Nephrolepis auriculata*（L.）Trimen］、铁线蕨（*Adiantum capillus-veneris* L.）、过山蕨（*Camptosorus sibiricus* Rupr.）和有柄石韦［*Pyrrosia petiolosa*（Christ）Ching］等。

B. 苹目

苹目为浅水或湿生性植物。根状茎细长横走，具管状中柱。叶具长柄，叶片由4片倒三角形羽片组成十字形。孢子囊生长在由羽片变态形成的孢子果内，二型；大孢子囊只含1个大孢子，小孢子囊含多数小孢子。

苹目仅苹科（Marsileaceae）1科3属，我国只有苹属，广泛分布于南北各地。

苹属

苹属（*Marsilea* L.）为浅水生植物。根状茎分节，节上生根，向上长出单生或簇生的叶。叶片十字形，着生于叶柄顶端，漂浮水面。孢子果生于叶柄基部，内生多数孢子囊群，大小孢子囊同生在1个孢子囊群中。大孢子囊内含1个大孢子，小孢子囊内含有多数小孢子。孢子果成熟至第二年或第三年才能开裂。大孢子卵圆形，小孢子近球形。小孢子萌发为雄配子体，大孢子萌发为雌配子体（图6-57）。

本属约70种，遍布世界各地，以大洋洲及非洲南部为最多。中国有3种，常见的为苹（*Marsilea quadrifolia* L.），也称四叶苹或田字草，广布于长江以南各省（自治区），北达华北地区和辽宁，西到新疆，为世界广布种；生水田或沟塘中，可作饲料。

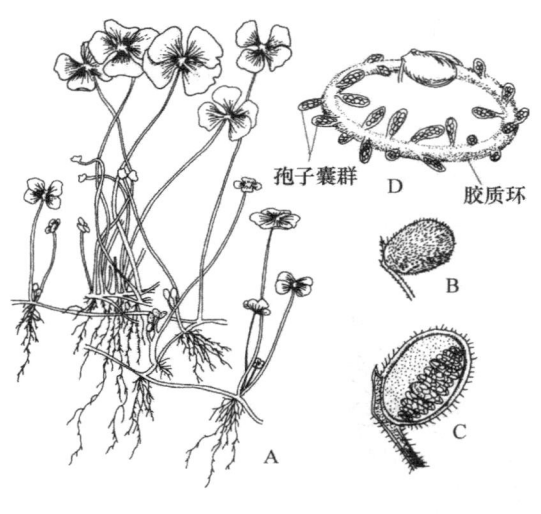

图6-57 苹
A. 植株；B. 孢子果；C. 孢子果纵切；D. 孢子果开裂，伸出胶质环，其上着生孢子囊群

C. 槐叶苹目

槐叶苹目为漂浮水生植物。茎纤细横生，有须根或须根状假根。孢子果生于茎上，二型；体积小的为大孢子果，内生一至数个大孢子囊；体积大的为小孢子果，内生多数小孢子囊。孢子异型。配子体在孢子囊内发育。

槐叶苹目有2科，槐叶苹科（Salviniaceae）仅槐叶苹属1属；满江红科（Azollaceae）也仅有满江红属1属。2属在我国均广泛分布。

槐叶苹属

槐叶苹属（*Salvinia* Adans）植物的茎细长而横走。三叶轮生，上面二叶漂浮水面，形如槐叶，长圆形或椭圆形，顶端钝圆，表面密布乳头状突起，背面被毛，漂浮水面；下面一叶悬垂水中，细裂成线状，被细毛，形如须根，称沉水叶。孢子果4~8个簇生于沉水叶的基部，表面疏生成束的短毛；孢子果有大、小两种类型，大孢子果较小，内生少数大孢子囊，囊内含大孢子1枚；小孢子果较大，内含多数小孢子囊，每个小孢子囊内含小孢子64枚（图6-58）。

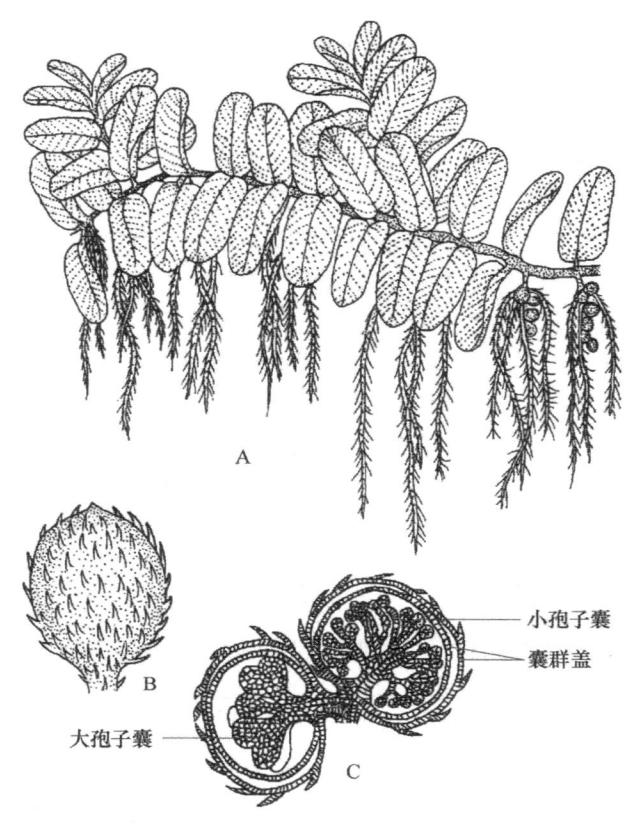

图 6-58 槐叶苹
A. 植株；B. 孢子果；C. 孢子果纵切面，示大、小孢子囊

本属约 10 种，世界广布，以美洲和非洲热带地区种类最多。中国仅有 1 种，即槐叶苹 [*S. natans* (L.) All.]，广布全国各地，生沟塘或静水溪河内。全草入药，煎服，治虚劳发热、湿疹，外敷治丹毒、疔疮和烫伤。

满江红属

满江红属（*Azolla* Lam.）植物体小，呈三角形、菱形或近圆形。茎细弱，成羽状或假二叉分枝，下面生须根。叶覆瓦状排列于茎上，深裂为上、下两瓣：上瓣漂浮于水面进行光合作用；下瓣斜生于水中，无色素。孢子果也有大、小之分。因上瓣内侧的空隙中有蓝藻门的固氮鱼腥藻（*Anabaena azotica*）共生，鱼腥藻能固定空气中的游离氮，故满江红又是良好的绿肥。

本属约 6 种，广布世界各地。中国有 2 种，常见种为满江红 [*A. pinnata* R. Brown]，因其叶内含大量红色花青素，到秋冬季变为红色，使江河湖泊呈现一片红色，因此称"满江红"（图 6-59）。广

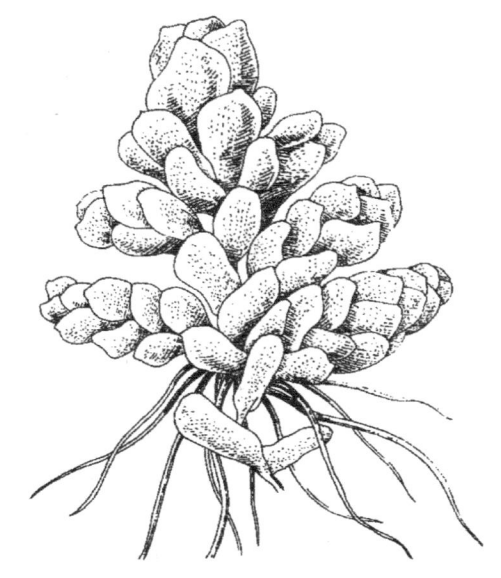

图 6-59 满江红

布于长江流域和南北各省（自治区），生于水田和静水沟塘中。

四、蕨类植物的起源和演化

一般认为，古代和现代蕨类植物可能具有共同祖先。在距今4亿年前的古生代志留纪末期至泥盆纪初期，植物从水生环境开始朝向适应陆地环境的方向发展。最早的蕨类植物——裸蕨类首先成功登陆，成为最早的陆地植物。因此，多数学者推断，陆生高等植物可能起源于裸蕨类植物，而裸蕨又起源于藻类（绿藻类）。在陆地生态系统的形成与演化过程中，蕨类植物是首先征服陆地生态环境的先锋植物类群。

裸蕨类植物登陆以后，为适应多变干燥的生活环境而不断分化和发展。早期的陆地植物大致沿着石松类（Lycophytes）、木贼类（Sphenophytes）和真蕨类（Pteridophytes）三条路线进行演化和发展（图6-60）。石松类植物是蕨类植物中最古老的一个类群，在下泥盆纪就已出现，发现于大洋洲志留纪地层的刺石松（*Baragwanathia*）是最原始的代表植物。木贼类植物出现于泥盆纪，最古老的木贼类是泥盆纪地层中的叉叶属（海尼蕨属）（*Hyenia*）和古芦木属（*Calamophyton*）（图6-61）。真蕨类植物最早出现在中泥盆纪，但与现存的真蕨植物差别较大，故被归为原始蕨类，其孢子囊长形，囊壁厚，纵向开裂或顶上孔裂。1936年发现于我国云南省泥盆纪地层中的小原始蕨（*Protopteridium minutum* Halle）及发现于中泥盆纪的古蕨属（*Archaeopteris*）（图6-62）是最重要的代表。许多人认为，最早的裸子植物是通过古蕨属这一途径发展而来的。

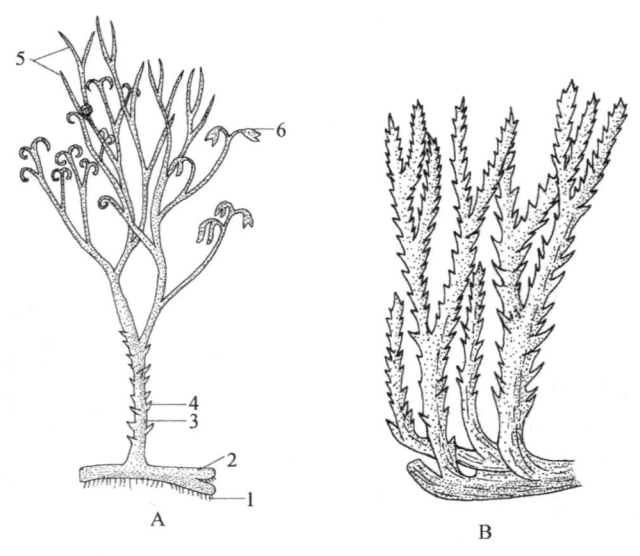

图6-60　裸蕨属（A）和镰叶刺石松（B）
1. 假根；2. 根状茎；3. 气生茎；4. 刺状突起；5. 枝尖；6. 孢子囊

从志留纪到中泥盆纪时，蕨类植物大量出现。而到二叠纪前期，大量蕨类植物相继绝迹，成为古代的化石蕨类。迄今为止，仅有少数成为孑遗种，而部分种类在三叠纪、侏罗纪又演化出新的种系，并继续繁衍、演化发展出一系列新的类群。现代生存的真蕨类植物绝大多数具大型叶，有叶隙，茎多为不发达的根状茎，孢子囊聚集成孢子囊群，生在羽片下面或边缘，是中生代初期演化发展的植物类群。

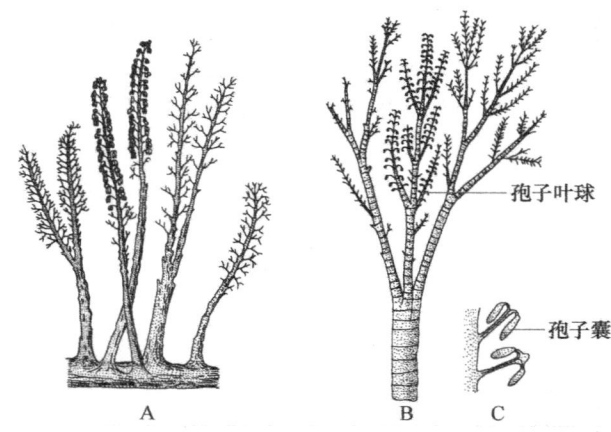

图 6-61　叉叶属（海尼蕨属）(A) 和古芦木属 (B、C)
B. 气生茎；C. 孢囊柄

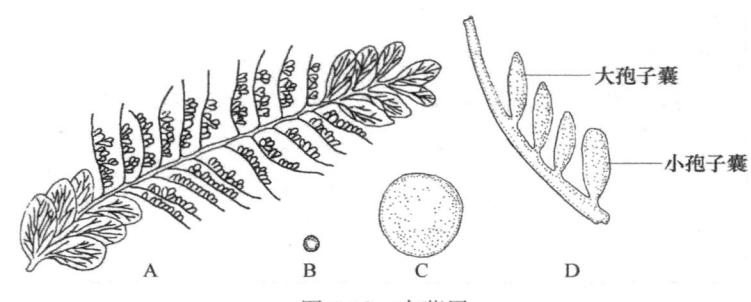

图 6-62　古蕨属
A. *Archaeopteris hibernica* 的 1 个羽片。B~D. 古蕨 (*A. latifolia*)：
B. 小孢子；C. 大孢子；D. 小羽片的一部分

五、蕨类植物在自然界中的作用及资源利用

蕨类植物是植物界中的一个重要组成部分。古代蕨类是陆生植物群落的主要建群种，对陆地生态系统的形成和环境的改善曾作出重要贡献，为种子植物的起源与演化奠定了种源和环境基础。现代蕨类植物中的一些类群耐干旱、耐贫瘠，是荒坡绿化的先锋植物。而蕨类植物中的另一些类群又极耐阴，可在森林植被的阴湿环境中生长，增加森林生态系统维护生态平衡的功能。新近发现凤尾蕨属植物（*Pteris* spp.）具有富集重金属元素的作用，在遭受重金属污染的区域，可通过大面积种植凤尾蕨属植物清除污染物。

蕨类植物与人类的生活关系密切。石松、卷柏、阴地蕨 [*Botrychium ternatum* (Thunb.) Sw.]、贯众、金毛狗 [*Cibotium barometz* (L.) J. Sm.]、紫萁、海金沙 [*Lygodium japonicum* (Thunb.) Sw.]、乌蕨 [*Stenoloma chusanum* (L.) Ching] 等种类在民间经常用来治病。我国民间很早就开始将一些蕨类植物食用，如蕨、菜蕨 [*Callipteris esculenta* (Retz.) J. Sm.]、紫萁以及莲座蕨目的大部分种类的嫩叶均用于食用；蕨的根状茎富含淀粉，可酿酒和做凉粉食用。蕨类植物的孢子，如石松的孢子，在工业上称"石松子粉"，可用做优质脱模剂。还可用在火箭、信号弹、照明弹等各种照明制造工业上，作为引起突然起火的燃料。在农业生产上，满江红因与蓝藻共生，可生物固氮，具有肥田的作用；同时，满江红也可做家禽和家畜的饲料。蕨类植物中具有园艺观赏价值的种类也比较多，如肾蕨、铁线蕨、鸟巢蕨 [*Neottopteris nidus* (L.) J. Sm.]、鹿角蕨 [*Platycerium walli-*

chii Hooker]、银粉背蕨、翠云草［*Selaginella uncinata* (Desv.) Spring］、桫椤（*Alsophila spinulosa*）、崖姜蕨和莲座蕨等。蕨类体态优美，能适应低光照条件，并且不易感染虫害，因此是时下最受欢迎的室内观赏植物，而在室外也广泛被用于装饰观赏。有些蕨类植物可作为发展林地的指示植物，如石松、芒萁［*Dicranopteris pedata* (Houtt.) Nakaike］、苏铁蕨［*Brainea insignis* (Hook.) J. Sm.］等可指示酸性土壤，单叶贯众［*Cyrtomium hemionitis* Christ］、线裂铁角蕨（*Asplenium coenobiale* Hance）、柳叶蕨［*Cyrtogonellum frexinellum* (Christ) Ching］等可指示钙质土环境等。

知识窗

秦仁昌（Ren-Chang Ching，1898～1986年），江苏武进人，世界著名蕨类植物学家、植物分类学家，中国科学院院士，中国蕨类植物学的奠基人。从事蕨类植物学研究60年，1940年发表的《水龙骨科的自然分类》(*On natural classification of the "Polypodiaceae"*) 奠定了现代蕨类分类的系统研究的基础，对蕨类植物学界产生了巨大的影响，其科属概念大都被世界蕨类植物学家所采用；1959年编辑出版的《中国植物志》（第二卷），是《中国植物志》这部历史性巨著的第一本，为其他卷册的编写起了典范作用，对发展中国和世界的植物系统学作出了重要贡献；1978年发表的《中国蕨类植物科属的系统排列和历史来源》一文，使蕨类植物系统学研究达到了一个新的水平，形成了秦仁昌系统学派，该系统已为全国植物学界和各标本室所采用。

20世纪末到21世纪初，分子生物学资料中来自叶绿体基因片段的系统发育分析更新了我们对整个维管植物演化关系的认识。Hasebe等（1994；1995）及Pryer等（1995）率先对蕨类科级演化关系进行了分析，其后在很多类群上都展开了分子系统学的研究，整个蕨类各大类群间的亲缘关系逐渐清晰，一些分类上困难类群的范围得到界定。

基于已有分子证据，Smith等（2006）发表了现代世界蕨类植物分类系统，并得到了很高的认同。一个和APG（angiosperm phylogeny group）系统并行的包括石松类和蕨类的完整科属分类系统（Christenhusz et al.，2011）也被正式提出，并得到好评（Lehtonen，2011），但也有同时使用这两个系统的（Brownsey and Perrie，2011）。这个新系统在科和亚科的范围界定上已比较稳定，但一些属的分类仍然还存在很大问题，这个新的分类系统把全世界现代石松类和蕨类植物划分为49科12亚科约280属。

基于现有认识，张宪春研究员最近提出了一个中国石松类和蕨类的新的科属分类系统。根据这个系统，中国产石松类和蕨类植物共38科12亚科164属（张宪春，2012a, b）。

第六节　裸子植物门

裸子植物既是颈卵器植物，又是种子植物（seed plant或spermatophyte），是介于蕨类植物和被子植物之间的维管植物。因其胚珠外面没有子房壁包被，胚珠和种子生于开放的大孢子叶上，不形成果皮，种子裸露，故称为裸子植物。

裸子植物和被子植物均能够产生种子并以种子繁殖，因此，早期的学者建立了种子植物门（Spermatophyta），其共同的特征是具有胚珠、花粉管和种子。

一、裸子植物的特征

1. 孢子体发达

裸子植物的孢子体发达，均为多年生木本植物，且多数为单轴分枝的高大乔木。维管系统发达，具形成层和次生生长；木质部大多数只有管胞而无导管，韧皮部有筛胞而无筛管和伴胞。叶多为针形、条形或鳞形，极少数种类为扁平的阔叶；叶表皮有较厚的角质层，气孔下陷，排列成浅色的气孔带（stomatal band），更加适应陆地生活。

2. 形成球花

裸子植物的孢子叶（sporophyll）多聚生成球果状（strobiliform），称为孢子叶球（strobilus），或球花（cone）。小孢子叶球又称雄球花（male cone），由小孢子叶聚生而成，每个小孢子叶背面生有小孢子囊，内有多个小孢子母细胞，经减数分裂产生小孢子，再由小孢子发育成雄配子体。大孢子叶球又称雌球花（female cone），由大孢子叶丛生或聚生而成。大孢子叶变态为羽状大孢子叶（苏铁纲）、珠领（银杏纲）、珠鳞（松柏纲）、珠托（红豆杉）和套被（罗汉松）等多种类型。

3. 胚珠裸露，形成种子

裸子植物大孢子叶的腹面生有胚珠，胚珠裸露，不为大孢子叶包被。胚珠成熟后形成种子。种子的出现使胚受到保护以及供给优质丰富的营养物质，可以使植物更好地适应和渡过干旱、寒冷等不良环境。

4. 配子体简化，完全寄生在孢子体上

多数裸子植物的配子体非常微小，结构简单，完全寄生在孢子体上。雄配子体在小孢子囊内开始发育，到具有3个或4个细胞时由风力传播，到达珠孔时继续发育，内有2个游动或不游动的精子。

雌配子体由大孢子发育而成，结构简单，埋藏于胚囊中，仅有2~4个颈壁细胞露在外面。颈卵器内有1个卵细胞和1个腹沟细胞，无颈沟细胞。相比于蕨类植物，裸子植物的颈卵器结构更为退化，极少数裸子植物不产生颈卵器。

5. 形成花粉管，受精作用摆脱了水的限制

裸子植物的花粉借助风力传播（少数例外），经珠孔直接进入胚珠，在珠心上方萌发形成花粉管，进入胚囊，使其内的精子与卵细胞受精。从传粉到受精需经相当长的时间。

花粉管的形成是裸子植物显著的进化特征，使其生殖过程进一步脱离了水的限制。因此，裸子植物能更好地适应陆生环境。

6. 具多胚现象

多数裸子植物具有多胚现象（polyembryony）。由1个雌配子体上的几个或多个颈卵器中的卵细胞同时受精，各自发育，形成多个胚，称为简单多胚现象（simple polyembryony）；由1个受精卵形成的胚原组织在发育过程中分裂为几个胚，称为裂生多胚现象（cleavage polyembryony）。

裸子植物发生发展的历史悠久，最初在距今3.95亿~3.45亿年前的古生代泥盆纪出现，历经古生代的石炭纪、二叠纪，中生代的三叠纪、侏罗纪、白垩纪，新生代的第三纪、

第四纪。从裸子植物发生到现在，地史气候经过多次重大变化，裸子植物种系也随之多次演变更替，老的种类相继灭绝，新的种类陆续演化出来，种类演替繁衍至今。现代生存的裸子植物为数不多，近 800 种，分为 5 纲，即苏铁纲（Cycadopsida）、银杏纲（Ginkgopsida）、松柏纲（Coniferopsida）、红豆杉纲（Taxopsida）和买麻藤纲（Gnetopsida）。

二、裸子植物的生活史

以松属（*Pinus* L.）植物为代表，其生活史过程如图 6-63 所示。

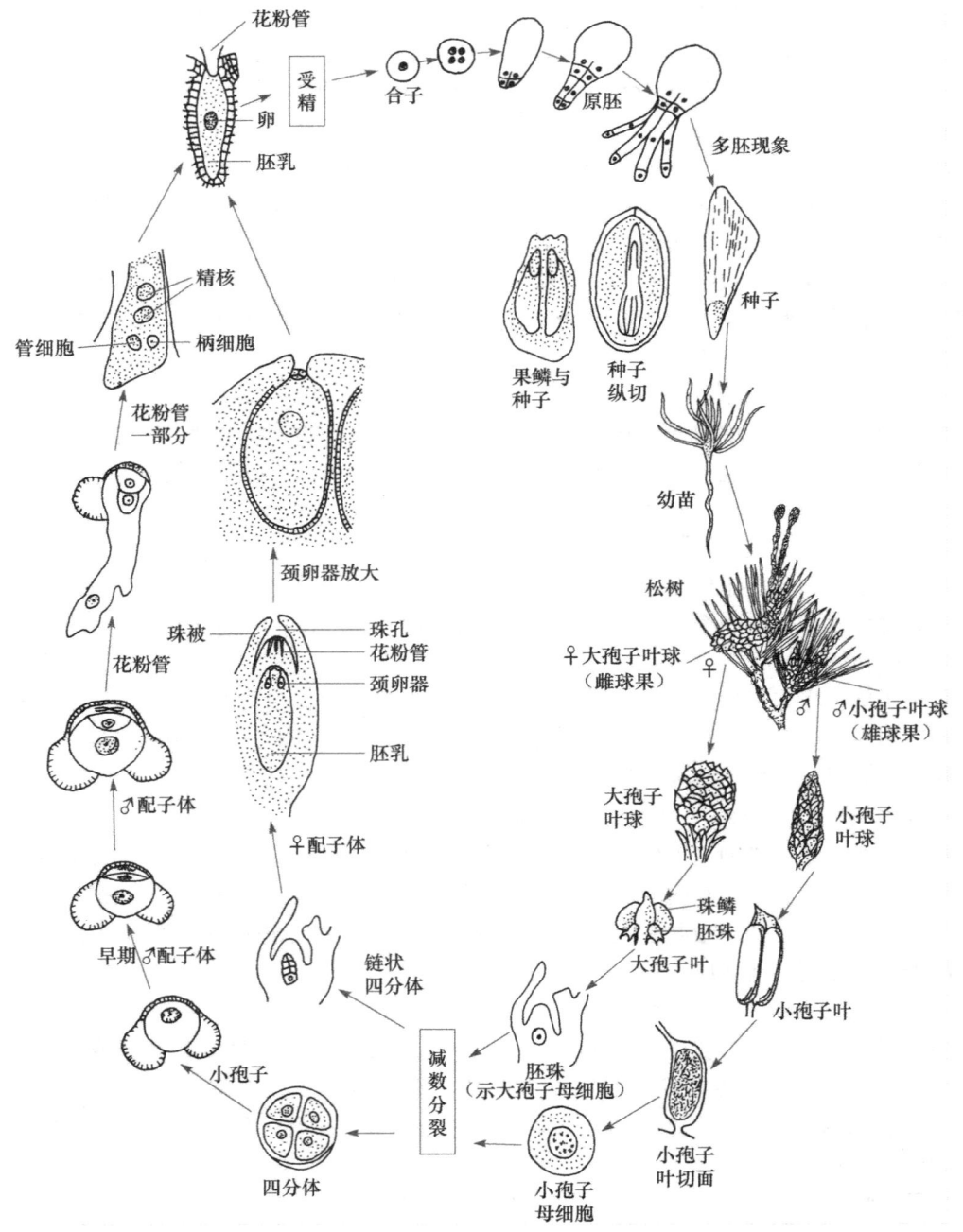

图 6-63　松属的生活史图解

松属植物的孢子体为高大的多年生常绿乔木，单轴分枝，主干直立，枝有长枝与短枝之分。长枝上生有鳞叶，鳞叶叶腋部生短枝。短枝极短，顶端生有成束的针叶，每束通常2枚、3枚或5枚。针叶在第二年以后才随短枝逐渐脱落。

春季发生新枝叶的同时，生殖器官也随着长出。生殖器官分为雄球果（小孢子叶球）和雌球果（大孢子叶球），雌雄同株。雄球果生于当年生新枝的基部。每一个雄球果由许多小孢子叶螺旋状排列而成，小孢子叶的背面（远轴面）各生2个小孢子囊，囊内具有许多小孢子母细胞，每一小孢子母细胞减数分裂后形成4个小孢子。小孢子具有2个气囊，在小孢子囊内即开始发育成雄配子体，通过3次细胞分裂，最后形成含有4个细胞的成熟雄配子体（1个生殖细胞、1个管细胞和2个退化原叶体细胞），也就是传粉时的花粉粒。晚春，小孢子囊破裂，放出大量具气囊的花粉，随风传播。

雌球果着生在当年生新枝顶端，是由许多螺旋状排列的大孢子叶和与之并生的苞鳞组成。每个大孢子叶腹面的基部有一对胚珠，因此大孢子叶又称为珠鳞。胚珠内的珠心组织中有一个大孢子母细胞，经减数分裂形成4个大孢子，只有远珠孔端的1个大孢子经细胞分裂形成多细胞的雌配子体。翌年春天，在雌配子体顶部分化出数个颈卵器，其余的细胞则为胚乳。可见，裸子植物的胚乳是由大孢子直接分裂发育而来，它与被子植物胚乳的形成具有本质区别。

处于雄配子体阶段的花粉粒，借风力传播，飘落在由珠孔溢出的传粉滴中，并随液体的干涸而被吸入珠孔内。这时大孢子叶球的珠鳞闭合。雄配子体中的生殖细胞分裂形成1个柄细胞及1个体细胞，而管细胞则开始伸长，迅速长出花粉管。花粉管进入珠心相当距离后即暂时停止伸长，直到第二年春季或夏季颈卵器分化形成后，花粉管才再继续伸长，此时体细胞再分裂形成2个精子（不动精子）。

受精作用通常在传粉以后第13个月时才进行，即传粉在第一年的春季，受精在第二年夏季。此时大孢子叶球已长大。当花粉管伸长到达卵细胞处时，先端随即破裂，2个精子、管细胞及柄细胞都一起流入卵细胞的细胞质中，其中只有1个具功能精子与卵核结合形成受精卵，完成受精过程。另一个精子死亡消失。每个颈卵器中的卵均可受精，但最后只有一个能正常发育为胚。

松属的胚胎发育过程既复杂，又具明显的阶段性，通常可划分为4个阶段。

1）原胚阶段：从受精卵分裂开始到细胞型原胚的形成，先后经过游离核的分裂、细胞壁的产生和原胚的形成。

2）胚胎选择阶段：这个阶段的主要特征是胚柄系统的发育和多胚现象的产生。

3）胚的器官和组织分化阶段：胚在进一步发育中成为1个伸长的圆柱体。这个圆柱体进一步分化，最后形成下胚轴、胚芽和子叶。

4）胚的成熟阶段：成熟的胚具有胚芽、胚轴、胚根和7～10枚子叶。

胚的外面包有胚乳（部分雌配子体），含有丰富的营养。珠被发育形成种皮。胚、胚乳、种皮构成种子。裸子植物的种子由3个世代的产物组成，即胚是新的孢子体世代（2n）；胚乳是雌配子体世代（n）；种皮是老的孢子体世代（2n）。

珠鳞上的部分表层组织分离出来形成种子的翅，以利风力传播。当胚珠发育成种子时，珠鳞木质化而成为种鳞（也称果鳞），种鳞顶端扩大露出的部分为鳞盾，鳞盾中部有隆起或凹陷的部分为鳞脐。整个雌球果（大孢子叶球）急剧长大变硬，称为（松）球果。种子成熟后，果鳞张开，散出种子，在适宜条件下萌发，以后发育为新的孢子体（植物体）。

三、裸子植物的分类和代表植物

1. 苏铁纲（铁树纲）

苏铁纲的植物为常绿木本，茎干粗壮，常不分枝。叶有营养叶及鳞叶之分，营养叶为大型羽状复叶，集生于茎顶；鳞叶小，密生褐色毛。雌雄异株，球花顶生。大孢子叶分裂成羽毛状。精子具多数鞭毛。

苏铁纲植物在古生代二叠纪兴起，中生代侏罗纪最为繁盛，以后逐渐趋于衰退。苏铁纲现仅存 1 目 3 科 11 属，约 209 种，分布于热带及亚热带地区。我国仅苏铁属（*Cycas* L.）1 属，约 15 种。最常见的是苏铁（*C. revoluta* Thunb.）（图 6-64），主要特征有：常绿木本，茎干单一，粗壮。营养叶大，羽状深裂，簇生茎顶。雌雄异株，孢子叶球生于茎顶。

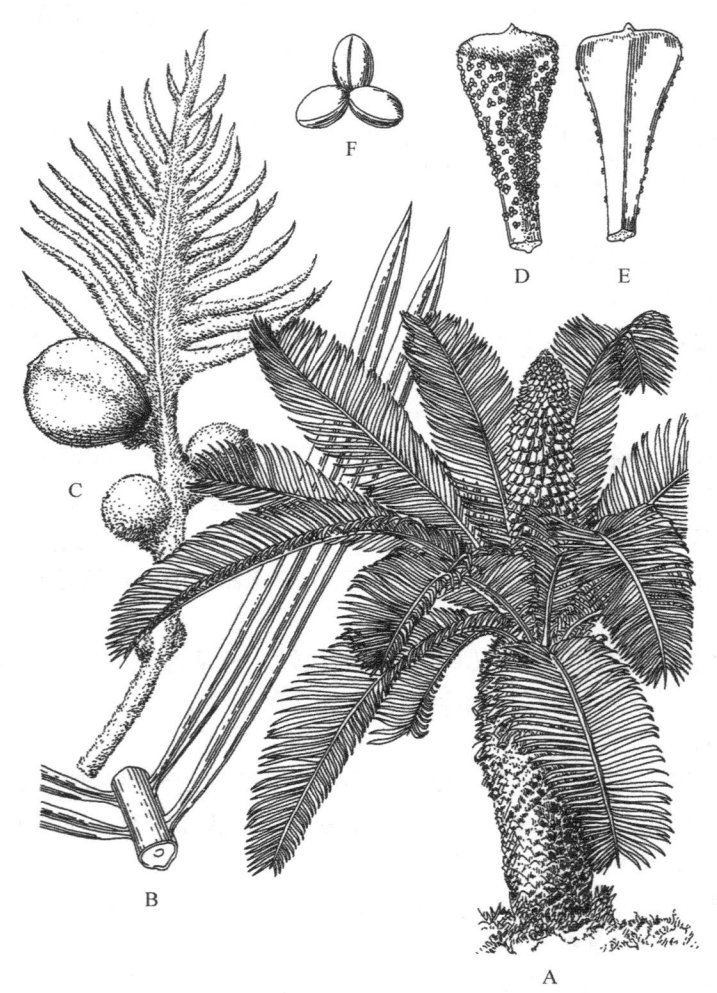

图 6-64 苏铁
A. 植株外形；B. 羽片叶的一段；C. 大孢子叶及胚珠；D、E. 小孢子叶的背面、腹面观；F. 聚生的小孢子囊

2. 银杏纲

银杏纲的植物为落叶乔木，枝条有长短之分。叶扇形，先端二裂或波状缺刻，具分叉的脉序，在长枝上螺旋状散生，在短枝上簇生。球花单性，雌雄异株。大孢子叶成环状，特称

为珠领。精子具有多数纤毛。种子核果状。

银杏纲现仅存 1 目 1 科 1 属 1 种，即银杏（*Ginkgo biloba* L.）（图 6-65）。野生银杏群落仅存于我国浙江西北部天目山。现国内外广泛栽培，用于园林观赏、药用及保健品开发。

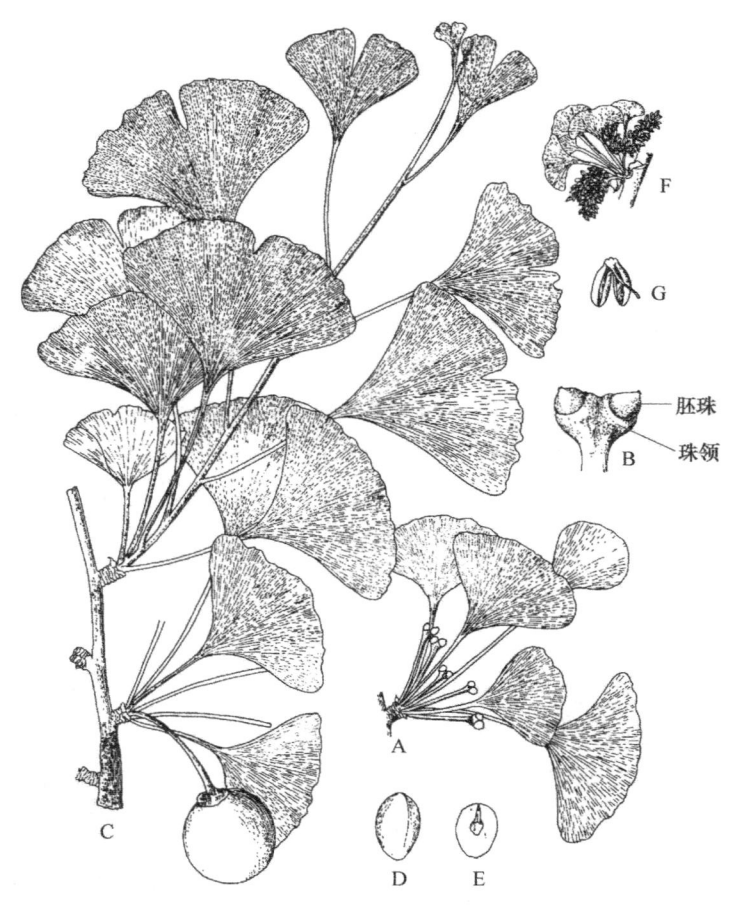

图 6-65 银杏
A. 雌球花枝；B. 大孢子叶球；C. 长、短枝及种子；D. 去外种皮的种子；E. 去外、中种皮的种子纵切面（示胚乳与子叶）；F. 雄球花枝；G. 小孢子叶

银杏为银杏纲唯一现存的种类，是著名的活化石植物。由于其具有许多原始性状，对研究裸子植物系统发育、古植物区系、古地理及第四纪冰川气候有重要价值。

3. 松柏纲

松柏纲的植物为常绿或落叶乔木，稀为灌木。茎多分枝，常有长、短枝之分；次生木质部发达，由管胞组成，无导管，具树脂道（resin canal）。叶针形、钻形、刺形或鳞形。球花单性，同株或异株。雄球花由多数小孢子叶组成，每一小孢子叶常具 2～9 个小孢子囊；精子无鞭毛。雌球花由 3 至多数大孢子叶（珠鳞）和苞鳞组成，珠鳞与苞鳞离生、半合生或完全合生，胚珠生于珠鳞的近轴面。种子有翅或无翅，子叶 2～10 枚，胚乳丰富。

因松柏纲植物的叶多为针形，故常被称为针叶树或针叶植物。又因孢子叶常排成球果状，也称为球果植物。

松柏纲是现代裸子植物中种类最多、分布最广、经济价值较高的一个类群，有 4 目 4 科，约 44 属 400 余种。中国是松柏纲植物的重要起源地之一，也是松柏纲植物最丰富的国家，现存松柏纲植物 3 科 23 属约 150 种，且以富含特有属、种和第三纪孑遗植物著称。

(1) 松科

松科（Pinaceae）植物为乔木。叶针形或条形；针形叶常 2~5 针一束，生于极度退化的短枝上，基部包有叶鞘；条形叶在长枝上螺旋状排列，在短枝上簇生。球花单性同株；雄球花具多数螺旋状排列的小孢子叶，每一小孢子叶有 2 个小孢子囊；小孢子多数有气囊；雌球花由多数螺旋状排列的珠鳞与苞鳞组成，苞鳞与珠鳞分离（仅基部结合），每一个珠鳞的腹面生有 2 个倒生的胚珠。种子常具翅。

松科是松柏纲中种类最多、经济价值最大的一科，有 10 属 250 余种。我国有 10 属 90 余种，其中许多种类是特有种和孑遗植物。常见代表种类有：松属中的油松（*Pinus tabulaeformis* Carr.）（图 6-66）、马尾松（*P. massoniana* Lamb.）、红松（*P. koraiensis* Sieb. et Zucc.），落叶松属中的落叶松［*Larix gmelinii*（Rupr.）Rupr.］、华北落叶松（*L. principis-rupprechtii* Mayr.）（图 6-67），云杉属中的云杉（*Picea asperata* Mast.）、白杄（*P. meyeri* Rehd. et Wils.）等；而银杉属的银杉（*Cathaya argyrophylla* Chun et Kuang）被誉为"植物界中的熊猫"，是著名的活化石植物，国家一级保护植物。雪松［*Cedrus deodara*（Roxb.）G. Don］（图 6-68），常绿乔木，原产阿富汗至印度，我国广泛栽培，为世界五大园林观赏树种之一。

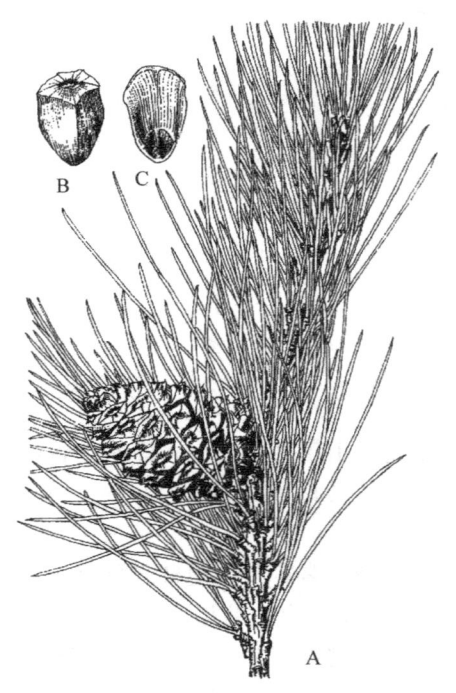

图 6-66 油松
A. 球果枝；B. 种鳞背面；C. 种鳞腹面

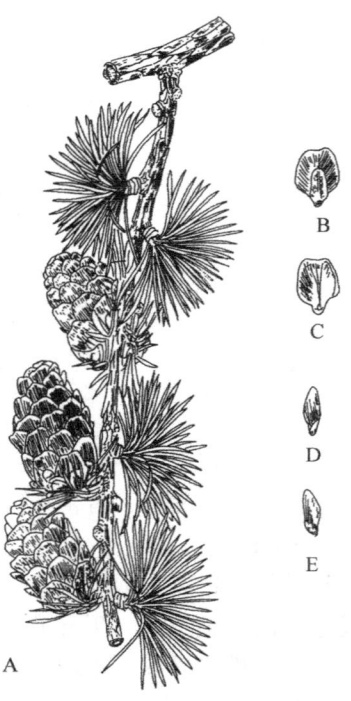

图 6-67 华北落叶松
A. 球果枝；B. 种鳞背面及苞鳞；
C. 种鳞腹面；D、E. 种子背腹面

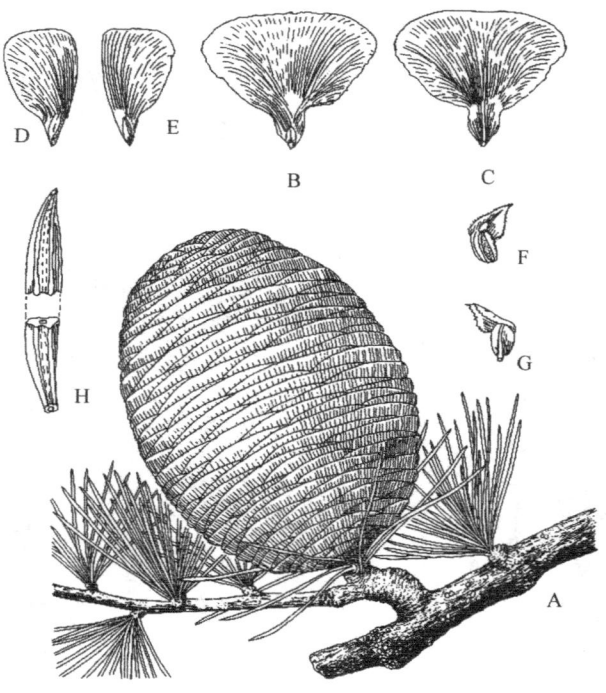

图 6-68 雪松
A. 球果枝；B、C. 种鳞背腹面；D、E. 种子；F、G. 小孢子背腹面；H. 叶

(2) 杉科

杉科（Taxodiaceae）植物为常绿或落叶乔木。叶条形、钻形或披针形，螺旋状排列，稀对生；叶同型或两型，稀三型。球花单性同株；雄球花由螺旋状排列的小孢子叶组成，每一小孢子叶具 2~9 个小孢子囊，小孢子无气囊；雌球花由螺旋状排列的珠鳞和苞鳞组成，珠鳞与苞鳞半合生（仅顶端分离），珠鳞的腹面基部有 2~9 枚胚珠。种子具周翅或两侧具窄翅。

杉科有 10 属 16 种，我国有 5 属 7 种。

本科的代表植物有杉木 [*Cunninghamia lanceolata* (Lamb.) Hook.]（图 6-69）、水杉（*Metasequoia glyptostroboides* Hu et Cheng）（图 6-70）、水松 [*Glyptostrobus pensilis* (Lamb.) K. Koch]、柳杉（*Cryptomeria fortunei* Hooibrenk）等。

水杉为我国特产的稀有珍贵孑遗植物，被列为国家一级保护植物，分布于四川的石柱县、湖北的利川县、湖南的龙山县等地，现各地广泛栽培。水杉的叶及种鳞均交互对生，接近于柏科。因此，水杉在分类学上被认为是介于杉科和柏科之间的关键类群。水杉的发现，为杉科和柏科之间的联系提供了有力的证据。

水松为我国特有的单种属植物，也是第三纪孑遗植物，分布于我国华南、西南。对研究杉科植物的系统发育、古植物学及第三纪气候都有较重要的科学价值。

在杉科中，国外著名树种有巨杉（世界爷）[*Sequoiadendron giganteum* (Lindl.) Buchh.]，常绿高大乔木，高达 142 m，胸径 12 m，树龄在 3500 年以上；北美红杉（长叶世界爷）[*Sequoia sempervirens* (Lamb.) Lindl.]，常绿高大乔木，高达 110 m，胸径 8 m，树龄达 4000 年以上。两种均产于美国加利福尼亚州，均为北美单种属。我国有引种栽培。

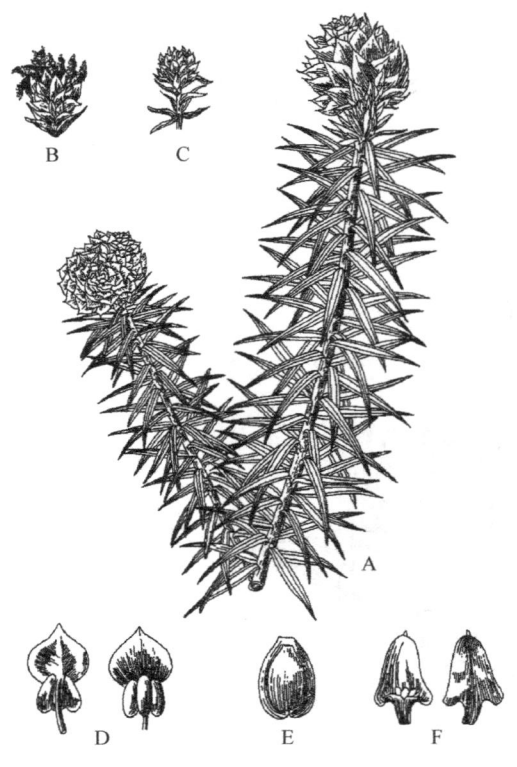

图 6-69 杉木　　　　　　　　　图 6-70 水杉
A. 具球果的枝；B. 小孢子叶球枝；C. 大　　A. 球果枝；B. 球果；C. 种子；D. 雄球花枝；
孢子叶球枝；D. 小孢子叶及小孢子囊；　　　　　E. 雌球花；F、G. 小孢子叶
E. 种子；F. 苞鳞

（3）柏科

柏科（Cupressaceae）植物为常绿乔木或灌木。叶鳞形或刺形，对生或轮生，或叶两型。球花单性同株或异株；雄球花由 3～8 对交互对生的小孢子叶组成，每一小孢子叶具 3～6 个或更多小孢子囊，小孢子无气囊；雌球花由多数交互对生或 3 片或 4 片轮生的珠鳞和苞鳞组成，珠鳞与苞鳞完全合生，珠鳞腹面基部着生 1 至多数直生胚珠。种子无翅或具窄翅。

柏科有 22 属约 150 种，我国有 8 属 29 种。

本科的代表植物有圆柏 [*Sabina chinensis* (L.) Ant.]（图 6-71）、侧柏 [*Platycladus orientalis* (L.) Franco]（图 6-72）、柏木（*Cupressus funebris* Endl.）等。其中，侧柏和圆柏是我国特有树种。

4. 红豆杉纲（紫杉纲）

红豆杉纲的植物为常绿乔木或灌木，多分枝。叶螺旋状排列，气孔带淡黄或淡绿色。孢子叶球单生。成熟种子核果状或坚果状，生于红色肉质的杯状或囊状假种皮中。

红豆杉纲有 3 科 14 属，约 162 种，我国有 3 科 7 属 33 种。代表植物有罗汉松 [*Podocarpus macrophyllus* (Thunb.) D. Don]（图 6-73）、三尖杉（*Cephalotaxus fortunei* Hook. f.）、红豆杉 [*Taxus chinensis* (Pilger) Rehd.] 等。其中，红豆杉为我国特有树种，第三纪孑遗植物。

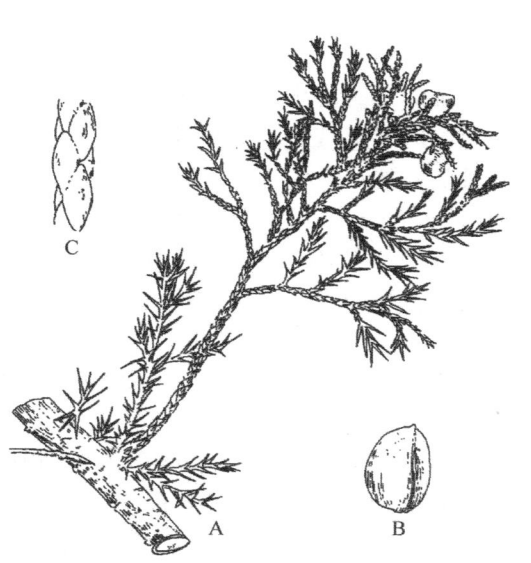

图 6-71　圆柏
A. 具鳞叶、刺叶的球果枝；B. 种子；C. 鳞叶枝

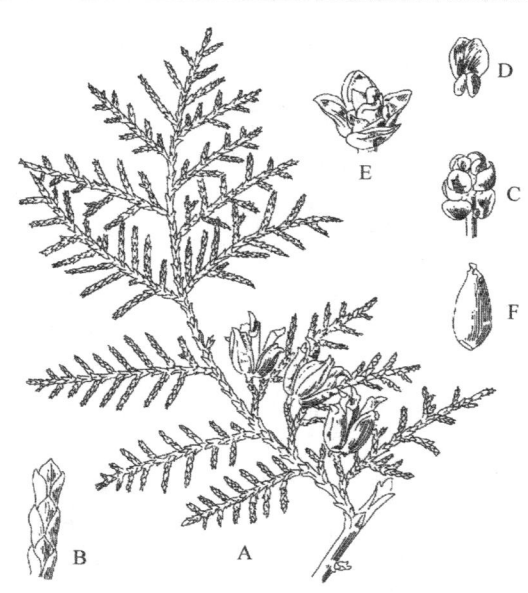

图 6-72　侧柏
A. 球果枝；B. 鳞叶枝；C. 雄球花；D. 小孢子叶；
E. 雌球花；F. 种子

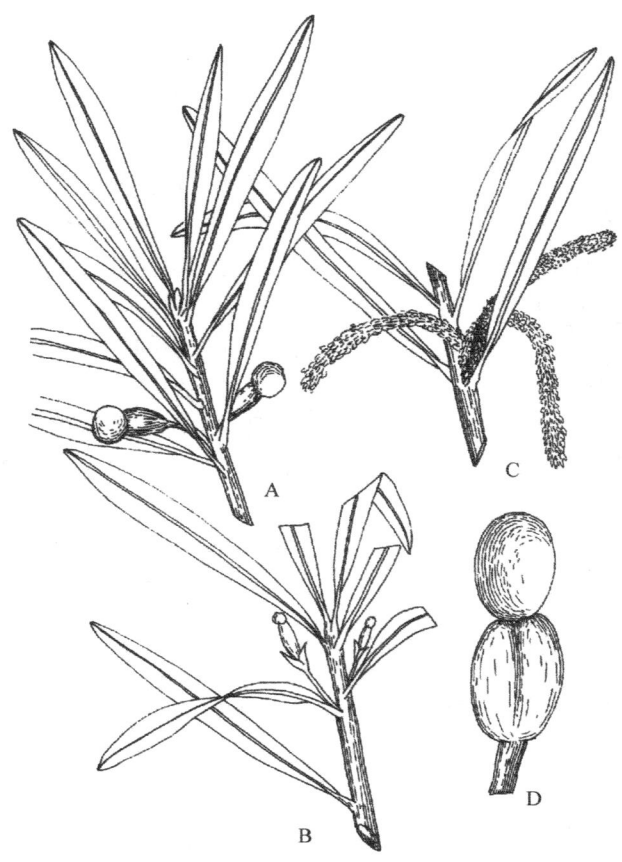

图 6-73　短叶罗汉松
A、B. 种子枝；C. 雄球花枝；D. 种子

5. 买麻藤纲（倪藤纲）

买麻藤纲的植物为灌木、亚灌木或木质藤本，稀乔木。次生木质部由导管组成，无树脂道。叶对生或轮生。球花单性，有类似于花被的盖被（假花被）。胚珠1枚，具珠孔管（micropylar tube）。精子无鞭毛。除麻黄科外，其他科植物的雌配子体均无颈卵器。种子具2枚子叶，包于由盖被发育来的假种皮中，胚乳丰富。

买麻藤纲有3目3科3属，约80种。我国有2科2属19种。常见种类有草麻黄（*Ephedra sinica* Stapf.）（图6-74）、木贼麻黄（*E. equisetina* Bge.）、买麻藤（*Gnetum montanum* Markgr.）等。麻黄属中的多数种类含有生物碱，为重要的药用植物，可提取麻黄素，主产于西北各省（自治区）。

四、裸子植物的发生和演化

地球上最早出现的种子植物是种子蕨类。种子蕨是古代原始的裸子植物或是裸子植物的祖先，由它发展为苏铁、银杏、松柏类裸子植物。它们在泥盆纪出现，白垩纪绝灭。这类植物的树干不分枝，顶端生有类似蕨类植物的大型羽状复叶，但植物体上生有裸露的种子。因而，种子蕨的出现是植物界系统演化进程中的一个巨大飞跃。

在古生代末期二叠纪时期，陆地上气候由温暖、潮湿变为寒冷、干燥，大量的蕨类植物不能适应这一巨大变化而衰退死亡。而裸子植物具种子且多为针叶，有高度的防止蒸腾和耐干旱的性能，因此，裸子植物代替了蕨类植物而发展起来。裸子植物的繁盛期

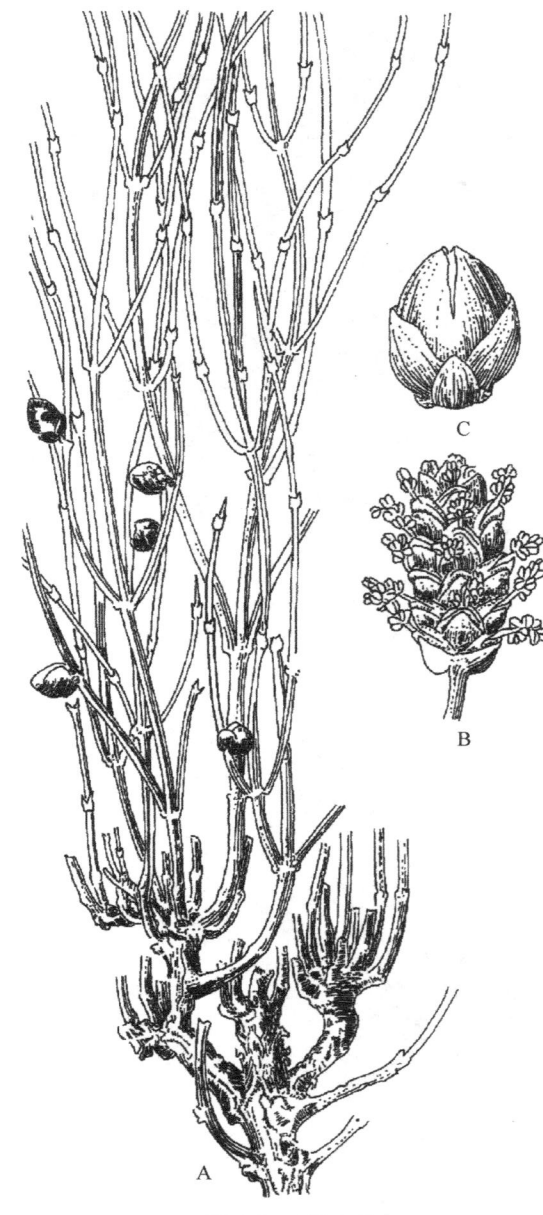

图6-74　草麻黄
A. 植株；B. 雄球花；C. 成熟的雌球花

是中生代。但是，裸子植物叶的可塑性较小，适应环境变化的能力较差；木质部中只有管胞，导水能力不及导管；种子裸露、外无果皮保护等较为保守的性状，阻碍了其本身的进一步发展。因而，它们在植物界中原来占优势的地位逐渐被适应能力更强的被子植物所代替。

五、裸子植物的资源利用价值

1）林业。裸子植物是组成地面森林的主要成分，它们材质优良，为林业生产上的主要用材树种。

2）工农业生产、生活。我国应用在建筑、枕木、造船、制纸、家具上的大量木材多数

为松柏类，如东北的红松、南方的杉木；其副产品，如松节油、松香、单宁、树脂等在人们生活中也都有重要的用途。

3）食用。部分裸子植物的种子可供食用，如银杏、华山松、香榧等的种子。

4）药用。银杏种子营养丰富，药用可益肺止咳、利尿通络、强壮身体；叶可提取冠心酮，用以治疗心血管疾病，也可制成银杏茶，为保健饮品。

5）庭院绿化。很多裸子植物是优美的常绿树种，在美化庭园、绿化环境上有很大价值。如雪松、金钱松、油松、白皮松等。其中，雪松与金钱松、世界爷（巨杉）、日本金松和南洋杉一起被称为世界五大庭院树种。

6）科学研究。我国特产的水杉、水松、银杏等都是地史上遗留的古老植物，也被称为活化石，在研究地史和植物界系统演化中具有重要意义。

知识窗

水杉的发现及意义

水杉是20世纪植物学界最伟大的发现之一。1941年，重庆国立中央大学于铎在四川省万县谋道镇（今湖北省利川市磨刀溪镇）发现了当地人称为"水杉"的所谓神树。1943年，中央林业实验所王战教授采集了水杉活体植株的标本，最初认定为水松 [*Glyptostrobus pensilis* (Lamb.) K. Koch]。1945年，王战将部分标本交国立中央大学森林系郑万钧教授（1904~1983年）鉴定；郑万钧鉴定为新植物，且认定该种与北美红杉 [*Sequoia sempervirens* (Lamb.) Lindl.] 和巨杉 [*Sequiadendron giganteum* (Lindl.) Buchh.] 有亲缘关系；同时，郑万钧将部分标本寄给静生生物调查所所长胡先骕教授（Hsen-Hsu Hu，字步曾，1894~1968年）鉴定。经与日本古植物学家三木茂（S. Miki）发表的水杉属（*Metasequoia*）植物化石相比较，胡先骕和郑万钧两位教授证实该种系日本已发表的新近纪上新世（Pliocene）化石植物水杉属同类之一种。1946年，胡先骕在《农商部地质调查所地质汇报》上发表《记古新世期之一种水杉》，将郑万钧寄来的"水松"植物标本，首次确定为"活化石"水杉（*Metasequoia glybtostroboides* Hu et Cheng）。称该种为"活化石"植物，是因水杉属的学名先经由化石植物发表于世，而世界上仍然存活的植物发现较晚的缘故。最早的水杉化石——二列水杉 [*Metasequoia disticha* (Heer) Miki] 发现于俄罗斯远东阿穆尔地区察加扬盆地、锡霍特山的晚白垩世地层，以及我国黑龙江嘉荫富饶组晚白垩世地层。在古近纪和新近纪，水杉曾广泛分布于欧亚大陆和北美。1948年，胡先骕与郑万钧在《静生生物调查所汇报》（*Bulletin of the Fan Memorial Institute of Biology*, New Series Vol. 1 No. 2）上发表《水杉新科及生存之水杉新种》（*On the new family Metasequoiaceae and on Metasequoia glyptostroboides, a living species of the genus Metasequoia found in Szechuan*）。同年，在《美国纽约植物园园刊》（*Bulletin of the New York Botanical Garden*）上发表《中国是怎样发现"活化石"水杉的》（*How Metasequoia, the "living fossil", was discovered in China*）。首次正式把在四川万县所采集的标本命名为"水杉"，并另立水杉科（Metasequoiaceae Hu et Cheng）。

> 水杉的发现与命名引起全世界植物学家的震惊，被认为是20世纪植物学界最伟大的发现之一。1948年3月25日，美国《旧金山纪事报》称："科学上的惊人发现——1亿年前称雄世界而后消失了2000万年的东方红杉，在中国内地一个偏僻的小村仍然活着！"期间，还导致美国当时两位著名学者，哈佛大学植物分类学Merrill教授与加利福尼亚州大学古生物学R. W. Chaney教授，在引进水杉至美国各大植物园的过程中因争功而导致失和事件的发生（王忠魁，1981）。
>
> 1948年，南京国民政府成立"水杉保存委员会"，由美国驻华大使司徒雷登和胡适任名誉会长。1973年，湖北省在水杉坝小河村成立"利川县水杉管理站"，后更名为"利川市水杉母树管理站"。2003年，国务院批复"利川市水杉母树管理站"与"湖北星斗山自然保护区"合并成立星斗山国家级自然保护区。1984年，国务院环境保护委员会公布《珍稀濒危保护植物名录（一）》（国环字第002号），共确定354种保护植物，将水杉列为8种一级保护植物之一。

第七节　被子植物门

一、被子植物的一般特征

被子植物是植物界中适应陆生生活最高级、多样性最丰富的类群。全世界被子植物有12 600属25万多种；我国有3148属，约3万种，是被子植物最丰富的地区之一。被子植物之所以能够如此繁盛和广泛分布，与其独有的特征是分不开的。被子植物的主要特征如下所述。

1. 孢子体更加发达完善

在外部形态、解剖结构、生活型等方面，被子植物的孢子体比其他植物类群更加完善化、多样化。从外部形态上来说，被子植物多具有合轴式分枝和阔叶，光合作用效率大为提高；解剖结构上，被子植物的木质部中有导管、管胞，韧皮部中有筛管和伴胞，输导作用更强；被子植物有水生、石生、土生等类型，大多数为自养种类，也有腐生和寄生的类群。适应于平原、高山、沙漠、盐碱地、湖泊、池塘、河流和沟渠等各种环境；少数种类生活在海水中，如大叶藻（*Zostera marina* L.），其他维管植物还未见海产种类。从生活型角度看，被子植物有各种类型的乔木、灌木和藤本植物，也有一年、两年和多年生草本植物。

2. 具有真正的花

典型被子植物的花一般由花柄、花托、花被、雄蕊群和雌蕊群5部分组成。雌蕊是被子植物的显著特征，是分化出了子房、花柱和柱头的叶。雄蕊则由花丝和花药两部分组成。被子植物的花粉粒萌发在柱头上，而裸子植物的花粉粒萌发在胚珠中。花被的出现提高了传粉的效率，也为异花传粉的进行创造了条件。在长期的自然选择过程中，被子植物花的各个部分不断演化，以适应虫媒、风媒、鸟媒和水媒等各种类型的传粉机制。

3. 形成了果实

雌蕊中的子房受精后发育为果实，子房内的胚珠发育为种子。胚珠及种子分别为心皮和果皮所包裹，只有被子植物才具有了真正的果实。果实的形成具有双重意义：在种子成熟前,对下一代植物体的生长和发育起到更加安全的保护作用;种子成熟后,则以各种方式帮助种子散布,或是对种子继续加以保护。

4. 具有双受精现象

花粉粒中的2个精子进入胚囊后,一个精子与卵细胞结合形成合子,将来发育成胚;另一个精子与中央细胞中的2个极核结合形成受精极核,进一步发育成胚乳。被子植物双受精作用的结果,最显著的是产生了经过受精的三倍体的胚乳,使胚获得了具双亲遗传性状的养料,增强了生活力。这与裸子植物的胚乳(单倍体,未经受精的雌配子体)完全不同。被子植物的胚在新型的胚乳供给营养条件下萌发,这无疑对增强新植物体生命力和适应环境的能力都具有重要意义。另外,被子植物的胚乳只有受精后才能发育形成,符合经济原则。被子植物的双受精作用是推动其种类的繁衍,并最终取代裸子植物的重要原因之一。

5. 配子体进一步退化

配子体进一步退化,达到最简单的程度。被子植物成熟的胚囊即为雌配子体,一般只有7个细胞8个核,即3个反足细胞、2个助细胞、1个卵细胞和1个中央细胞(内含2个极核),颈卵器结构不再出现;2核或3核的成熟花粉粒即为雄配子体,其中,2核花粉粒由1个营养细胞和1个生殖细胞组成,3核花粉粒由1个营养细胞和2个精子组成。被子植物的雌、雄配子体不但寄生在孢子体上,而且伴随着孢子体的不断发展和分化而趋向于简化。配子体结构上的简化是适应寄生生活的结果,丝毫未降低其生殖的机能,反而可以合理地分配养料,是进化的结果。

6. 传粉方式的多样化

被子植物具有多种传粉方式,包括风媒、虫媒、鸟媒和水媒等。为了吸引动物传粉者,被子植物发展特化了艳丽的花朵、强烈的气味、复杂的蜜腺及花盘等,动物在花间寻觅和获取花蜜、果实等食物时,自觉不自觉地帮助了植物的繁殖和扩散。昆虫是被子植物的主要传粉者,而昆虫种类的演化和发展则与被子植物的发展密不可分,彼此间同时相互适应,促进了生物界的共同演化和发展。

二、被子植物的生活史

被子植物个体的生命活动,一般从上一代个体产生种子开始。种子萌发后形成幼苗,逐渐成长为具有根、茎、叶的植株。植株经过一段时间的营养生长,在一定部位形成花芽,花芽发育成花朵时,雄蕊的花药产生花粉粒,花粉粒萌发,形成两个精细胞(雄配子);同时,雌蕊的子房中形成胚珠,在胚珠的胚囊中又产生卵细胞(雌配子)、极核等。这时,植株开花、传粉和受精。其中一个精子与卵细胞融合形成合子(受精卵),随后发育成胚;另一个精子与极核融合,形成初生胚乳核,最后发育成为胚乳;珠被发育为种皮。最后形成了新一代的种子。"从种子到种子"这一整个生活历程,称为被子植物的生活史(life history)或生活周期(life cycle)(图6-75)。玉米、水稻、南瓜、小麦和白菜等一年生和二年生植物,在种子成熟后,整个植株不久枯死。苹果、桃和葡萄等多年生植物则经多次结实之后,才衰老死亡。

被子植物的生活史可分为两个基本阶段:孢子体阶段和配子体阶段。

孢子体阶段从受精卵开始,直到小孢子母细胞(花粉母细胞)和大孢子母细胞(胚囊母细胞)进行减数分裂前为止。这一阶段,细胞内染色体的数目是二倍的,称为二倍体阶段($2n$),一般称为孢子体阶段或孢子体世代。这一阶段在被子植物生活史中所占时间很长。

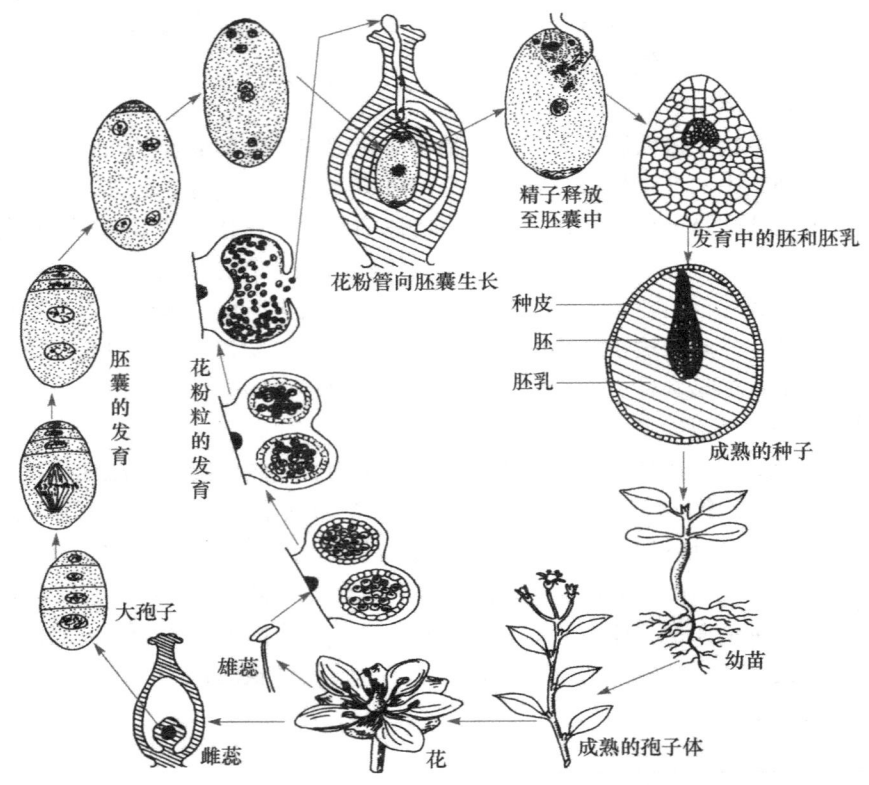

图 6-75 被子植物的生活史

配子体阶段是从小孢子母细胞和大孢子母细胞经过减数分裂形成小孢子（单核花粉粒）和大孢子（单核胚囊）开始，直到各自发育为含精细胞的成熟花粉粒以及含卵细胞的成熟胚囊，而后发生双受精作用为止。这一阶段，有关结构的细胞内染色体数目均为单倍，称为单倍体阶段（n），一般称为配子体阶段或配子体世代。这一阶段在被子植物生活史中所占时间很短，配子体结构相当简化，而且不能脱离二倍体植物体而生存。

在生活史中，二倍体的孢子体阶段（世代）和单倍体的配子体阶段（世代）有规律地交替出现的现象，称为世代交替（alternation generation）。被子植物生活史中，孢子体世代占优势，配子体只是寄生在孢子体上生存。被子植物世代交替中出现的减数分裂和双受精作用是整个生活史的关键，也是两个世代交替的转折点。

三、被子植物分类的原则

形态学特征是被子植物经典分类的主要标准，花、果实的形态学特征显得尤为重要。其次，根、茎、叶及其附属物也用做分类的标准。另外，解剖学方面的特征、细胞染色体形态和数量、化学成分等也被用做辅助性的分类标准。近年来，植物分子系统学方法的兴起是对经典分类研究方法的深入和补充，特别是对确定某些在系统位置上有争议的类群能提供有价值的证据。

根据被子植物的化石，最早在地质年代中出现的被子植物多为常绿、木本植物，以后才出现了一些落叶的、草本的类群，由此可以确认落叶、草本、叶形多样化、输导功能完善化等是次生（进化）的性状。由于花、果实的演化趋势具有向着经济高效方向发展的特点，因此确认花被分化或退化、花序复杂化、子房下位等都是次生的性状。

基于上述的认识，经典分类学公认的形态构造的演化规律和分类的一般原则归纳如表 6-2 所示。

表 6-2 被子植物形态构造的演化规律和分类原则

	初生的、原始的性状	次生的、较完整的性状
茎	1. 木本 2. 直立，不分枝或二叉分枝 3. 无导管，只有管胞 4. 具环纹、螺纹导管 5. 同心维管束	1. 草本 2. 缠绕，合轴分枝 3. 有导管 4. 具网纹、孔纹导管 5. 散生维管束
叶	6. 常绿 7. 单叶全缘 8. 互生	6. 落叶 7. 叶形复杂 8. 对生或轮生
花	9. 花单生 10. 有限花序 11. 两性花 12. 雌雄同株 13. 花部螺旋状排列 14. 花部多数而不固定 15. 花被同型，不分化为花萼和花冠 16. 花部离生 17. 整齐花 18. 子房上位 19. 花粉粒具单沟 20. 虫媒传粉 21. 胚珠多数，双层珠被 22. 边缘胎座、中轴胎座	9. 花形成花序 10. 无限花序 11. 单性花 12. 雌雄异株 13. 花部轮状排列 14. 花部数目不多，有定数（3、4 或 5） 15. 花被分化成花萼和花冠，或退化为单被花、无被花 16. 花部合生 17. 不整齐花 18. 子房下位 19. 花粉粒具 3 沟或多孔 20. 风媒传粉 21. 胚珠少数，单层珠被 22. 侧膜胎座、特立中央胎座及基底胎座
果实	23. 单果、聚合果 24. 真果	23. 聚花果 24. 假果
种子	25. 种子有发育的胚乳 26. 胚小，直伸，子叶 2 枚	25. 无胚乳，种子萌发所需营养贮藏在子叶中 26. 胚弯曲或卷曲，子叶 1 枚
生活型	27. 多年生 28. 绿色自养植物	27. 一年生 28. 寄生、腐生植物

小　结

1. 藻类植物是一群比较原始的低等植物，具有以下共同的特征：没有真正的根、茎和叶的分化，具有叶绿素等多种光合作用色素，生殖器官多数为单细胞，合子（受精卵）发育不形成胚。

藻类植物可分为蓝藻门、原绿藻门、灰色藻门、定鞭藻门、隐藻门、裸藻门、甲藻门、金藻门、黄藻门、硅藻门、绿藻门、红藻门和褐藻门 13 门。

藻类植物分布广泛，但主要分布于淡水和海水中，陆生的种类仅占约 10%。

藻类植物有重要的经济价值，可供食用、药用或工业用等。

2. 菌类植物通常是细菌门、黏菌门和真菌门的总称，它们具有以下共同特征：植物体结构简单，一般不具有光合色素，以寄生或腐生的营养方式生活，均具有细胞壁或某一阶段具有细胞壁。

细菌是一类微小的单细胞原核生物，在自然界的物质循环中起着重要的作用。

黏菌是介于动物和植物之间的一类特殊生物，其营养体是一团裸露的无细胞壁多核的原生质团，但无性生殖时期可产生具纤维素细胞壁的孢子。

真菌大多是由菌丝构成的分枝或不分枝的丝状体，约 120 000 种，分布极广，常被分为鞭毛菌亚门、接合菌亚门、子囊菌亚门、担子菌亚门和半知菌亚门。真菌和人类关系密切，许多种类可食用、药用，另外在工业和农业上也有较为广泛的应用。

3. 地衣是真菌和光合共生物的共生复合体。在地衣中，光合共生物能进行光合作用，形成有机养分，供自身和共生菌生长发育，而真菌从周围基质和大气中吸收水分、二氧化碳和矿物质，供给光合共生物以进行正常的生理活动。

地衣的生长型大体可分为壳状、叶状和枝状。

按结构划分，地衣可分为异层型地衣和同层型地衣。

地衣的繁殖方式有营养繁殖、无性生殖和有性生殖三种。

根据共生菌的类型将地衣划分为子囊衣纲、担子衣纲和半知衣纲。

地衣可食用、药用，可以作为大气指示生物，同时在自然界演替过程中也起着重要作用。

4. 苔藓植物是一群形体微小、结构简单，没有维管组织分化的高等植物。在其生活史过程中，配子体占绝对优势，孢子体寄生或半寄生在配子体上。配子体有叶状体和拟茎叶体两种类型。其有性生殖器官分别为精子器和颈卵器；合子经分裂形成简单的胚，进一步发育形成孢子体。苔藓植物的孢子体通常由基足、蒴柄和孢蒴三部分构成。孢蒴内产生大量的孢子，经过萌发首先形成原丝体，进而在其上形成一至多个配子体。

苔藓植物一般分为苔纲、藓纲和角苔纲。

有关苔藓植物的起源有两种观点：苔藓植物起源于藻类植物；苔藓植物起源于裸蕨。

5. 维管植物包括蕨类植物和种子植物。维管系统的出现和完善使植物体高度分化并形成复杂的根、茎、叶系统。

中柱的各种类型中，原始的原生中柱通过髓形成作用演化为管状中柱，之后因节间缩短又把维管柱分割成若干维管束进而形成真中柱。

蕨类植物属于原始的维管植物，但具有真正的根、茎和叶的分化，同时也是颈卵器植物和有胚植物，主要依靠孢子进行繁殖，因此又属孢子植物。蕨类植物生活史中孢子体和配子体均可以独立生活，孢子体占优势，但幼孢子体仍寄生在配子体上。

蕨类植物门分为 5 个亚门，其中松叶蕨亚门、石松亚门、水韭亚门和楔叶亚门为具小型叶的类群，真蕨亚门为具大型叶的类群，也是现存种类最多的类群。

具有真中柱、胚珠、花粉管和种子是种子植物最重要的特征。

6. 裸子植物门通常划分为 5 个纲，即苏铁纲（Cycadopsida）、银杏纲（Ginkgopsida）、松柏纲（Coniferopsida）、红豆杉纲（紫杉纲）（Taxopsida）及买麻藤纲（倪藤纲）[Gnetopsida，盖子植物纲（Chlamydospermatopsida）]。裸子植物的孢子体发达，胚珠裸露，具有颈卵器构造。在传粉时花粉直达胚珠，在珠心上方萌发。大多数裸子植物具有多胚现象。

裸子植物在系统发育演化上，植物体次生生长由微弱到强；茎干由不分枝到多分枝；孢子叶由散生到聚生成各式孢子叶球；大孢子叶球逐渐退化；雄配子由游动的、多纤毛精子，发展到无纤毛的精核等。尤其是生殖器官的演化，为裸子植物更好地适应陆生生活提供了较为完善的条件。

裸子植物大多是林业生产的重要用材树种，提供了纸浆、树脂、栲胶、医药和化工等工业原料。由于它们耐土壤贫瘠、干旱，具有强大的根系，很多种类成为荒山绿化的优良树种。

7. 被子植物是植物界中适应陆生生活的最高级、多样性最丰富的类群。被子植物的主要特征有：孢子体更加发达完善；产生了真正的花；形成了果实；具双受精现象；配子体进一步退化等。

思考题

1. 藻类植物有哪些共同的基本特征？藻类植物的分门依据是什么？
2. 蓝藻门有哪些主要特征？举例说明其代表种类。
3. 试述蓝藻门在植物界中的分类地位。
4. 硅藻门有哪些主要特征？
5. 绿藻门有哪些主要特征？在植物界中的地位如何？
6. 什么是接合生殖？简述水绵接合生殖的过程。
7. 红藻门有哪些主要特征？举例说明。
8. 褐藻门有哪些主要特征？并举例说明。
9. 简述藻类植物的起源和演化。
10. 试述藻类植物的经济意义。
11. 细菌的特征及其在自然界中分布广泛的原因。
12. 为什么说黏菌是介于动物和真菌之间的生物？
13. 概述真菌门的主要特征及其营养体构造特点。
14. 试以火丝菌为例，描述子囊、子囊孢子和子囊果的形成过程。
15. 概述真菌的起源及真菌门中各亚门的亲缘关系。
16. 试以蘑菇为例简述担孢子的发生。
17. 怎样认识真菌与人类的关系？应该如何应用开发真菌？
18. 简述地衣的特征及其在自然界中的作用。
19. 概述地衣的构造和繁殖方法。
20. 地衣的分纲，每纲举出几个代表植物。
21. 概述地衣的资源利用。
22. 简述苔藓植物的一般特征。
23. 简述苔藓植物生活史的特点。
24. 简述苔纲、藓纲和角苔纲的异同点。
25. 简述苔藓植物在植物界中的系统地位。
26. 简述苔藓植物在自然界中的作用及其经济价值。
27. 中柱有哪几种主要类型？是如何进行演化的？
28. 蕨类植物中的厚囊型发育和薄囊型发育各有何特征？
29. 试述蕨类植物生活史。
30. 松叶蕨具有哪些原始性状？
31. 石松目和卷柏目有何异同？
32. 试述蕨类植物的主要用途。
33. 裸子植物有哪些主要特征？以油松为例，说明其生活史的主要特点。
34. 银杏、水杉的发现在生物学上有何重要意义？
35. 简述松柏纲植物的主要特征。
36. 比较松科、杉科和柏科的异同点。

37. 试述裸子植物在起源与系统进化中的地位。
38. 试述裸子植物在自然界中的作用及其在资源利用中的重要性。
39. 通过调查列出本地区（或校园内）的裸子植物名录，并分别指出哪些是本地种、哪些是外来栽培种。
40. 试比较被子植物与裸子植物的异同。
41. 为什么说被子植物是植物界中的最进化类群？
42. 制定被子植物分类原则的依据是什么？

第七章 被子植物分类

被子植物有 83 目 383 科（克朗奎斯特系统），约 25 万种，常分为双子叶植物纲（Dicotyledoneae）［木兰纲（Magnoliopsida）］和单子叶植物纲（Monocotyledoneae）［百合纲（Liliopsida）］。尽管这样的分类不能全面地反映被子植物内部进化趋势的种种矛盾（吴征镒等，1998），但不少利用形态和化学性状所做的分支分析及分子系统学所得结果，都确认单子叶植物是一个单系类群。根据多数学者的意见，本书仍遵循将单子叶植物独立为一纲的原则。被子植物两纲的区别比较见表 7-1。

表 7-1 双子叶植物纲和单子叶植物纲的比较

双子叶植物纲	单子叶植物纲
主根发达，多为直根系	主根不发达，常形成须根系
茎内维管束常呈环状排列，具形成层	茎内维管束散生，不具形成层
叶常具网状脉	叶常具平行脉
花部 5 或 4 基数，极少 3 基数	花部常 3 基数，极少 4 基数
胚常具 2 片子叶，极少 1 片、3 片或 4 片	胚常具 1 片子叶
花粉粒具 3 个萌发孔	花粉粒具单个萌发孔

第一节 双子叶植物纲（木兰纲）

双子叶植物纲植物为一年生、二年生或多年生草本，或为半灌木、灌木或高大乔木；主根发达，多为直根系；茎内维管束常呈环状排列，具形成层，能次生加粗；叶常为网状脉；花部通常 5 或 4 基数，极少 3 基数。胚通常具 2 片子叶。

一、木兰亚纲

木兰亚纲（Magnoliidae）有 8 目 39 科，约 12 000 种。

木兰亚纲是被子植物基础的复合群，即毛茛复合群；花被十分发育；雄蕊多数，向心发育，具 2 核花粉和单沟花粉；雌蕊由单心皮组成，2 层珠被，厚珠心胚珠，除樟科外，都具胚乳。本亚纲是被子植物类群中原始的一个亚纲，木兰目是现存最原始的被子植物类群。

（一）木兰目

木兰目（Magnoliales）植物为乔木、灌木或木质藤本。单叶互生，稀对生，全缘，极少浅裂；托叶有或无。花单生或少数花组成聚伞花序或总状花序；花被不分化或分化为花萼和花瓣，3 基数轮生，或螺旋状排列；雄蕊（3～）6 至多数，常为叶状，或具伸长而扩展的药隔；花粉粒多具单萌发孔；子房上位，1 至多数心皮，分离或稀合生，边缘或近基生胎座，稀侧膜胎座。果实为聚合蓇葖果。种子具小形胚，胚乳丰富。

该目包括木兰科（Magnoliaceae）、番荔枝科（Annonaceae）、肉豆蔻科（Myristicaceae）等 10 科。

木兰科

木兰科植物为木本。单叶互生,全缘;托叶大,早落,托叶痕明显。两性花单生;花被3基数,同被花;雄蕊和雌蕊多数,分离,螺旋状排列于伸长的花托上;子房上位。蓇葖果,稀为具翅瘦果。花程式:$*P_{6-15}A_{\infty}\underline{G}_{\infty}$(图7-1)。

本科有15属,近300种,主要分布于亚洲热带与亚热带,北美洲、中美洲热带温带地区也有分布。我国有11属,约110种。

木兰属

木兰属(*Magnolia* L.)植物花单生枝顶;花被片9~21,3~7轮;雄蕊花药内向或侧向开裂;雌蕊常无柄,心皮分离,每心皮具2胚珠。聚合蓇葖果,沿背缝线开裂。

玉兰(*M. denudata* Desr.),早春先叶开花;花白色,有芳香;花被片9,3轮。原产安徽黄山,各地常栽培供观赏(图7-2)。

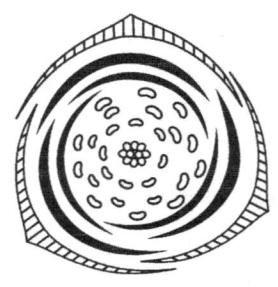

图7-1 木兰科花图式

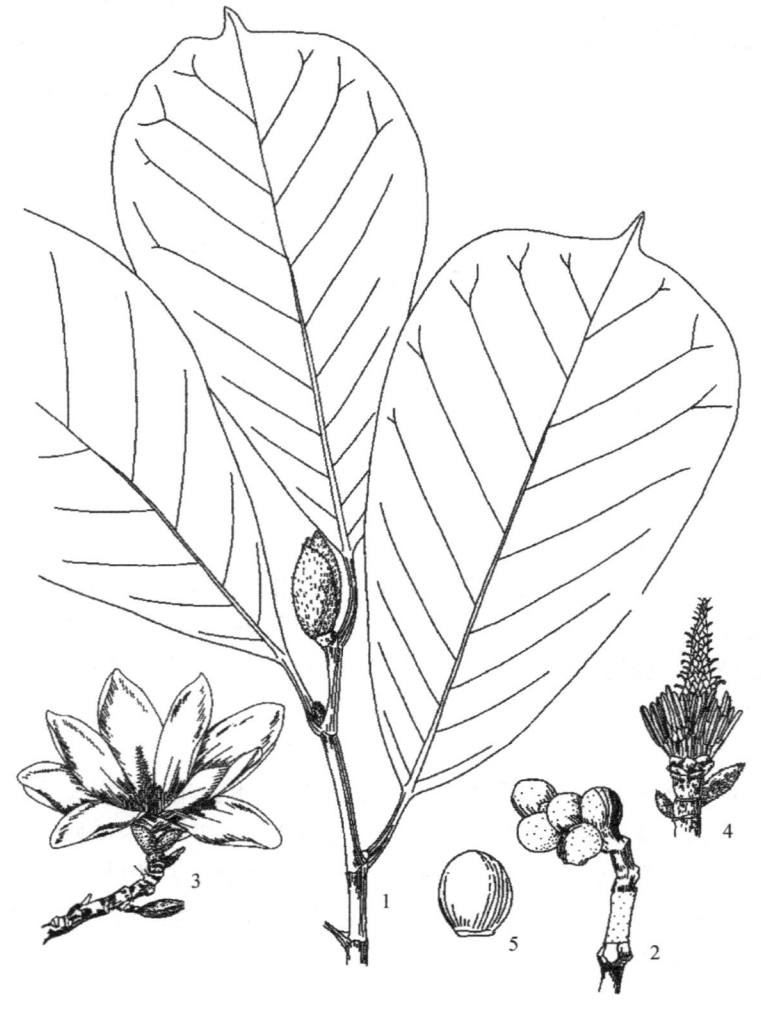

图7-2 玉兰
1. 枝叶;2. 果枝;3. 花枝;4. 花去花被示雄蕊群及雌蕊群;5. 种子

紫玉兰（*M. liliflora* Desr.），也称辛夷、木兰，落叶小乔木。花紫色或紫红色；花被3轮。原产我国中南部。花蕾及花芽入药，治鼻炎并有镇痛作用。

厚朴（*M. officinalis* Rehd. et Wils.），落叶乔木。树皮厚，紫褐色，有辛辣味。花白色，有芳香。本种分布于长江流域和陕西、甘肃南部。树皮、花和果均可入药。

天女花（*M. sieboldii* Koch），也称天女木兰，小乔木。叶宽倒卵形或倒卵状圆形，下面有白粉和短柔毛。花于叶后开放，大形，杯状，有芳香，花被外轮3片，淡粉红色，其余6片白色，心皮少数。本种分布于辽宁、河北东北部和安徽黄山，生阴坡和湿润山谷中。由于花大芳香，分布区较小，颇为名贵。

含笑属

含笑属（*Michelia* L.）植物花腋生；花被片6～21，开放时不完全张开；雌蕊群具明显的柄；花托果时伸长，形成穗状聚合果。常见种有含笑 [*M. figo* (Lour.) Spreng.]、白兰花（*M. alba* DC.）等。

鹅掌楸属

鹅掌楸属（*Liriodendron* L.）植物自白垩纪至第三纪时广布于北半球，现仅残留2种。鹅掌楸 [*L. chinense* (Hemsl.) Sarg.]，叶两侧各有2个小裂片，先端近平截，形似马褂，故又名马褂木（马褂树）。花单生枝顶；花萼3，花瓣6。具翅坚果（图7-3）。本种产中国

图7-3 鹅掌楸

1. 花枝；2. 外轮花被片；3. 中轮花被片；4. 内轮花被片；5. 花去花被片及部分雄蕊，示雄蕊群及雌蕊群；6. 雄蕊腹面；7. 雄蕊横切；8. 聚合果

中部。另一种北美鹅掌楸（百合木）（*L. tulipifera* L.），叶两侧各有 1~4 个小裂片。产北美西部，我国有栽培，供观赏及材用。

本科重点识别特征：木本；单叶互生；具托叶痕；花单生，同被花；雌雄蕊多数，分离，螺旋状排列；蓇葖果。

木兰目是被子植物中最原始的目，其原始性表现在：木本，单叶，全缘，羽状脉，虫媒花，花常单生，花部螺旋状排列，花药长，花丝短，单沟花粉，胚小，胚乳丰富等。

（二）毛茛目

毛茛目（Ranales）植物为草本或木质藤本。单叶或复叶，互生，稀对生；通常无托叶。花两性或单性，辐射对称至两侧对称；异被花或单被花；雄蕊多数，常螺旋状排列，或定数与花瓣对生；花粉粒通常具 3 萌发孔；子房上位，心皮 1 至多数，离生，螺旋状排列至轮状排列。聚合蓇葖果、瘦果、浆果或核果。胚多数小形，胚乳丰富。

该目包括毛茛科（Ranunculaceae）、小檗科（Berberidaceae）、防己科（Menispermaceae）等 8 科。

毛茛科

毛茛科植物为一至多年生草本，稀为灌木或木质藤本。叶基生或互生，稀对生；单叶掌状或羽状分裂，或为 1 至多回三出或羽状复叶。两性花辐射对称或两侧对称；花萼、花瓣各 3 至多数，常 5；雄蕊和雌蕊多数，离生，螺旋状排列；子房上位。聚合蓇葖果或聚合瘦果，稀为浆果。花程式：$* K_{3\sim\infty} C_{3\sim\infty} A_\infty \underline{G}_{1\sim\infty}$（图 7-4）。

图 7-4　毛茛科花图式

本科约 50 属 2000 种，主要分布于北温带和寒温带。我国有 43 属 700 余种。

毛茛科植物中有许多经济植物，尤其以药用植物居多，如黄连（*Coptis chinensis* Franch.）、乌头（*Aconitum carmichaeli* Debx.）等；许多植物的花色彩艳丽，常作观赏。

毛茛属

毛茛属（*Ranunculus* L.）植物为草本。三出复叶或单叶掌状裂。花单生或成聚伞花序；花萼绿色，革质；花瓣 5 或更多，下部渐狭成短爪，基部具蜜腺穴；雄蕊多数，螺旋状排列；雌蕊多数，螺旋状排列于花托上。聚合瘦果头状。

毛茛（*R. japonicus* Thunb.），单叶掌状裂。花瓣黄色，花瓣基部有蜜腺穴（图 7-5）。广布于全国各地。全草入药，可治疗疟疾、关节炎等症。

铁线莲属

铁线莲属（*Clematis* L.）植物为攀援草本或木质蔓生藤本。叶对生；花萼 4 或 5，镊合状排列；无花瓣；外轮雄蕊花瓣状；花丝被柔毛或无毛。瘦果先端具宿存的羽毛状花柱。威灵仙（*C. chinensis* Osbeck），藤本；小叶 5，干时变黑；根入药，可祛风镇痛。铁线莲（*C. florida* Thunb.）、大花威灵仙（*C. courtoisii* Hand.-Mazz.）及钝萼铁线莲（*C. peterae* Hand.）（图 7-6）等的花大而美丽，常栽培供观赏。

乌头属

乌头属（*Aconitum* L.）植物为草本，具直根或多个块根。单叶互生或基生，掌状分裂。总状花序；花两侧对称；花萼 5，花瓣状，常蓝紫色，上萼片（盔瓣）1，侧萼片（侧

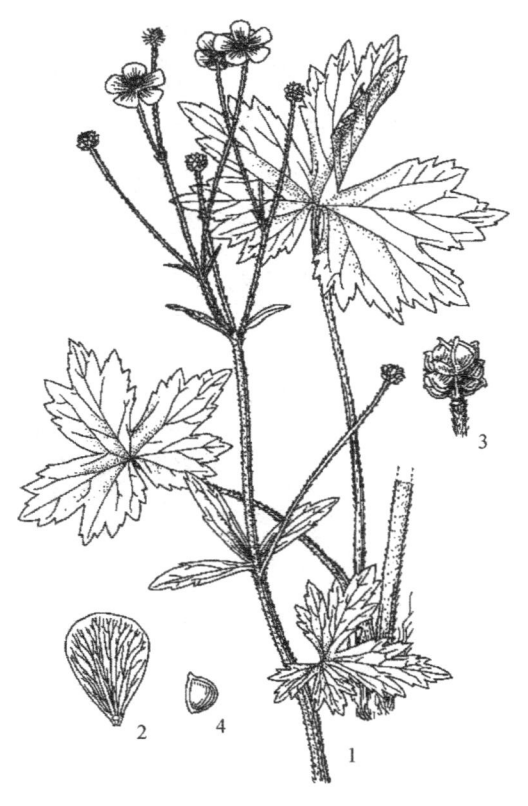

图 7-5 毛茛
1. 植株；2. 花瓣，示蜜腺穴；3. 聚合果；4. 瘦果

图 7-6 钝萼铁线莲
1. 部分茎，示花序和叶；2. 萼片；
3. 雄蕊；4. 雌蕊；5. 瘦果

瓣）2，下萼片（下瓣）2；蜜叶 2，有爪，瓣片有唇和距；雄蕊多数；心皮 3～5。蓇葖果。

华北乌头（*A. soongaricum* var. *angustius* W. T. Wang）（图 7-7），多年生草本。块根 2。叶片五角形，掌状 3 全裂，小裂片线形。总状花序顶生，萼片蓝紫色，上萼片盔形。

唐松草属

唐松草属（*Thalictrum* L.）植物 1～5 回三出复叶。总状花序或圆锥花序，花小，白色；花萼 4 或 5，花瓣状；无花瓣；雄蕊花丝上部宽，中下部丝状；雌蕊常多数，分离。瘦果。

展枝唐松草（*Th. squarrosum* Steph. ex Willd.）（图 7-8），多年生草本，高达 1 m，二至三回羽状复叶；圆锥花序近二叉状分枝，开展，花梗细。花萼 4，淡黄绿色；无花瓣；雄蕊多数，花丝丝状。瘦果狭倒卵形。

此外，本科常见植物还有白头翁［*Pulsatilla chinensis*（Bge.）Regel］、华北耧斗菜（*Aquilegia yabeana* Kitay.）、金莲花（*Trollius chinensis* Bge.）等。本科中的独叶草（*Kingdonia uniflora* Balf. f. et W. W. Smith）为矮小草本。叶单生，轮廓圆形，叉指状分裂，有二叉状分枝的叶脉，与银杏叶脉相似，为原始特征，在植物界系统研究中有重要意义。

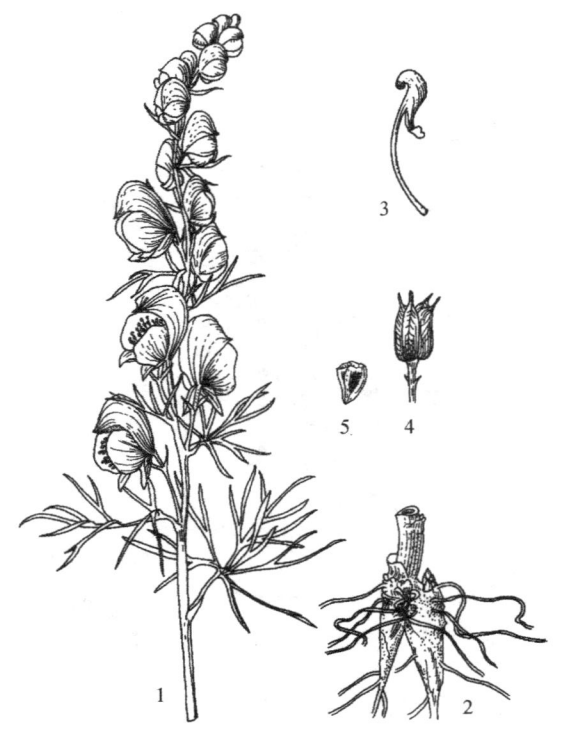

图 7-7 华北乌头
1. 植株上部；2. 块根；3. 花瓣状花萼；
4. 蓇葖果；5. 种子

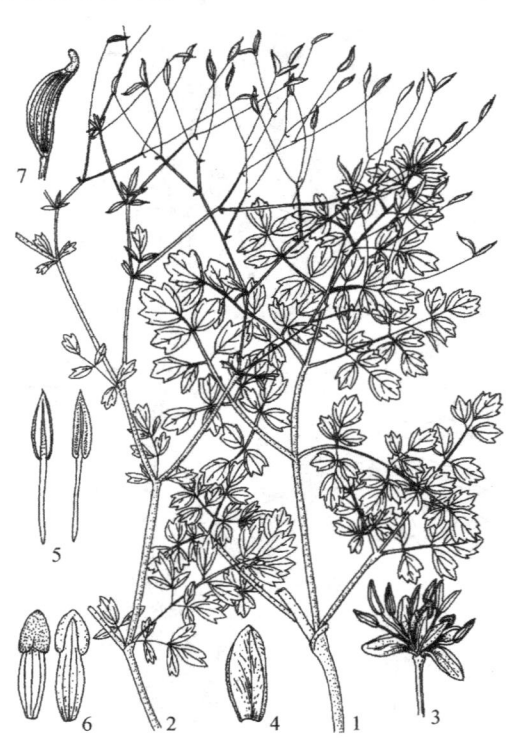

图 7-8 展枝唐松草
1. 茎中部叶；2. 果序；3. 花；4. 萼片；
5. 雄蕊；6. 雌蕊；7. 瘦果

本科重点识别特征：单叶掌状裂或复叶；花两性，5 基数；雄蕊、雌蕊多数，螺旋状排列于膨大的花托上；聚合瘦果。

克朗奎斯特（A. Cronquist）系统（1981）认为：从花的形态学、解剖学特征及化学成分等角度看，毛茛目与木兰目可能来自共同的原始有花植物。

二、金缕梅亚纲

金缕梅亚纲（Hamamelidae）共 11 目 24 科，约 3400 种。

本亚纲是地史上的一类古类群，由原被子植物向着适应风媒传粉的方向发展，同时，因有穗状花序，判断其与柔荑花序类植物的演化有关。

（一）荨麻目

荨麻目（Urticales）植物为草本或木本。叶多互生；常有托叶。花两性或单性，小而整齐；常有 4 枚或 5 枚花被片；通常雄蕊与花被片同数对生；子房上位，有 1 个或 2 个心皮，子房常单室，内含 1 枚胚珠。坚果、核果、瘦果或翅果。多为风媒花，若为虫媒花，则较专一。

本目包括榆科（Ulmaceae）、桑科（Moraceae）、大麻科（Cannabaceae）、荨麻科（Urticaceae）等 6 科。

1. 榆科

榆科植物为乔木或灌木。单叶互生，边缘锯齿状，基部常不对称；托叶早落。花小，单生、簇生或排列成聚伞花序；花单被，雌雄同株；花萼近钟形，4～8 裂，宿存；雄蕊与花萼裂片同数对生，花丝在芽内直立；子房上位，2心皮，1室或2室，每室1胚珠，花柱2。翅果、核果或小坚果；种子无胚乳或极少，胚直立或弯曲。花程式：$* K_{4-8} C_0 A_{4-8} \underline{G}_{(2:1)}$（图7-9）。

本科有18属150余种，主要分布于北温带，少见于热带及亚热带。我国8属50余种8变种，南北各省均产。

本科多数种类的木材材质优良，树皮纤维强韧，有的种子油可供医药或工业用；某些生长较快、材质优良的乔木树种可作为造林绿化树种。

榆属

榆属（*Ulmus* L.）植物单叶互生，羽状脉，基部常偏斜；托叶条形或披针形，早落。花小，无花瓣，两性，稀杂性，排成腋生的总状花序或聚伞花序；花萼钟形，4~9裂；雄蕊与萼片同数；子房1室，无柄或具柄；具扁平、圆形或卵形的翅果。

本属约40种，分布于欧洲、亚洲和美洲；我国有23种，南北均产。除材用外，也为很好的观赏树或行道树。

榆（家榆、白榆、榆树）（*U. pumila* L.）（图7-10），乔木。树皮粗糙纵裂，小枝柔软。单叶互生，椭圆状卵形，叶基偏斜，叶缘有锯齿；聚伞花序，花先叶开放；翅果近圆形，种子位于翅果的中央。

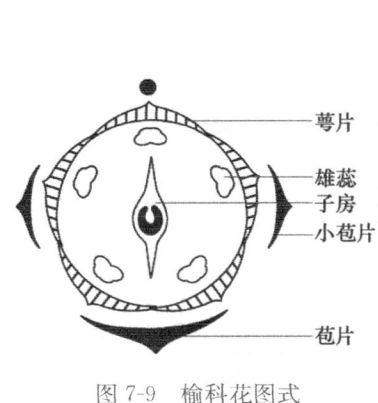

图7-9 榆科花图式

图7-10 榆
1. 枝条；2. 果序；3. 翅果

朴属

朴属（*Celtis* L.）植物为落叶乔木，稀常绿；树皮灰或深灰色，不裂，有时具木栓质瘤状突起。叶基部3出脉。花杂性同株，雄花簇生于新枝下部；两性花单生，或2朵或3朵集生于新枝上部叶腋，稀为总状或聚伞花序；花被4裂或5裂；雄蕊4或5。核果近球形或卵圆形。

本属约50种，分布于北温带和热带；我国有22种3变种。除新疆、青海外，各地均有分布。

黑弹树（小叶朴、朴树）（*C. bungeana* Bl.）（图7-11），一年生枝条褐色无毛；叶互生，无托叶，卵形，先端渐尖，基部偏斜或近圆形，中、上部边缘具锯齿；核果单生于叶腋，球形，紫黑色。

本科重点识别特征：木本。单叶互生。花小，单被，子房上位。翅果、核果或小坚果。

2. 桑科

桑科（Moraceae）植物为乔木或灌木，稀为草本或藤本，通常有乳汁。单叶互生，托叶早落。花单性，雌雄同株或异株，常集成柔荑花序、头状花序、聚伞花序、圆锥花序或隐头花序；花小，整齐，单被；雄花花萼4枚，雄蕊与花萼同数且对生；雌花花萼4枚，雌蕊由2个心皮合成，子房上位，1室。聚花果或瘦果；种子有胚乳，胚多弯曲。花程式：♂：$*K_{4-6}C_0A_{4-6}$；♀：$*K_{4-6}C_0\underline{G}_{(2:1)}$（图7-12）。

图7-11 黑弹树（小叶朴、朴树）
1. 果枝；2. 花；3. 核果

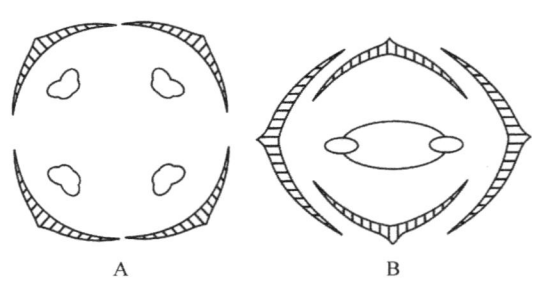

图7-12 桑科花图式
A. 雄花；B. 雌花

本科约60属1400种，分布于热带和亚热带地区。我国18属160种，全国各地均有分布，但以长江以南为多。

本科植物具有重要经济价值，有些果实可供食用；有的种类可产橡胶；有些种类可供造纸；桑属植物的叶可养蚕，许多种也是重要的材用植物。

桑属

桑属（*Morus* L.）植物为落叶乔木或灌木；叶互生，基部3~5脉；托叶早落；花单性同株或异株，无花瓣，穗状花序；花丝在芽中内弯；子房被肉质花萼所包被；聚花果；种子近球形，种皮膜质，胚乳丰富。

本属约12种，分布于北温带，我国有9种，各地均产。

桑（白桑）（*M. alba* L.）（图7-13），落叶灌木或乔木；树皮灰黄色或黄褐色；叶卵形或阔卵形，有时分裂；花单性异株，穗状花序；聚花果（桑葚）黑紫色或白色。

榕属

榕属（*Ficus* L.）植物为常绿乔木或灌木。有乳汁。叶通常互生，多全缘，托叶大而抱茎，脱落后在枝上留有环形的托叶痕。雌雄同株，隐头花序。

本属约 1000 种，分布于热带、亚热带地区，我国有 120 种，产西南至东部。

无花果（F. carica L.）（图 7-14），原产地中海，现在各地广为栽培。灌木；叶掌状；花单性同株，生于肉质凹下的花序轴的内壁上，上部为雄花，下部为雌花；瘦果小，骨质；隐头花序梨形，可食或制蜜饯。

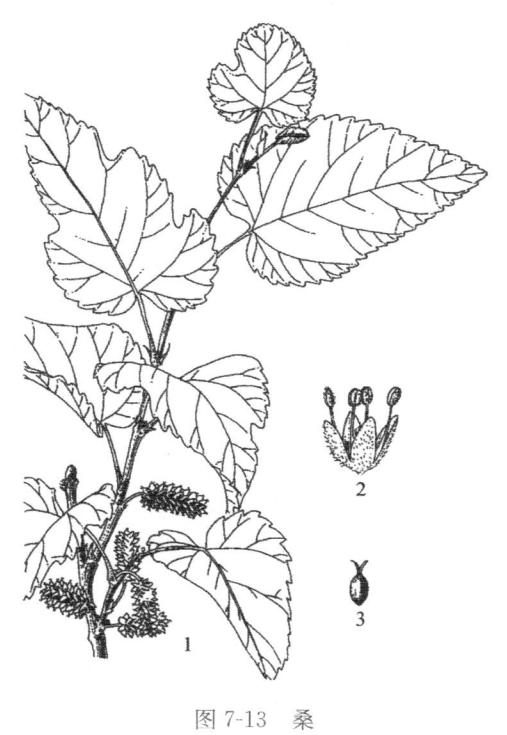

图 7-13　桑
1. 果枝；2. 雄花；3. 雌花

图 7-14　无花果
1. 果枝；2. 雌花；3. 苞片

本科重点识别特征：木本，常有乳汁。单叶互生。花小，单性，单被，雄蕊与萼片同数对生，子房上位。聚花果。

（二）胡桃目

胡桃目（Juglandales）植物为乔木，常有树脂。羽状复叶，互生，常无托叶。花单性同株。单被花。雄蕊 3 至多数，子房下位，1 室或不完全的 2~4 室，胚珠 1 个直立，具 1 层珠被，合点受精。果实核果状坚果或翅果。种子无胚乳。

本目包括胡桃科（Juglandaceae）和马尾树科（Rhoipteleaceae）。

胡桃科

胡桃科植物为落叶乔木，多具树脂。羽状复叶互生；无托叶。花单性，雌雄同株；雄花序常为柔荑状，单生或数条成束生；雌花单生、簇生或直立穗状；雄花生于 1 枚不分裂或 3 裂的苞片腋内，通常具 2 小苞片或 1~4 枚花被片，雄蕊 3 至多数；雌花具 2 小苞片，2~4 枚花被片贴生于子房，子房由 2 心皮合生；坚果核果状或翅果。种子无胚乳，具 1 层膜质种皮，子叶肥大肉质，富含油脂，通常皱褶。花程式：♂：$*P_{3-6}A_{8-10}$，♀：$*P_{3-5}\overline{G}_{(2:1)}$（图 7-15）。

本科共 8 属约 60 种，大多分布于北温带和热带地区。我国有 7 属 27 种，多分布于黄河

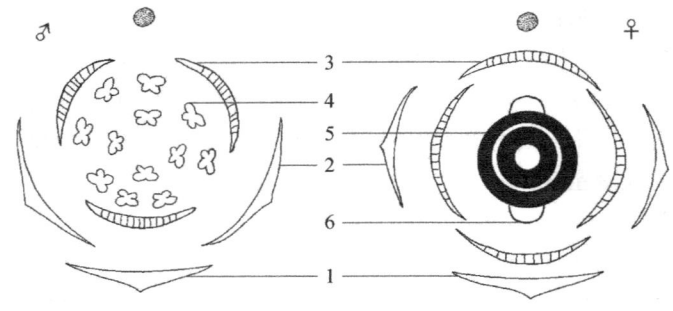

图 7-15 胡桃科花图式
1. 苞叶；2. 苞片；3. 萼片；4. 雄蕊；5. 雌蕊；6. 分枝的花柱

流域和长江流域及以南地区。

胡桃属

胡桃属（*Juglans* L.）植物为落叶乔木，枝具片状髓。奇数羽状复叶。果为大形核果状坚果，"外果皮"由总苞及花被发育而成，肉质，成熟时不规则开裂或不裂；内果皮硬骨质，有不规则刻纹及纵脊。

本属约 15 种，分布于欧洲、亚洲和南北美洲的温带及热带地区。我国有 5 种。

胡桃（核桃）(*J. regia* L.)（图 7-16）：小叶 5～9，全缘，无毛，果实近球形，果核具 2 条纵棱和不规则浅刻纹，原产我国西北部和中亚，已有 2000 多年的栽培历史，为重要的木本油料作物和著名干果。

胡桃楸（核桃楸）(*J. mandshurica* Maxim.) 小叶 9～17，叶缘具明显的细密锯齿，果实近球形，果核长卵形或长椭圆形，暗褐色，先端锐尖，表面有 8 条棱脊，各棱间具不规则皱曲及凹穴，壁内具多数不规则空隙。

本科重点识别特征：落叶乔木。羽状复叶互生。花单性，单被；雄花成柔荑花序；雌花单生或穗状花序；子房下位。核果状坚果或翅果。

（三）壳斗目

壳斗目（Fagales）植物为木本。单叶互生，托叶早落。花单性，单被花，风媒，雌雄同株。柔荑花序，每苞片内常有 3 花，成二歧聚伞花序排列；雄蕊和花被片对生；雌蕊由 2 个或 3 个心皮结合而成，子房下位，悬垂胚

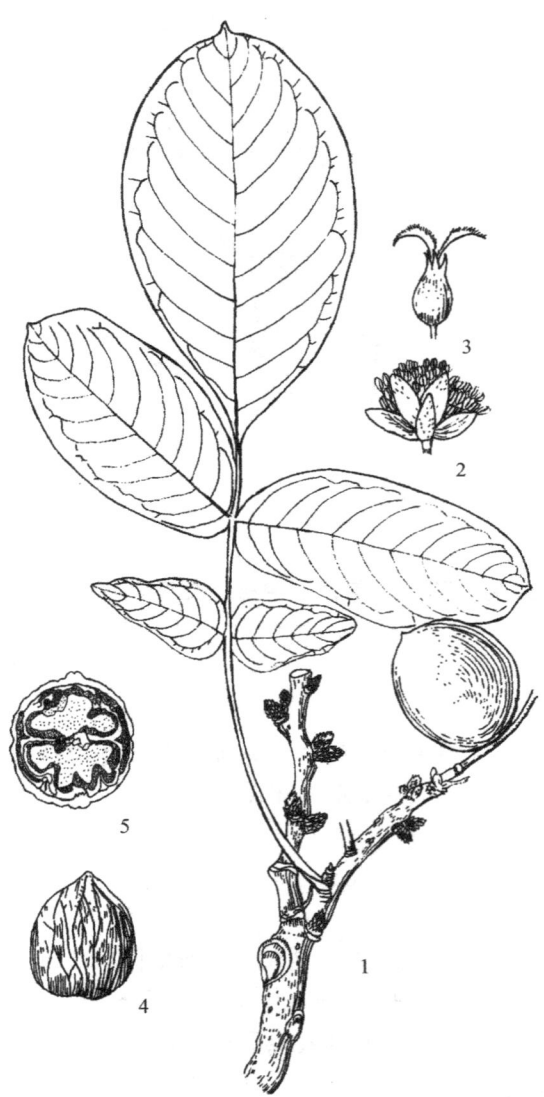

图 7-16 胡桃
1. 果枝；2. 雄花；3. 雌花；4. 果核；5. 果实横切面

珠。坚果，具由苞片和小苞片连合并增大而成的果苞或壳斗。种子1枚，无胚乳。

本目包括壳斗科（Fagaceae）、桦木科（Betulaceae）等3科。

1. 壳斗科

壳斗科植物为落叶或常绿乔木，稀为灌木。单叶互生，革质，羽状脉。花单性，无花瓣，雌雄同株；雄花排成柔荑花序，花被杯状，裂片覆瓦状排列；雄蕊常与花被裂片同数或为其倍数，分离，花丝细长，花药2室，纵裂；雌花单生或2朵或3朵簇生于总苞内；花被杯状；子房下位，3～6室，每室1个或2个胚珠，常仅1个胚珠发育。果实为坚果，单生或2个或3个生于称为"壳斗"的总苞内；壳斗苞片呈鳞片状、针刺状或粗糙突起，螺旋状或轮状排列，分离或覆瓦状紧贴。种子无胚乳。花程式：♂：* $K_{(4-8)} C_0 A_{4-20}$，♀：* $K_{(4-8)} C_0 \overline{G}_{(3-6:3-6:2)}$（图7-17）。

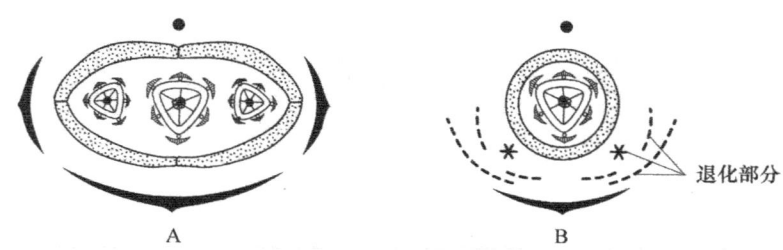

图7-17 壳斗科雌花花图式
A. 栗属；B. 栎属

本科共7属900多种，广布于温带和亚热带，主产亚洲。我国5属，约320种，几乎全国均有分布。

栗属

栗属（*Castanea* Mill.）植物为落叶乔木，侧枝无顶芽，叶缘有锐齿，花序直立，雄花为直立柔荑花序，雌花单生或2～5朵生于一壳斗内，子房6室，壳斗全包坚果，瓣裂，刺长而密。本属约12种，分布于欧洲、美洲、亚洲。中国有4种。栗（板栗）（*C. mollissima* Bl.）叶背面有星状毛，每总苞内有2个或3个坚果。原产我国，为著名木本粮食作物（图7-18）。

栎属

栎属（*Quercus* L.）植物常为落叶乔木。雄花组成柔荑花序下垂，雌花单生于总苞内，子房3室，花柱3，壳斗全包或包着坚果一部分，通常有坚果1个（罕有2个或3个），总苞鳞片状或宽刺状。约350种，分布于北温带和热带高山上。我国约90种，南北各省均产。蒙古栎（*Q. mongolica* Fisch. ex Turcz）（图7-19），叶侧脉7～11对，叶缘具波状钝齿，壳斗苞片具瘤状突起，为温带地区落叶阔叶林主要树种之一。栓皮栎（*Q. variabilis* Bl.）叶卵状披针形，叶缘有芒状锯齿，老叶背灰白色，具白色星状毛，壳斗苞片线状披针形，木栓层发达，是优良的软木原料。

本科重点识别特征：木本，单叶互生，羽状脉直达叶缘。雌雄同株，无花瓣；雄花成柔荑花序；雌花1～3朵生于总苞中。坚果。

2. 桦木科

落叶乔木或灌木。单叶互生，叶缘具重锯齿或单齿，叶脉羽状，侧脉直达叶缘；托叶早落。花单性，雌雄同株，雄花序穗状，顶生或侧生，有多数苞鳞；雄花插生于苞鳞腋内，有

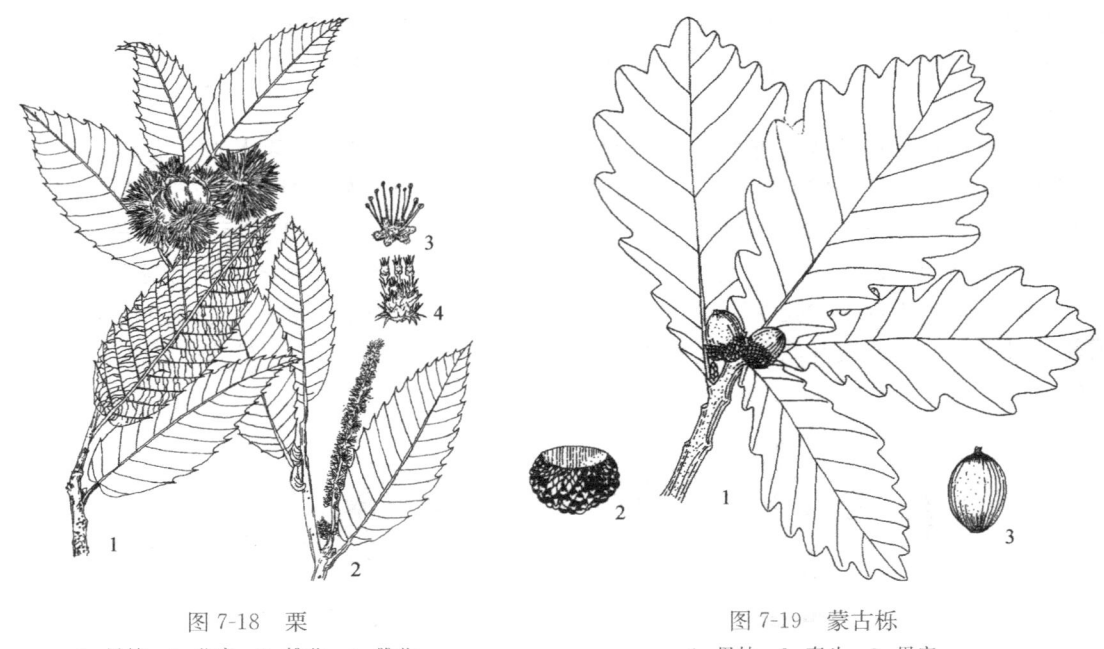

图 7-18 栗
1. 果枝；2. 花序；3. 雄花；4. 雌花

图 7-19 蒙古栎
1. 果枝；2. 壳斗；3. 果实

花被或无；雄蕊 2～20，花丝短，花药 2 室，药室纵裂；雌花序球果状、穗状、总状或头状，有多数苞鳞（果时称果苞），每一苞鳞腋内有 2 朵或 3 朵雌花；雌花无花被，如有花被则与子房贴生；子房 2 室或不完全 2 室。果实为坚果，有翅或无。花程式：♂：$* P_{4,0} A_{2-20}$；♀：$* P_0 \overline{G}_{(2:2)}$（图 7-20）。

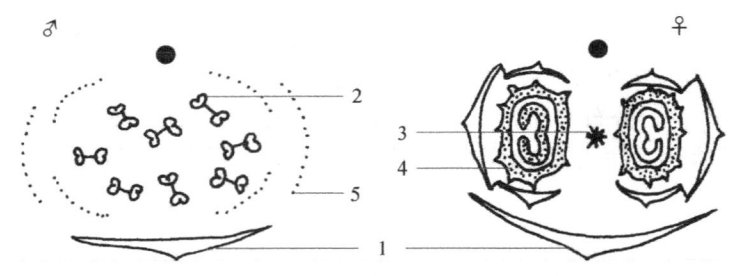

图 7-20 桦木科花图式
1. 苞片；2. 雄蕊；3. 缺失的花；4. 雌蕊；5. 退化苞片

本科 6 属，约 200 多种，主要分布于北温带。我国有 6 属 70 余种，各地均有分布。

本科的许多树种为北温带森林的重要组成树种。木材可供建筑和制作家具；种子可食或可供榨油。

桦木属

桦木属（*Betula* L.）植物的树皮常呈片状或块状剥落，白色或赤褐色，枝条皮孔横扁；冬芽无柄，芽鳞覆瓦状排列。雄花 3 朵生于每一苞鳞的腋间，有 4 枚膜质的花被；雌花无花被；果为具翅的小坚果，连同果苞排列成穗状，果苞革质具 3 裂片，成熟时与果同落。本属约 100 种，主要分布于北半球。我国约 29 种，分布于东北、华北及西南各省。白桦（*B. platyphylla* Suk.）（图 7-21），树皮白色，叶卵状三角形，背面淡绿色，有腺点。

图 7-21 白桦
1. 枝条；2. 果苞；3. 果实

榛属

榛属（*Corylus* L.）植物为落叶灌木或小乔木。芽卵圆形，芽鳞多数，覆瓦状排列。单叶互生，边缘具重锯齿或浅裂。雄花单生于每一苞鳞的腋间，无花被；雌花具花被。果为坚果，连同果苞排成总状或头状。本属约 20 种，分布于亚洲、欧洲及北美洲。我国 7 种 3 变种，分布于东北、华北、西北及西南各省（自治区）。榛（平榛）（*C. heterophylla* Fisch. ex Bess.）（图 7-22），叶广卵形或倒卵形，长宽几相等，先端截形，中央有急尖，果苞钟状，缘有 6～9 个三角状裂片，为著名干果。毛榛（*C. mandshurica* Maxim.）叶圆形至广椭圆形，先端急尖，果苞管状密生刺毛，缘有不整齐披针形裂片，坚果可食。

本科重点识别特征：落叶木本。单叶互生。雌雄同株，常无花被。子房下位，2 室。坚果。

三、石竹亚纲

石竹亚纲（Caryophyllidae）共 3 目 14 科，约 11 000 种。

石竹亚纲是由石竹目和与该目有直接亲缘关系的类群组成的，这个类群趋向于具有特立中央胎座或基底胎座，许多成员都含有甜菜碱，这有别于其他亚纲。

（一）石竹目

石竹目（Caryophyllales）植物为草本，稀见肉质植物。花两性，稀单性，辐射对称，同被、异被或单被。花盘有或无；雄蕊定数，子房上位，常合生，弯生胚珠；中轴胎座至特立中央胎座。胚弯曲，包围淀粉质的外胚乳。

图 7-22 榛
1. 果枝；2. 果实侧面观；3. 果实腹面观

本目包括石竹科（Caryophyllaceae）、藜科（Chenopodiaceae）、商陆科（Phytolaccaceae）、紫茉莉科（Nyctaginaceae）、仙人掌科（Cactaceae）、马齿苋科（Portulacaceae）、苋科（Amaranthaceae）等 12 科。

石竹科

石竹科为草本植物。茎节部常膨大。单叶对生，基部常连接。花两性，辐射对称，单生或二歧聚伞花序；萼片 4 或 5，宿存，分离或合生，有时为干膜质；花瓣 4 或 5，分离，通常具爪；雄蕊 8~10，为花瓣的 2 倍，2 轮，稀 4 枚或 5 枚或更少，花药纵裂；子房上位，1 室或基部分隔成不完全的 3~5 室，花柱 2~5，胚珠通常多数，着生于特立中央胎座上，稀 1 胚珠着生基生胎座上。蒴果，顶端瓣裂或齿裂，稀浆果；种子 1 至多数；胚弯曲。花程式：
$* K_{4-5,(4-5)} C_{4-5} A_{4-10} \underline{G}_{(5-2;1)}$（图 7-23）。

图 7-23 石竹科花图式

本科约 75 属 2000 种，广布全球，以温带及寒带最多。我国有 32 属，近 400 种，南北均有分布。

本科植物多为田间杂草，部分栽培做观赏植物，并有多种药用植物。

石竹属

石竹属（*Dianthus* L.）植物的花单生或成聚伞花序；花萼合生成筒状，具 5 齿；花瓣 5，檐部与爪部分明，常相交成直角；雄蕊 10，排成 2 轮；花柱 2。蒴果。

石竹（*D. chinensis* L.）（图 7-24），叶线形或宽披针形，花瓣外缘齿状浅裂，花白色或红色。原产我国北部和长江流域各省，现多栽培供观赏、药用。

瞿麦（*D. superbus* L.）（图 7-25），花瓣粉红色，瓣片边缘细裂成流苏状，喉部有须毛，全国广布,全草入药。

图 7-24 石竹　　　　图 7-25 瞿麦
1. 植株下部；2. 植株上部；3. 花瓣；4. 种子

繁缕属

繁缕属（*Stellaria* L.）植物为二歧聚伞花序；花萼 5，离生；花瓣 5，白色，先端 2 裂；雄蕊 10，稀 5；花柱 3，稀 2。蒴果瓣裂。

繁缕［*S. media*（L.）Cyr.］（图 7-26）茎细弱，叶卵形，花小，花瓣 5，白色，顶端 2 深裂。广布性杂草。

本科重点识别特征：草本，节膨大。单叶对生。花部 5 基数，雄蕊为花瓣 2 倍，特立中央胎座。蒴果。

(二) 蓼目

蓼目（Polygonales）仅 1 科，目的特征与科同。

蓼科

蓼科（Polygonaceae）为草本植物，茎节常膨大。单叶互生；托叶膜质，鞘状包茎。花两性，稀单性，辐射对称；花被片 3~6，花瓣状；雄蕊常 8，稀 6~9 或更少；雌蕊由 3（稀 2~4）心皮合成，子房上位，1室，含 1 直生胚珠。瘦果（有学者认为是坚果），三棱形或凸镜形，部分或全体包于宿存的花被内。种子具丰富的胚乳；胚弯曲。花程式：* $K_{3-6} C_0 A_{6-9} \underline{G}_{(2-4:1)}$（图 7-27）。

图 7-26 繁缕
1. 植株一部分；2. 花；3. 果实；4. 种子

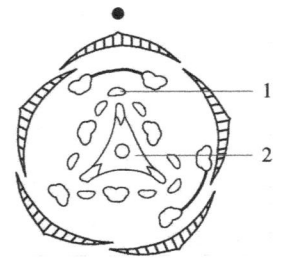

图 7-27 蓼属花图式
1. 蜜腺；2. 子房

本科有 32 属 1200 种，广布全世界，主产北温带。我国有 12 属 200 余种，南北各省均产，多为杂粮作物、药用植物和田间杂草。

蓼属

蓼属（*Polygonum* L.）为草本或藤本植物；花被片 5 裂，常有色彩；雄蕊 8 枚，瘦果短于花萼。本属约 600 种，我国有 120 种。

酸模叶蓼（*P. lapathifolium* L.）（图 7-28），叶披针形，背面有腺点，腹面有黑斑，托叶鞘筒状，先端截形，无缘毛。分布广，可作为饲料。

图 7-28 酸模叶蓼
1. 植株上部；2. 花；3. 展开花被示雄蕊；4. 瘦果

萹蓄（*P. aviculare* L.）（图 7-29），平卧草本。叶小，基部具关节。广布种，全草入药。

酸模属

酸模属（*Rumex* L.）植物花被片 6 枚，2 轮排列，外轮 3 枚小，内轮 3 枚果期增大呈翅状，翅背常有 1 小瘤。

酸模（*R. acetosa* L.）（图 7-30），叶基箭形，花单性，雌雄异株。广布性杂草，嫩茎叶可作蔬菜和青饲料。

皱叶酸模（*R. crispus* L.）（图 7-31），多年生草本。根粗壮。茎直立。叶基部楔形，边缘皱波状。内花被片基部心形，每片都有瘤状凸起。杂草，根入药。

大黄属

大黄属（*Rheum* L.）植物根状茎粗壮，叶基生和茎生，阔而大；花被片 6 枚同形，内轮 3 枚果期不增大，果实有翅。

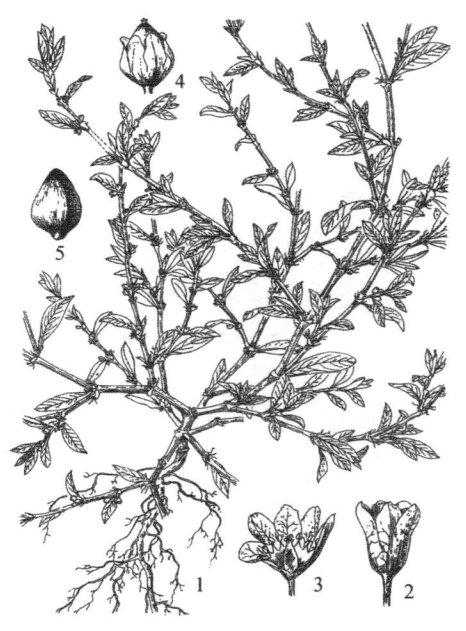

图 7-29 萹蓄
1. 植株；2. 花；3. 展开花被示雄蕊；
4. 带花被的瘦果；5. 瘦果

图 7-30 酸模
1. 植株；2. 果时增大的内花被片

图 7-31 皱叶酸模
1. 植株；2. 花被和瘦果；3. 瘦果

大黄（$Rh.\ officinale$ Baill.），根状茎粗大，黄色，叶掌状浅裂，花大、白色。根状茎入药，有下泻、健胃的功效。波叶大黄（华北大黄、河北大黄）（$Rh.\ undulatum$ Munt）（图7-32），基生叶宽卵形，基部心形，边缘波状。瘦果三棱形，翅下部心形，上端有凹口。分布于中国（内蒙古南部，河北、山西及河南北部）和俄罗斯。根可做黄色染料。

荞麦属

荞麦属（$Fagopyrum$ Mill.）植物叶三角形或箭形，全缘；花两性，总状或伞房状花序，花被5深裂；瘦果三棱形，明显伸出于宿存花萼之外。本属约15种，我国有8种。

荞麦（$F.\ esculentum$ Moench.），茎红色，叶广三角形，基部心形，花白色或淡红色，瘦果卵状三棱形。各地有栽培或野生，种子可供食用。

本科重点识别特征：草本，节膨大。单叶全缘互生，有膜质托叶鞘。花两性，单被，萼片花

图 7-32 波叶大黄
1. 果序及叶；2. 花；3. 瘦果；4. 叶

瓣状。瘦果（有学者认为是坚果），常包于宿存花被中。

四、五桠果亚纲

五桠果亚纲（Dilleniidae）共有13目78科，约25 000种。

五桠果亚纲由木兰目演化而来，或与木兰目有共同祖先。五桠果目（含科）作为五桠果亚纲的开端群，它与木兰目的联系主要表现在二者均为心皮离生。山茶目是本亚纲的中心群，其他各目都直接或间接地来自山茶目。

（一）锦葵目

锦葵目（Malvales）为木本或草本植物。茎皮多纤维。单叶互生，具托叶，常具星状毛。花两性或单性，整齐，5基数；花萼镊合状排列；花瓣旋转状排列；雄蕊多数，多少联生，稀定数；子房上位，心皮3至多数，常合生，中轴胎座，胚珠1至多数。种子常有胚乳。

本目包括椴树科（Tiliaceae）、锦葵科（Malvaceae）、杜英科（Elaeocarpaceae）、梧桐科（Sterculiaceae）和木棉科（Bombacaceae）5个科。

锦葵科

锦葵科植物为草本、灌木或乔木。茎皮部富含纤维，茎皮和髓内含黏液腔。单叶互生，具托叶，常为掌状脉。花两性，辐射对称；花萼3～5，常基部合生，镊合状排列，其下常有副萼（小苞片）3或多数；花瓣5，旋转状排列，近基部与雄蕊管联生；雄蕊多数，花丝联合成管，为单体雄蕊，花药1室，肾形，花粉粒具刺，球形；子房上位，心皮3或多数，中轴胎座。蒴果或分果。种子有胚乳。花程式：*$K_5 C_5 A_{(\infty)} \underline{G}_{(3-\infty;3-\infty)}$（图7-33）。

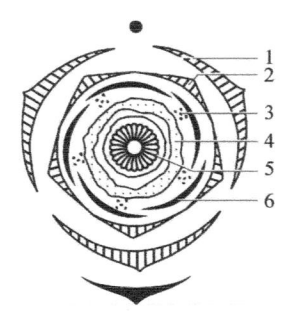

图7-33 锦葵科花图式
1.副萼；2.萼片；3.花药；4.雄蕊管；5.子房；6.花瓣

本科约50属1000种，分布于温带和热带地区，在地中海地区、亚洲、非洲均种类较多。我国有16属，含81种36变种或变型，各地均有分布，尤以热带和亚热带地区种类较多。

锦葵属

锦葵属（*Malva* L.）为一年生或多年生草本植物。叶互生，掌状分裂。花单生于叶腋内或成束；副萼3片，分离；花萼5裂；花瓣5，顶部凹入，白色或玫瑰红色；雄蕊柱的顶部有花药；果实由数心皮组成，成熟时各心皮彼此分离且与中轴脱离。

本属约30种，分布于亚洲、欧洲、非洲北部。我国有4种，产南北各地。

锦葵（*M. sinensis* Cavan.）（图7-34），别名钱葵、欧锦葵、棋盘花。二年生或多年生草本植物。叶互生，掌状裂。花数朵簇生于叶腋，淡紫色或白色。常见观赏植物。圆叶锦葵（*M. rotundifolia* L.），多年生草本。茎多分枝，匍匐生。叶互生，圆肾形。花白色或浅蓝色。果实扁圆形。种子肾形。圆叶锦葵叶形美观，花色艳丽，花期较长，适宜做花坛材料或盆栽应用。

棉属

棉属（*Gossypium* L.）为一年生灌木状草本植物。叶互生，掌状分裂。花大，单生于叶腋，副萼3或5；花萼杯状。蒴果圆形或椭圆形，室背开裂。种子倒卵形或有棱角，种子表皮细胞延伸成纤维。

图 7-34　锦葵
1. 花枝；2. 果爿

本属约 30 种，分布于南、北半球的热带和亚热带，南美洲、非洲、亚洲和大洋洲均产。我国栽培有 4 种和 2 变种。

陆地棉（大陆棉、美棉）（*G. hirsutum* L.），叶常 3 裂。花黄色；副萼 3，有尖齿 7～13；花药密生于等长的短花丝上。原产美洲，我国植棉区普遍栽培。草棉（非洲棉、小棉）（*G. herbaceum* L.），叶 5～7 裂。副萼广三角形。花黄色，中心紫色。原产西亚，生长期较短，适于我国西北各地栽培。

木槿属

木槿属（*Hibiscus* L.）为木本或草本植物。叶多少掌状分裂。副萼 5 片，全缘，花萼 5 齿裂，花冠钟形；单体雄蕊大；心皮 5，结合，花柱分枝 5，较长，中轴胎座。蒴果。种子肾形，光滑或被毛。

本属约 220 种，分布于热带和亚热带地区。我国约 24 种。

木槿（*H. syriacus* L.）（图 7-35），落叶灌木或小乔木。花单生叶腋；花粉红色、白色。可栽培做绿篱。朱槿（扶桑）（*H. rosa-sinensis* L.），常绿灌木。花冠漏斗形，下垂，红色鲜艳。著名的观赏花木。

本科重点识别特征：茎皮纤维发达。花两性，整齐，5 基数；具副萼，单体雄蕊。蒴果或分果。

（二）堇菜目

堇菜目（Violales）为木本或草本植物。叶互生或对生；常具托叶。花两性，整齐；双被花，5 基数；雄蕊与花瓣同数或较多；雌蕊由 3（5）个心皮组成，侧膜胎座；子房上位，

图 7-35 木槿
1. 植株一部分；2. 花纵剖面；3. 花萼及叶柄的星状毛；4. 果实

胚珠多数，具2层珠被。种子常有胚乳。

本目包括堇菜科（Violaceae）、葫芦科（Cucurbitaceae）、大风子科（Flacourtiaceae）、西番莲科（Passifloraceae）、红木科（Bixaceae）、柽柳科（Tamaricaceae）、旌节花科（Stachyuraceae）、番木瓜科（Caricaceae）和秋海棠科（Begoniaceae）等24科。

葫芦科

葫芦科为攀援或匍匐草本植物，具茎卷须。茎具双韧维管束。单叶互生，常深裂。花单性，同株或异株，单生或为总状花序、圆锥花序。雄花花萼管状，5裂；花冠结合或分离，花瓣5，多合生；雄蕊3，少为2或5，分离或各种结合，花药常弯曲成S形。雌花萼筒与子房合生；花瓣合生，5裂；子房下位，3心皮，侧膜胎座，胚珠多枚。瓠果。种子多数，无胚乳。花程式：♂：$K_{(5)} C_{(5)} A_{1(2)(2)}$；♀：$K_{(5)} C_{(5)} \overline{G}_{(3:1)}$（图7-36）。

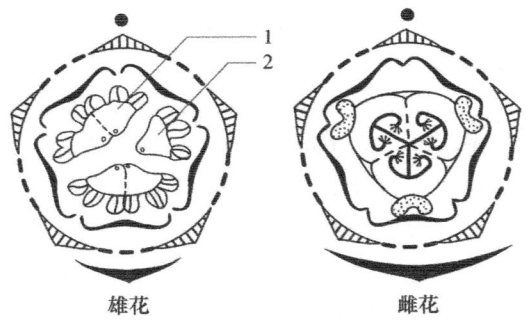

图 7-36 葫芦科花图式
1. 雄蕊两两结合；2. 雄蕊1枚分离

本科约113属800种，主要分布于热带和亚热带，少数种类散布到温带。我国产20属130种，主要分布于秦岭、长江以南，少数种散布到黄河以北地区；引种栽培7属，30余种，栽培变种较多。

葫芦属

葫芦属（Lagenaria Ser.）为草质藤本植物。叶心状卵形，柄顶有腺体2。花白色，单性同株，单生；花瓣5，离生；雄蕊3，花药合生；子房下位，侧膜胎座。瓠果。

本属6种，主要分布于非洲热带地区。我国栽培1种及3变种。

葫芦 [*L. siceraria* (Molina) Standl.]（图 7-37），一年生攀援草本。茎卷须 2 裂。叶片心状卵形至肾状卵形，基部心形；花白色；果下部大于上部，中部缢细，成熟后果皮变木质。可做各种容器。瓠子（夜开花）[*L. siceraria* var. *hispida* (Thunb.) Hara.]，瓠果长棒形，皮粉绿色。全国大部分地区做蔬菜栽培。

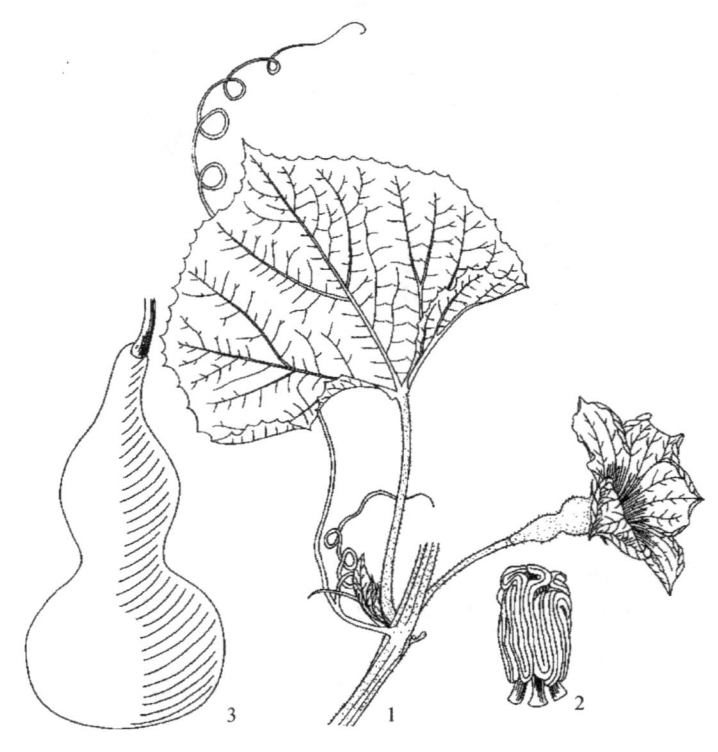

图 7-37 葫芦
1. 植株的一部分；2. 雄蕊；3. 果实

苦瓜属

苦瓜属（*Momordica* L.）为一年生或多年生藤本植物。叶心形，分裂或不分裂。花黄色或白色，单性同株或异株；雌花单生，具柄；雄花单生或排成总状花序、伞房花序；花冠轮状或钟状，5 裂几达基部；雄蕊 3，花药分离；花柱 3 裂。果球形至长椭圆形或长柱形，常有小瘤体，开裂或不开裂。种子扁平，平滑或有皱纹。

本属 40 余种，分布于热带、亚热带地区。我国约有 6 种。

苦瓜（*M. charantia* L.），叶互生，掌状 5~7 深裂。花小，单性，雌雄同株，黄色；果实纺锤形，有瘤状凸起。果肉味苦稍甘，做夏季蔬食。我国南北均有栽培。

栝楼属

栝楼属（*Trichosanthes* L.）为一年生或多年生草质藤本植物。根块状。叶全缘或分裂。花单性异株，稀同株，白色；花萼长管状，裂片 5，全缘或撕裂状；花冠轮状或杯状，花瓣（或裂片）5，撕裂状；雄蕊 3，花丝分离，花药常聚合成花药柱；子房 1 室。果肉质，长或短。

本属约 60 种，分布于亚洲和澳大利亚。我国有 55 种，广布于南北各地。

栝楼（瓜蒌）（*T. kirilowii* Maxim.）（图 7-38），多年生草质藤本。茎多分枝，卷须细长。单叶互生。花白色。果实近球形，成熟时金黄色。栝楼根的制品称为"天花粉"，瓜皮为"瓜蒌皮"，种子称为"瓜蒌仁"，均为中药。产我国南北各省（自治区）。

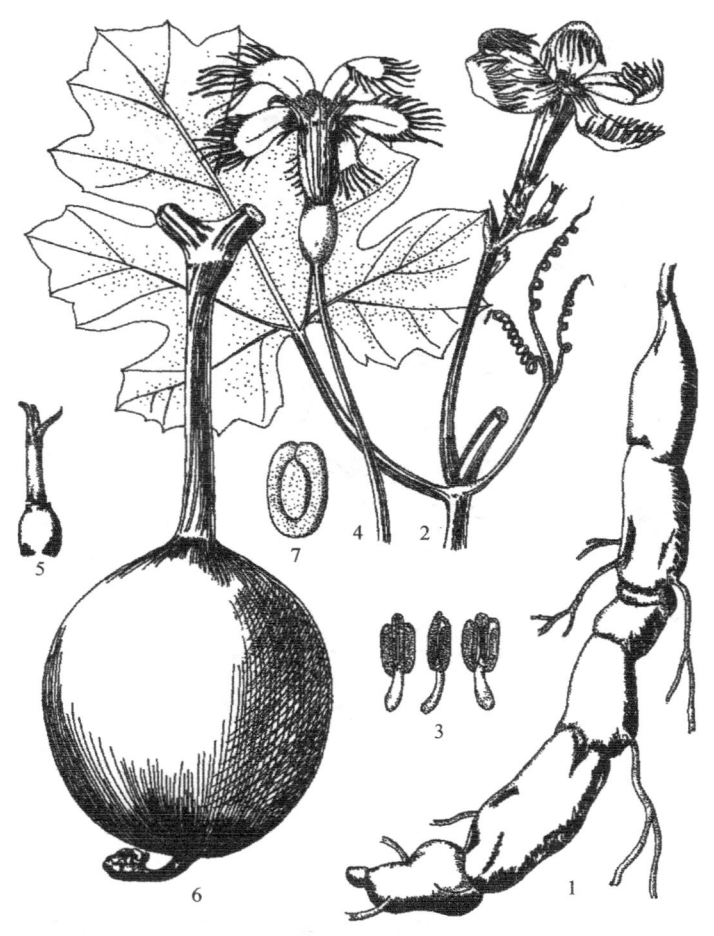

图 7-38　栝楼（瓜蒌）
1. 根；2. 雄株花枝；3. 雄蕊；4. 雌花；5. 雌蕊；6. 果实；7. 种子

赤瓟属

赤瓟（*Thladiantha dubia* Bge.）（图 7-39），为攀援草质藤本。根块状。叶片宽卵状心形，边缘浅波状，有大小不等的细齿。花冠黄色，裂片长圆形，上部向外反折，具 5 条明显的脉。果实卵状长圆形，表面橙黄色或红棕色，有光泽，被柔毛，具 10 条明显的纵纹。果实和根入药，果实能理气、活血、祛痰和利湿，根有活血、清热解毒之效。生于山坡、河谷及林缘湿处。

本科常见植物还有黄瓜（*Cucumis sativus* L.）、香瓜（*C. melo* L.）、西瓜［*Citrullus lanatus*（Thunb.）Mansfeld］、南瓜［*Cucurbita moschata*（Duch.）Poir.］、丝瓜［*Luffa cylindrica*（L.）Roem.］、冬瓜［*Benincasa hispida*（Thunb.）Cogn.］等，可作为蔬菜或水果食用；具有药用价值的种类，如木鳖子［*Momordica cochinchinensis*（Lour.）Spreng.］、罗汉果（*M. grosvenori* Swingle）等；油渣果［*Hodgsonia macrocarpa*（Bl.）Cogn.］的种子含油量达 68%，可榨油。

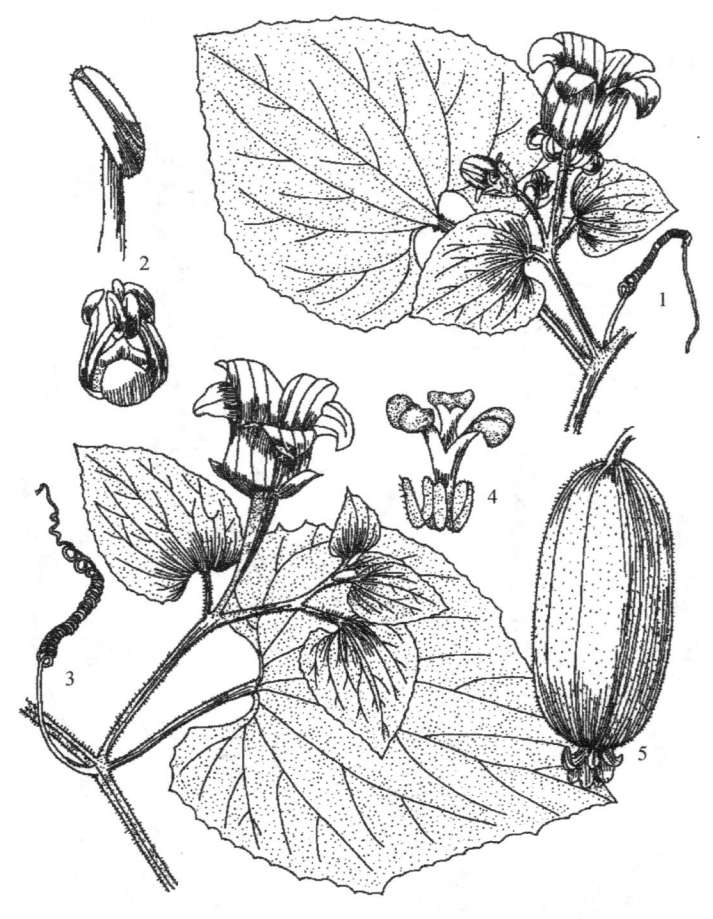

图 7-39 赤瓟
1. 雄株；2. 雄蕊；3. 雌株；4. 花柱、柱头及退化雄蕊；5. 果实

本科重点识别特征：蔓生草本，具卷须。叶互生。花单性；聚药雄蕊；雌蕊 3 心皮，侧膜胎座，子房下位。瓠果。

（三）杨柳目

杨柳目（Salicales）为木本植物。单叶，多互生。花单性，雌雄异株，柔荑花序；无花被，具花盘或蜜腺；雄蕊 2 至多数；子房由 2~4（5）心皮组成 1 室。蒴果，2~4 瓣裂。种子细小，少数至多数，无胚乳，珠柄密生长柔毛。

本目仅有杨柳科（Salicaceae）1 科。

杨柳科

杨柳科为木本植物。单叶互生，具托叶。花单性，雌雄异株，稀同株，常为柔荑花序，通常先叶开放，每花具 1 膜质苞片；无花被，具有由花被退化而来的花盘或蜜腺；雄蕊 2 至多数；子房由 2 心皮结合而成，侧膜胎座，具多数倒生胚珠。蒴果，2~4 瓣裂。种子细小，由珠柄长出多数柔毛，无胚乳，胚直生。花程式：♂：$* K_0 C_0 A_{2-\infty}$；♀：$\uparrow K_0 C_0 \underline{G}_{(2:1)}$（图 7-40）。

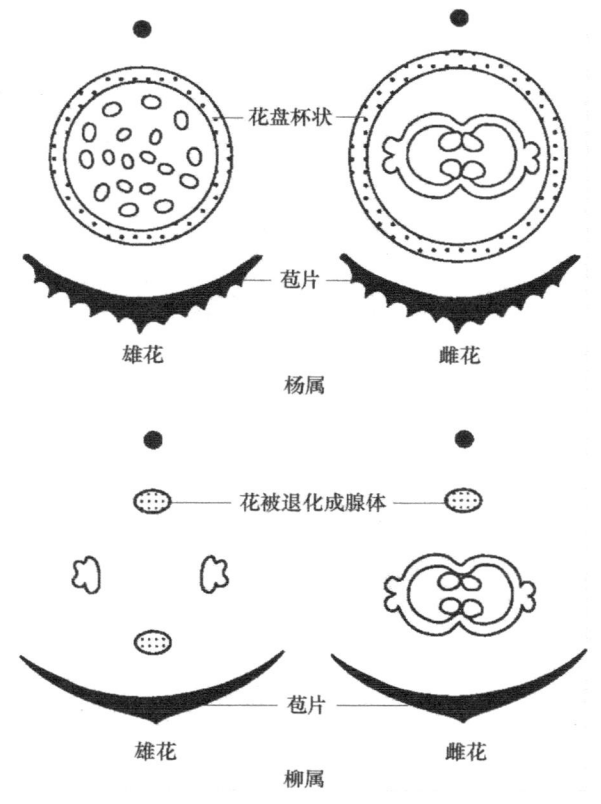

图 7-40 杨柳科花图式

本科含 3 属 620 多种，分布于寒温带、温带和亚热带。我国 3 属 320 余种，各省（自治区）均有分布，尤以山地和北方较为普遍。

杨属

杨属（*Populus* L.）植物为落叶乔木。冬芽具数枚鳞片，芽有树脂，常有顶芽。单叶互生，多为卵圆形、卵圆状披针形或三角状卵形；有长叶柄。柔荑花序下垂；花先叶开放，无花被，有杯状花盘；雄蕊 4 至多数；苞缘细裂。蒴果 2~4 裂。种子小，具白色绵毛。

杨属 100 多种，广布于欧洲、亚洲、北美大陆。中国自生种约 57 种。

毛白杨（*P. tomentosa* Carr.）（图 7-41），叶三角状卵形，背面有密毡毛。我国北部防护林和绿化的主要树种。北起我国辽宁南部、内蒙古，南至长江流域，以黄河中下游为适生区。

山杨（*P. davidiana* Dode）（图 7-42），叶近圆形，具波状钝齿。雌雄异株；花药红色；苞片深裂，裂缘有毛。蒴果 2 裂。我国东北大兴安岭、小兴安岭、长白山及黄河中下游地区均有生长。胡杨（*P. euphratica* Oliver），树皮灰褐色，呈不规则纵裂沟纹。叶卵状菱形、圆形至肾形，叶柄稍扁。雌雄异株；柔荑花序；苞片菱形。蒴果长椭圆形。分布于我国内蒙古西部、甘肃、青海、新疆等地。

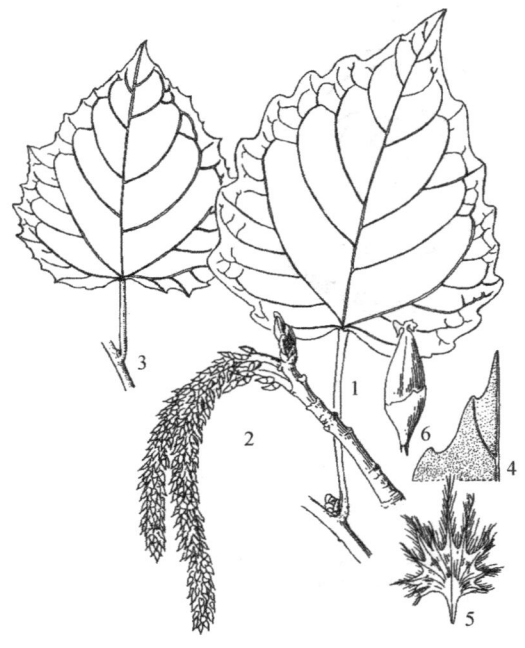

图 7-41 毛白杨
1. 叶；2. 雌花序；3. 萌枝叶；4. 叶背面放大部分，示绒毛；5. 苞片；6. 子房

图 7-42 山杨
1. 叶与枝；2. 雌花序；3. 雄花；4. 雌花序；5. 雌花

图 7-43 垂柳
1. 果序枝，示果序、枝条下垂及叶形；2. 叶形及叶柄基部托叶；3. 蒴果，示苞片

柳属

柳属（Salix L.）植物为落叶灌木或乔木。冬芽仅有 1 芽鳞，由 2 枚合生的托叶组成，顶芽退化。单叶互生，常披针形。雌雄异株；无花被，柔荑花序常直立；花具 1 枚或 2 枚由花被退化来的腺体；雄蕊常 2（稀 1~12）；苞片全缘。蒴果 2 裂，种子有绵毛。

本属约 500 种，主产北半球的温带地区。我国约 200 种，各省均产之。

垂柳（S. babylonica L.）（图 7-43），枝细弱下垂。叶狭披针形。苞片线状披针形；雌花有 1 腺体。根系发达，保土力强，做河堤造林树种。

旱柳（柳、河柳）（S. matsudana Koidz.），枝直立。叶披针形。苞片三角形。园林绿化树种龙爪柳（S. matsudana var. tortuosa Vilm.），枝条扭曲，为旱柳的变种。中国黄花柳［S. sinica（Hao）C. Wang et C. F. Fang］（图 7-44），花先叶开放。雌花序短圆柱形，果期可达 10 cm。雄花序无梗，宽椭圆形至近球形，具黄褐色长毛；雄蕊的花药黄色。分布于中国（华北、西北及山西、内蒙古）、朝鲜、日本及俄罗斯。

图 7-44 中国黄花柳
1. 雌花序枝；2. 雌花；3. 雄花序；4. 雄花

杨柳科植物适应性强，生长迅速，为各地营造速生用材林、防护林、行道树和绿化的重要树种。山杨等常为森林天然更新的先锋树种，胡杨为重要抗旱树种，毛白杨、银白杨（*Populus alba* L.）、小叶杨（*P. simonii* Carr.）、加拿大杨（*P. canadensis* Moench）等为常见绿化树种。柳属一些种，枝细长柔韧，可编制筐、篮、箱和帽等用具，尤以杞柳（*Salix integra* Thunb.）和蒿柳（*S. viminalis* L.）为最佳。钻天柳〔*Chosenia arbutifolia* (Pall.) A. Skv.〕为建筑、桥梁、家具和农具的用材树种。

本科重科识别特征：木本，单叶互生。花单性，雌雄异株，柔荑花序；无花被，有花盘或蜜腺，侧膜胎座。蒴果。

（四）白花菜目

白花菜目（Capparales）为草本或木本植物。单叶或掌状复叶；稀具托叶。花辐射对称至两侧对称；雄蕊多数至定数；心皮合生，侧膜胎座，子房2心皮，常有柄。胚乳少或缺；胚弯曲或褶状。

本目包含白花菜科（Capparaceae）、十字花科（Cruciferae、Brassicaceae）、辣木科（Moringaceae）、木犀草科（Resedaceae）等5科。

十字花科

十字花科为一年、二年或多年生草本，很少呈亚灌木状。单叶，稀复叶，互生，基生叶莲座状，茎生叶互生；无托叶。花两性，整齐，总状花序；花萼4，每轮2片；花瓣4，十字形排列，基部常成爪；花托上有蜜腺，常与萼片对生；雄蕊6，四强雄蕊；子房上位，2心皮，常具假隔膜，把子房分为假2室，侧膜胎座。胚珠多数。长角果或短角果，开裂或少数不裂。种子无胚乳，胚弯曲。花程式：$* K_{2+2} C_{2+2} A_{2+4} \underline{G}_{(2:1)}$（图7-45）。

本科含300属以上，约3200种，主产北温带，尤以地中海

图 7-45 十字花科花图式

区域分布较多。我国有95属425种124变种和9变型，全国各地均有分布，以西南、西北、东北高山区及丘陵地带为多，平原及沿海地区较少。

芸薹属

芸薹属（*Brassica* L.）为一、二年生草本植物。单叶，有时基部羽状分裂。总状花序；花黄色，花瓣具爪。长角果，圆柱形。种子球形，子叶对褶。

本属约100种，分布于东半球北温带地区，是主要的蔬菜和油料作物。我国通常栽培约15种。

油菜（芸薹）（*B. campestris* L.），一、二年生草本。长角果条形；种子球形，紫褐色。原产我国，南北广为栽培，四季均有供应。油菜为重要的油脂植物，含多种营养素，维生素C含量丰富。甘蓝（*B. oleracea* L.），二年生或多年生草本。下部叶大，大头羽状深裂，有柄。总状花序；花浅黄色。长角果圆筒形；种子球形。原产欧洲。本种的变种卷心菜（*B. oleracea* L. var. *capitata* L.）、花椰菜（花菜）（*B. oleracea* L. var. *botrytis* L.）为常见蔬菜，后者的顶生球形花序供食用。

萝卜属

萝卜属（*Raphanus* L.）为一年生至多年生草本植物。叶大头羽状半裂。花大，白色或紫色，排成总状花序；花萼直立，长圆形，内轮基部稍成囊状；花瓣倒卵形，常有深色脉纹，具长爪。长角果圆筒状，成2节；种子1行，子叶对折。

本属约8种，分布于欧洲至东亚。我国有2种。

萝卜（莱菔）（*R. sativus* L.），一、二年生草本。肉质直根长圆形。长角果；种子间缢缩成串珠状，先端具长喙。原产我国，各地均有栽培，品种极多。根供食用，为我国主要蔬菜之一。种子、鲜根、叶均可入药。

荠属

荠属（*Capsella* Medic.）为一年生草本植物。基生叶莲座状，羽状分裂至全缘。萼片近直立，长圆形；花瓣白色，匙形。短角果倒三角形或倒心状三角形，扁平，开裂。种子椭圆形，子叶背倚胚根。

本属约5种，分布于地中海地区、欧洲及西亚。我国仅荠菜1种，广布全国。

荠菜 [*C. bursa-pastoris* (L.) Medic.]（图7-46），一年生草本植物。基生叶丛生。花小，白色。短角果扁平，呈倒三角形，含多数种子。原产我国，现遍布世界各地，是人们喜爱的一种野菜。

菥蓂属

菥蓂（遏蓝菜）（*Thlaspi arvense* L.）（图7-47），一年生草本植物。茎直立，分枝或不分枝。花白色，花瓣长圆状倒卵形。短角果近圆形或倒卵形，扁平，周边有宽翅。种子倒卵形，同心环状纹。分布于中国、亚洲、欧洲、非洲北部。幼苗可做野菜；全草入药。

本科植物包括多种常见蔬菜。除油菜、甘蓝外，还有芥蓝（*Brassica alboglabra* L. H. Bailey）、青菜（小白菜、鸡毛菜）（*B. chinensis* L.）、雪里蕻（*B. juncea* var. *multiceps* Tsen et Lee）、芜菁（*B. rapa* L.）、白菜（*B. pekinensis* Rupr.）等；本科常见植物蔊菜 [*Rorippa indica* (L.) Hiern]、独行菜（*Lepidium apetalum* Willd.）、播娘蒿 [*Descurainia sophia* (L.) Webb.]、遏蓝菜等可作药用；桂竹香（*Cheiranthus cheiri* L.）、诸葛菜 [*Orychophragmus violaceus* (L.) O. E. Schulz]、羽衣甘蓝（*B. oleracea* var. *acephala* DC. f. *tricolor* Hort.）、紫罗兰 [*Matthiola incana* (L.) R. Br.] 等具观赏价值。

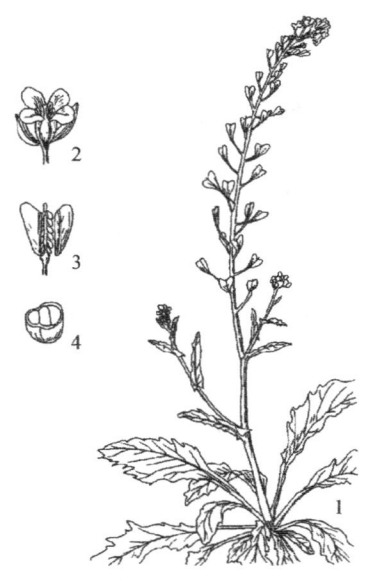

图 7-46 荠菜
1. 植株；2. 花；3. 短角果；
4. 种子横切，示子叶横叠

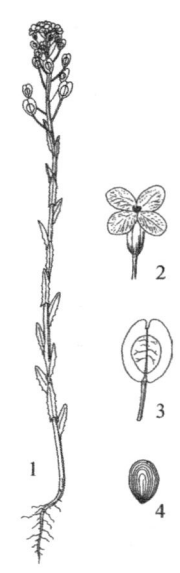

图 7-47 菥蓂
1. 全植株；2. 花；
3. 短角果；4. 种子

本科重点识别特征：草本。总状花序。花两性，整齐，十字花冠；四强雄蕊；侧膜胎座，具假隔膜；角果。

五、蔷薇亚纲

蔷薇亚纲（Rosidae）有 18 目 118 科，约 58 000 种。

（一）蔷薇目

蔷薇目（Rosales）植物为乔木、灌木或草本。单叶或复叶互生，少对生；有托叶。花两性，辐射对称，花瓣分离。雄蕊周位至上位，多分离。心皮分离或各种合生，子房上位至下位。无胚乳。

本目包括蔷薇科（Rosaceae）、景天科（Crassulaceae）、虎耳草科（Saxifragaceae）等 24 科。

蔷薇科

蔷薇科植物为草本、灌木或乔木，落叶或常绿，有刺或无刺。冬芽常具数个鳞片，有时仅具 2 个。叶互生，稀对生，单叶或复叶，具明显托叶，稀无托叶。花两性，通常整齐，周位花或上位花；花轴上端发育成碟状、钟状、杯状、坛状或圆筒状的萼管；萼管边缘着生萼片、花瓣和雄蕊；萼片和花瓣同数，通常 4 或 5，覆瓦状排列，很少无瓣，萼离生或合生，子房上位、半下位或下位，每心皮一至数个胚珠；花柱与心皮同数，有时连合，顶生、侧生或基生。果实为蓇葖果、瘦果、梨果或核果，稀蒴果；子叶肉质，背部隆起，稀对褶或呈席卷状。

本科下分 4 亚科，共约 124 属 3300 种，分布于全世界，北温带较多。我国约 55 属 1000 种。花程式：$* K_{(5)} C_5 A_{5-\infty} \underline{G}_{1-\infty;1;1-\infty}, \overline{G}_{(2-5;2-5;2)}$（图 7-48）。

本科许多种类的果实属广受欢迎的水果和干果，富含维生素、糖和有机酸，可做果酒、

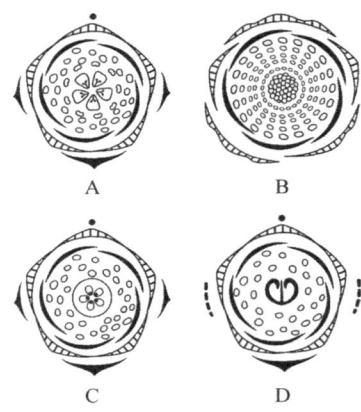

图 7-48 蔷薇科 4 亚科花图式
A. 绣线菊亚科；B. 蔷薇亚科；
C. 苹果亚科；D. 李亚科

果酱、果汁等的加工原料；桃仁、杏仁等可榨油；有些种类可入药；有些种类可提取芳香油；有些种类有较高的木材使用价值；大量种类可做庭院观赏植物。

根据心皮数目、子房位置和果实类型等特征，蔷薇科通常被分为 4 个亚科，即绣线菊亚科、蔷薇亚科、苹果亚科和李亚科。

（1）绣线菊亚科

绣线菊亚科（Spiraeoideae）植物为灌木，稀草本。单叶，稀复叶，叶片全缘或有锯齿，常不具托叶，或稀具托叶。心皮 1~5（~12），离生或基部合生，子房上位，具 2 至多数悬垂的胚珠；果实成熟时多为开裂的蓇葖果，稀蒴果。

绣线菊属

绣线菊属（*Spiraea* L.）植物为落叶灌木。冬芽具 2~8 片芽鳞。单叶互生，无托叶。伞房状或圆锥状花序；萼筒钟状，萼裂片 5，通常稍短于萼筒；花瓣 5，白色或粉红色，较萼片长；雄蕊 15~60，着生于萼片和花盘之间；雌蕊通常 5 心皮，离生。蓇葖果 5，沿腹缝线开裂，内含数个种子。

本属约有 100 种，主要分布于北半球温带至亚热带地区。我国有 50 余种。本属多数种类为庭院观赏植物。三裂绣线菊（*S. trilobata* L.）（图 7-49），叶片近圆形，先端 3 裂，基部圆形至近心形，有明显 3~5 出脉。

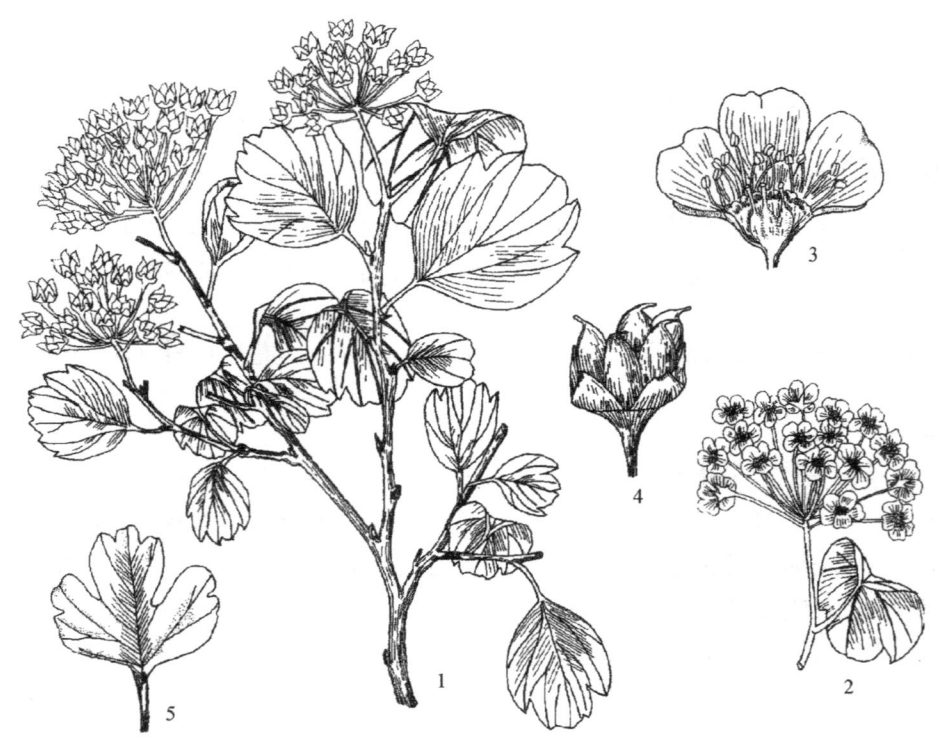

图 7-49 三裂绣线菊
1. 果枝；2. 花枝；3. 花纵切面；4. 果实；5. 叶

珍珠梅属

珍珠梅属 [*Sorbaria* (Ser.) A. Br. ex Aschers.] 植物的奇数羽状复叶互生。圆锥花序顶生；花瓣5；雄蕊20~50；雌蕊5，稍合生；蓇葖果具多数种子。本属约9种，我国4种。常栽培，供观赏。华北珍珠梅 [*S. kirilowii* (Regel) Maxim.]，圆锥花序无毛；雄蕊20。华北各地常见。

(2) 蔷薇亚科

蔷薇亚科 (Rosoideae) 植物为灌木或草本。复叶，稀单叶，有托叶；心皮常多数，离生，各有1个或2个悬垂或直立的胚珠；子房上位，稀下位；果实成熟时为瘦果，稀小核果，着生在花托上或膨大肉质的花托内。

蔷薇属

蔷薇属 (*Rosa* L.) 植物为灌木。茎通常具皮刺。奇数羽状复叶，互生；托叶下部常与叶柄合生。花单生，或伞房或圆锥花序；花托壶状，稀杯状；萼片5，稀4；花瓣5，稀4，有时为重瓣；雄蕊多数；心皮多数，离生；子房1室，1胚珠。蔷薇果是少数或多数瘦果包于花托内而成的聚合果，果实成熟时花托肉质。

本属植物多栽培供观赏；许多种可供提取芳香油；有些种成熟后味酸甜可食，富含维生素C，是治疗心血管病的重要药物，还是常用的中草药。玫瑰 (*R. rugosa* Thunb.)，茎枝多刺。奇数羽状复叶，小叶5~9片，表面多皱纹。花单生至数朵聚生，紫红色、粉红色、黄色、白色，有芳香。月季 (*R. chinensis* Jacq.)（图7-50），奇数羽状复叶，小叶3~5片，叶面光滑，有光泽。花1至数朵生于枝端，花色多样。

图7-50 月季
1. 花枝；2. 果实；3. 果实纵剖面

草莓属

草莓属 (*Fragaria* L.) 植物为多年生草本，具细长匍匐茎；全株被柔毛。奇数羽状复叶，小叶常3；托叶膜质，与叶柄合生。总状花序；萼片2轮，各5，镊合状排列；花瓣5，白色或带红色；雄蕊多数；雌蕊多数，着生在圆锥形花托上；花托果时膨大。瘦果多数，各含种子1粒，生于肉质花托表面。

本属20余种，分布于北半球温带至亚热带，少数分布于拉丁美洲。我国8种。果供鲜食或做果酱、罐头，味道鲜美。东方草莓 (*F. orientalis* Lozinsk.)（图7-51），三出复叶基生。聚伞花序；总花梗与花梗均有开展的长柔毛；花瓣白色；瘦果卵形，聚生于肉质花托上成聚合果。

本亚科常见植物还有委陵菜属 (*Potentilla* L.)（图7-52）、悬钩子属 (*Rubus* L.)、蛇莓属 (*Duchesnea* J. E. Smith.) 等。

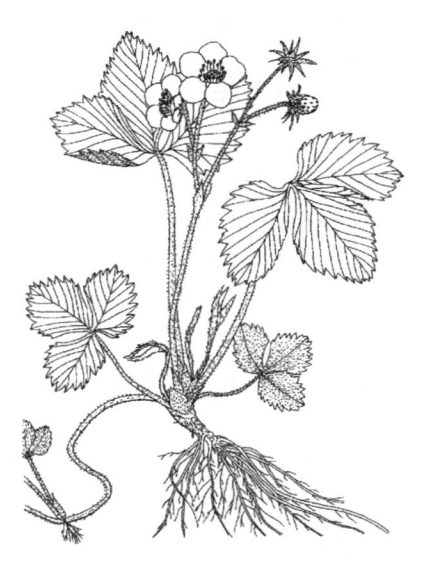

图 7-51　东方草莓

图 7-52　腺毛委陵菜

1. 植株下半部；2. 花枝；3. 果枝；4. 花腹面；5. 花背面；
6. 花蕾；7. 果期膨大的花萼；8. 雄蕊；9. 雌蕊；10. 瘦果

(3) 苹果亚科

苹果亚科（Maloideae）植物为灌木或乔木。单叶或复叶，有托叶；心皮（1～）2～5，多数与杯状花托内壁连合；子房下位、半下位，稀上位，（1～）2～5室，各具2，稀1至多数直立的胚珠；果实成熟时为肉质的梨果，稀浆果状或小核果状。

梨属

梨属（*Pyrus* L.）植物为落叶乔木或灌木。单叶互生，有叶柄及托叶。花先于叶或与叶同时开放；伞形总状花序；萼片和花瓣各5；花瓣白色；雄蕊15～20；子房2～5，每室2胚珠。梨果，多石细胞。

本属多为各地普遍栽培的重要果树及观赏树，木材坚硬细致具多种用途。白梨（*P. bretschneideri* Rehd.），叶基宽楔形；果实黄色。北方的鸭梨、京白梨等均为其品种。杜梨（*P. betulifolia* Bge.）（图7-53），分布于中国辽宁、河北、山西、河南、山东、陕西、甘肃、湖北、江苏、安徽及江西等省。本种抗干旱，耐寒凉，通常做各种栽培梨的砧木。

苹果属

苹果属（*Malus* Mill.）植物为落叶乔木或灌木。单叶互生，叶片有锯齿或分裂；有叶柄及托叶。伞房花序；花白色、浅红色至艳红色；雄蕊15～50，花药黄色，花丝白色；花柱3～5，基部合生，无毛或有毛，子房下位，3～5室，每室有种子1粒或2粒；种子褐色或近黑色。

本属多为重要果树，有些种类为观赏树种。苹果（*M. pumila* Mill.），花柄与花萼均具毛；果实扁圆形，两端凹。楸子（海棠果）[*M. prunifolia* (Willd.) Borkh.]（图7-54），分布于中国河北、山西、山东、河南、陕西、甘肃、辽宁及内蒙古等省（自治区）。本种的类型较多，适应性强，是苹果的优良砧木。

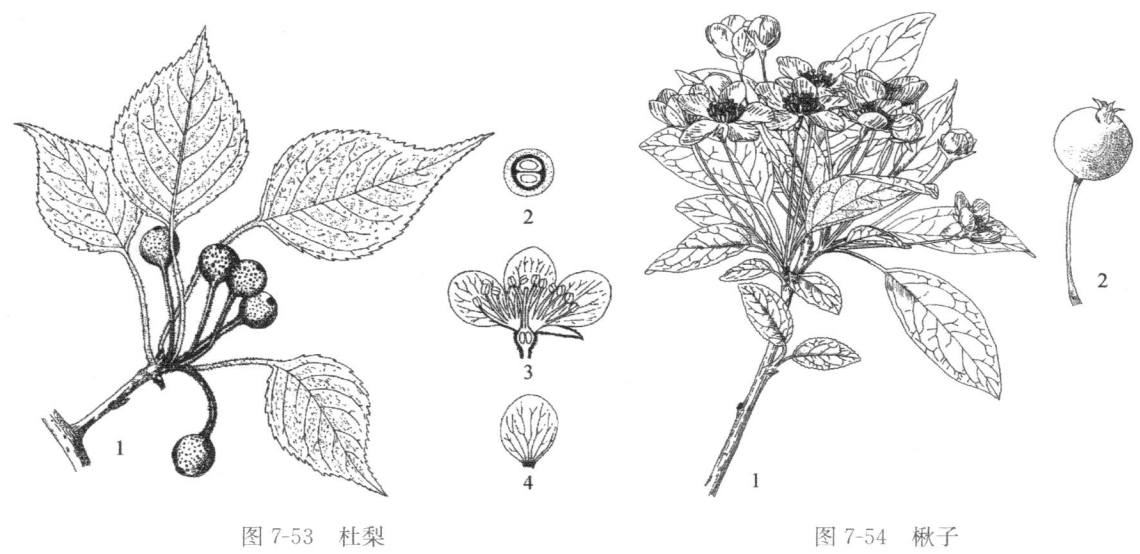

图 7-53 杜梨
1. 果枝；2. 果实横切面；3. 花纵剖面；4. 花瓣

图 7-54 楸子
1. 花枝；2. 果实

(4) 李亚科

李亚科（Prunoideae）植物为乔木或灌木，有时具刺。单叶，有托叶。花单生或伞房花序；花瓣常白色或粉红色，稀缺；雄蕊 10 至多数；心皮 1，稀 2~5；子房上位，1 室，内含 2 悬垂胚珠；果实为核果，含 1 种子，稀 2 种子；外果皮和中果皮肉质，内果皮骨质，成熟时多不裂开。

桃属

桃属（*Amygdalus* L.）植物腋芽常 3 或 2 个并生；幼叶后于花开放，稀与花同时开放。花单生；花瓣粉红色，稀白色；雄蕊多数；雌蕊 1，子房具柔毛，1 室 2 胚珠。核果，外常被毛；腹部有明显的缝合线；核扁圆、圆形至椭圆形。桃（*A. persica* L.）（图 7-55），叶披针形，花瓣红色，核果密被毛。

杏属

杏属（*Armeniaca* Mill.）植物为落叶乔木，稀灌木；枝无刺，极少有刺；叶芽和花芽并生，2 个或 3 个簇生于叶腋。幼叶在芽中席卷状；叶柄常具腺体。花常单生，先叶开放，近无梗或有短梗；萼 5 裂；花瓣 5，着生于花萼口部；雄蕊 15~45；心皮 1，花柱顶生；子房具毛，1 室，具 2 胚珠。核果，有明显纵沟；果肉肉质而有汁液，成熟时不开裂，外被短柔毛，稀无毛；核两侧扁平。

本属种类多为果树，果实营养丰富，可生食；种仁可入药，也可食用和作轻工业原料；耐旱性强，可作为防护林和水土保持的优良树种；木材

图 7-55 桃
1. 果枝；2. 花纵剖面

坚硬适宜制作器物。杏（A. vulgaris Lam.）（图 7-56），当年生枝条常红棕色；叶卵形至近圆形；花单生，微红；核果黄色，可食用，杏仁入药。山杏［A. sibirica（L.）Lam.］（图 7-57），核果扁球形，果皮较薄且干燥，杏仁入药。

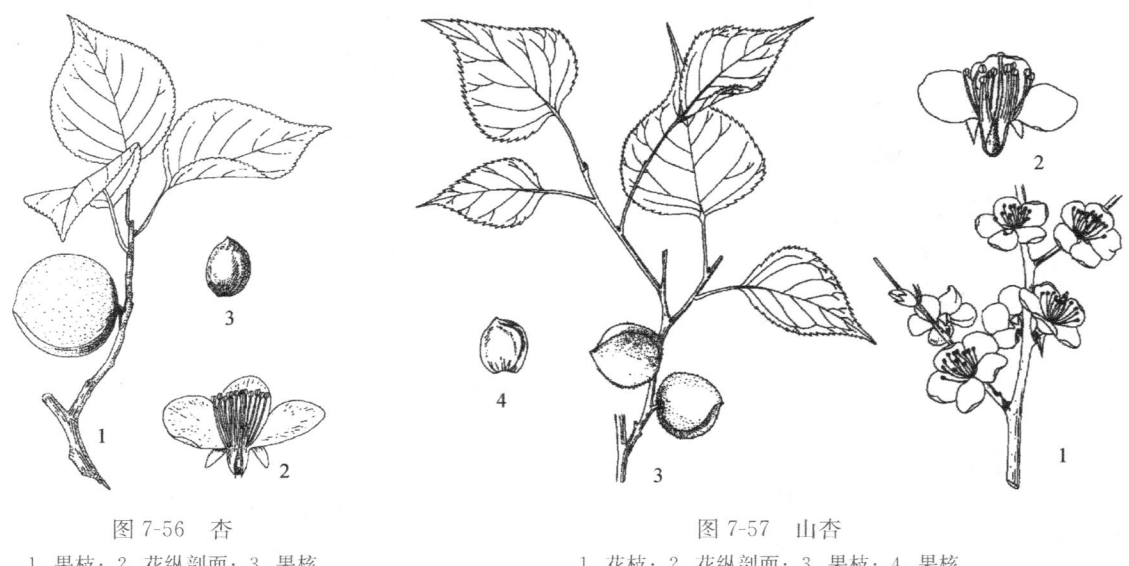

图 7-56 杏
1. 果枝；2. 花纵剖面；3. 果核

图 7-57 山杏
1. 花枝；2. 花纵剖面；3. 果枝；4. 果核

本科重点识别特征：叶互生，常有托叶。花两性，整齐；花托凸隆或凹陷；花部 5 基数，轮状排列；花被与雄蕊常结合成花筒；子房上位，少下位。种子无胚乳。

（二）豆目

豆目（Fabales）植物为木本或草本。常具根瘤。单叶或复叶，互生，有托叶，具发达的叶枕。花两性，5 基数；花萼 5，结合；花瓣 5，辐射对称至两侧对称；雄蕊多数至定数，常 10 个，二体雄蕊；雌蕊 1 心皮 1 室，边缘胎座，含多数胚珠。荚果。种子无胚乳。

豆目的演化趋势是雄蕊群由不定数到定数，由分离到结合，花冠由整齐趋向不整齐。依据花的形状及花瓣排列的方式，本目可分为含羞草科、苏木科（云实科）和蝶形花科。许多分类学家曾将含羞草科、苏木科、蝶形花科 3 科作亚科处理，放在豆科（Leguminosae）中，置于蔷薇目下。本书按照克郎奎斯特系统的观点，处理成 3 科。同样，承认这 3 科或亚科是 1 个以荚果联系起来的自然群。如果采用广义豆科 Fabaceae（Leguminosae）的概念，也即包括苏木科 Caesalpiniaceae（Caesalpinioideae）和含羞草科 Mimosaceae（Mimosoideae），全世界则有 634～644 属，约 17 275 种，是种数仅次于菊科、兰科的第三个特大科。

1. 含羞草科

含羞草科（Mimosaceae）植物为木本，稀草本。叶一回或二回羽状复叶。花小，辐射对称，排成穗状花序、总状花序或头状花序；花萼管状，5 齿裂，裂片镊合状排列；花瓣镊合状排列，分离或合生成一短管；雄蕊通常多数，或与花冠裂片同数，或为其倍数，分离或合生成管；子房上位。荚果。花程式：$* K_{(3-6)} C_{3-6,(3-6)} A_{\infty(3-6)} \underline{G}_{1:1}$（图 7-58）。

本科约 56 属 2800 种，分布于全世界热带、亚热带地区，少数分布于温带地区，以中、南美洲为最盛。通常生长于低海拔热带雨林，稀树干草原以及热带美洲和非洲的干旱地区。我国（含引种栽培）有17属，约66种，主产西南部至东南部。

合欢属

合欢属（*Albizia* Durazz.）植物为乔木或灌木。叶互生，二回羽状复叶。花5数，穗状或头状花序；花萼钟状或漏斗状；花瓣常于中部以下合生成狭管；雄蕊20～50枚。荚果带状，通常不开裂。

图7-58 含羞草科花图式

本属约100种，广布于全世界的热带和亚热带地区。我国有16种，大部分产于南部和西南部。

合欢（马缨花）（*A. julibrissin* Durazz.），落叶乔木。二回羽状复叶，小叶矩圆形。花序头状多数，伞房状排列；萼片、花瓣小，不显著；花丝细长，淡红色（图7-59）。产华东、华南、西南、辽宁等地。栽培作行道树；树皮和花药用。

含羞草属

含羞草属（*Mimosa* L.）植物为灌木、草本或藤本，稀为乔木。茎枝常有刺。二回羽状复叶。花小，两性或单性，排成头状或穗状花序；花萼钟状，具短裂齿；花瓣4或5，多少合生；雄蕊4～10，分离，突出；子房无柄或具短柄。荚果扁平，长圆形或线形。

含羞草属约500种，主产热带美洲，少数分布于热带及温带地区。我国有3种及1变种，分布于台湾、广东、广西和云南。

含羞草（*M. pudica* L.），多年生草本或亚灌木。二回羽状复叶，羽片2～4个，掌状排列，受到触动即闭合而下垂；花萼钟状，有8个小齿；花瓣4；雄蕊4。原产美洲，现已归化于热带各地，是我国广东、海南一带常见的杂

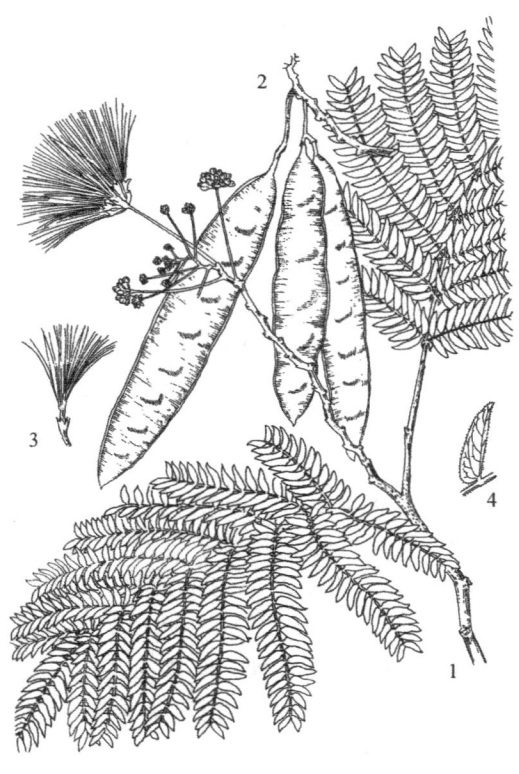

图7-59 合欢
1. 植株一部分；2. 荚果；3. 花；4. 小叶

草。含羞草的花、叶和荚果均具有较好的观赏价值，成为广受欢迎的盆栽及庭院花卉；全草还可药用。

本科重点识别特征：叶常为二回羽状复叶；花辐射对称；花瓣镊合状排列；雄蕊常多数；荚果。

2. 苏木科（云实科）

苏木科（Caesalpiniaceae）植物为木本。叶一回或二回羽状复叶。花两性；两侧对称，假蝶形花冠（花瓣常呈上升覆瓦状排列，最上方的1花瓣最小，位于内方）；雄蕊10枚或较少，分离或联合。荚果。种子无胚乳。花程式：$\uparrow K_{(5)} C_5 A_{10} \underline{G}_{1:1}$（图7-60）。

本科约180属3000种，分布于全世界热带和亚热带地区，少数分布于温带。我国

图 7-60 苏木科（云实科）花图式

（含引种栽培）有 21 属，约 113 种 4 亚种 12 变种，主产南部和西南部。

云实属

云实属（Caesalpinia L.）植物为乔木、灌木或藤本，常有刺。二回羽状复叶。顶生或腋生总状花序或圆锥花序；萼片 5，覆瓦状排列；花瓣 5，黄色或橙黄色；雄蕊 10，分离，2 轮排列；子房 1 室，有胚珠 1～7 个。荚果扁平或肿胀，平滑或有刺。种子 1 至数颗，卵圆形或球形。

本属约 100 种，分布于热带和亚热带地区。我国约 13 种，主产西南至南部，唯少数种分布较广。

云实（C. sepiaria Roxb.），落叶攀援灌木，密生倒钩状刺。小叶长椭圆形。总状花序顶生；花黄色，有光泽；雄蕊稍长于花冠。荚果长椭圆形。产长江以南各省（自治区）。根、果药用。苏木（苏方）（C. sappan L.），灌木或乔木，有疏刺。分布于我国南部和西南部。心材红色，可提取红色染料；根可提取黄色染料；干燥的心材供药用。

紫荆属

紫荆属（Cercis L.）植物为乔木或灌木。单叶互生，掌状脉。花生于老枝上；花萼红色，萼管偏斜，具短而阔的 5 齿；花冠假蝶形；雄蕊 10，分离；子房具短柄，有胚珠多数。荚果压扁，长圆形或带状。种子多数，倒卵形。

本属约 8 种，分布于北美、东亚和南欧。我国有 5 种，产于西南和中南。

紫荆（C. chinensis Bge.）（图 7-61），灌木。单叶互生，圆心形。花先叶开放，多生于老枝上，紫色簇生。原产我国及日本，栽培供观赏；树皮、花梗入药。

决明属

决明属（Cassia L.）植物为草本、灌木或乔木。偶数羽状复叶。花两性，近辐射对称，单生或排成总状花序或圆锥花序；花萼管短，裂片 5，覆瓦状排列；花瓣 5 枚，黄色；雄蕊 5～10，常不等长；子房无柄或有柄，有胚珠多数。荚果圆柱形或扁平，通常 2 瓣裂。

本属约 600 种，分布于热带、亚热带和温带地区。我国原产 10 余种，广布各地。

决明（C. obtusifolia L.），一年生半灌木状草本。羽状复叶具小叶 6 枚。花通常 2，腋生；花黄色。荚果线形，种子近菱形，有光泽。种子药用，有清肝明目、降压、润肠的功效；幼嫩果、叶可食用。

皂荚属

皂荚属（Gleditsia L.）植物为落叶乔木或灌木。茎有单生或分枝的粗刺。叶互生，一回或二回羽状复叶。花杂性或单性异株，组成侧生的总状花序或穗状花序；萼片和花瓣 8 及 5；雄蕊 6～10，伸出；子房有胚珠 2 至多个。荚果扁平，大而不开裂或迟裂。种子 1 至多枚。

本属约 16 种，分布于热带和温带地区。我国有 6 种，广布于南北各省（自治区）。

皂荚（G. sinensis Lam.），落叶乔木。枝刺圆锥形，常分枝。一回羽状复叶。荚果近伸直，肥厚。我国大部分地区均产。荚果煎汁可代皂；枝刺、果实、种子入药。皂荚易被误认为槐树，但从皂荚小枝有棘刺和偶数羽状复叶可辨别。野皂荚（山皂荚、短角皂荚）

图 7-61 紫荆

1. 叶枝；2. 花枝；3. 花；4. 旗瓣、翼瓣、龙骨瓣；5. 去掉花萼、花冠的花；6. 雄蕊；7. 雌蕊；8. 荚果；9. 种子

(*G. microphylta* Gordon ex Y. T. Lee)（图7-62），灌木或小乔木。荚果薄，斜椭圆形，扁平。种子1~3枚。

本科重点识别特征：叶一回或二回羽状复叶；花两侧对称；假蝶形花冠；雄蕊 10 或较少，常分离；荚果。

3. 蝶形花科

蝶形花科（Fabaceae、Papilionaceae）植物为草本、灌木或乔木。叶为单叶、三出复叶或一回至多回羽状复叶，有托叶，叶枕发达。常成总状花序或圆锥花序；花两侧对称；花萼5裂，具萼管；蝶形花冠（花瓣下降覆瓦状排列，即最上方1片为旗瓣，位于最外方）；雄蕊10，常为二体雄蕊，成（9）+1 或（5）+（5）两组，也有10个全部联成单体雄蕊或全部分离；子房上位，1心皮1室。荚果。种子通常无胚乳。花程式：↑$K_{(5)} C_5 A_{(9)1,(5)(5),(10),10} \underline{G}_{1:1}$（图7-63）。

图 7-62 野皂荚
1. 果枝；2. 雄蕊；3. 花冠展开

图 7-63 蝶形花科花图式

本科约 440 属 12 000 种，分布于全世界。我国产 103 属，引种 11 属，共 1000 余种，全国各地均产。

大豆属

大豆属（*Glycine* Willd.）植物为一年或多年生缠绕、攀援或匍匐草本。羽状复叶有小叶 3 枚，具小托叶。花小，组成腋生的总状花序；花萼 5 裂；花冠白色、蓝色或紫色；雄蕊 10，单体，或对旗瓣的 1 枚离生而成二体雄蕊（9+1）；子房有胚珠数枚。荚果线形或长圆形，扁平或稍膨胀。种子间常有缢纹。

本属约 10 种，分布于东半球温带和热带地区。我国有 7 种，南北均产。

野大豆（*G. soja* Sieb. et Zucc.）（图 7-64），一年生草本。羽状三出复叶。花小，组成腋生的总状花序；花冠白色或淡紫色。荚果线形或长圆形，扁平；种子间常有缢纹。大豆 [*G. max*（L.）Merr.]，原产我国，主产东北，为重要的油料作物，世界各地广泛栽培。大豆最常用来做各种豆制品、压豆油、炼酱油和提取蛋白质。在中国、日本、朝鲜及韩国等国家，食用豆腐已经有几千年历史。

洋槐属

洋槐属（*Robinia* L.）植物为落叶乔木或灌木。奇数羽状复叶互生，常有刺状的托叶；

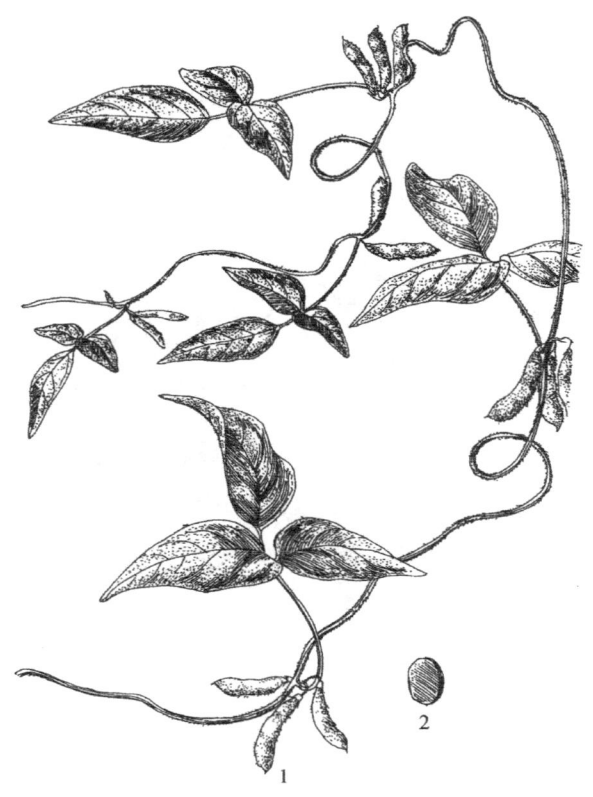

图 7-64 野大豆
1. 部分植株；2. 种子

小叶全缘，有小托叶。花组成腋生、弯垂的总状花序；花萼钟状，5齿裂；花冠白色或紫红色；二体雄蕊（9+1）。荚果线形，扁平，沿腹缝有狭翅，2瓣裂。种子数颗，长圆形或肾形，偏斜。

本属约20种，分布于美洲。我国引种栽培2种，常见于中部和东部。

洋槐（*R. pseudoacacia* L.），落叶乔木。羽状复叶。圆锥花序顶生。荚果扁平；种子肾形。常作为庭园观赏树和行道树。

槐属

槐属（*Sophora* L.）植物为灌木或小乔木，很少为草本。奇数羽状复叶，小叶对生，全缘。花排成顶生的总状花序或圆锥花序；萼5齿裂；花冠白色或黄色，少为蓝紫色，旗瓣圆形或阔倒卵形，通常比龙骨瓣短，翼瓣斜长圆形，龙骨瓣近于直立；雄蕊10，分离或很少于基部合生为环状；子房具短柄，有胚珠多数，花柱内弯。荚果具短柄，圆柱形、念珠状或稍扁，肉质至木质，不开裂或迟开裂。种子倒卵形或球形。

本属约80种，分布于温带和亚热带地区。我国约23种，南北均产。

槐（*S. japonica* L.）（图7-65），圆锥花序顶生；花冠乳白色；雄蕊10，分离；荚果肉质，串珠状；种子肾形。原产中国北部，是华北平原和黄土高原常见的树种；中国庭院常用的特色树种。栽培变型龙爪槐（*S. japonica* f. *pendula* Loud.）也是良好的绿化树种，优良的蜜源植物。槐花性凉味苦，有清热凉血、清肝泻火、止血的作用。苦参（*S. flavescens* Ait.），多年生草本或灌木。主根圆柱形，外皮黄色。奇数羽状复叶。总状花序顶生；花冠淡黄色。荚果；种子间微缢缩，呈不明显的串珠状。根入药，茎叶煎汁为驱虫剂。

图 7-65　槐

1. 花枝；2. 果实；3. 种子；4. 旗瓣；5. 翼瓣；6. 龙骨瓣；7. 雄蕊；8. 雌蕊；9. 雄蕊群；10. 花萼；11. 花萼展开

落花生属

落花生属（*Arachis* L.）植物为低矮草本。茎常匍匐。偶数羽状复叶，有小叶 2 对或 3 对，无小托叶。花单生或数朵聚生于叶腋内；花冠黄色。荚果长圆状圆柱形，稍呈念珠状，有网脉，不开裂，成熟于地下。

本属约 19 种，大部分产于巴西。

落花生（*A. hypogaea* L.），低矮草本。偶数羽状复叶。花于受精后下弯，且由于子房柄的伸长使幼荚穿入土中成熟。广植于各地，我国也多栽培。种子供食用或榨油；茎叶为很好的绿肥。

苜蓿属

苜蓿属（*Medicago* L.）植物为一年或多年生草本。羽状三出复叶。花小，组成腋生的短总状花序或头状花序；萼齿近相等；花冠黄色或紫色，旗瓣倒卵形或长圆形，龙骨瓣钝，比翼瓣短；二体雄蕊（9+1）；子房有胚珠多数，花柱短。荚果旋卷，常呈贝壳状或弯镰状，不开裂，平滑或有刺。种子 1 至数枚。

天蓝苜蓿（*M. lupulina* L.）（图 7-66），一年生草本。茎细弱。羽状复叶，具 3 小叶。总状花序腋生；花冠黄色。荚果肾形，成熟时近黑色。常见于河岸及路旁，分布于我国东北、华北、西北及西南，为优良牧草。全草入药，可治毒蛇咬伤及蜂螫。

本科包含属种众多，一些种类具有重要的经济意义，是人类食品中淀粉、蛋白质、食用油和蔬菜及部分药材的重要来源。例如，全世界普遍栽培的豆类作物大豆、豌豆属（*Pisum*

L.）、菜豆属（*Phaseolus* L.）、扁豆属（*Dolichos* L.）等；著名的油料作物落花生等；做牧草和绿肥用的有苜蓿属、草木樨属（*Melilotus* Mill.）、田菁［*Sesbania cannabina*（Retz.）Pers.］等；广为利用的药用植物甘草（*Glycyrrhiza uralensis* Fisch.）、黄芪（膜荚黄芪）［*Astragalus membranaceus*（Fisch.）Bunge］（图7-67）等。此外，本科中的紫藤属（*Wisteria* Nutt.）、洋槐等具有观赏价值。紫檀（*Pterocarpus indicus* Willd.）、黄檀（*Dalbergia hupeana* Hance）等均为优良的材用树种。

图 7-66 天蓝苜蓿
1. 部分植株；2. 旗瓣；3. 翼瓣；
4. 龙骨瓣；5. 荚果

图 7-67 黄芪
1. 花枝；2. 花萼（展开）；3. 旗瓣；4. 翼瓣；
5. 龙骨瓣；6. 雄蕊；7. 雌蕊；8. 荚果

本科重点识别特征：常为复叶；花两侧对称；蝶形花冠；雄蕊 10，常结合成二体或单体；荚果。

（三）大戟目

大戟目（Euphorbiales）植物为木本，稀为草本。单叶或复叶。花单性，常无花瓣；雄蕊 1 个至多数；花盘存在或缺如；雌蕊由 2~5（稀多数）心皮合成；子房上位，2~5 室，每室 1 个或 2 个胚珠。种子有丰富的胚乳。

本目包括黄杨科（Buxaceae）、油蜡树科（Simmondsiaceae）、小盘木科（Pandaceae）和大戟科（Euphorbiaceae）4 科。

大戟科

大戟科植物为草本、灌木或乔木，体内常有乳白色液汁。叶通常互生，单叶，稀复叶，有托叶，基部或叶柄上有时有腺体。花单性，雌雄同株或异株，聚生成各种花序，通常为聚伞花

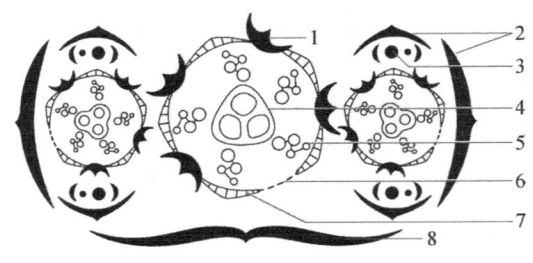

图 7-68 大戟科花图式

1. 腺体；2. 小苞片；3. 退化的或正在发育的花序；
4. 雌花单朵（子房3室）；5. 雄花多数（单歧聚伞花序）；
6. 杯状总苞；7. 杯状总苞上方的萼状裂片；8. 苞片

序或特殊的杯状聚伞花序（大戟花序），或总状花序和穗状花序。雄花中雄蕊与花被片同数，或2倍，或极多或很少或1；雌花中退化雄蕊有或无；子房上位，通常3室，稀1至多室，每室有悬垂胚珠1颗或2颗，生于中轴胎座上。蒴果，少数为浆果状或核果状。种子有胚乳。花程式： * ♂：$K_{0-5} C_{0-5} A_{1-\infty}$ ； ♀：$K_{0-5} C_{0-5} \underline{G}_{(3;3;1-2)}$ （图 7-68）。

本科约 300 属 5000 种，广布于全球，主产热带和亚热带地区。我国（含引种栽培）有 70 多属，约 460 种，分布于全国各地，主产地为西南各省（自治区）至台湾。

大戟属

大戟属（*Euphorbia* L.）植物为草质、木质或无叶的肉质，有乳汁。叶互生或对生。杯状聚伞花序；花单性，无花被；雄花仅具1雄蕊，花丝和花柄间有关节；雌花单生于杯状花序的中央而突出于外，由1个3心皮雌蕊所组成，子房3室，每室有1胚珠，花柱3。蒴果。

本属约 2000 种，分布于亚热带及温带地区。中国约产 100 种，广布于全国各地。

泽漆（*E. helioscopia* L.），草本。叶倒卵形或匙形。茎顶端具5片轮生叶状苞片。多歧聚伞花序顶生。蒴果无毛。除新疆、西藏外，分布几乎遍布全国。全草入药。大戟（*E. pekinensis* Rupr.）（图 7-69），叶长圆形至长椭圆形或近于披针形。蒴果表面具疣状凸起。分布于我国南北各地。根入药。一品红（*E. pulcherrima* Willd.），灌木。上部之叶较狭，开花时朱红色。原产墨西哥一带。常栽培供观赏。

蓖麻属

蓖麻属（*Ricinus* L.）仅 1 种，广布于热带地区，我国普遍栽培。

蓖麻（*R. communis* L.），一年生草本（在热带地区成小乔木状）。单叶，掌状 5～11 裂。花单性同株，无花瓣；雄花具多数雄蕊，花丝多分枝；雌花子房3室。蒴果有软刺。种子有明显的种阜，种皮光滑有斑纹。原产非洲，我国各地

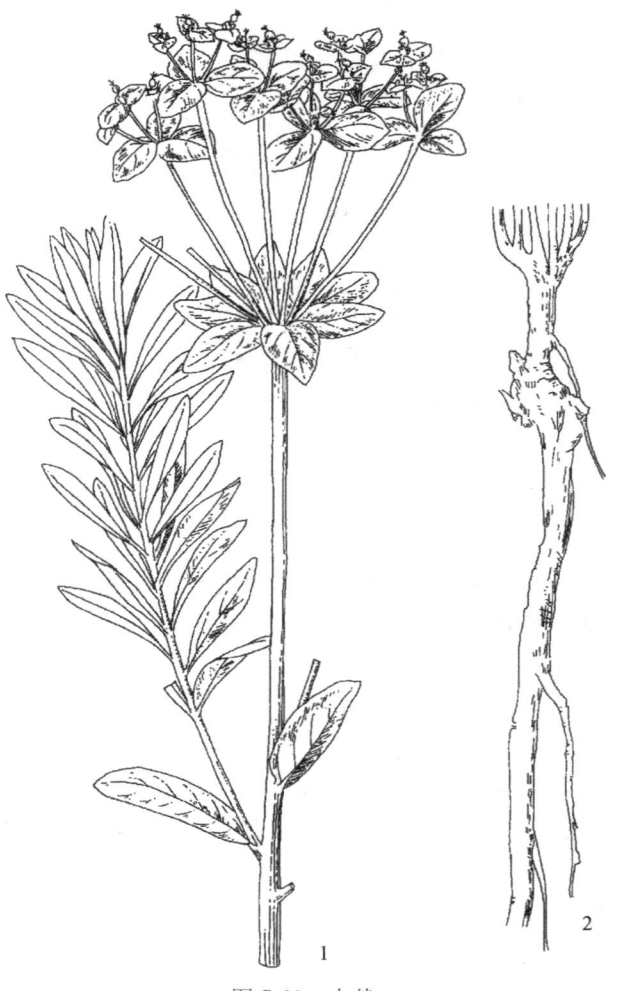

图 7-69 大戟

1. 茎上部及花序；2. 根

均有栽培。种子含油率为 69%~73%，供工业和医药上用；叶可饲养蓖麻蚕。

乌桕属

乌桕属（*Sapium* P. Br.）植物为灌木或乔木，有乳状汁液。叶互生，全缘，叶柄顶有腺体 2 个。花单性同株，组成顶生或侧生的穗状花序；无花瓣。蒴果，通常 3 室，室背开裂。种子常有蜡质的假种皮。

本属 120 种以上，分布于热带地区。我国约 10 种，产西南部至东部。

乌桕［*S. sebiferum* （L.） Roxb.］产秦岭、淮河流域以南各省，为我国南方重要工业油料植物，已有千余年的栽培历史。种子蜡层为制造蜡烛和肥皂原料。

本科是一个热带性大科，多为橡胶、油料、药材、鞣料、淀粉、观赏及用材等经济植物。橡胶树属（*Hevea* Aubl.）主产橡胶；油桐属（*Vernicia* Lour.）主产干性油；巴豆（*Croton tiglium* L.）为泻药，又可作杀虫剂，也产单宁；木薯（*Manihot esculenta* Crantz）是热带重要的食用植物之一，有肥厚的块状根，富含淀粉，是工业上用粉主要原料之一；变叶木属（*Codiaeum* A. Juss.）、叶下珠属（*Phyllanthus* L.）及大戟属等广泛栽培，做观赏植物。

本科重点识别特征：植物体常具乳汁；单性花；子房上位，3 心皮，中轴胎座，胚珠悬垂；常为蒴果。

（四）鼠李目

鼠李目（Rhamnales）植物为木本或藤本。单叶，少数为复叶，互生，偶对生。花两性或单性，整齐；花萼与花瓣同数；雄蕊一轮与花瓣对生；花盘围绕子房；子房 2~5 室，每室 1 个或 2 个胚珠。种子有胚乳。

本目包含鼠李科（Rhamnaceae）、火筒树科（Leeaceae）和葡萄科（Vitaceae、Ampelidaceae）3 科。

葡萄科

葡萄科植物为藤本或草本，具茎卷须。单叶或复叶，互生，有托叶。花两性或单性异株，或为杂性，聚伞花序或圆锥花序，常与叶对生；花小，常黄绿色。花萼 4 齿或 5 齿裂，有时合生呈盘状或碗状。花瓣 4 或 5，分生，镊合状排列，分离或顶部黏合成帽状；雄蕊 4 或 5，着生在下位花盘基部，与花瓣对生；花盘环形；子房上位，通常 2 心皮组成 2~6 室，每室有 1 个或 2 个胚珠。浆果。种子有胚乳。花程式：* $K_{5-4} C_{5-4} A_{5-4} \underline{G}_{(2)}$（图 7-70）。

本科有 16 属 700 余种，主要分布于热带和亚热带，少数种类分布于温带。我国有 9 属 150 余种，南北各省均有分布，主要集中分布于华中、华南及西南各省（自治区），东北、华北各省（自治区）种类较少。

图 7-70 葡萄科花图式

葡萄属

葡萄属（*Vitis* L.）植物为木质藤本，有卷须。单叶，多少掌状分裂，很少为掌状复叶。常为与叶对生的圆锥花序，花 5 数，通常杂性异株；花萼微小；花瓣黏合而不张开，成帽状脱落；下位花盘明显；雄蕊与花瓣对生；子房 2 室，每室有胚珠 2 个，花柱短圆锥状。肉质浆果。种子 2~4 枚。

本属 70 余种，以欧洲、北美洲、西亚、东亚温带和亚热带地区为主要分布中心，其中东亚分布有 40 多种，中国有 38 种。葡萄栽培历史悠久，在各类果树生产中占有重要地位，其世界栽培面积与产量仅次于柑橘位居第二位。其除鲜食外，还是酿酒工业的主要原料。葡萄酒是重要的传统国际饮料酒。

葡萄（V. vinifera L.）（图 7-71），落叶木质藤本。茎皮成片状剥落，髓褐色。叶近圆形或卵形，3～5 裂，基部心形。圆锥花序；花瓣黏合，成帽状脱落。葡萄为著名的果品，原产于亚洲西部，张骞（? ～公元前 114 年）出使西域时引进，在我国北方栽培已有 2000 多年的历史。果除生食外，还可制葡萄干或酿酒；酿酒后的皮渣可提取酒石酸；根和藤可药用。

爬山虎属

爬山虎属（Parthenocissus Planch.）植物为木质藤本，以吸盘状卷须攀附于它物上。叶互生，单叶或掌状复叶或分裂。花常两性，很少杂性，组成聚伞花序，常 5 数；花瓣开展，逐片脱落；下位花盘缺；子房 2 室，每室有胚珠 2 个。浆果小。种子 1～4 颗。

本属约 15 种，分布于北美和亚洲。我国有 10 种，产西南部至东部。

爬山虎 [P. tricuspidata (Sieb. et Zucc.) Planch.]（图 7-72），多年生大型落叶木质藤本；树皮有皮孔，髓白色。叶互生，常 3 裂。聚伞花序常着生于两叶间的短枝上；花 5 数；花萼全缘；花瓣顶端反折。浆果小球形，熟时蓝黑色。原产亚洲东部、喜马拉雅山区及北美洲；在我国分布十分广泛，多攀援于岩石、大树或墙壁上。可用于园林绿化。

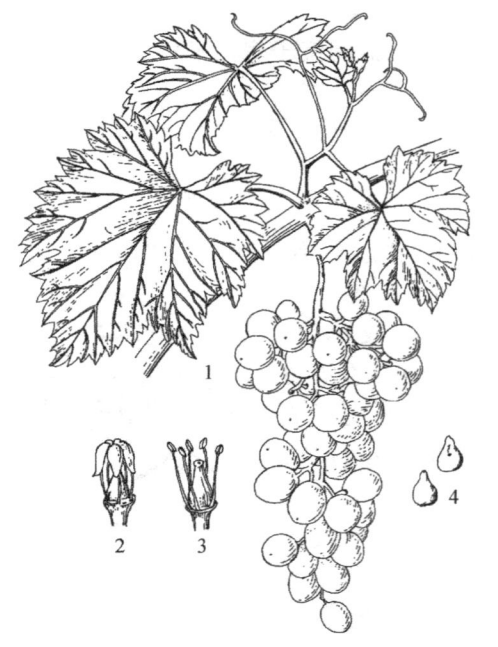

图 7-71 葡萄
1. 果枝；2. 花蕾；3. 示花去花冠；4. 种子

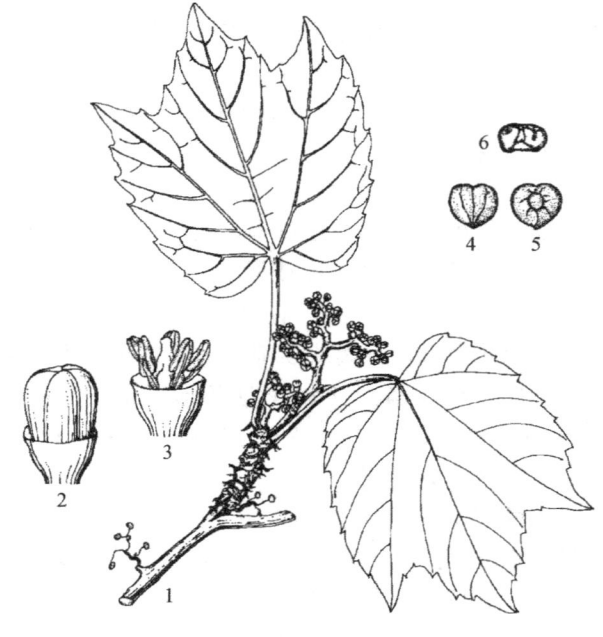

图 7-72 爬山虎
1. 花枝（上有吸盘状卷须）；2. 花蕾；3. 示花去花瓣；4. 种子腹面观；5. 种子背面观；6. 种子横切面

本科重点识别特征：攀援藤本；茎常为合轴生长，有卷须；花序多与叶对生；雄蕊与花瓣对生；子房常 2 室，中轴胎座；浆果。

（五）伞形目

伞形目（Apiales、Umbellales）植物为草本或木本。单叶或复叶，互生，稀对生或轮生；叶柄基部常膨大成鞘状。伞形或复伞形花序，有时为头状花序；花两性，稀单性，辐射对称；子房下位，通常具上位花盘。核果、浆果或双悬果。

本目包括五加科（Araliaceae）和伞形科（Apiaceae、Umbelliferae）。

1. 五加科

五加科植物为乔木、灌木或藤本，常有刺。茎枝的髓大。叶常互生，单叶、掌状复叶或羽状复叶；托叶常与叶柄基部合生成鞘状，稀无托叶。伞形花序、头状花序、总状花序或穗状花序，这些花序常再组成圆锥状复花序；花小，整齐，两性或杂性，稀单性异株；花萼筒与子房合生，萼齿 5，小形；花瓣 5，偶 10，常分离，稀结合成帽状脱落；雄蕊与花瓣同数而互生；花盘上位，覆盖子房顶；雌蕊由 2~5（或更多）心皮结合而成，子房下位，每室有 1 个倒生胚珠。浆果或核果。种子有丰富的胚乳。花程式：* $K_5 C_5 A_5 \overline{G}_{(5-2;5-2)}$ （图 7-73）。

本科约 80 属 900 种，分布于两半球热带至温带地区。我国有 22 属 160 多种，除新疆未发现外，分布于全国各地，以西南地区较多。

图 7-73　五加科花图式

五加属

五加属（Acanthopanax Miq.）植物为灌木，直立或蔓生，稀为乔木。枝有刺，稀无刺。掌状复叶，有小叶 3~5，托叶不存在或不明显。花两性，稀单性异株；伞形花序或头状花序，通常再组成复伞形花序或圆锥花序；花萼筒边缘有 4 或 5 小齿，稀全缘；花瓣 5，稀 4；雄蕊 5，花丝细长；子房 2~5 室；花柱 2~5，宿存。果实球形或扁球形，有 2~5 棱。种子的胚乳均一。

本属约有 35 种，分布于亚洲。我国有 26 种，分布几遍及全国。

五加（A. gracilistylus W. W. Smith），落叶灌木。掌状复叶，小叶常 5 片。伞形花序。果实近球形。产长江流域及以南各省（自治区）。根皮含挥发油，维生素 A、维生素 B 及鞣质等，可药用，泡酒，常冠名"五加皮酒"。刺五加 [A. senticosus (Rupr. et Maxim.) Harms]（图 7-74），落叶灌木；枝上常密生针状向下的细刺。掌状复叶，小叶 5；伞形花序单个顶生或 2~6 个聚生；花瓣黄白色或紫色。果球形，成熟时黑色。产于东北、河北及山西。根皮及茎皮入药。

人参属

人参属（Panax L.）植物为草本。具肉质的根状茎；地上茎单生。掌状复叶轮生茎顶，小叶有齿。花两性或杂性异株，排成顶生、单生的伞形花序，或伞形花序 2 至数个集生花葶顶端；花萼具不明显的 5 齿裂；花瓣 5，覆瓦状排列；雄蕊 5；子房下位，2 室或 3 室；花盘环状；花柱 2 裂或 3 裂；胚珠每室 1 个，倒垂。核果状浆果。

本属约 5 种，分布于北美洲、中亚和东亚。我国 3 种，主要分布于东北、西南部和中部。

人参（P. ginseng C. A. Mey.）（图 7-75），多年生草本。根状茎短，下端为纺锤状肉质根，有分叉。伞形花序单生茎顶；花淡黄绿色。果实扁圆形，熟时红色。根含多种人参皂苷及少量挥发油，为著名的补气强壮药。

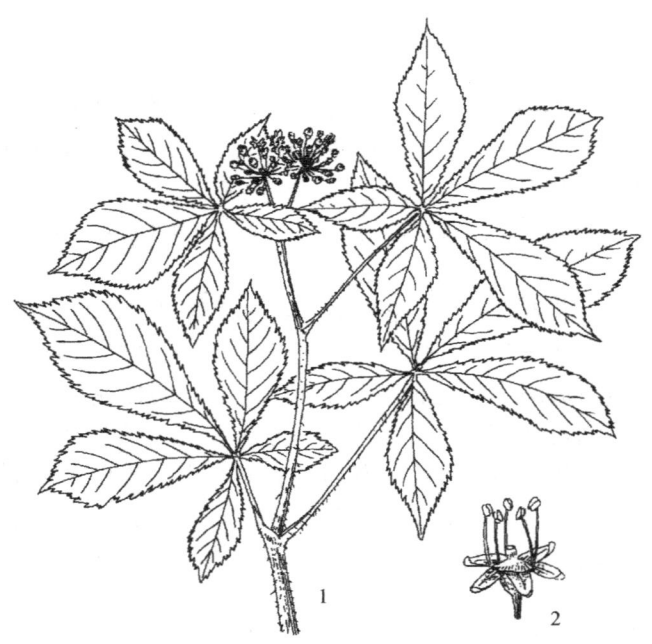

图 7-74 刺五加
1. 花枝；2. 花

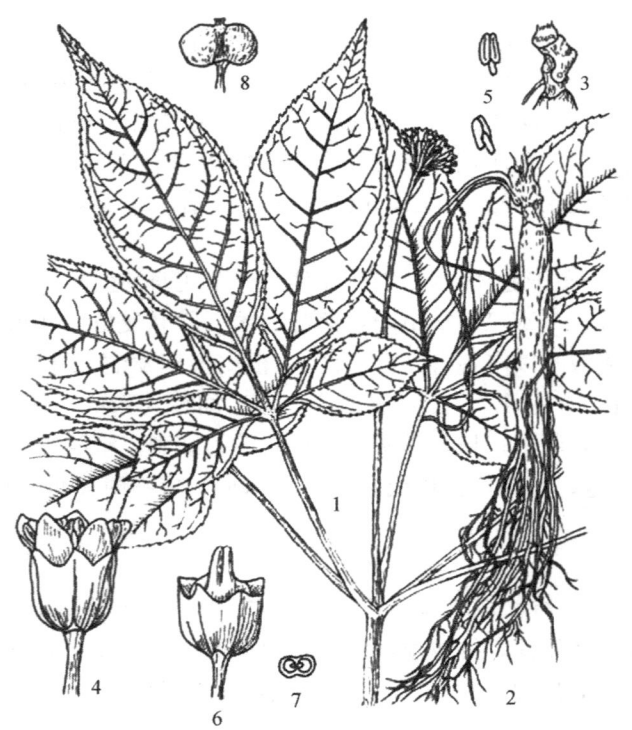

图 7-75 人参
1. 植株的上部；2. 肉质根；3. 根状茎；4. 花；5. 雄蕊；6. 花萼和雌蕊；7. 子房横切；8. 果实

本科植物在经济上有多方面的用途，有许多种类在医药上有重要经济意义。例如，人参、三七 [*P. pseudo-ginseng* var. *notoginseng* (Burkill) Hoo et Tseng]、五加等是著名的药材；鹅掌柴 [*Schefflera octophylla* (Lour.) Harms]、刺五加、辽东楤木 [*Aralia elata* (Miq.) Seem.]、常春藤 [*Hedera nepalensis* var. *sinensis* (Tobl.) Rehd.] 等是民间常用的中草药；有些种类，如刺楸 [*Kalopanax septemlobus* (Thunb.) Koidz.]、刺五加等其种子含油脂，可榨油供制肥皂用；有些种类，如刺楸、五加、食用土当归 (*Aralia cordata* Thunb.) 等的嫩叶可供蔬用。

本科重点识别特征：多为木本；伞形花序；花5基数；子房下位，每室1胚珠；浆果。

2. 伞形科

伞形科植物为一年生至多年生草本，体内常含挥发油而具香气。茎中空或有髓。叶互生，常1至数回羽状分裂或三出羽状分裂乃至复叶；叶柄基部常扩大成鞘状抱茎。花序常为复伞形花序，有时为单伞形花序；花小，常两性，整齐；花萼和子房结合，裂齿5或不明显；花瓣5；雄蕊与花瓣同数而互生；雌蕊2心皮组成，子房下位，花柱2，上位花盘。双悬果，成熟时心皮基部分离，顶部连接于1心皮轴上。种子胚乳丰富，胚小。花程式：✽$K_{(5)-0}C_5A_5\overline{G}_{(2:2)}$（图7-76）。

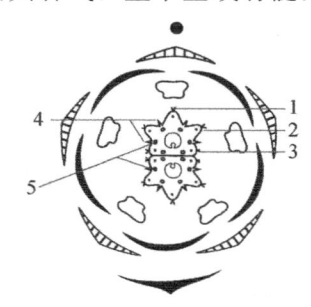

图 7-76　伞形科花图式
1. 背棱1条；2. 中棱2条；3. 侧棱2条；
4. 次棱4条；5. 油管

全世界200余属2500余种，广布于全球温带、热带。我国约有90属500种，全国各地均有分布。

胡萝卜属

胡萝卜属（*Daucus* L.）植物为一年生或二年生草本。具粗大肉质的根，黄色或橙黄色。叶为二回或三回羽状全裂，末回裂片窄小，最终裂片线状披针形。复伞形花序疏松；萼齿小或不明显；花瓣白色或黄色，有时在小伞形花序中心的花为紫色，有辐射瓣。双悬果，狭椭圆形，多侧向压扁，棱上有皮刺或钩状刺毛，每一棱槽有1个油管，合生面2个。胚乳腹面略凹陷或平直。

本属约60种，分布于欧洲、亚洲、非洲和美洲。我国有2种。

胡萝卜（*D. carota* var. *sativa* DC.），草本；具肥大肉质的圆锥根。叶二回或三回羽状深裂，叶柄基部扩大成鞘状。复伞形花序；花两性，萼齿不明显；花瓣5，花序的周边花外侧的花瓣大。双悬果多少背腹压扁，主棱不显著，4条次棱翅状，每一次棱下有一条油管，合生面2条。原产欧亚大陆，全球广泛栽培。根作蔬菜，含胡萝卜素等，营养丰富。

当归属

当归属（*Angelica* L.）植物为二年生或多年生草本。叶为三出式羽状分裂或羽状多裂；叶柄常膨大成管状或囊状的叶鞘。复伞形花序；花白色、淡绿色或淡红色；萼齿小或无。双悬果卵形至长圆形，背向压扁，背棱线形，突起，侧棱有阔翅。本属约80种，大部分种类产于北温带和新西兰。我国约40种，分布于南北各地，主产西南、东北和西北地区。

白芷 [*A. dahurica* (Fisch.) Benth. et Hook.]（图7-77），多年生草本；根粗大、圆锥形、黄棕色。茎高大粗壮，茎中空，圆柱形，带紫色。根生叶大，有长柄，二回或三回羽状分裂，边缘有锯齿；茎生叶小，基部呈鞘状抱茎。花小，白色，形成顶生或腋生的复伞状花序。果扁圆形，有种翅，成熟后裂开为两瓣。主产河北、河南、安徽、浙江等省，全国大部分地区有栽培。具祛风散湿、消肿、排脓、止痛之功效。

图 7-77 白芷
1. 根；2. 果枝；3. 果实；4. 叶

柴胡属

柴胡属（*Bupleurum* L.）植物为一年、二年生或多年生草本。单叶全缘，最下部叶常呈禾叶状，茎生叶基部渐狭或心形而抱茎。复伞形花序；总苞和小总苞的苞片呈叶状而宿存，或狭而少数，很少缺乏；萼齿退废；花瓣近圆形或棱形，背部有突起的中脉；花柱基平坦，全缘，花柱短。双悬果侧面压扁，合生面稍收缩；主棱明显或扩大成翅，或极纤细或不明显。

本属约 120 种，分布于北半球的亚热带地区。我国有 36 种 17 变种，主产西北与西南高原地区，其他地区种类较少。主要代表植物有北柴胡（*B. chinense* DC.）（图 7-78），又名硬柴胡、津柴胡。多年生草本。主根较粗大，棕褐色，质坚硬。茎单一或数茎，上部多回分枝，微作"之"字形曲折。基生叶倒披针形或狭椭圆形，顶端渐尖，基部收缩成柄。复伞形花序；花小；花瓣鲜黄色，花柱基深黄色；双悬果广椭圆形，棕色，两侧略扁，棱狭翼状。分布于东北、华北、华东、中南、西南及陕西、甘肃等地。另外，常见的还有银州柴胡（*B. yinchowense* Shan et Y. Li）、红柴胡（*B. scorzonerifolium* Willd.）和黑柴胡（*B. smithii* Wolff）等。

本科植物中，不少种类可做药材、蔬菜、香料、农药等用。在药用方面，如著名中药材当归 [*Angelica sinensis* (Oliv.) Diels]、白芷、前胡属（*Peucedanum* L.）（图 7-79）、防风属（*Saposhnikovia* Schischk.）、独活属（*Heracleum* L.）（图 7-80）、藁本属（*Ligusticum*

L.）等，在国内外药材市场上享有较高的声誉；在蔬菜食用方面，常见栽培的有芫荽（Coriandrum sativum L.）、旱芹（Apium graveolens L.）、水芹［Oenanthe javanica （Bl.） DC.］（图 7-81）、胡萝卜等。此外，供做香料、调料用的有茴香、莳萝（Anethum graveolens L.）等。

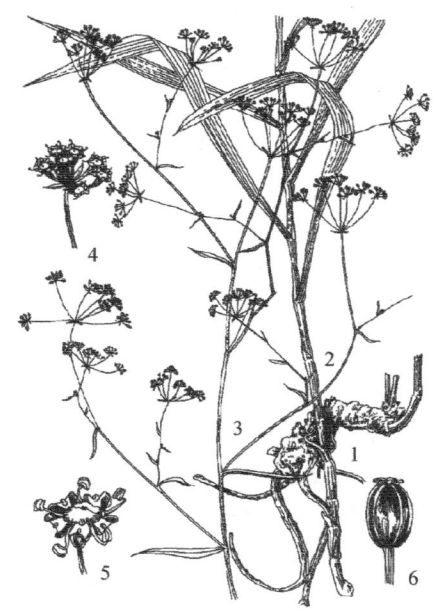

图 7-78　北柴胡
1. 植株下部；2. 植株中部；3. 植株上部；
4. 小伞形花序；5. 花；6. 果实

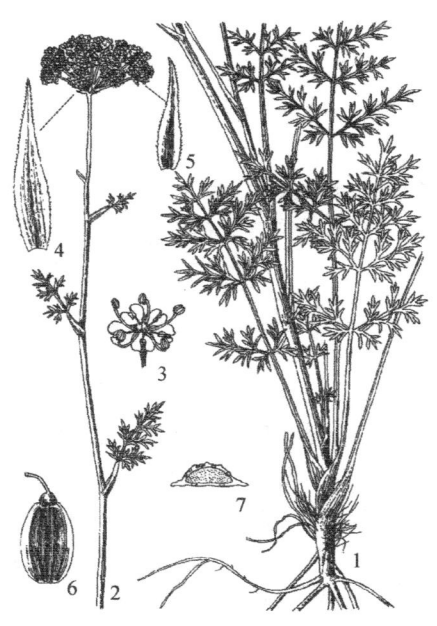

图 7-79　北京前胡
1. 植株下部及根；2. 花枝；3. 花；4. 总苞片；
5. 小总苞片；6. 分生果；7. 分生果横切面

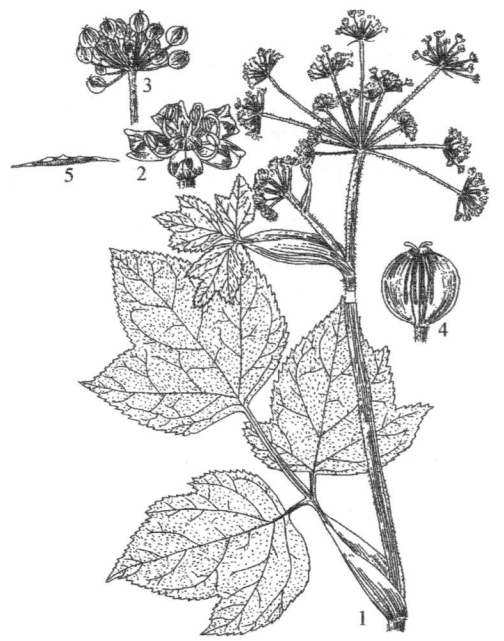

图 7-80　短毛独活
1. 植株；2. 花；3. 果序；4. 果实；5. 分生果横切面

图 7-81　水芹
1. 植株；2. 花；3. 果实；4. 分生果横切面

本科重点识别特征：芳香性草本；常有鞘状叶柄；具典型的复伞形花序；花 5 基数；下位子房；双悬果。

六、菊亚纲

菊亚纲（Asteridae）是木兰纲中最大的亚纲之一。共有 11 目 49 科，约 60 000 种。

（一）茄目

茄目（Solanales）植物为草本或木本。单叶，稀复叶，互生，稀对生。花两性，辐射对称，稀两侧对称；花冠管状或漏斗状，花冠裂片旋转状或覆瓦状排列；具花盘；雄蕊 5，着生于花冠筒上；子房上位，胚珠多数或 1 枚或 2 枚。本目包括茄科（Solanaceae）、旋花科（Convolvulaceae）、菟丝子科（Cuscutaceae）、花葱科（Polemoniaceae）、睡菜科（Menyanthaceae）等 8 科。

茄科

茄科植物为一年生至多年生草本，稀半灌木。单叶全缘、不分裂或分裂，无托叶。花单生、簇生或组成各种聚伞花序；两性或稀杂性，辐射对称或稍两侧对称，通常 5 数；花萼 5 裂，花后几乎不增大或极度增大，果时宿存或基部宿存；花冠具短筒或长筒，辐射状、漏斗状、钟状或坛状，檐部通常 5 裂；雄蕊与花冠裂片同数而对生，花药 2 室，纵缝开裂或顶孔开裂；子房通常由 2 心皮合生而成，位置偏斜；花柱细瘦，柱头头状或 2 浅裂；中轴胎座，胚珠多数。浆果或蒴果；种子圆盘形或肾形。

图 7-82　茄科曼陀罗属花图式

本科约 80 属 3000 种，广布温带及热带地区。我国有 24 属 105 种 35 变种。花程式：$*K_{(5)}C_{(5)}A_5\underline{G}_{(2:2)}$（图 7-82）。

茄属

茄属（*Solanum* L.）植物为草本，无毛或被微毛。叶互生，稀对生，单叶，全缘或波状缺刻。花组成聚伞花序或总状花序，腋生或与叶对生。花两性，有时花序上部花的雄蕊退化；萼通常 4 裂或 5 裂，稀在果时增大，但不包被果实；花冠管短，辐射状或浅钟状，多为白色，有时青紫色；雄蕊 5，着生于冠筒喉部；花柱柱状，柱头小。浆果内有多数种子。本属 2000 余种，主要分布于热带及亚热带，少数分布于温带。我国有 39 种、14 变种。

茄（*S. melongena* L.），一年生草本植物。叶椭圆形。花紫色；果实球形或长圆形，紫色、白色或浅绿色，表面具光泽。常见蔬菜之一。本属常见植物还有马铃薯（*S. tuberosum* L.）、龙葵（*S. nigrum* L.）等（图 7-83）。

辣椒属

辣椒属（*Capsicum* L.）植物为一年生草本，或灌木、亚灌木。单叶互生，卵形至狭披针形。花 1~3 朵聚生；白色或绿白色，5 裂；雄蕊 5；浆果，果皮肉质或近革质，颜色和形状多样，常有辛辣味；种子多数，扁圆盘形。

辣椒（*C. annuum* L.），花萼杯状，具不明显 5 齿；浆果无汁，有空腔，果皮肉质，未成熟时绿色，成熟后一般红色，味辣。为重要的蔬菜和调味品。原产南美洲热带，现世界各国广泛栽培；我国已有数百年栽培历史。其常见变种有菜椒［*C. annuum* var. *grossum*（L.）Sendt.］、朝天椒［*C. annuum* var. *conoide*（Mill.）Irish.］等。

图 7-83 龙葵
1. 植株上部；2. 花冠展开

番茄属

番茄属（*Lycopersicon* Mill.）植物为一年生或多年生草本。全株具黏质腺毛，有强烈气味。羽状复叶或单叶羽状深裂，边缘具不规则的锯齿或裂。总状或聚伞花序腋外生，有花 3～7 枚；花黄色；花萼及花冠各 5～7 裂；雄蕊 5～7 枚，花药合生成长圆锥状。浆果呈扁圆、圆或樱桃状，红色、黄色或粉红色。种子扁平，有毛茸，灰黄色。

番茄（*L. esculentum* Mill.），又称西红柿。浆果红色或黄色。原产南美洲，世界各国普遍栽培。果实富含维生素 C，营养丰富，常作蔬菜或水果。

烟草属

烟草属（*Nicotiana* L.）植物为一年生或多年生草本，常有黏质柔毛；单叶互生。顶生圆锥花序或偏于一侧的总状花序；花萼管状钟形，5 裂，果时常宿存并稍增大；花冠筒状、漏斗状或高脚碟状，白色、黄色、淡绿或淡紫色，檐 5 裂；雄蕊 5，着生于花冠筒中部以下，花药纵裂；花盘环状；子房 2 室，花柱具 2 裂的柱头。蒴果；种子微小，多数。

烟草（*N. tabacum* L.），一年生草本，全株被腺毛。蒴果卵形。原产热带美洲，世界各地广为栽培。烟叶是卷烟的重要原料；全株可做农药杀虫剂。

枸杞属

枸杞属（*Lycium* L.）植物为灌木，通常有棘刺或稀无刺。单叶互生或因侧枝极度缩短而数枚簇生；花萼钟状，花后不甚增大，宿存；花冠漏斗状，稀筒状或近钟状，檐部5裂或稀4裂；雄蕊5，着生于花冠筒的中部或中部之下，伸出或不伸出花冠。浆果具肉质果皮。种子多数或由于不发育仅有少数。本属约80种，主要分布于南美洲，少数种分布于欧亚大陆温带。中国7种3变种，主要分布于西北部和北部。

枸杞（*L. chinense* Mill.）（图7-84），灌木，多分枝，枝条有纵条纹，淡灰色，生叶和花的棘刺较长。花在长枝上单生或双生于叶腋，在短枝上则同叶簇生。花萼通常3中裂或4齿或5齿裂；花冠漏斗状，淡紫色。浆果红色，果甜而后味带苦。果药用。滋肝补肾，益精明目。

图 7-84 枸杞
1. 花枝；2. 果枝；3. 花冠展开

曼陀罗属

曼陀罗属（*Datura* L.）有15种或16种，主要分布于热带和亚热带地区。曼陀罗（*D. stramonium* L.）（图7-85），一年生草本。花大，白色，直径达5 cm。蒴果，有硬刺，4瓣裂。叶和种子含莨菪碱，有毒；药用有镇痉、镇静、镇痛、麻醉的功能。本种分布南北各省，习见野生于农田边或荒地上。

本科重点识别特征：常草本，单叶互生。花两性，整齐，**5基数**；**心皮2，2室**，位置偏斜；胚珠多数，浆果或蒴果。

图 7-85 曼陀罗
1. 花果枝;2. 花冠展开

(二)唇形目

唇形目(Lamiales)植物为草本或木本,茎常方形。叶对生、互生或轮生。花两性,稀单性,两侧对称,二唇形或否;雄蕊 4 或 2,或与花冠裂片同数;子房常由 2 心皮组成,深裂或否,花柱顶生或生于子房底部。核果,或分成 4 个小坚果。

本目包括唇形科(Lamiaceae)、紫草科(Boraginaceae)、马鞭草科(Verbenaceae)等 4 科。

唇形科

唇形科的花程式:$\uparrow K_{(5)} C_{(4-5)} A_{4,2} \underline{G}_{(2:4)}$ (图 7-86)。

唇形科植物为一年生至多年生草本、半灌木或灌木,植株常含芳香油。茎四棱形。单叶,对生或轮生,无托叶。腋生聚伞花序构成轮伞花序,常再组成总状花序、穗状花序。花两性;花萼合生,宿存,5(4)裂,二唇形或辐射对称;花冠通常二唇形;雄蕊 4,2 强,稀退化为 2,着生于花冠筒上,花药通常 2 室,纵裂;雌蕊由 2 心皮合生,4 深裂,4 室,

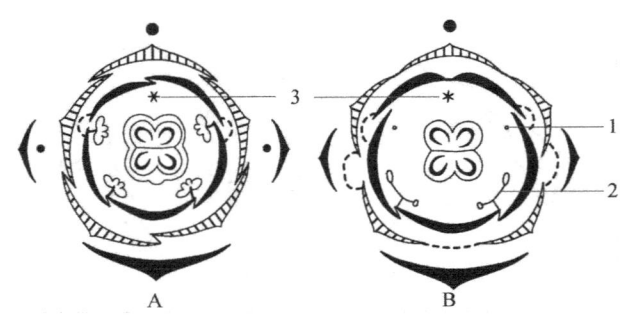

图 7-86　唇形科花图式
A. 短柄野芝麻（*Lamium album* L.）；B. 鼠尾草属（*Salvia* L.）。
1. 雄蕊的痕迹（缩为线状）；2. 药隔延长的雄蕊；3. 已退化的雄蕊（不见）

每室 1 倒生胚珠；花柱 1，柱头 2 裂；花盘发达；果实为 4 小坚果；种子小，胚乳无或少。

本科为世界性分布的较大的科，约有 220 属 3500 种。我国有 99 属 800 余种。

益母草属

益母草属（*Leonurus* L.）植物的叶 3~5 裂，近掌状分裂。轮伞花序腋生，多数排列成长穗状花序。花萼 5 脉，5 齿近等大。花冠粉红色至淡紫色，冠檐二唇形，上唇全缘，直伸，下唇直伸或开展，3 裂；雄蕊 4，前对较长，花药 2 室；花柱先端二等裂。小坚果锐三棱形。本属约 20 种，主要分布于欧洲、亚洲温带。我国产 12 种 2 变型。

益母草 [*L. artemisia* (Lour.) S. Y. Hu]（图 7-87），叶掌状 3 裂；轮伞花序腋生，多花密集；花冠粉红色至淡紫色，冠檐二唇形，上唇伸直，下唇 3 裂。全草入药，为妇科常用药之一；小坚果称"茺蔚子"，药用功效与益母草相似，并有利尿、明目作用。

图 7-87　益母草
1. 茎中部叶；2. 植株上部；3. 花；4. 花萼；
5. 花冠展开；6. 雄蕊；7. 雌蕊

薄荷属

薄荷属（*Mentha* L.）植物为多年生草本，具根状茎，有香气。叶片长圆形或长圆状披针形，边缘有牙齿或锯齿，基部楔形、圆形或心形；苞叶与叶同形。轮伞花序多花密集腋生或顶生，花两性或单性，同株或异株。花萼钟形或漏斗形，具 5 齿；花冠漏斗形，具 4 裂片，全缘，花冠筒一般不超出花萼，前方呈囊状膨大。雄蕊 4，近等大，大多从花冠伸出，花丝无毛，花药 2 室；花柱先端相等 2 浅裂；花盘平顶。小坚果卵形。本属约 15 种，产北温带。我国 12 种。

薄荷（*M. haplocalyx* Briq.）（图 7-88），具根状茎，有香气。球形轮伞花序腋生。花萼管状钟形,外被疏毛和腺点;花冠淡紫色;雄蕊4,前对较长,伸出花冠之外。小坚果黄褐色,有腺窝。全草入药,有发汗、解热、祛风、健胃之效;又可提取薄荷油,供药用或食品用。

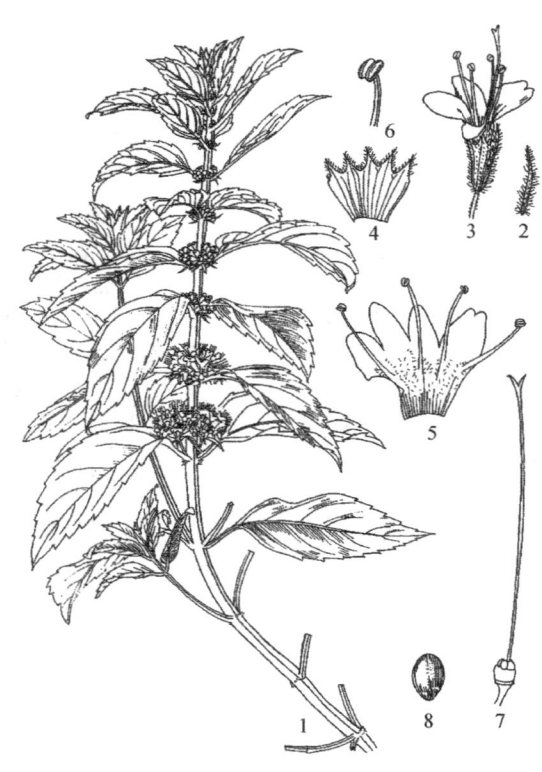

图 7-88 薄荷
1. 部分植株; 2. 小苞片; 3. 花; 4. 花萼展开; 5. 花冠展开; 6. 雄蕊; 7. 雌蕊; 8. 小坚果

鼠尾草属

鼠尾草属(Salvia L.)植物的轮伞花序组成总状、圆锥状或穗状花序。花萼筒形或钟形,二唇形,上唇全缘或3齿,下唇2齿;冠檐二唇形,上唇直立,下唇3裂;雄蕊2,花丝短,花药线形,与花丝顶端有关节相连;子房4全裂。小坚果卵状三棱形,无毛。本属700余种,生于热带或温带。我国79种,变种、变型较多,分布于全国各地,以西南为最多。

丹参(S. miltiorrhiza Bge.)(图7-89),根肥厚,外红内白,故名丹参。奇数羽状复叶,小叶1~3对。轮伞花序6至多花,组成顶生或腋生假总状花序;苞片披针形。花萼紫色;花冠蓝紫色,筒内有毛环。小坚果黑色,椭圆形。根入药,具有活血通经和强壮的功效。

除此之外,唇形科常见植物还有藿香[Agastache rugosa (Fisch. et Mey.) O. Ktze.]、糙苏(Phlomis umbrosa Turcz.)、紫苏[Perilla frutescens (L.) Britt.]、黄芩(Scutellaria baicalensis Georgi)(图7-90)、一串红(S. splendens Ker-Gawl.)及薰衣草(Lavandula angustifolia Mill.)等。

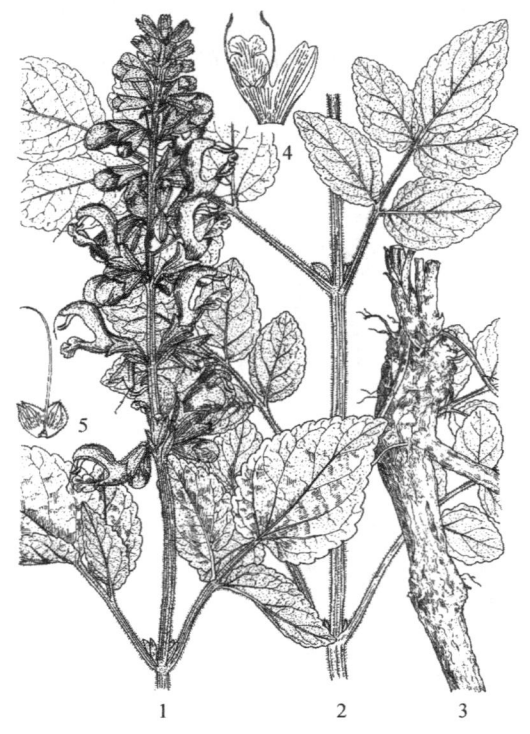

图 7-89 丹参
1. 花序；2. 植株中部；3. 根；
4. 花冠展开，示雄蕊；5. 雌蕊

图 7-90 黄芩
1. 植株下部；2. 植株上部；3. 花冠纵剖面；4. 雌蕊；
5. 雄蕊；6. 花萼果时闭合形状；7. 果萼下唇，
示小坚果着生情况；8. 果萼上唇；9. 小坚果

本科重点识别特征：常草本，富含芳香油，茎 4 棱。单叶，对生或轮生。轮伞花序；唇形花冠；雄蕊 4，2 强，或 2 枚；子房上位。4 小坚果。

(三) 菊目

菊目仅菊科（Compositae、Asteraceae）1 科，形态特征同科。

菊科

菊科的花程式：$* \uparrow K_{0-\infty} C_{(5)} A_{(5)} \overline{G}_{(2;1)}$（图 7-91）。

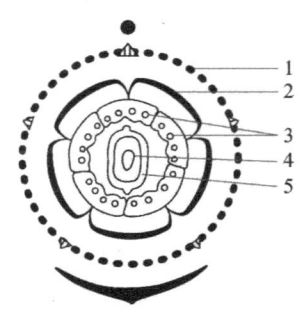

图 7-91 菊科花图式
1. 冠毛（萼片）；2. 花冠；3. 聚药雄蕊；4. 胚珠 1 颗；5. 子房

菊科植物为草本，稀灌木，有的具乳汁。叶常为单叶，互生，稀对生；无托叶。头状花序，具 1 至多列总苞片；头状花序有的全为舌状花或筒状花，或边花为舌状、盘花为筒状；花两性或单性，少有中性；萼片变为冠毛或鳞毛；雄蕊 5 个，为聚药雄蕊；下位子房，心皮 2 个，1 室，柱头 2 裂。果为瘦果。种子无胚乳。本科约 1000 属 25 000～30 000 种，广布全世界，热带较少。我国 230 余属 2100 余种，是种数超过 2000 种的唯一特大科。各地均有分布。

可食用、药用、观赏、工业用等。

菊科的花冠形态复杂，通常分为 5 种不同的类型（图 7-92）：①筒状花，是辐射对称的两性花，花冠 5 裂，裂片等大，

②舌状花，是两侧对称的两性花，5 个花冠裂片结成一个舌片，如蒲公英；③二唇花，是两侧对称的两性花，上唇 2 裂，下唇 3 裂；④假舌状花，是两侧对称的雌花或中性花，舌片仅具 3 齿，如向日葵的边缘花；⑤漏斗状花，无性，花冠呈漏斗状，5～7 裂，裂片大小不等，如矢车菊的边缘花。

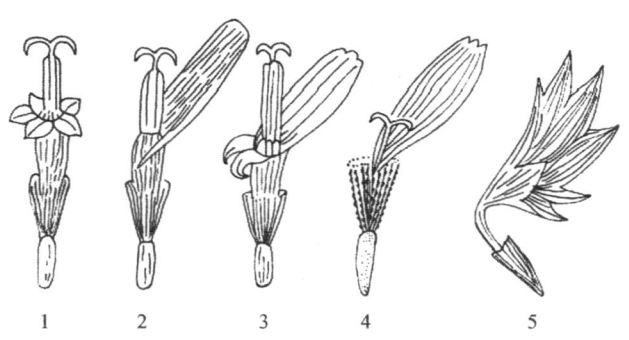

图 7-92 菊科花冠类型图
1. 筒状花；2. 舌状花；3. 二唇花；4. 假舌状花；5. 漏斗状花

本科根据头状花序花冠类型的不同、乳汁管的有无，通常分为两个亚科。

(1) 筒状花亚科（菊亚科）

筒状花亚科（Asteroideae）头状花序全为筒状花，或边缘花假舌状、漏斗状，而盘花为筒状花；植物体不具乳汁。筒状花亚科包括菊科的绝大多数属、种。

蒿属

蒿属（Artemisia L.）植物为草本或半灌木，有苦味或芳香。叶常分裂，或有缺刻，或一回至三回羽状分裂。头状花序小形，常下垂，集成总状或圆锥状，总苞半球形至卵形，数列。我国 200 余种，广布。

黄花蒿（A. annua L.）（图 7-93），一年生草本，叶二回或三回羽状全裂或深裂，异味浓，花序托无托毛，雌花与两性花均结实；广布全国各地，常见农田杂草，可入药，是治痢疾的良药。

艾（艾蒿）（A. argyi Levl. et Vant.）（图 7-94），茎粗壮直立，茎中部叶一回或二回羽状深裂至半裂，侧裂片 2 对或 3 对；总苞钟形或近卵形，密被蛛丝状毛。茵陈蒿（A. capillaris Thunb.），半灌木状草本，叶二回羽状深裂，花序托无毛，雌花结实，两性花不育；我国广布；全草入药，可治肝炎。

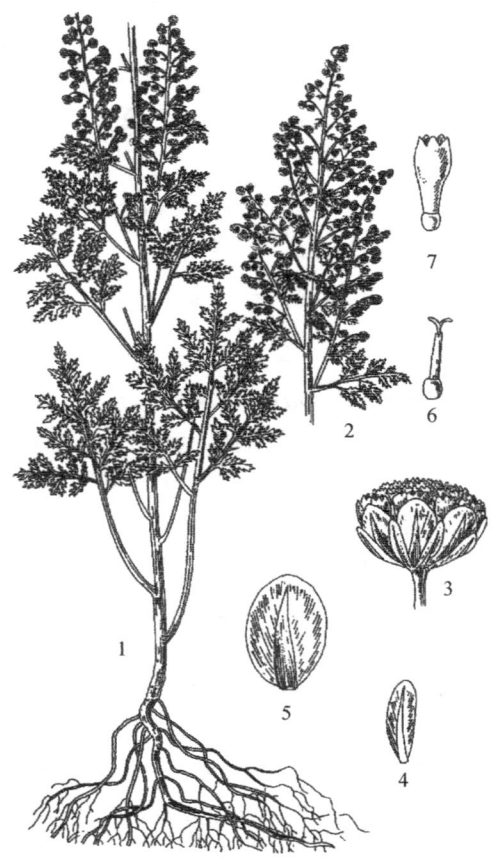

图 7-93 黄花蒿
1. 部分植株；2. 茎上端一部分；3. 头状花序；
4、5. 外、中层总苞片；6. 雌花；7. 两性花

图 7-94 艾 (艾蒿)
1. 植株上部；2. 根；3. 叶；4. 叶的局部放大；5. 头状花序；6. 总苞片；7. 两性花；8. 雌花

菊属

菊属 [*Dendranthema* (DC.) Des Moul.] 植物为多年生，稀二年生草本。叶分裂或不分裂。头状花序枝端单生，或伞房状排列。总苞片边缘常干膜质。缘花1至多层，雌性，假舌状。盘花筒状，两性，两种花均结实。瘦果具较多纵肋，无冠毛。

菊花 [*D. morifolium* (Ramat.) Tzvel.]，原产我国，已有3000年的栽培历史，为我国十大名花之一，现在世界各国普遍栽培，品种甚多，是著名的观赏植物。菊花除用于盆花和切花观赏外，其花还可药用，有养肝明目、疏风清热的功效，主治感冒、头痛、耳鸣、目赤肿痛、咽喉肿痛等症。野菊 [*D. indicum* (L.) Des Moul.]（图7-95），野生或栽培，花序及全草药用，清热解毒。

向日葵属

向日葵属 (*Helianthus* L.) 植物为一年生或多年生草本。叶下部常对生，上部互生。头状花序单生，总苞片数轮，外轮叶状，缘花假舌状，中性不孕，盘花筒状，两性，可育。连萼瘦果倒卵形、稍压扁，顶端具2个鳞片状脱落的芒。约100种，主产北美洲。我国引种栽培的有4种或5种。

向日葵 (*H. annuus* L.)（图7-96），一年生草本，头状花序直径20～35 cm。种子含油量达22%～37%，有时可达55%，为重要的油料植物。花托、果壳及茎秆可制作人造丝及纸浆。菊芋（H. tuberosus L.），多年生草本，块茎可食，又名洋姜，为制乙醇及淀粉的原料，叶为优良的饲料。

图 7-95　野菊
1. 植株；2~4. 总苞片；5. 舌状花；6. 管状花

图 7-96　向日葵
1. 头状花序；2. 总苞片；3. 假舌状花；4. 管状花；5. 托片

千里光属

千里光属（Senecio L.）植物为草本、亚灌木或灌木。叶互生或基生。连萼瘦果圆柱形而有棱。约1200种，广布全球，我国有160余种。

林荫千里光（S. nemorensis L.）（图 7-97），多年生草本；头状花序具舌状花；叶不分裂，卵状披针形至长圆状披针形。常生于山地林荫处或草甸上。千里光（S. scandens Buch.-Ham.），全草清热解毒、祛腐生肌、清肝明目，因而有"何人识得千里光，全家一世不生疮"的说法。

常见种类还有苍耳（Xanthium sibiricum Patrin ex Widder）（图 7-98），一年生草本。叶三角形，3~5裂。头状花序顶生或腋生；总苞结成囊状，外面具钩刺。分布全国各地。果药用，苍耳子油可作油漆、油墨及肥皂的原料。

(2) 舌状花亚科

舌状花亚科（Cichorioideae）植物的整个花序全为舌状花；植物体具乳汁。本亚科仅含菊苣族（Lactuceae Cass.）一族。

莴苣属

莴苣属（Lactuca L.）植物为一年生或多年生草本。叶全缘或羽状分裂。总苞圆筒形，总苞片数列，外层较短，向内层渐较长。花序中花较少，不超过30朵。舌状花白色、黄色、

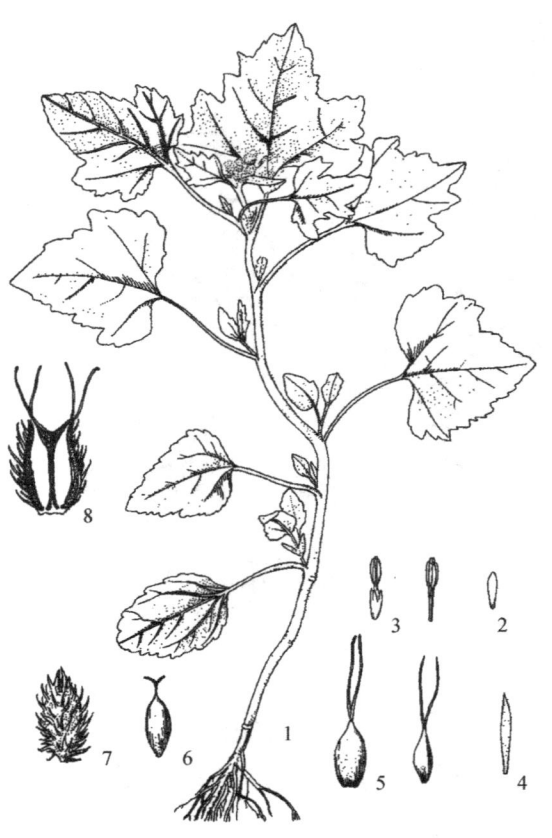

图 7-97 林荫千里光
1. 植株上半部；2. 舌状花；
3. 管状花；4. 雄蕊；5. 冠毛

图 7-98 苍耳
1. 植株；2. 托片；3. 雄花；4. 总苞片；5. 雌花；
6. 瘦果；7. 具瘦果的总苞；8. 雌花序纵切面

淡红色偶有蓝紫色。连萼瘦果扁平，顶端窄有喙，冠毛多而细。70 余种，我国 40 余种。

莴苣（*L. sativa* L.），头状花序生在枝端，排成伞房状圆锥花序，花黄色。原产欧洲或亚洲，各地栽培，为主要蔬菜之一。栽培变种较多，均作蔬菜食用。例如，莴笋（*L. sativa* var. *angustata* Irish.），茎髓部发达，肉质；生菜（*L. sativa* var. *romana* Hort.），叶狭长开展；卷心莴苣（*L. sativa* var. *capitata* DC.），叶莲座状卷心。

蒲公英属

蒲公英属（*Taraxacum* L.）植物为多年生草本。叶丛生于基部，羽状分裂或琴状羽状分裂。头状花序生于花茎顶端，花全为舌状花，黄色。连萼瘦果纺锤形，有棱，冠毛多。60 余种，主产北温带，我国有 40 种。

蒲公英（*T. mongolicum* Hand.-Mazz.）（图 7-99），全国各地均有野生，全草药用，为一种常用的清热解毒，消肿散结的中草药，嫩叶可作蔬菜。

本科经济作物还有：茼蒿（*Chrysanthemum carinatum* Schousb.），可作蔬菜；红花（*Carthamus tinctorius* L.），花为传统中药；白术（*Atractylodes macrocephala* Koidz.），根茎药用；一枝黄花（*Solidago decurrens* Lour.）；牛蒡（*Arctium lappa* L.）等。除虫菊（*Pyrethrum cinerariifolium* Trev.），著名杀虫植物，花序含除虫菊素、灰菊素等，是农业杀虫剂和制蚊香的重要原料。此外，供观赏种类很多，如大丽花（*Dahlia pinnata* Cav.）、

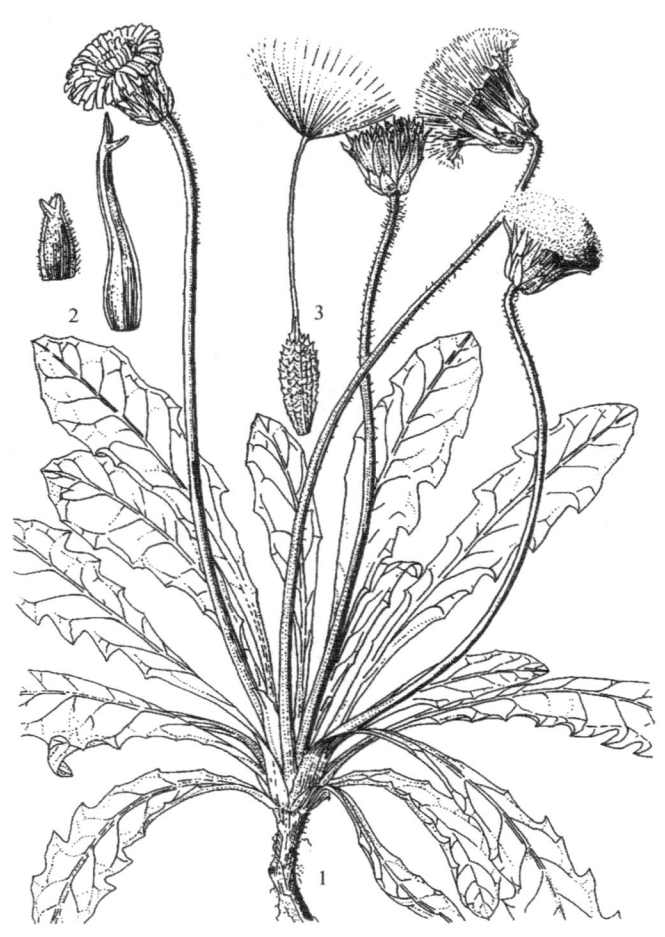

图 7-99　蒲公英
1. 植株；2. 总苞片；3. 瘦果

百日菊（*Zinnia elegans* Jacq.）、万寿菊（*Tagetes erecta* L.）、瓜叶菊（*Cineraria cruenta* Mass.）、雏菊（*Bellis perennis* L.）及非洲菊（*Gerbera jamesonii* Bolus）等，均为常见的庭园观赏植物。

菊科是被子植物进化历程中最年轻的科之一，化石仅出现于第三纪的渐新世，分化剧烈，进化速度快。菊科也是种子植物中最大的一个科，属数、种数最多，而且分布也最广。这主要是营养繁殖和有性生殖器官高度变异形成的结果。很多种类具有块根、块茎、匍匐茎或根状茎等，极大地促进了繁殖的成功率。

在有性生殖方面，花序和花的构造高度特化，与虫媒传粉巧妙适应，通常是异花传粉的虫媒花。本科头状花序（特别是放射状花序）结构在功能上如同一朵花，总苞起着保护作用；周边舌状花具有一般虫媒花冠所特有的作用——招引传粉昆虫，而中间盘花数量的增加（如向日葵的盘花），大大增强了传粉效率，更加有利于后代的繁衍。此外，在一朵花中，通常雄蕊先于雌蕊成熟，由于花药结合成药筒，且药室内向开裂，因而成熟的花粉粒就散落在花药筒内，当昆虫来采蜜时，引起花丝收缩，或花柱的伸长，柱头下面的毛环把花粉从花药筒推出，花粉被来访的昆虫带走，历经数次，直至花粉全部散落而花药枯萎。此时，雌蕊开始成熟，柱头开始伸出花药筒外，柱头裂片展平，受粉面裸露，准备接受传粉昆虫从另一个花序带来的花粉,借此顺利完成异花传粉。菊科风媒花种类很少,它们的花药通常是分离的,花柱伸出花冠筒外,花粉变得干燥,不具蜜腺,且常常是单性花,如苍耳属植物就是风媒传粉的。而且,果实顶端具有由萼片转变成的冠毛或刺毛,有利于远距离传播。

菊目和桔梗目在聚药雄蕊、子房下位等方面有类似的特征,故有些学者将它们同列于桔梗目内。但由于菊目特征明显,近年来多数学者将其独立成目。菊目起源于茜草目,并发展到比桔梗目更适应虫媒传粉的高级阶段。

本科重点识别特征:常草本;头状花序,具总苞;聚药雄蕊;子房下位;连萼瘦果,顶端带冠毛或鳞片。

第二节 单子叶植物纲(百合纲)

单子叶植物纲植物多为一至多年生草本,稀为木本;主根不发达,多为须根系;茎中维管束星散排列,无形成层,不能次生加粗;叶具平行脉或弧形脉;花部通常3基数。胚具1片子叶。

单子叶植物纲包括60 000余种,分属于泽泻亚纲(Alismatidae)、槟榔亚纲(Arecidae)、鸭跖草亚纲(Commelinidae)、姜亚纲(Zingiberidae)和百合亚纲(Liliidae)。

一、泽泻亚纲

泽泻亚纲共有4目16科,近500种。

泽泻亚纲是单子叶植物中最原始的类群,多数为水生。该亚纲植物的维管束极度退化,导管仅存于根中,或无导管;筛分子质体为PⅡ型;气孔副卫细胞2个。

泽泻目

泽泻目(Alismatales)植物为水生或沼生草本。单叶互生,常密集于根状茎或匍匐茎的近顶端而成基生状;叶基部通常具鞘。聚伞状伞形花序、总状花序或圆锥花序,有时单生;花两性或单性,整齐,常3基数;花被6,排成2轮;雄蕊1至多数;雌蕊具1至多个分离或近分离的心皮,偶结合,每心皮或每室具1至多个胚珠。

泽泻目包括泽泻科(Alismataceae)、花蔺科(Butomaceae)等3科。

泽泻科

泽泻科植物为多年生草本,具根状茎和球茎。叶大多数基生,直立或浮水以至沉水。花生于花茎上成总状花序,或生于花茎的轮状分枝上成圆锥花序;花两性或单性;萼片3;花瓣3;雄蕊6至多数,稀3;心皮分离,6至多数,稀3;子房上位,1室,有1枚倒生胚珠,稀较多。多为聚合瘦果。种子无胚乳。花程式:$\male ∗ P_{3+3} A_{6-\infty} \underline{G}_{6-\infty:1:1-2}$(图7-100)。

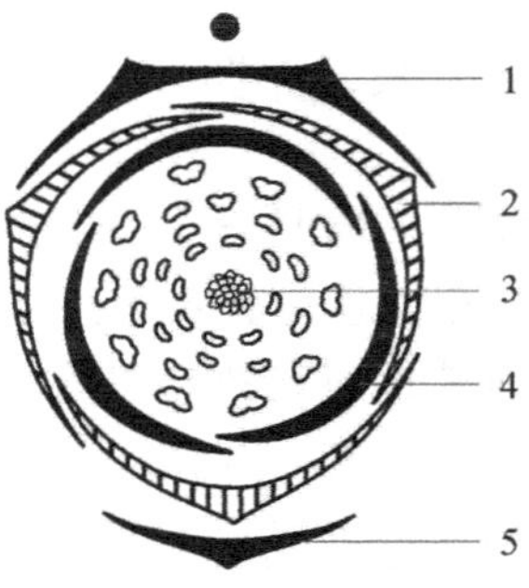

本科有11属约100种,广布于世界各地,主要产于北半球温带至热带地区,大洋洲、非洲也有分布;生水中或沼泽地。中国有4属23种(含种下单位),南北均有分布。

图7-100 泽泻科花图式
1.小苞片;2.萼片;3.雌蕊;4.花瓣;5.苞片

泽泻属

泽泻属(*Alisma* L.)植物的叶椭圆形或卵圆形。圆锥花序;

花两性；花托扁平；雄蕊6；心皮多数，轮生成1环。

泽泻（*A. plantago-aquatica* L.）（图 7-101），叶基生，具长柄；沉水叶条形或披针形，挺水叶宽披针形、椭圆形至卵形。花白色，粉红色或浅紫色。聚合瘦果。广布于全国各地。块茎入药，具利水渗湿功效。

图 7-101　泽泻
1. 植株；2. 花；3. 内轮花被片；4. 子房；5. 雄蕊；6. 果实

慈姑属

慈姑属（*Sagittaria* L.）植物的沉水叶带状，浮水叶椭圆形，挺水叶戟状。总状花序。花单性，雄蕊多数，心皮多数，多轮着生于球形花托上。

野慈姑（*S. trifolia* L.）（图 7-102），叶柄粗而有棱，叶片箭形；花瓣白色，花序上部雄花，下部雌花。匍匐茎自叶腋抽生，枝端膨大成球茎（统称的慈姑）。球茎供食用，也可入药。

本科重点识别特征：水生或沼生草本；叶常基生，有鞘；花轮状排列于花序轴上；雄蕊和雌蕊螺旋状排列于凸起的花托上；聚合瘦果。

二、槟榔亚纲

槟榔亚纲共有 4 目 6 科，约 6600 种，多数分布于热带地区。

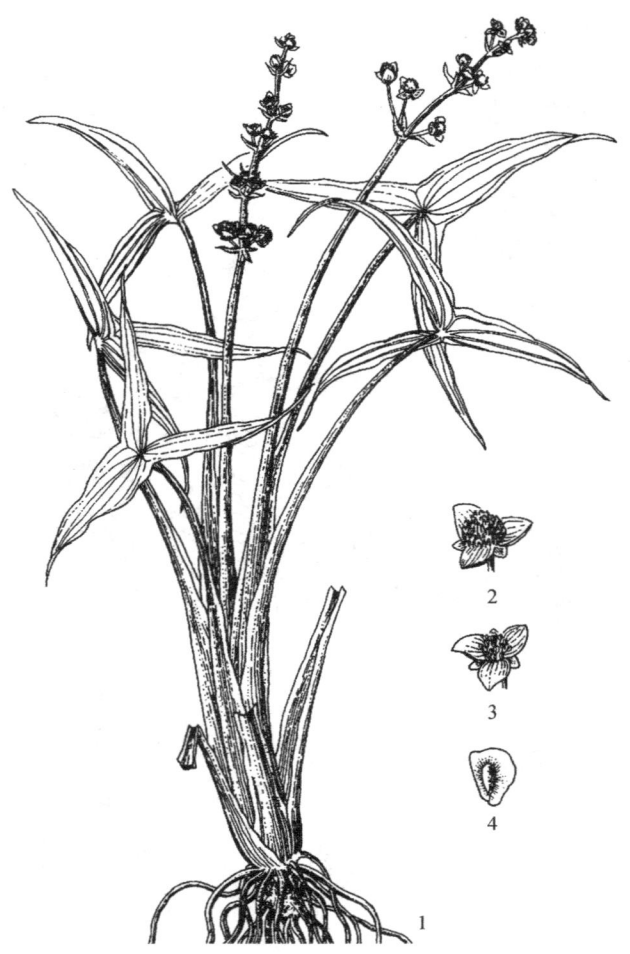

图 7-102 野慈姑
1. 植株 2. 雌花 3. 雄花 4. 果实

植物体具有限的次生生长；导管存在于所有的营养器官，或局限于茎和根内，或根内无导管；气孔副卫细胞 4 个，或 2 个或 4 个以上。

（一）槟榔目

槟榔目（Arecales）植物为乔木、灌木，稀藤本，通常不分枝。常绿叶，掌状分裂或羽状复叶，叶柄基部常扩大而成一纤维状的鞘（棕衣）；叶柄基部或叶痕常残存。肉穗花序，外具 1 至数枚大型的佛焰状总苞；花小无柄，两性或单性，同株或异株；花被片 6，2 轮；雄蕊 6，2 轮，或多数，花丝分离或基部连合成环，花药 2 室，纵裂；心皮 3，离生或仅基部合生；浆果、核果或坚果，外果皮肉质或纤维质，或覆盖以覆瓦状排列的鳞片。种子离生或与内果皮黏合，胚乳丰富，胚小。

本目仅棕榈科（Palmae）[槟榔科（Arecaceae）] 1 科。

棕榈科

棕榈科特征同目。花程式：$\male * K_3 C_3 A_{3+3} \underline{G}_{(3:3:1)}$；或 ♂：$* P_{3+3} A_{3+3}$；♀：$* P_{3+3} \underline{G}_{(3:3:1)}$（图 7-103）。

棕榈科下分 9 个亚科，约 210 属 2800 余种，分布于热带和亚热带，以热带美洲和热带亚洲为分布中心，少数产于非洲；巴西是世界上棕榈植物最丰富的国家。我国有 28 属 100 余种，主要分布于西南至东南各省（自治区）。

棕榈属

棕榈属（*Trachycarpus* Wendl.）植物为常绿乔木。叶掌状分裂，裂片多数顶端浅 2 裂。花常单性异株；花序呈多分枝的肉穗状或圆锥状，佛焰苞显著。果实肾形或球形。

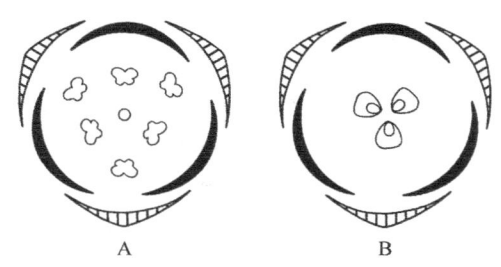

图 7-103　棕榈科花图式
A. 雄花；B. 雌花

棕榈 [*T. fortunei*（Hook.）H. Wendl.]，分布于长江以南各省、区，是常见的绿化及观赏树种；叶鞘纤维可制绳索、地毯、床垫、蓑衣、刷子等；嫩叶可制扇、帽等；果实（名棕榈子）及叶鞘纤维（名陈棕）供药用（图 7-104）。

蒲葵属

蒲葵属（*Livistona* R. Br.）植物为乔木。叶柄长，边缘有刺；叶片掌状深裂至中部或不及中部，裂片条形，顶端渐尖并分裂为 2 小裂片。花小，两性，黄绿色；雄蕊 6，花丝合生成一环。核果球形或卵状椭圆形。

蒲葵 [*L. chinensis*（Jacq.）R. Br.]，叶大，掌状分裂，叶柄长，边缘有刺；宽肾状扇形。分布于我国南部，各地常栽培。嫩叶制蒲扇，老叶制笠帽、船篷等；叶的中脉（葵骨）可制扫帚、牙签、刷子等；叶柄外表皮（葵皮）编织葵花席、枕席等；叶鞘纤维可制绳等；果实、种子及根、叶入药。

椰子属

椰子属（*Cocos* L.）植物为常绿乔木。叶羽状全裂或为羽状复叶。花单性同株，肉穗花序腋生，总苞纺锤形，厚木质。核果近球形；外果皮革质，中果皮纤维质，内果皮（椰壳）纤维质坚硬，近基部有 3 个萌发孔；种子 1 颗，种皮薄，内贴着一层白色的胚乳（椰肉），胚乳内有 1 大空腔，贮藏乳状汁液。

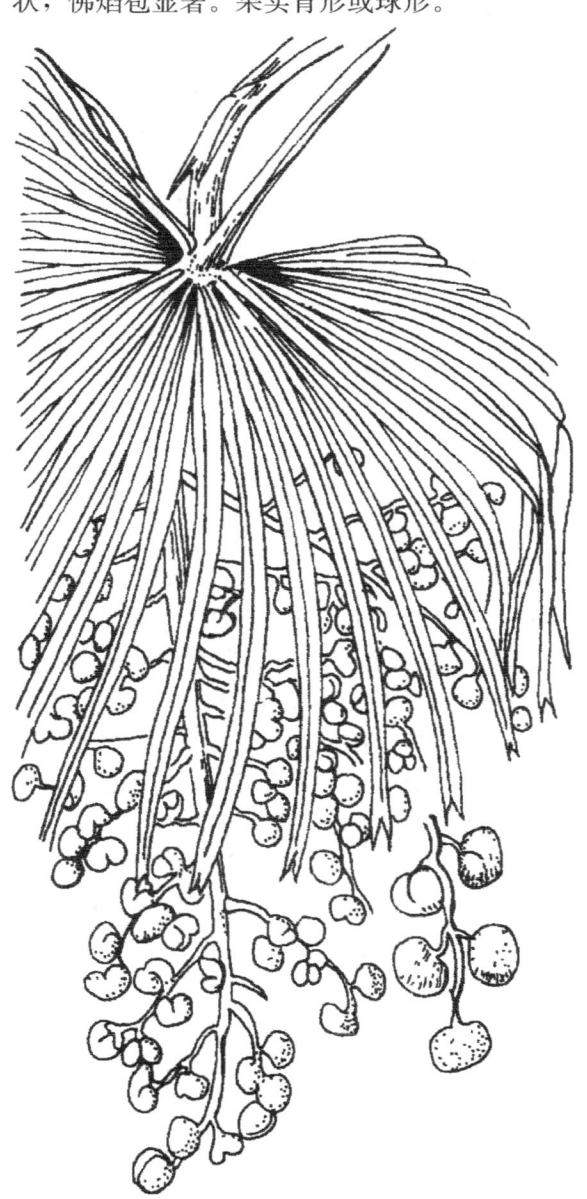

图 7-104　棕榈

本属仅椰子（C. nucifera L.）1 种，广布于热带海岸，我国海南、广西南部、云南南部和台湾也有栽培。木材坚硬，可供建筑；叶可编篮、织席、盖屋；花期割伤花序的总轴，有汁液流出，内含大量糖分，可作饮料或酿酒；幼果内（胚乳空腔）的汁液（椰汁、椰乳）是著名的饮料。椰肉（胚乳）或供生食或榨油，也可制糖果食品。椰壳（内果皮）可制成各种精美的手工艺品或餐茶用具等。椰子外壳的纤维可编绳。椰子的果皮有很厚的纤维层，在海上轻而易浮，故能远播热带海岸地区。

槟榔属

槟榔属（Areca L.）植物为乔木；树干单生，有环纹。叶簇生于茎顶，羽状全裂。花序生于叶鞘束之下；雄花生于分枝上部，雄蕊 3~6；雌花生于下部。核果卵形至长圆形；有种子 1 颗。

槟榔（A. cathecu L.），乔木，叶羽状全裂。我国广东、海南和云南南部、台湾广为栽培。当地民众将嫩果作嗜好品，把果切成薄片，涂螺壳灰少许，卷于篓叶（Piper betle L.）内嚼之，唾液即变为鲜红色，可助消化，固齿，并能防止痢疾。种子供药用，能助消化和驱虫。

本科重点识别特征：木本，树干不分枝；大型叶丛生于树干顶部，叶柄基部常扩大而成纤维质的鞘；肉穗花序具佛焰状总苞；花 3 基数。

（二）天南星目

天南星目（Arales）植物为草本，稀为攀援木本，极少数水生。叶宽，具柄。花小，密生成肉穗花序，通常为一大形佛焰苞片所包；花被缺或退化为鳞片状；子房上位。浆果或胞果。

天南星目包括天南星科（Araceae）和浮萍科（Lemnaceae）2 科。

天南星科

天南星科植物为多年生草本，稀木质藤本。具块茎或根状茎。单叶或复叶，叶基部常具膜质鞘。肉穗花序具佛焰苞；花小，两性或单性；花单性时雌雄同株或异株；雌雄同序者雌花居于花序的下部，雄花居上部，中部为不育部分或中性花；两性花花被缺或为 4~8 个鳞状体；雄蕊 4 或 6（偶 1 或 8），分离或聚药，通常与花被片同数而对生；雌蕊由 3（稀 2~15）心皮组成；子房上位，1 至多室；每室胚珠 1 至多数。通常为浆果。花程式：☿：* $P_{0,4-8} A_{4,6} \underline{G}_{(3;1-\infty;1-\infty)}$；或 ♂：* $P_{0,4-8} A_{4,6}$，♀：* $P_0 \underline{G}_{(3;1-\infty;1-\infty)}$（图 7-105）。

天南星科约 115 属 2450 余种，广布于全世界，但 90%以上产于热带；我国有 35 属，206 种，西南、华南各省（自治区）比较丰富，东北、华北及西北种类贫乏。

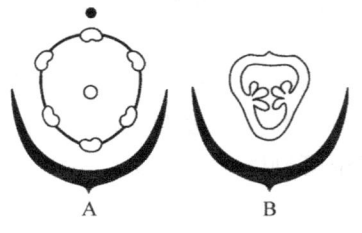

图 7-105 天南星科（芋）花图式
A. 雄花；B. 雌花

天南星属

天南星属（Arisaema Mart.）植物为多年生草本。有块茎；叶常三裂；花单性，雌雄同株或异株；肉穗花序，佛焰苞宿存。浆果。

天南星（A. heterophyllum Bl.）（图 7-106），块茎扁球形；叶片鸟足状分裂，裂片多 13~19；肉穗花序顶端附属体渐细呈尾状。除西北、西藏外，我国多数省（自治区）有分布。块茎入药，能解毒消肿、祛风定惊、化痰散结。

一把伞南星［*A. erubescens*（Wall.）Schott.］（图 7-107），多年生草本，具块茎；小叶 7～23，辐射状排列；肉穗花序顶端附属体近棍棒状。广布于黄河流域以南各省（自治区）。块茎供药用，祛痰、解痉、消肿散结。

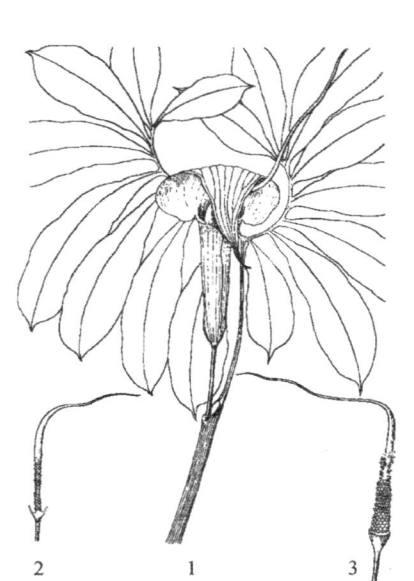

图 7-106　天南星
1. 植株；2. 雄性肉穗花序；
3. 两性肉穗花序

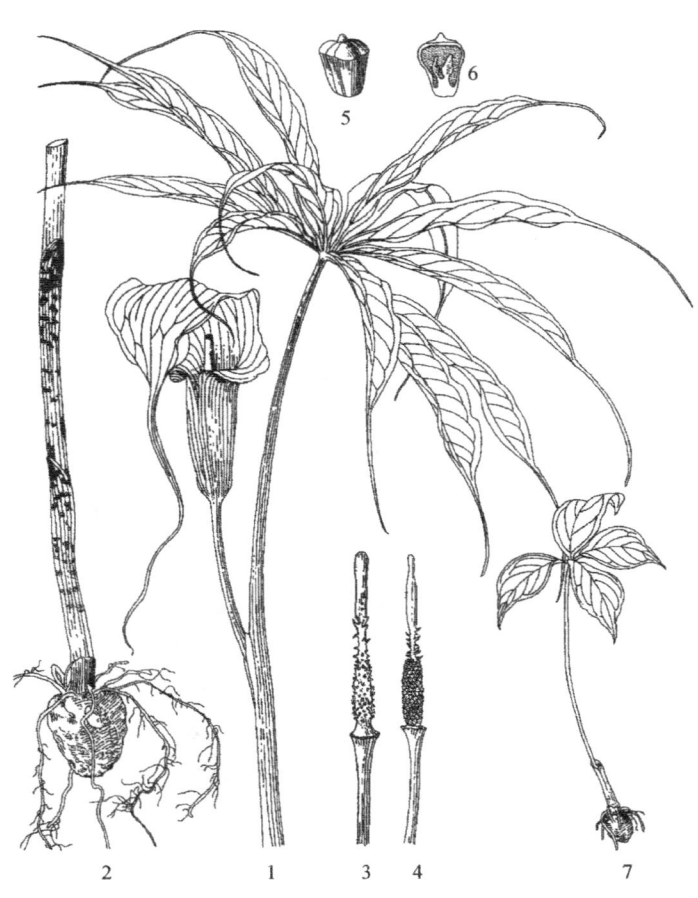

图 7-107　一把伞南星
1. 植株上部；2. 植株下部；3. 雄性肉穗花序；
4. 雌性肉穗花序；5. 子房；6. 子房纵切；7. 幼苗

半夏属

半夏属（*Pinellia* Tenore）植物为多年生草本，具块茎。叶基出，叶柄基部常有珠芽。肉穗花序具细长柱状附属体，佛焰苞顶端合拢；花雌雄同株，无花被；雌花部分与佛焰苞贴生。

半夏［*P. ternata*（Thunb.）Breit.］（图 7-108），常见药用植物。叶基生，一年生叶为单叶，卵状心形；2～3 年生叶为具 3 小叶的复叶。单性花，雌雄同株；佛焰苞绿色，上部呈紫红色；花序轴顶端有细长附属物，雌花部分与佛焰苞贴生。浆果红色。分布于我国南北各省。块茎有毒，炮制后入药，能燥湿化痰。因仲夏方可采其块茎，故名"半夏"。

马蹄莲属

马蹄莲属（*Zantedeschia* Spr.）植物为多年生草本。根状茎粗。叶柄长，海绵质；叶片披针形、箭形或戟形。佛焰苞白色、黄绿色，稀玫瑰红色，上部展开呈漏斗状；花单性；浆

图 7-108 半夏
1. 全株；2. 幼株叶片；3. 多年生叶片；4. 佛焰花序；5. 子房纵剖；6、7. 花药

果倒卵圆形或近球形。马蹄莲 [Z. aethiopica (L.) Spr.] 花苞片洁白硕大，宛如马蹄，是国内外重要的切花花卉。

本科常见的还有：龟背竹（麒麟叶）（Monstera deliciosa Liebm.），藤本灌木。节多似竹，故名龟背竹。叶呈矩圆形，具不规则羽状深裂，自叶缘至叶脉附近孔裂，如龟甲图案。常见栽培观赏植物。芋 [Colocasia esculenta (L.) Schott]，块茎卵形。叶盾状，基部 2 裂。块茎含多量淀粉，可充杂粮，嫩叶柄也可作蔬食。大薸（水浮莲）（Pistia stratiotes L.），常漂浮于静水中的草本，主茎短缩而叶呈莲座状。分布于珠江流域，繁殖迅速，常栽培作猪饲料，也供药用。广东万年青（Aglaonema modestum Schott ex. Engl.）为常见的观赏植物。

本科重点识别特征：草本，肉穗花序，花序下具有 1 片佛焰苞。

三、鸭跖草亚纲

鸭跖草亚纲共有 7 目 16 科，约 25 000 种，广布温带地区。

鸭跖草亚纲植物的花或为完全花或为单性花。借风媒或虫媒传粉，有的则适应自花传粉。本纲开拓了花的退化和风媒传粉的途径，一直发展到禾本科和莎草科，反映其系统地位上的进化趋势。

莎草目

莎草目（Cyperales）植物多为草本。叶互生，狭长，具叶鞘。花小，生于颖状苞片内，由 1 至多数小花组成小穗；花被退化为鳞片状、刚毛状、鳞被状或无花被；雄蕊 3～6；子房上位，由 2 个或 3 个心皮构成 1 室，1 胚珠。

本目包括莎草科（Cyperaceae）和禾本科（Gramineae、Poaceae）2 科。

1. 莎草科

莎草科植物为多年生或一年生草本。根状茎常丛生或匍匐状，或少数兼具块茎。茎常三棱形，实心，无节。叶通常 3 列，基生或互生；叶片条形，无叶舌，叶鞘封闭。花小，辐射对称，两性或单性；小穗排成各种花序；无花被，或花被退化为鳞片（常称为颖），下位刚毛或丝毛，或有时雌花为果囊包被；雄蕊 3 或 1 或 2；雌蕊由 2 或 3 心皮组成；子房上位，1 室，胚珠 1 枚。瘦果或小坚果，三棱状或透镜状。种子胚乳丰富。花程式：$P_0 A_{1-3} \underline{G}_{(2-3)}$ ♂：$P_0 A_{1-3}$；♀：$P_0 \underline{G}_{(2-3)}$（图 7-109）。

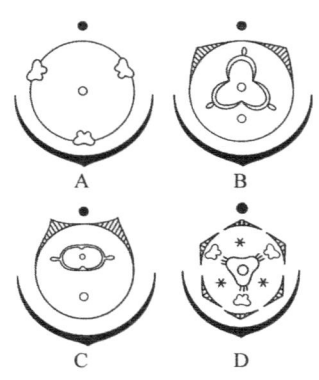

图 7-109 莎草科花图式
A～C. 薹草属花图式；
D. 藨草属花图式

莎草科 80 余属，4300～5000 种，是单子叶植物中的一个大科，广布于全世界，以温带和寒温带地区最丰富；通常生长在湿润或沼泽地区。我国有 38 属 740 余种，分布于全国各地；生于沼泽、湿润草地及高山草甸。

藨草属

藨草属（*Scirpus* L.）植物秆三棱形。聚伞花序简单或复出，或缩短成头状；小穗有少数至多数花，鳞片螺旋状排列，每鳞片内包 1 两性花，或下面 1 至数个鳞片内无花；下位刚毛 2～9 或缺如；花柱基部不膨大。

藨草（*S. triqueter* L.）（图 7-110），挺水植物，具匍匐根状茎。秆散生，粗壮，基部具 2 个或 3 个叶鞘，最上 1 个鞘顶具叶片。叶片扁平。鳞片背面光滑。除广东外，各地均有分布。编制草席和草帽的原料，也可造纸。

水葱（*S. tabernaemontani* Gmel.）（图 7-111），匍匐根状茎粗壮。秆高大，圆柱状。叶鞘膜质。鳞片背面通常有紫色小点。分布于东北、华北、西南、陕西、甘肃、新疆等各省（自治区）。茎可供编织、苫房及造纸用。荆三棱（*S. yagara* Ohwi.），茎秆粗壮高大。分布东北、华北、西南、长江流域各省及台湾。茎叶可造纸、做饲料。

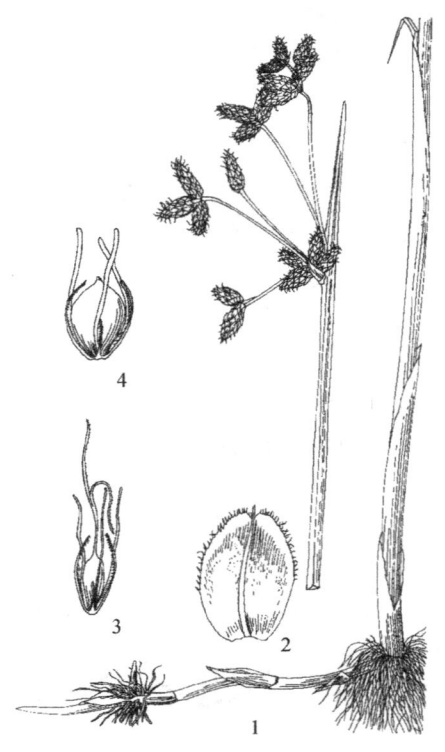
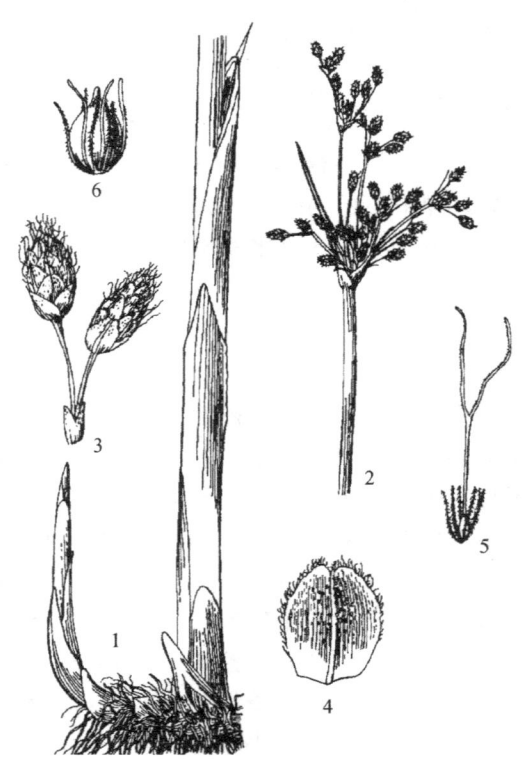

图 7-110　藨草　　　　　　　　　　图 7-111　水葱
1. 植株；2. 鳞片；3. 花；4. 小坚果　　1. 植株下部；2. 花序；3. 小穗；4. 鳞片；
　　　　　　　　　　　　　　　　　　5. 花；6. 坚果及下位刚毛

莎草属

莎草属（*Cyperus* L.）植物的秆散生或丛生，通常三棱形。叶基生。聚伞花序简单或复出，有时短缩成头状，基部具叶状苞片数枚。小穗2至多数，稍压扁，小穗轴宿存；鳞片2裂；无下位刚毛；柱头3，很少2。坚果三棱形。

莎草（*C. rotundus* L.）（图 7-112），多年生草本，地下有纺锤形块茎。茎直立；叶线形；穗状花序成指状排列，夏季开花。块茎药用，名"香附子"。白鳞莎草（*C. nipponicus* Franch. et Savat.）（图 7-113），长侧枝聚伞花序的辐射枝通常简化聚缩成头状；很少有1个或2个辐射枝。分布于中国（东北及河北、北京、天津、山西、江苏）、朝鲜半岛及日本。旱伞草（伞草、风车草）[*C. alternifolium* ssp. *flabelliformis* (Rottb.) Kuk.]，多年生草本。聚伞花序多数分枝，构成伞状。原产马达加斯加，为各地栽培观赏植物。

荸荠属

荸荠属（*Eleocharis* R. Br.）植物的秆丛生或单生。叶只有叶鞘而无叶片，苞片缺；小穗1，顶生，常有多数两性花；花柱基部膨大成各种形状，宿存于坚果顶端。

荸荠[*E. tuberosa* (Roxb) Roem. et Schult]，多年生草本。地下有匍匐茎，先端膨大为球茎，供食用或药用。

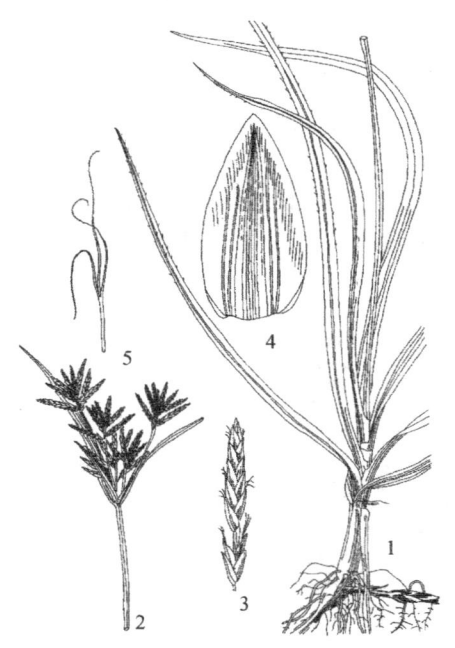

图 7-112 莎草
1. 植株；2. 花序；3. 小穗；4. 鳞片；5. 花柱和柱头

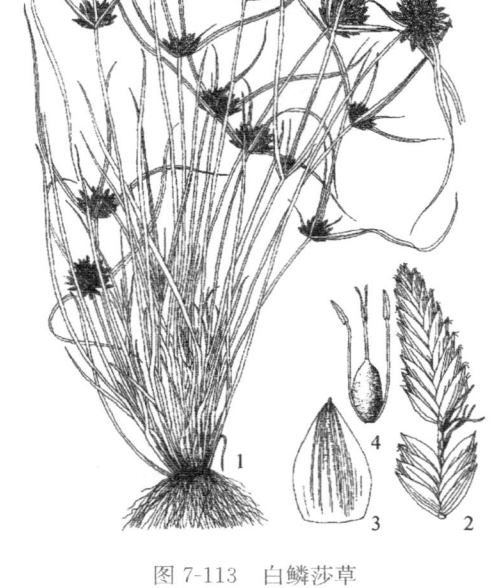

图 7-113 白鳞莎草
1. 植株；2. 小穗；3. 鳞片；4. 小坚果

薹草属

薹草属（*Carex* L.）植物小穗 1 至多数，单生或组成穗状、总状花序；花单性，雌雄同株，稀异株；鳞片螺旋状排列；小坚果具囊苞，无下位刚毛。

异穗薹草（*C. heterostachya* Bge.）（图 7-114），具长而匍匐的根状茎。秆高 15～40 cm，雌花鳞片卵圆形；果囊革质。分布于中国东北、华北及陕西。为优良草皮植物。

乌拉草（靰鞡草）（*C. meyeriana* Kunth.），多年生草本。秆紧密丛生，不明显三棱形。叶片质硬，刚毛状，向内侧对折。小穗 2 个或 3 个，顶生者为雄小穗；其余为雌小穗；果囊薄革质，扁三棱形。小坚果包于果囊中。柱头 3。分布于东北。可做填充、编制或造纸用，填充物具有一定保暖作用，为"东北三宝"之一。

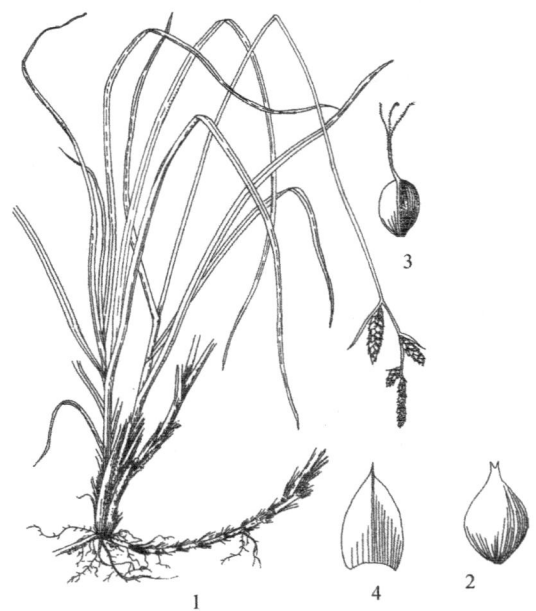

图 7-114 异穗薹草
1. 植株；2. 果囊；3. 小坚果；4. 鳞片

本科重点识别特征：草本；茎常三棱形，实心；叶常 3 列，叶鞘闭合；花被退化，小穗组成各种花序；小坚果。

2. 禾本科

禾本科植物为草本或木本。地上茎通常圆筒形，特称秆；秆上有明显的节和节间，节间多中空。单叶互生，2 列；叶分为叶片和叶鞘两部分，叶鞘包着秆，常在一边开裂，叶片带形、线形至披针形，具平行脉；叶舌膜质或退化为一卷毛状物，叶鞘顶端常具叶耳。花序顶生或侧生，多为圆锥花序，或为总状花序、穗状花序；小穗是禾本科的典型特征和基本单位，由1至数个特化的小花、2个颖片和小穗轴组成；小花通常两性，由外稃、内稃、浆片、雄蕊和雌蕊组成，外稃顶端或背部常具芒；在子房基部，内、外稃之间有2枚或3枚特化为透明而肉质的浆片；雄蕊3枚或6枚；雌蕊由2或3心皮合生而成；子房上位，1室1胚珠；柱头多呈羽毛状。颖果。种子含丰富的淀粉质胚乳。花程式：$↑P_{2,3} A_{3,3+3} G_{(2-3:1:1)}$（图7-115）。

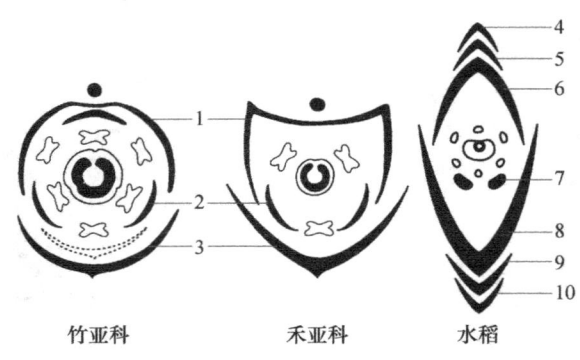

图7-115　禾本科花图式
1. 内稃（小苞片）；2. 浆片（花被）；3. 外稃（苞片）；
4. 内颖；5. 退化的外稃；6. 内稃；7. 浆片；8. 外稃；9. 退化的外稃；10. 外颖

禾本科是陆地植被的主要成分，尤其是各种类型草原的重要组成成分，在温带地区尤为繁茂。禾本科约有730属，9100（～11 000）种，在世界4个特大科中位于第四位，种数在单子叶植物中仅次于兰科，广布于全球各地。我国有242属，1900余种，分布于全国各地。

禾本科植物与人类的生活关系最为密切，具有重要的经济价值。它是人类粮食（约占95%）的主要来源，很多种类是建筑、造纸、纺织、酿造、制糖、制药、家具及编织的主要原料，少数植物也可作蔬菜；在畜牧业方面，它又是动物饲料的主要来源；它是保持水土、涵养水源、防风固沙、改良土壤、荒山植被恢复以及地被草坪、观赏竹林的重要植物。另外，许多种类也是农区的常见杂草，有的还是多种病虫害的中间寄主。

关于禾本科划分亚科的意见至今尚不统一。我国耿以礼教授的系统主要根据茎是否木质化，将禾本科分为竹亚科（Bambusoideae）和禾亚科（Agrostidoideae）2亚科，也有分为3亚科、5亚科、6亚科或7亚科的。为便于教学，本教材采用2个亚科的系统。

（1）竹亚科

竹亚科植物的秆木质化。节间通常中空，圆柱形或稀四方形或扁圆形；节隆起。秆生叶特化为秆箨（即笋壳），并明显分为箨鞘和箨叶两部分；箨鞘抱秆，通常厚革质，外侧常具刺毛，内侧常光滑；鞘口常具繸毛，与箨叶连接处常具箨舌和箨耳；箨叶通常缩小而无明显的主脉，直立或反射。

竹亚科主要分布于热带亚洲，我国主要分布于西南、华南及台湾等省（自治区），多数是重要的资源植物，除秆供建筑、编织、造纸、家具及日用，笋多可食用外，中药中的竹茹、天竺黄、竹心、竹沥等也都是来源于竹类植物。

竹亚科常见植物有刚竹属和箣竹属等。

刚竹属（毛竹属）

刚竹属[毛竹属（*Phyllostachys* Sieb. et Zucc.）]植物的地下茎单轴散生。秆的节间分枝1侧，常多少扁平或具纵沟2条，每节分枝大都2枚。箨鞘顶端渐狭，箨叶狭长皱缩。小穗丛间常夹以许多顶端具缩小叶片的苞片。我国广布。

毛竹（*P. pubescens* Mazel ex H. de Lehaie），高大乔木状竹类。秆圆筒形，新秆有毛茸与白粉，老秆无毛；秆环平，箨环突起而使竹秆各节只有1环。毛竹是我国栽培悠久、面积最广、经济价值也最重要的竹种，其竿型粗大，宜供建筑用，如棚架、脚手架等，篾性优良，供编制工艺品及各种用具，枝梢做扫帚，嫩竹及竿箨作造纸原料，笋味美，鲜食或加工成笋干等（图7-116）。

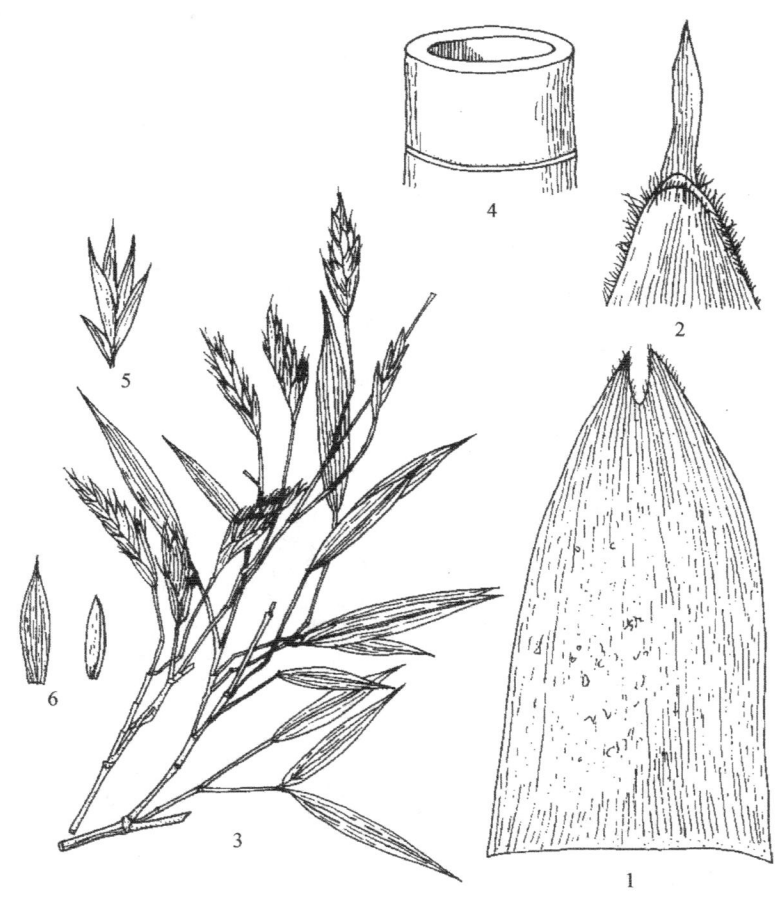

图7-116 毛竹
1. 秆箨背面观；2. 秆箨顶端的腹面观；3. 叶枝（右）和花枝（左）；4. 秆的一段，示秆环不显著；
5. 小穗丛的一部分；6. 颖（左）和小穗下方的前叶（右）

箣竹属

箣竹属（*Bambusa* Schreb.）植物的地下茎合轴丛生。秆的节间圆筒形，每节分枝常为多数；某些种类小枝可硬化为刺。箨叶直立，基部与箨鞘顶端宽度相等；箨耳显著。

凤尾竹（凤凰竹、孝顺竹）[*B. multiplex* (Lour.) Raeusch]，枝条多簇生节，每小枝常有叶5~10。分布于华南、西南各省（自治区）。常栽培作庭园观赏。佛肚竹（*B. ventricosa*

McClure）秆异型，畸形秆节间瓶状。广东特产，各地栽培或盆栽供观赏。

(2) 禾亚科

禾亚科植物为一年生或多年生草本。秆通常草质。叶片大多为狭长披针形或线形，具明显的中脉；通常无叶柄；叶片与叶鞘之间无明显关节，也不易自叶鞘脱落。花具 2 枚或 3 枚浆片；雄蕊 3 枚或 6 枚。

禾亚科广布世界各地。该科植物既是人类粮食和牲畜饲料的主要来源，也是加工淀粉、制糖、酿酒、造纸、编织和建筑方面的重要原料。因此，禾亚科是种子植物中经济价值非常高的一个亚科。

小麦属

小麦属（*Triticum* L.）植物为一年生或二年生草本。复穗状花序直立；小穗有花 3~9 朵，两侧压扁，无柄，单生于穗轴各节；颖长卵形，有 3 至数脉，主脉隆起成脊。

小麦（*T. aestivum* L.）（图 7-117），颖片近革质，5~9，顶端有尖头；外稃具芒。颖果（麦粒）椭圆形，腹面有深纵沟。

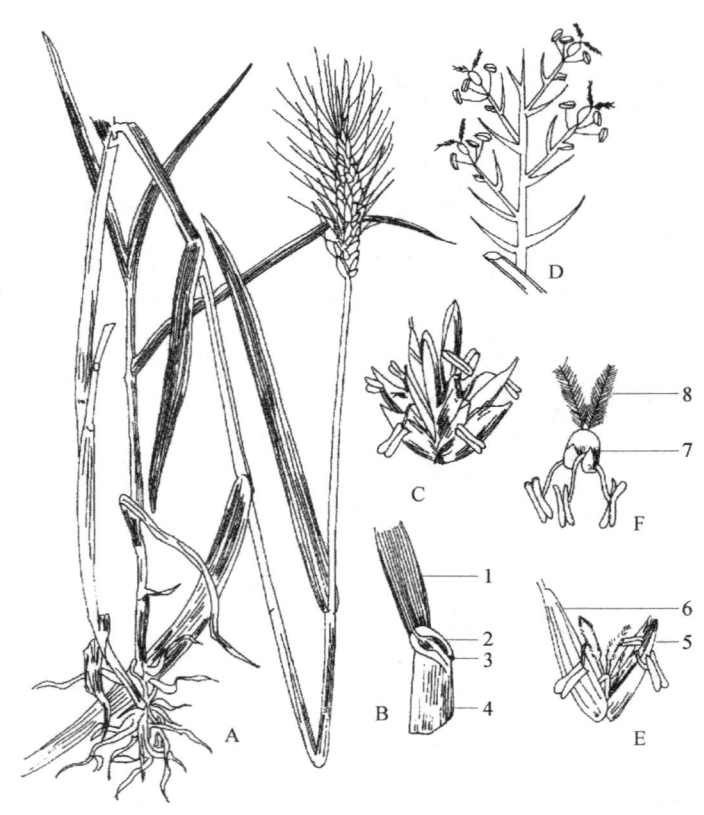

图 7-117　小麦

A. 植株；B. 叶，示叶舌和叶耳；C. 小穗；D. 小穗模式图；E. 小花；F. 除去内稃的小花
1. 叶片；2. 叶舌；3. 叶耳；4. 叶鞘；5. 内稃；6. 外稃；7. 浆片；8. 柱头

长期以来，小麦是世界第一大粮食作物，其面积和产量均居谷类作物之首。但是，自 1998 年以后，全世界玉米的总产量便稳定地超过了小麦，只是在播种面积上小麦仍居谷类作物之首。小麦的价值在于世界上 1/3 以上人口以小麦面粉制品为主要粮食。麦粒可制乙

醇、淀粉及糊精；麦芽助消化；麦麸、秸秆可作牲畜饲料；麦秆可作编制品及造纸原料。

稻属

稻属（*Oryza* L.）植物为一年生或多年生草本。圆锥花序顶生；小穗含3小花，仅1花结实，2不育小花退化，仅存极小外稃，位于孕花之下；颖退化成2半月形边缘，附着于小穗柄的顶端；孕花外稃坚硬，具5脉，雄蕊6枚。

水稻（*O. sativa* L.）（图7-118），原产我国，是栽培历史最悠久、品种甚多、栽培面积最广、产量位居世界第一、最有价值的粮食作物。稻米除作主粮外，可制淀粉、酿酒、造米醋；米糠可制糖、榨油、提取糠醛，供工业和医药用，又为营养甚高的牲畜饲料；稻秆为良好的牛饲料和造纸原料；谷芽和糯稻根药用，前者健脾开胃、消食，后者止盗汗。

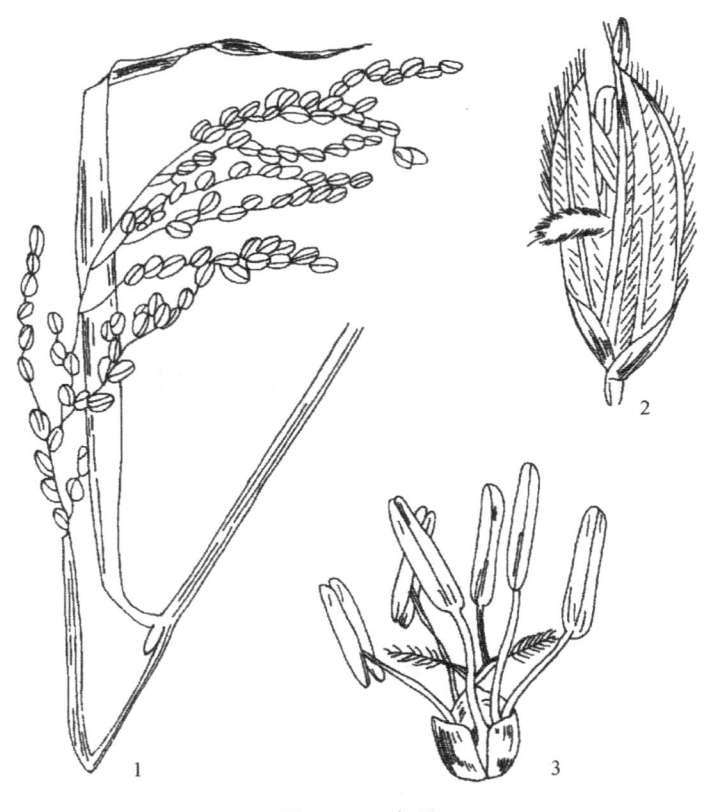

图7-118 水稻
1. 植株；2. 小穗；3. 花

狗尾草属

狗尾草属（*Setaria* Beauv.）植物为一年生或多年生草本。圆锥花序紧密，呈圆柱状；小穗含1朵或2朵花，单生或簇生，全部或部分小穗下托以1枚至数枚刚毛状不育小枝；小穗背腹压扁，脱节于杯状的小穗柄上，常与宿存的刚毛分离；颖不等长；第1小花雄性或中性，第2小花两性。

粟（小米、谷子）[*S. italica* (L.) Beauv.]，一年生栽培作物。花序常下垂，长10～40 cm，直径1～5 cm。原产中国，已有7000多年的栽培历史，现为北方栽培的杂粮。谷粒可供煮粥、酿酒、造醋，营养丰富。狗尾草[*S. viridis* (L.) Beauv.]（图7-119），刚毛绿色或紫色。习见杂草，广布全国各地。全草入药或作饲草。

图 7-119 狗尾草
1. 植株；2. 小穗背面；3. 小穗腹面；4. 颖果

玉米属

玉米属（*Zea* L.）仅1种。玉米（玉蜀黍、包谷）（*Z. mays* L.），一年生高大草本。秆实心，基部生有支柱根。叶带形。花单性同株；雄花序圆锥状，顶生，雄小穗孪生，其一有柄，每小穗有2花，雄蕊3；雌花序肉穗状，腋生，为苞叶包藏，雌小穗孪生，每小穗有2花，第1小花不孕，第2小花结实，稃片膜质，雌蕊1，花柱丝状细长，伸出苞叶外。原产墨西哥，世界各地广为栽培，为重要粮食及饲料作物。穗轴可提制淀粉、葡萄糖、油脂、酒糟及糠醛；胚芽供食用，也可榨油；花柱入药，利尿消肿。

高粱属

高粱属（*Sorghum* Moench）植物为一年生或多年生草本。顶生圆锥花序；小穗成对或穗轴顶端1节有3小穗，一无柄而结实，一有柄而不实或为雄性；无柄小穗背向压扁；颖硬革质；外稃膜质，上部的2裂而有芒或全缘而无芒。

高粱（*S. vulgare* Pers.），一年生草本。秆实心，中心有髓。分蘖或分枝。圆锥花序。颖果呈褐、橙、白或淡黄等色。种子卵圆形。

大麦属

大麦属（*Hordeum* L.）植物为一年生或多年生草本。顶生穗状花序；小穗含1小花（稀含2小花）；穗轴扁平。约有30种，分布于温带。我国连同栽培种约15种（包括变种），以西部、西北部及北部较多。

大麦（*H. vulgare* L.），一年生。秆粗壮。叶鞘两侧有较大的叶耳，叶片扁平。外稃披针形，具5脉，芒自顶端伸出。颖果成熟后，黏着内、外稃，不易脱落。果为制啤酒及麦芽糖的原料，也可做面食；麦芽可助消化；秆为编织原料。青稞（裸麦）（*H. vulgare* var. *nudum* Hook.），颖果成熟后易脱出稃体，不黏着。我国西北、西南各省（自治区）常栽培，果食用，酿造青稞酒。

芦苇属

芦苇属（*Phragmites* Trin.）植物为多年生、粗壮草本。有长而阔的叶和顶生的大圆锥花序；小穗有3~7小花，最下的为雄花或中性花，余为两性花；小穗轴被长丝毛，于颖之上和小花间每一节的基部脱落，故果于脱落后借丝毛之助能随风飞散。

芦苇（*Ph. communis* Trin.），多年生高大草本。具根状茎。圆锥花序；小穗有4朵或5朵小花，花梗被丝状毛，其中1朵无。秆是造纸的重要原料。

看麦娘属

看麦娘属（*Alopecurus* L.）植物为一年生或多年生草本；小穗强两侧压扁，有1小花，密聚，排成穗状花序式的圆锥花序；颖相等，无芒，基部连结，脊被毛；外稃5脉，钝头，边于基部连结，背面中部以下有芒；内稃缺。

看麦娘（*A. aegualis* Sobol.）（图7-120），秆少数丛生，细瘦，光滑，节处常膝曲。圆锥花序圆柱状，灰绿色；花药橙黄色。稻茬麦田和油菜田杂草。

稗属

稗属（*Echinochloa* Beauv.）植物为一年生或多年生草本。叶片扁平。圆锥花序由短密的总状花序组成；小穗背腹压扁，近无柄，单生或2个或3个簇生于总状花序上，有2小花；第一颖短于第二颖；第二颖无芒；第一外稃草质或革质，顶端尖或有长芒；第二外稃平凸头，草质，边缘下部内卷，上部平坦。

稗（稗子）（*E. crusgalli* Beauv.）（图7-121），茎丛生，光滑无毛。叶片主脉明显，无

图7-120 看麦娘
1. 植株；2. 小穗；3. 小花

叶舌及叶耳,是与水稻的主要区别。圆锥花序;小穗密集于穗轴一侧。既能生长在浅水中,又较耐旱。稻田常见杂草,广布全国各地。

图 7-121 稗(稗子)
1. 植株;2. 小穗背面;3. 小穗腹面

禾本科中具有丰富的植物资源,常见的经济植物还有黍(*Panicum miliaceum* L.),北方多栽培,为重要的杂粮。菰[*Zizania caduciflora* (Turcz. ex Trin.) Hand.-Mazz.],秆基被一种黑穗菌(*Ustilago edulis*)寄生后,变得肥嫩而膨大,称"茭白"或"茭笋",供食用;颖果可供药用。薏苡(*Coix lacryma-jobi* L.),小穗单性,雌小穗位于花序下部。薏苡种子含脂肪油、薏苡内酯、氨基酸、糖类;入药。甘蔗(*Saccharurn sinense* Roxb.),秆直立;高约3m。秆含多量糖液,为制糖工业的重要原料。重要的牧草如羊茅(*Festuca ovina* L.)、草地早熟禾(*Poa pratensis* L.)、雀麦(*Bromus japonicus* Thunb.)、鸭茅(*Dactylis glomerata* L.)、鹅观草(*Roegneria kamoji* Ohwi)等。

本科重点识别特征:秆常圆柱形,有明显的节,节间中空;叶2列,单叶互生;具叶鞘,叶鞘边缘常分离而覆盖;由小穗组成多种花序;颖果。

四、姜亚纲

姜亚纲共有 2 目 9 科，约 3800 种，多数为热带分布。

姜目

姜目（Zingiberales）多为草本植物。具纤维状或块状根以及根状茎；茎很短至伸长，或为叶柄下部的叶鞘重叠而成。叶 2 列或螺旋排列，具开展或闭合的叶鞘。通常有特化为花瓣状的退化雄蕊；子房下位。蒴果。

本目包括芭蕉科（Musaceae）、姜科（Zingiberaceae）、美人蕉科（Cannaceae）等 8 科。

姜科

姜科植物通常具有芳香气味。单叶基生或茎生，羽状平行脉；叶鞘顶端具叶舌。花单生或组成穗状、头状、总状或圆锥花序，生于具叶的茎上或单独由根状茎发出而生于花葶上；花被片 6 片，排列成 2 轮；具能育雄蕊 1 枚；子房 3 室。蒴果或浆果。花程式：$\uparrow K_3 C_3 A_1 \overline{G}_{(3:3:\infty),(3:1:\infty)}$ 或 $\uparrow P_{3+3} A_1 \overline{G}_{(3:3:\infty),(3:1:\infty)}$（图 7-122）。

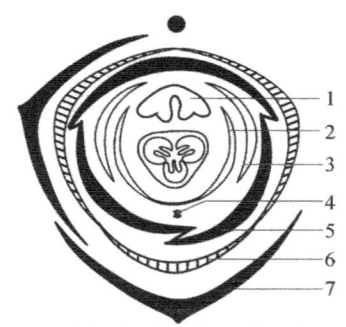

图 7-122　姜科花图式
1. 能育雄蕊 1（内轮）；2. 内轮雄蕊 2，瓣化为唇瓣；3. 外轮雄蕊 2，瓣化；4. 外轮雄蕊 1，退化不见；5. 花冠 3 裂；6. 花萼 3 裂；7. 苞片

姜科约 50 属 1500 种，分布于热带、亚热带地区。我国有 19 属 155 种（含种下单位），产西南部至东部。

姜属

姜属（Zingiber Boehmer）植物的根状茎肉质。芳香或具辛辣味。叶 2 列。穗状花序直立，由根状茎抽出；苞片覆瓦状排列，每一苞片内有花 1 至数朵；萼管状，3 裂；花冠管常长于苞片；唇瓣外翻；侧生退化雄蕊常与唇瓣相连合，形成具有 3 裂片的唇瓣；子房下位，3 室，有胚珠多数；蒴果有薄壁，开裂为 3 果瓣；种子黑色，有假种皮。

姜（Z. officinale Rosc.）（图 7-123），根状茎肉质，扁平，有短指状分枝。穗状花序由根状茎抽出；花冠黄绿色，唇瓣倒卵状圆形，下部二侧各有小裂片，有紫色、黄白色斑点。原产太平洋群岛，我国中部、东南部至西南部广为栽培。根状茎含辛辣成分和芳香成分，入药能发汗解表、温中止呕、解毒，又作蔬菜和调味用。

豆蔻属

豆蔻属（Amomum L.）植物的根状茎平生而粗厚，或延长呈匍匐状。种子常有辛香味，基部有假种皮。本属中有许多重要的药用或香料植物。

砂仁（阳春砂仁）（A. villosum Lour.）蒴果椭圆形，成熟时深红色。华南、云南和福建等地常栽培，种子为芳香性健胃、祛风寒药。

姜黄属

姜黄属（Curcuma L.）植物的肉质根状茎具芳香气味；地上茎极短或缺。叶大，通常基生。蒴果球形，膜质。

姜黄（C. domestica Valet）根状茎入药称"姜黄"，也可提取黄色食用染料或调味品，所含姜黄素可制成分析化学用试纸。

图 7-123 姜
1. 枝叶；2. 根状茎及花序；3. 花；4. 唇瓣；5. 子房及腺体；6. 柱头

本科重点识别特征：单叶，叶鞘顶端具叶舌；花被片 6 片，排列成 2 轮，具能育雄蕊 1 枚，其他雄蕊退化或呈花瓣状；子房 3 室；蒴果或浆果。

五、百合亚纲

（一）百合目

百合目（Liliales）植物为草本，少数为草质或木质藤本，或为木本，常具根状茎、鳞茎或球茎。单叶，互生，稀见对生或轮生，有时全为基生。花两性，较少单性，多为虫媒花，通常 3 基数，花被常 2 轮，呈花瓣状，分离或下部联合成筒状；雄蕊通常与花被片同数，花粉粒双核，稀为 3 核，多具单沟；子房通常由 3 心皮组成，上位或下位，中轴胎座，胚珠每室少至多数。果实通常为蒴果，稀为浆果或核果，种子具丰富的胚乳。

本目包括雨久花科（Pontederiaceae）、百合科（Liliaceae）、鸢尾科（Iridaceae）、百部科（Stemonaceae）、薯蓣科（Dioscoreaceae）等 15 个科。

百合科

百合科多数为多年生草本，稀木本或肉质植物。常具根状茎、鳞茎或球茎。多数单叶，互生，少数基生或轮生，多为平行脉。花两性，稀单性或雌雄异株，辐射对称，多为虫媒花，常3基数。花被花瓣状，6片，排成2轮。雄蕊6枚与之对生，花粉粒2核，稀3核，多具单沟，稀为2沟、4孔或无萌发孔；子房上位，3心皮3室，中轴胎座。蒴果或浆果。种子有胚乳。花程式：$*P_{3+3}A_{3+3}\underline{G}_{(3:3)}$（图7-124）。

图7-124 百合科花图式

本科约240属4000余种，广布世界各地，尤以温带和亚热带种类较多；我国约60属600余种，各省均有分布，以西南部最盛。本科许多种类是常见的蔬菜和调味蔬菜，许多是观赏植物和药用植物，是经济价值较高的一科。

百合属

百合属（Lilium L.）植物为多年生草本，茎直立，具鳞茎，鳞片肉质。花单生或成总状花序，花大型，花被漏斗状，花药丁字形着生；柱头头状或3裂。蒴果。

百合（L. brownii var. viridulum Baker）（图7-125），鳞茎球形，叶倒披针形，花白色，外面常带淡紫色，上端稍外卷，蒴果。分布于我国东北至华北，世界广泛栽培。著名观赏花卉，鳞茎富含淀粉，可食。

山丹（L. pumilum DC.）（图7-126），叶条形，花被片反卷，鲜红色。分布于东北、华北至西北，生于灌丛中或草坡上。观赏花卉。

图7-125 百合
1. 植株上部；2. 鳞茎；3. 雌蕊；4. 雄蕊；
5. 内花被片；6. 外花被片

图7-126 山丹
1. 植株上部；2. 鳞茎

郁金香属

郁金香属（*Tulipa* L.）植物的鳞茎有膜或纤维状外被。叶大部基生。花葶单生，通常顶生 1 花；花常直立，钟状或杯状；柱头 3 裂。蒴果。

郁金香（*T. gesneriana* L.），原产欧洲，品种甚多，我国引种栽培；著名观赏花卉。

葱属

葱属（*Allium* L.）植物的鳞茎包有鳞被。叶基生，叶片多为扁平的线形、狭条形，或实心到空心的圆筒形，基部与闭合的叶鞘相连。聚伞状伞形花序顶生，开放前被一闭合的膜质总苞所包。蒴果。

葱（*A. fistulosum* L.），鳞茎棒槌状或圆筒形，具较强葱味；叶圆筒形，中空；伞形花序顶生，花白色。广泛栽培，食用。洋葱（*A. cepa* L.），鳞茎球形或扁球形，外包淡紫色或黄褐色叶鞘；花粉红色，总苞片 1~3 枚反卷，花被片披针形。广泛栽培，食用。蒜（*A. sativum* L.）数枚瓣状小鳞茎形成复鳞茎；叶条形，花淡红色。原产亚洲西部及欧洲，广泛栽培，食用。韭（*A. tuberosum* Rottler ex Spreng.），叶狭条形，花白色。广泛栽培，食用。

天门冬属

天门冬属（*Asparagus* L.）植物为多年生草本或半灌木，根状茎粗壮，有时有纺锤形块根。茎直立或攀援，小枝呈叶状，形成叶状枝，叶退化成鳞片状。浆果。

天门冬［*A. cochinchinensis* (Lour.) Merr.］（图 7-127），植株攀援，叶状枝成狭镰刀状，3 枚或 4 枚簇生于分枝上；叶退化成鳞片状；花单性。主要分布于我国南方及河北、山

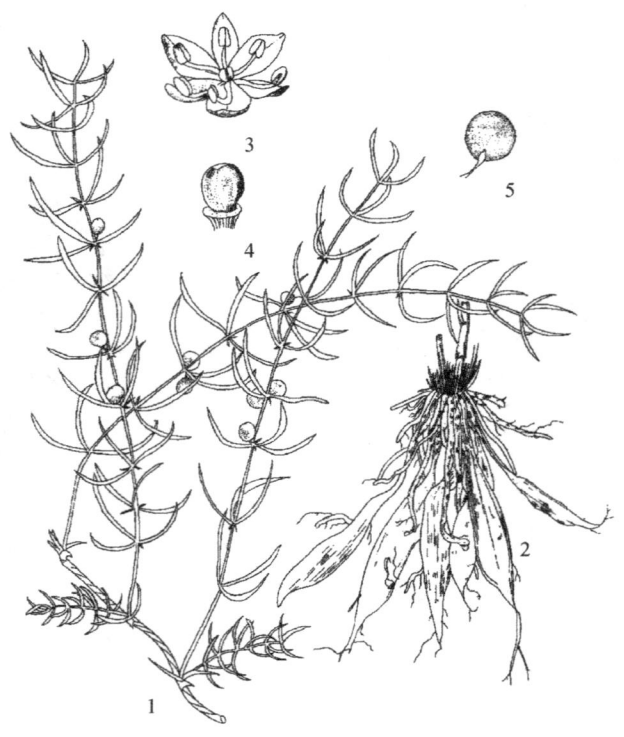

图 7-127　天门冬
1. 果枝；2. 根；3. 雄花；4. 雌花；5. 浆果

西、陕西和甘肃等省南部。生于山坡、路旁、荒地或疏林下；块根入药，有滋阴润燥、清火止咳的作用。石刁柏（A. officinalis L.），全株光滑，稍有白粉，叶退化成膜质鳞片；花小，黄色。原产欧洲，广泛栽培，幼茎可食。

黄精属

黄精属（Polygonatum Mill.）植物有根状茎。花腋生，花被片结合成管状。浆果。

黄精（P. sibirieum Red.）（图 7-128），根状茎在结节处膨大；叶 4~6 枚轮生于茎上，条状披针形，先端拳卷或弯成钩状；花腋生，常有 2~4 花，呈伞形状，花被白色至淡黄色。浆果黑色。分布于俄罗斯西伯利亚东部、朝鲜、蒙古国至我国东北、华北、华中和华东等地区；生于林下或灌丛中。根状茎入药，有滋润心肺、生津养胃的作用。

玉竹（P. odoratum Druce）（图 7-129），根状茎圆柱形；叶互生，椭圆形至卵形矩圆形；花黄绿色至白色，下垂；浆果蓝黑色。广泛分布于欧亚大陆温带地区，我国常见，生林下或山野阴坡。根状茎入药。也偶见栽培。

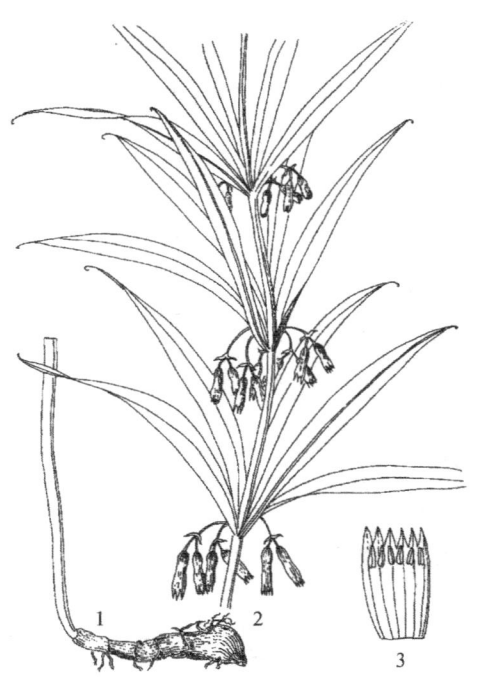

图 7-128 黄精
1. 根状茎；2. 植株上部，示花序；
3. 花被展开，示雄蕊

图 7-129 玉竹
1. 根状茎；2. 植株上部；3. 花被展开，
示雄蕊、雌蕊；4. 花序

贝母属

贝母属（Fritillaria L.）植物为多年生草本，鳞茎由 2~4 枚肉质鳞片组成，无鳞被。叶对生或轮生，先端成卷须状。花钟状下垂。蒴果有宽翅。分布于北温带。我国除华南地区外均有分布。

川贝母（F. cirrhosa Don），茎常中部以上有叶，花单生茎顶，绿色至黄色花，具紫色方格斑纹，花被长 3~4.5 cm。主要分布于西南；鳞茎入药，清热润肺，止咳化痰。

萱草属

萱草属（Hemerocallis L.）植物具纺锤状膨大肉质块根。叶基生，条形。花葶直立，顶端分枝开花，花黄色或橘红色。蒴果。

萱草（H. fulva L.），花橘黄色或橘红色，无香味。产我国秦岭以南地区，生于山坡，庭园常见栽培，观赏花卉。黄花菜（H. citrina Baroni）（图 7-130），花亮黄色，较大，芳香。产华北及秦岭以南地区，生于山坡，广泛栽培。花经加工即"黄花菜"或"金针菜"，为我国著名的干菜食品；也可供观赏；鲜花有微毒，不宜多食。

图 7-130　黄花菜
1. 植株；2. 花序

芦荟属

芦荟属（Alöe L.）植物为多年生肉质草本。茎短或较明显。叶呈莲座状簇生或排成二列，边缘常有硬齿或刺。花葶出自叶丛；总状花序或伞形花序。蒴果三角形。

芦荟（A. perfoliata var. vera L.），多年生肉质草本。茎较短。叶肉质肥厚。我国南方各省（自治区）有分布。

百合科常见的还有藜芦（*Veratrum nigrum* L.），多年生草木，植株粗壮。分布于我国东北、华北及西北等地。根供药用，但有毒，用时慎重。风信子（*Hyacinthus orientalis* L.）、万年青［*Rohdea japonica*（Thunb.）Roth.］、玉簪［*Hosta plantaginea*（Lam.）Aschers.］等均为习见的观赏植物。

本科重点识别特征：草本。花被片6，花瓣状，2轮，子房上位，3室，中轴胎座。蒴果或浆果。

（二）兰目

兰目（Orchidales）植物为陆生、附生或腐生草本。花常为两侧对称，多为两性；花被片6，2轮；雌蕊由3心皮组成，子房下位，1室或3室。种子微小，极多，具未分化的胚，无胚乳或有少量胚乳。本目包含兰科（Orchidaceae）、水玉簪科（Burmanniaceae）等4科。

兰科

兰科植物为多年生草本。陆生、附生或腐生。稀为攀援藤本。陆生及腐生的植物常具根状茎或块茎，有须根。附生的植物具有肥厚根被的气生根。茎直立，悬垂或攀援。单叶互生或退化为鳞片，基部有鞘，常排成2列。花单生或形成穗状、总状、圆锥状花序；两性花，两侧对称；花被片6，2轮，外轮3片萼片状或花瓣状，中央的1片称中萼片，两侧的称侧萼片；内轮3片花瓣状，中央的1片特化为唇瓣，常有脊、褶片或有距，内有蜜腺；子房常180°扭转；雄蕊2个或1个，与花柱、柱头连合成合蕊柱，合蕊柱顶端通常具1枚雄蕊，前方有1个柱头凹穴；有些种类的合蕊柱基部延伸成足，侧萼片与唇瓣围绕合蕊柱足而生，形成囊状物，称萼囊；在柱头与雄蕊之间有1个舌状器官，称蕊喙，它通常是由柱头上裂片变态而来，能分泌黏液；花粉1沟或2沟，花粉粒常结成花粉块；有时一部分变成柄状物，称花粉块柄；蕊喙上的黏液常变成固态黏块，称黏盘，花粉块常黏着上面，有时黏盘还有柄状或片状延伸附属物，称蕊喙柄；雌蕊3心皮合生，子房下位，1室，侧膜胎座；蒴果；种子细小，极多，无胚乳，胚小而未分化完全。花程式：$\uparrow P_{3+3} A_{2-1} \overline{G}_{(3:1;\infty)}$（图7-131）。

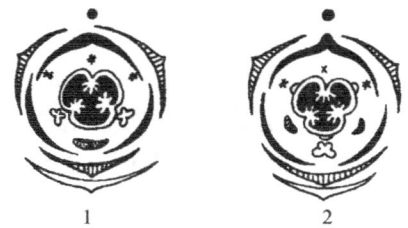

图 7-131　兰科花图式
1. 具2个雄蕊的；2. 具1个雄蕊的（子房扭转前）；3. 具1个雄蕊的（子房扭转后）

本科为被子植物中的第二大科，869～888属21 400种，广布全球，主要产于热带、亚热带地区，南美洲与亚洲最为丰富；我国约有172（～177）属、1255种，主要分布于长江流域及其以南各省，西南部和台湾盛产，全国都有栽培。

本科有2000余种可作观赏植物，其中不少名贵花卉各地多有栽培，还有许多是药用植物。

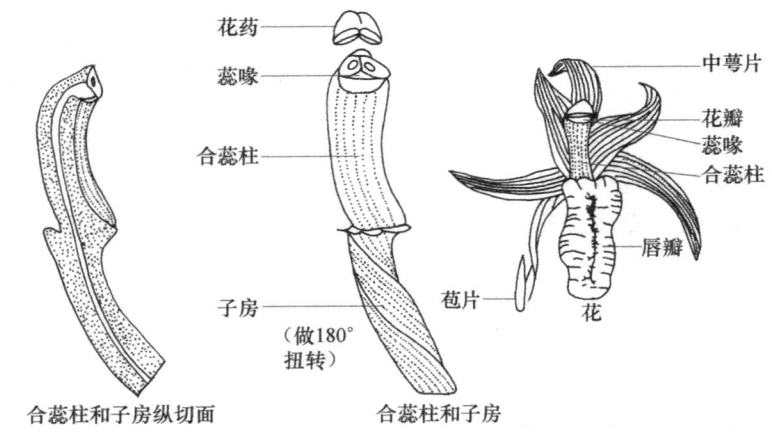

图 7-132 兰属花的结构

兰属

兰属（*Cymbidium* Sw.）植物为附生、陆生或腐生。叶带形，基生或簇生。花大，唇瓣常3裂；花粉块2枚，有柄和黏盘（图7-132）。

建兰（*C. ensifolium* Sw.）（图7-133），具有假鳞茎；叶2～6枚丛生，带形，弯曲下垂；花葶直立，通常短于叶，总状花序有花4～7朵，浅黄绿色，有香味；萼片狭披针形，唇瓣不明显3裂，花粉块2个。栽培观赏植物。根、叶入药，前者清热止带，后者镇咳祛痰。

另外，兰属中常见的还有墨兰［*C. sinense* (Andr.) Willd.］，似建兰，但叶宽常2～3.5 cm。深绿色而有光泽，全缘。花葶通常高出叶外，具10余花。品种也很多。冬末春初开花，花色多变，有香气。春兰［*C. goeringii* (Rchb.) Rchb. f］，叶狭带形，宽6～10 mm。花单生，淡黄绿色；唇瓣乳白色，有紫红色斑点。春季开花，有芳香。分布华东、中南、西南、甘肃、陕西南部等省（自治区）；各地栽培，供观赏。根入药，清热利湿，消肿。

图 7-133 建兰
1. 植株；2. 花；3. 唇瓣

杓兰属

杓兰属（*Cypripedium* L.）植物为多年生陆生草本。有根状茎。叶2～4片，通常茎生，多数有弧形脉。花常单生，稀2朵或3朵，大型；花被片开展，中萼片宽大，离生，侧萼常愈合为一；唇瓣囊状，合蕊柱下弯。

大花杓兰（*C. macranthum* Sw.）（图7-134），花紫红色；唇瓣大囊状，长达5 cm。在我国分布于东北、华北至西北地区；生于海拔1800 m左右的山坡林下。花大美丽，可栽培供观赏。紫点杓兰（*C. guttatum* Sw.），叶片2，互生或近对生，花单生茎顶，花瓣白色，具紫色斑点。花美丽，可观赏。

手参属

手参属（*Gymnadenia* R. Br.）植物陆生，块根掌状分裂。叶3～5枚，基部有叶鞘。花红色或紫红色；唇瓣3裂，有距，距常弯曲；外轮1枚雄蕊成熟，内轮2个雄蕊形成假雄蕊，花粉块2枚，有花粉块柄和黏盘；柱头2裂。

手参（*G. conopsea* R. Br.）（图7-135），块根肥厚，有4～6裂，形如手掌。穗状花序，具多数密生小花，花粉红色。在我国分布于东北、华北、西北至西南，生山顶草甸或沟谷阴湿处。块茎入药，有滋补消淤的功效。

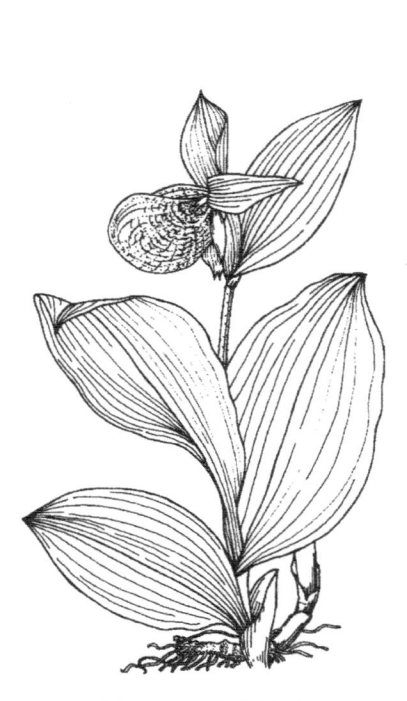

图7-134 大花杓兰

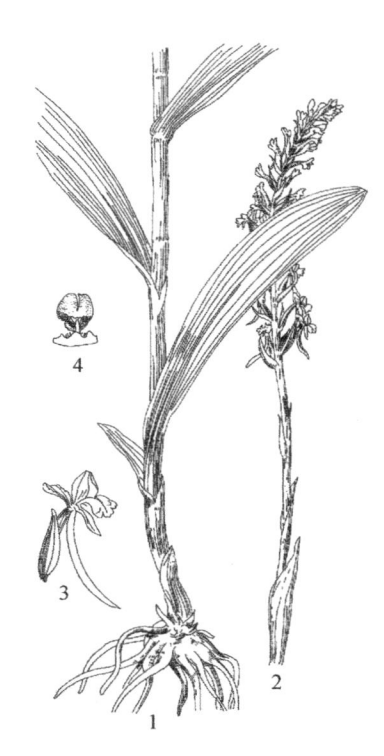

图7-135 手参
1. 植株下部；2. 植株上部；3. 花及苞片；4. 合蕊柱

天麻属

天麻属（*Gastrodia* R. Br.）植物为腐生草本。根状茎块状，有短的节间。茎直立。总状花序顶生；花被片合生成筒状；唇瓣较小，合蕊柱较长，通常有足；花粉块2枚。

天麻（*G. elata* Bl.）（图7-136），多年生腐生草本，茎单一，直立，叶鳞片状；总状花序顶生，淡黄绿色或黄褐色。在我国分布于东北、西南及秦岭山区，生栎林下腐殖层厚处，陕西南部有栽培；天麻根状茎入药，用于治疗高血压、头痛和半身不遂、神经衰弱等病。

兰科植物的花通常较大而艳丽，有香味，两侧对称，唇瓣基部的距内、囊内或合蕊柱基部常有蜜腺，易引诱昆虫；雄蕊与花柱及柱头结合成合蕊柱，花粉黏结成块，且下有黏盘，柱头有黏液，非常有利于传粉。兰科植物的花，结构奇特，高度特化，是对昆虫传粉高度适应的表现，是单子叶植物中虫媒传粉最进化的类型。在恩格勒系统、哈钦森系统和塔赫他间系统中兰目仅有兰科一个科。哈钦森认为由百合目经血皮革目（Haemodorales）演化出兰

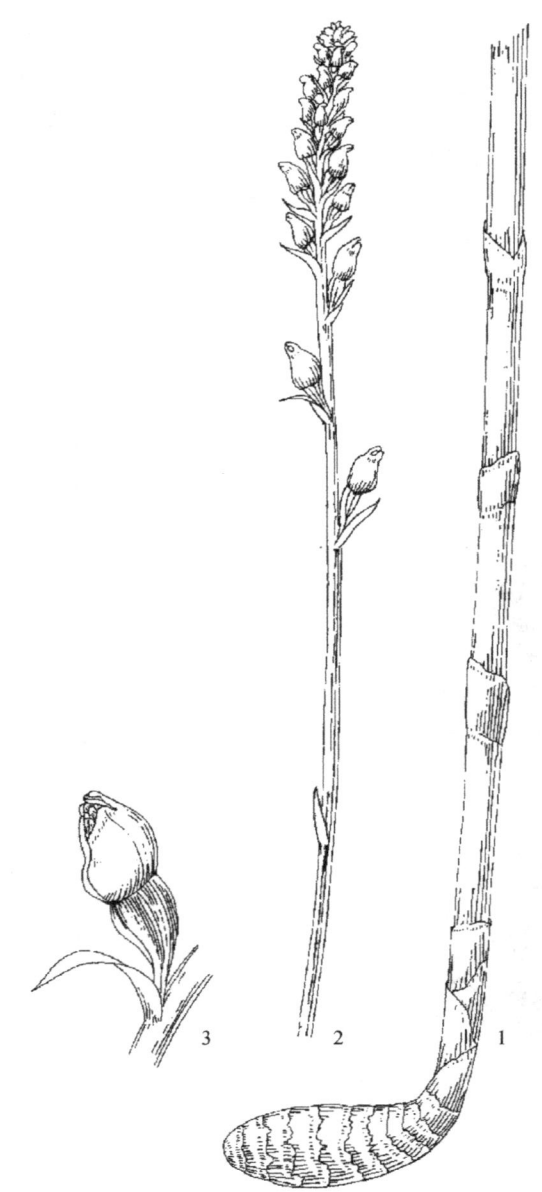

图 7-136 天麻
1. 植株下部；2. 植株上部和花序；3. 花

目。塔赫他间系统和克朗奎斯特系统也认为兰目是由百合目演化而来的。

兰科是单子叶植物中最大的一科，是植物学家公认的单子叶植物最高级的类群，其主要表现为：①草本植物，稀为攀援藤本，附生或腐生；②种类多，2万多种，占单子叶植物种的1/4；③花通常大而艳丽，有香味，两侧对称，内轮花被中央1片特化为唇瓣，唇瓣结构复杂，基部常形成具有蜜腺的囊或距，以引诱昆虫；④雄蕊数目减少并与花柱及柱头结合生成合蕊柱，花粉黏结成块，且下有黏盘，柱头常具有喙状小突起的蕊喙，且有黏液，有利于传粉。花部的所有特征表现了对昆虫传粉的高度适应。

本科重点识别特征：陆生、附生或腐生草本。花两侧对称，花被片6，内轮具1唇瓣；

能育雄蕊1或2，与花柱、柱头结合成合蕊柱，花粉结合成花粉块；子房下位，1室，侧膜胎座。蒴果，种子微小。

第三节 被子植物的起源与系统发育

被子植物是植物界中种类最多、进化水平最高的类群。但由于已知化石等证据不足，地质记录不完全，有关被子植物的祖先、发生时间、地点及演化等关键问题仍处于探索阶段，各学者的观点并未完全统一。目前流行的观点和研究进展简述如下。

一、被子植物的祖先

关于被子植物的祖先尚无定论，目前主要有两种学说：真花说（euanthium theory）和假花说（pseudoanthium theory）。

（一）真花说

前苏联学者塔赫他间（Takhtajan）和美国学者克朗奎斯特（Cronquist）主张的真花说认为：被子植物是由原始裸子植物中早已灭绝的本内苏铁目（Bennettitales）中具两性孢子叶球的植物——达科塔拟苏铁（*Cycadeoidea dacatensis*）进化而来。本内苏铁类植物具两性花，花的各部分多为螺旋状排列，其下有不育的叶片，雄蕊不分化为花药和花丝，心皮具有边缘生的胚珠（所有这些特征均可在被子植物的木兰目里找到）。

真花学说的基本观点是：本内苏铁植物孢子叶球上覆瓦状排列的苞片演变成被子植物的花被，小孢子叶发展成雄蕊，大孢子叶发展成雌蕊，孢子叶球轴缩短成花轴。该学说主张现代被子植物中具有伸长的花轴、心皮多数而离生的两性整齐花的多心皮类是原始类型。因此认为，木兰目是现存被子植物中最原始的代表。

但结合目前的化石资料、分子生物学证据和现存植物系统发育分析，认为木兰目植物虽然保存了一系列被子植物花可能的原始特征，如花部分离、花被不分化等，它却并不是最早的被子植物；有学者推断，早期的被子植物可能是个体较小的草本植物，其花小型，单性，花被分化不明显，雄蕊无发达的花丝，花药瓣裂，花粉粒小，外壁内层不发达，雌蕊由1个心皮或几个心皮组成，胚珠1枚或2枚，柱头表面分化不明显等。

（二）假花说

德国学者恩格勒（Engler）和奥地利学者韦特斯坦（Wettstein）主张的假花说认为：被子植物的花和裸子植物的完全一致。每一个雄蕊和心皮分别相当于一个极端退化的雄花和雌花。被子植物的一朵花是由裸子植物的一个花序发展而来，单性花是原始的。因此，该学说主张被子植物起源于裸子植物麻黄类中的弯柄麻黄（*Ephedra campylopoda* C. A. Mey.）。现代被子植物中的柔荑花序类植物（如杨柳目）是原始类群。

现代多数系统学家认为假花说的依据不足，如柔荑花序类花被的简化是高度适应风媒传粉而产生的次生现象，单层珠被是由双层珠被退化而来，合点受精虽和裸子植物一样，但在被子植物进化水平较高的茄科和单子叶植物中的兰科中也有这种现象。因此，柔荑花序类的单性花、单被花、风媒传粉、合点受精和单层珠被等特点，都可以看做是植物进化过程中的退化现象。但是，从解剖结构和花粉粒类型看，柔荑花序类的次生木质部具导管，花粉粒3沟等都是进化的特征。

二、被子植物的发生时间

关于被子植物起源的时代，一直以来存有很大的争议。多数学者认为，被子植物起源于种子蕨类，而种子蕨类出现于古生代的晚泥盆纪，二叠纪达到鼎盛；中生代三叠纪开始走向衰退，至侏罗纪已趋于灭绝。因此，被子植物的发生事件应早于种子蕨灭绝前的白垩纪。

一直到20世纪90年代，流行的观点认为被子植物的起源不早于距今1.3亿年前的早白垩世；1998年，孙革等在辽宁西部发现了确切的早期被子植物化石——辽宁古果（*Archaefructus liaoningensis* Sun et al.），通过对其伴生的动物群和植物群的时代分析、地层对比以及同位素测年数据，确认其时代为晚侏罗世，距今1.45亿年。上述研究论证了白垩纪之前被子植物就已经出现在地球上了。

三、被子植物的发生地点

目前多数学者认为被子植物的发生地位于赤道带或附近的某些地区，即中、低纬度地区。大量的化石资料表明，被子植物在中、低纬度地区出现的时间早于高纬度地区。例如，美国加利福尼亚早白垩纪发现了被子植物的果实；加拿大直到早白垩纪晚期才有极少数被子植物出现。在亚洲北部和欧洲，被子植物出现的时代都比较晚。现代被子植物的地理分布同样说明自19世纪后半期以来，有许多植物分类工作者根据各自的系统发育理论，提出了许多不同的被子植物系统，被子植物可能起源于中、低纬度地区。统计表明，在它们现存的400多科中，有半数以上的科依然集中分布于中、低纬度地区，特别是被子植物中的那些较原始的科目更是如此。这些证据支持被子植物的起源中心位于中、低纬度的热带和亚热带。它们随后分化，从这里迅速向中、高纬度扩散，而后遍及世界各大陆。

四、被子植物的主要分类系统

被子植物的分类，不仅要把几十万种植物安置在一定的位置上（纲、目、科、属、种），还要建立起一个分类系统，反映出它们之间的亲缘关系。被子植物是植物界物种多样性最为丰富的一大类群，建立一个能真正反映其进化历史和系统发育的分类系统，一直是许多植物系统分类学家们所追求的目标。自19世纪后半期以来，许多植物分类学工作者根据各自的系统发育理论提出了许多不同的被子植物系统。近代比较流行的是两大学派，即恩格勒（柔荑花序）学派和多心皮（毛茛）学派。到目前为止，已经提出的被子植物分类系统至少有20多个。这里仅简要介绍比较流行的几个主要分类系统。

（一）恩格勒系统

该系统是德国植物学家恩格勒（Engler）和柏兰特（Prantl）于1897年在《植物自然分科志》一书中发表的系统，是分类史上第一个比较完善的自然分类系统。该系统将植物界分为13门，其中第13门为种子植物门，包括裸子植物亚门和被子植物亚门。被子植物分为单子叶植物和双子叶植物两个纲，后者又分为离瓣花亚纲和合瓣花亚纲。

该系统的特点是：坚持假花说的理论，认为无花瓣、单性、木本、风媒传粉等为原始的特征，而有花瓣、两性、虫媒传粉是进化的特征；将单子叶植物放于双子叶植物之前；将"合瓣花"植物归入一类，认为是较进化的一群被子植物。恩格勒系统几经修订，在1964年修订出版的《植物分科志要》第12版中，将双子叶植物放于单子叶植物之前。并把植物界分为17门，其中被子植物独立成被子植物门，共包括2纲62目344科。恩格勒系统使用时间较长，影响较大。目前，世界上大部分国家的植物标本馆及植物志采用了该系统。《中国植物志》和我国许多地方植物志以及植物标本室（馆）采用了1936年版的恩格勒系统。

（二）哈钦森系统

该系统是英国植物学家哈钦森（Hutchinson）在边沁（Bentham）和虎克（Hooker）的《植物属志》（*Genera Plantarum*）的分类系统基础上建立起来的系统。1926年在《有花植物科志》一书中提出，1973年在该书第三版作了最后修订，从原来的332科增加到411科。

该系统的特点是：坚持真花说的理论，奠定了毛茛学派（多心皮学派）的基础；将双子叶植物分为木本和草本两大平行发展支，木本支从木兰目开始，而毛茛目为草本支的起点；单子叶植物起源于双子叶植物的毛茛目，并在早期分化为萼花群（Calycierae）、冠花群（Corolliflorae）和颖花群（Glumiflorae）3条进化路线。

哈钦森系统将多心皮类植物作为演化的起点，为多心皮学派奠定了基础，受到许多学者的赞同。在此基础上，塔赫他间、克郎奎斯特等相继建立了影响广泛的被子植物分类系统。但是，该系统将木本和草本植物作为两个分途发展的演化路线，导致许多关系较近的科在系统树上却相距甚远，因而受到质疑，使得该系统较少被采纳。在国内，《广西植物志》、《广东植物志》、《海南植物志》、《云南植物志》等采用了哈钦森系统。

（三）塔赫他间系统

这是由前苏联植物学家塔赫他间（Takhtajan）于1954年首次发表。塔赫他间系统主张被子植物单元起源说，认为被子植物起源于种子蕨，并通过幼态成熟（neoteny）演化而成；木兰目是最原始的被子植物代表。他首先冲破了把双子叶植物分为离瓣花亚纲和合瓣花亚纲的概念，认为草本植物由木本植物演化而来；单子叶植物起源于水生双子叶植物睡莲目的莼菜科；柔荑花序类各自起源于金缕梅目；原属毛茛科的芍药属独立成芍药科，并隶属于芍药目。

幼态成熟是指某一器官或组织在其发育早期便停止进一步分化，从而滞留在这一阶段，并成熟形成类似早期特点的新器官和新组织，最终导致新类群的产生。

自1959年起，塔赫他间分类系统进行过多次的修订（1966年、1969年、1980年、1987年、1997年），在1997年出版的《有花植物多样性和分类》（*Diversity and Classification of Flowering Plants*）中，将木兰植物门（Magnoliophyta）分为2纲，即木兰纲（Magnoliopsida）和百合纲（Liliopsida），11亚纲、71超目、232目和591科。

该系统认为种子蕨可能是被子植物的祖先，所有现存的裸子植物以及已经绝灭的本内苏铁类和苛得苏铁类（Cordaites）都不可能是它的祖先；被子植物是单元起源，起源地位于印度东北部至南太平洋的斐济岛区域。

(四) 克朗奎斯特系统

1958年，美国植物学家克朗奎斯特（A. Cronquist，1919～1992年）在《双子叶植物目、科新系统纲要》"*Outline of a new system of families and orders of dicotyledons*"中提出了他的被子植物分类系统，并分别于1968年、1981年和1988年进行了修订。最后，该系统将被子植物分为木兰纲（Magnoliopsida）（双子叶植物纲）和百合纲（Liliopsida）（单子叶植物纲），前者包括6个亚纲［木兰亚纲（Magnoliidae）、金缕梅亚纲（Hamamelidae）、石竹亚纲（Caryophyllidae）、五桠果亚纲（Dilleniidae）、蔷薇亚纲（Rosidae）和菊亚纲（Asteridae）］、64目、318科；后者包括5亚纲［泽泻亚纲（Alismatidae）、槟榔亚纲（Arecidae）、鸭跖草亚纲（Commelinidae）、姜亚纲（Zingiberidae）和百合亚纲（Liliidae）］、19目、65科。

克朗奎斯特系统也采用真花学说及单元起源的观点，认为有花植物（被子植物）起源于一类已经绝灭的种子蕨；现代生活的被子植物各亚纲，不可能从现存其他亚纲的植物进化而来；木兰目是被子植物的原始类型；柔荑花序类各目起源于金缕梅目；单子叶植物来源于类似现代睡莲目的祖先，并认为泽泻亚纲是百合亚纲进化路线上近基部的一个侧枝。

克朗奎斯特系统发表后受到了普遍重视，许多学者认为该系统比前几个系统更为合理、更成熟。因此，此时出版的许多植物分类学书籍大多采用了该系统。

(五) 张宏达种子植物系统

中国植物学家张宏达（2004）提出的种子植物系统，打破了传统上把种子植物划分为裸子植物和被子植物的分类法。该系统把全部种子植物，包括种子蕨，首先建立种子植物门（Spermatophyta），并在门下设立了前种子蕨植物、蕨叶种子植物、肉籽植物、松柏植物、前有花植物和有花植物6个亚门，有花植物作为最后一个亚门。

张宏达系统在理论上是一个单元多系的进化系统，认为从种子蕨至有花植物是一脉相承、承前启后的，总体上种子植物是相对比较完整的一个体系。而对有花植物，他也在恩格勒系统的基础上提出了新的系统。

(六) 吴征镒被子植物八纲分类系统

中国科学院院士吴征镒等中国学者于1998年、2002年提出被子植物的一个"多系-多期-多域"新分类系统（简称八纲系统）。该系统将全世界被子植物分为8纲40亚纲202目572科的背景下，对中国有分布的346科3100余属植物，根据它们的形态（广义）、分子、化石和地理分布等方面的证据，进行综合分析；阐述了它们的系统位置，科内和属下的分类系统，分布区及现代分布格局的形成和起源。认为被子植物在早白垩世时发生了一次大辐射，形成8条明显的主传代线，并将这8条主传代线分别命名为8个纲，代表被子植物内部的主要进化方向。

"八纲系统"是以吴征镒"植物与环境三维律动的演变以及被子植物多系、多期、多域发生"的学术思想为指导，以吴征镒及其研究团队几十年对植物学的深入研究和认识为基础，综合世界上被子植物系统演化的最新成果，特别是分子系统研究的最新成果提出的。"八纲系统"是吴征镒及其研究团队对进化生物学研究和国际植物学的一个重要贡献。

该系统中的八纲依次为：木兰纲（Magnoliopsida）、樟纲（Lauropsida）、胡椒纲（Piperopsida)、石竹纲（Caryophyliopsida)、百合纲（Liliopsida)、毛茛纲（Ranunculopsida)、金缕梅纲（Hamamelidopsida）和蔷薇纲（Rosopsida)。

小　　结

被子植物约有25万种，常分为双子叶植物纲（Dicotyledoneae）［木兰纲（Magnoliopsida)］和单子叶植物纲（Monocotyledoneae）［百合纲（Liliopsida)］。尽管这样的分类不能全面反映被子植物内部进化趋势的种种矛盾，但不少利用形态和化学性状所做的分支分析和分子系统学所得结果，都确认单子叶植物是一个单系类群。

近代比较流行的被子植物分类系统概括起来有两大学派，即恩格勒（柔荑花序）学派和多心皮（毛茛）学派。目前比较流行的几个主要分类系统是恩格勒系统、哈钦森系统、塔赫他间系统和克朗奎斯特系统。近年来，中国植物学家张宏达提出的种子植物分类系统和吴征镒等提出的被子植物八纲分类系统具有一定的创新观点，是对进化生物学研究和国际植物学的重要贡献。

思考题

1. 简述双子叶植物与单子叶植物的主要区别。
2. 简述木兰科的基本特点和系统地位。
3. 毛茛目与木兰目相比有哪些进化的特征（形态、花的结构）？
4. 将芍药属从毛茛科中分出另立芍药科的理由是什么？牡丹、芍药如何区分？各具有什么用途？
5. 杨柳科杨属与柳属花的结构有何差别？
6. 如何识别石竹科？石竹科有哪些经济植物？
7. 罂粟目有何主要的特征？罂粟除了毒品外，在医疗上有其他用途吗？
8. 如何解释十字花科植物"十字形花冠"与"四强雄蕊"的基本特征？何谓"子叶缘倚"、"子叶背倚"、"子叶对褶"？
9. 试述蔷薇科植物的基本特征，根据哪些特征把蔷薇科划分为4个亚科？蔷薇科有哪些经济植物，如作为果树、药材、供观赏等？
10. 豆科植物有哪些共同特征？其中的三个亚科各自有何特点？何谓花冠的"上升覆瓦状"和"下降覆瓦状"排列、假蝶形花冠和蝶形花冠？
11. 试述伞形科植物的基本特征及其主要经济用途。
12. 菊科植物有哪些主要特征？在虫媒传粉方面有哪些特殊的适应结构？从繁殖器官的构造以及其他特征说明菊科为什么种类繁多，简要总结菊科的重要经济植物。
13. 试绘图示意小麦花的结构。禾本科植物有什么经济用途？哪些主要粮食作物属于该科？
14. 禾本科适应风媒传粉的特征有哪些？并比较其与莎草科的异同点。
15. 棕榈科在单子叶植物中有什么突出特点？
16. 试述天南星科的主要特征。
17. 姜科的基本特征是什么？有哪些重要的经济植物？
18. 百合科的基本特征有哪些？举例说明百合科的重要经济价值。
19. 试述兰科植物花的结构。为什么说兰科是单子叶植物虫媒传粉最进化的类群？如何理解被子植物与昆虫在传粉结构上的协同进化？
20. 举例说明主要生活在水中的单子叶植物包括哪些科，并简述其特征。
21. 试述关于单子叶植物起源的重要观点。
22. 关于被子植物花的起源有哪些假说？何谓"真花说"和"假花说"？

23. 简要叙述当代主要被子植物分类系统的主要观点。
24. 总结被子植物有哪些基本特征，并论述被子植物与人类的重要关系。

> **知识窗**
>
> ### APG 系统
>
> 由 K. Bremer 等 29 位植物学家组成的被子植物系统发育研究组（Angiosperm Phylogeny Group，APG）经过近 20 年的研究工作，基于大量分子生物学数据，采用分支分类学方法，于 1998 年提出了"APG 分类系统"。该系统着眼于"目"一级，其次才是"科"级，并认为：不应把被子植物分为双子叶植物和单子叶植物，而是直接将其分成一些单元起源的类群；将被子植物的 462 科归类于 40 个假定的单元目和一些非正式的更高级的单系类群：单子叶类（monocots）、鸭跖草类（Commelinids）、真双子叶类（eudicots）、核心真双子叶类（core eudicots）、蔷薇类（rosids）、真蔷薇类Ⅰ（eurosidsⅠ）、真蔷薇类Ⅱ（eurosidsⅡ）、菊类（asterids）、真菊类Ⅰ（euasteridsⅠ）、真菊类Ⅱ（euasteridsⅡ）；单子叶植物被放置在两个类群中，即鸭跖草类和单子叶类，其位置在原始被子植物之后。
>
> 随后的 2002 年、2003 年，APG 系统被进一步修订，越来越多的科（和一些目）从未定类群中分离出来。

主要参考文献

白书农. 2003. 植物发育生物学. 北京：北京大学出版社.
北京地质学院古生物教研室. 1964. 古植物学. 北京：中国工业出版社.
北京林学院. 1981. 植物学. 北京：中国林业出版社.
曹同，郭水良，娄玉霞，等. 2011. 苔藓植物多样性及其保护. 北京：中国林业出版社.
陈邦杰，万宗玲，高谦，等. 1963. 中国藓类植物属志（上册）. 北京：科学出版社.
陈邦杰，万宗玲，高谦，等. 1978. 中国藓类植物属志（下册）. 北京：科学出版社.
戴芳澜. 1987. 真菌的形态和分类. 北京：科学出版社.
董玉琛，郑殿升. 2006. 粮食作物卷. //董玉琛，刘旭. 中国作物及其近缘植物. 北京：中国农业出版社.
方文培. 1955. 有花植物分类系统的比较. 成都：四川大学出版社.
冯广平，包琰，赵建成，等. 2012. 北京皇家园林树木图考. 北京：科学出版社.
冯广平，赵建成，王青，等. 2011. 北京植物学史图鉴. 北京：中国科学技术出版社.
福迪. 藻类学. 罗迪安译. 1971. 上海：上海科学技术出版社.
傅德志. 1992. 裸子植物一新科——竹柏科. 植物分类学报，30（6）：515-528.
傅立国，洪涛. 2000. 中国高等植物（第三卷）. 青岛：青岛出版社.
傅立国，金鉴明. 1992. 中国植物红皮书（第一册）. 北京：科学出版社.
高谦，赖明洲. 2003. 中国苔藓植物图鉴. 台北：台湾南天书局.
高谦，吴玉环. 2010. 中国苔纲和角苔纲植物属志. 北京：科学出版社.
高信曾. 1987. 植物学（形态解剖部分）. 2版. 北京：高等教育出版社.
耿煊. 1957. 水杉. 林业丛刊，(10)：1-18.
谷安根，陆静梅，王立军. 1993. 维管植物演化形态学. 长春：吉林科学技术出版社.
韩碧文. 2003. 植物生长与发育. 北京：中国农业大学出版社.
韩福山，李尧英. 1994. 中国淡水藻志（第三卷，轮藻门）. 北京：科学出版社.
贺士元. 1986. 河北植物志（第1卷）. 石家庄：河北科学技术出版社.
贺士元. 1988. 河北植物志（第2卷）. 石家庄：河北科学技术出版社.
贺士元. 1991. 河北植物志（第3卷）. 石家庄：河北科学技术出版社.
贺学礼. 2008. 植物学. 北京：科学出版社.
胡鸿钧. 2003. 螺旋藻生物学及生物技术原理. 北京：科学出版社.
胡鸿钧，魏印心. 2006. 中国淡水藻类：系统、分类及生态. 北京：科学出版社.
胡人亮. 1987. 苔藓植物学. 北京：高等教育出版社.
黄增泉. 1957. 水杉与杉科植物之形态与木材化学成分之关系. 台湾森林，3（5）：14-16.
霍尔 M A. 1987. 植物结构、功能和适应. 北京：科学出版社.
贾敬贤，贾定贤，任庆棉. 2006. 果树卷. //董玉琛，刘旭. 中国作物及其近缘植物. 北京：中国农业出版社.
蒋笑梅，程业明，殷亚方，等. 2010. 中国裸子植物木材志. 北京：科学出版社.
黎兴江. 2000. 中国苔藓志（第三卷）. 北京：科学出版社.
李楠. 1996. 松科系统学研究（1）. 植物研究，6（1）：32-45.
李扬汉. 1984. 植物学. 2版. 上海：上海科学技术出版社.
李正理，张新英. 1983. 植物解剖学. 北京：高等教育出版社.

林晓民，李振岐，侯军. 2005. 中国大型真菌的多样性. 北京：中国农业出版社.
刘华杰，贾泽峰，任强，等. 2011. 中国地衣学现状与潜力. 北京：科学出版社.
刘穆. 2008. 种子植物形态解剖学导论. 4 版. 北京：科学出版社.
刘宁. 2007. 植物根的发育. 生物学通报，42（6）：15-17.
刘天慰，岳建英. 2004. 山西植物志. 北京：中国科学技术出版社.
陆时万，徐祥生，沈敏健，等. 1991. 植物学（上册）. 2 版. 北京：高等教育出版社.
陆树刚. 2007. 蕨类植物学. 北京：高等教育出版社.
路安民. 1981. 现代有花植物分类系统初评. 植物分类学报，19（3）：279-291.
路安民. 1985. 被子植物系统学的方法论. 植物学通报，3（3）：21-28.
马金双. 2011. 东亚高等植物分类学文献概览. 北京：高等教育出版社.
马炜梁. 1998. 高等植物及其多样性. 北京：高等教育出版社.
马炜梁. 2009. 植物学. 北京：高等教育出版社.
孟繁静. 2000. 植物花发育的分子生物学. 北京：中国农业出版社.
秦仁昌，邢公侠. 1991. 中国植物志（第三卷第二分册）：蕨类植物门. 北京：科学出版社.
裘维蕃. 1998. 菌物学大全. 北京：科学出版社.
沈观冕. 1993. 我国麻黄属的分类问题. 干旱区研究，10（1）：39-48.
斯行健，李星学. 1963. 中国植物化石（第二册）. 北京：科学出版社.
汤彦承，路安民，陈之端，等. 2002. 现存被子植物原始类群及其植物地理学研究. 植物分类学报，40（3）：242-259.
汪劲武. 2009. 种子植物分类学. 2 版. 北京：高等教育出版社.
汪小全，洪德元. 1998. 分子系统学研究进展. //李承森. 植物科学进展（第一卷）. 北京：高等教育出版社.
王发祥. 1996. 中国苏铁. 广州：广东科学技术出版社.
王建波，张文驹，陈家宽. 1999. 核 rDNA 的 ITS 序列在被子植物系统与进化研究中的应用. 植物分类学报，37（4）：407-416.
王立安，通占元. 2011. 河北省野生大型真菌原色图谱. 北京：科学出版社.
王全喜，张小平. 2004. 植物学. 北京：科学出版社.
王台，钱前，袁明，等. 2010. 2009 年中国植物科学若干领域重要研究进展. 植物学报，45（3）：265-306.
王天虹，钟耀华，王晓利. 2007. 丝状真菌基因组学研究进展. 科技导报，25（11）：48-52.
王文采. 1990a. 当代被子植物分类系统简介（一）. 植物学通报，7（2）：1-17.
王文采. 1990b. 当代被子植物分类系统简介（二）. 植物学通报，7（3）：1-18.
王幼芳，李宏庆，马炜梁. 2007. 植物学实验指导. 北京：高等教育出版社.
王中仁. 1998. 中国蕨类植物学的奠基人秦仁昌（1898~1986 年）——纪念秦仁昌先生一百周年诞辰. 植物分类学报，36（3）：286-288.
王忠魁. 1981. 我国固有珍宝树种——水杉发现始末及全球性引种. 东海学报，22：15-32.
魏学智. 2008. 植物学野外实习指导. 北京：科学出版社.
吴国芳，冯志坚，马炜梁，等. 1992. 植物学（下册）. 2 版. 北京：高等教育出版社.
吴鹏程. 1998. 苔藓植物生物学. 北京：科学出版社.
吴兆洪，秦仁昌. 1986. 分类系统（蕨类植物门）的历史渊源. 广西植物，6（1-2）：63-78.
吴兆洪，秦仁昌. 1991. 中国蕨类植物科属志. 北京：科学出版社.
吴征镒. 1991. 中国种子植物属的分布区类型. 云南植物研究，（增刊Ⅳ）：1-139.
吴征镒，路安民，汤彦承，等. 2003. 中国被子植物科属综论. 北京：科学出版社.
吴征镒，汤彦承，路安民，等. 1998. 试论木兰植物门的一级分类——一个被子植物八纲系统. 植物分类学报，36（5）：385-402.

吴征镒，周浙昆，李德铢，等. 2003. 世界种子植物科的分布区类型系统. 云南植物研究，25（3）：245-257.

徐炳声. 1984. 被子植物系统发育研究的现状与展望. 云南植物研究，6（1）：1-10.

严岳鸿，张宪春，马克平. 2012. 中国蕨类植物多样性及其保育概况. 生物多样性与自然保护通讯，62：4-5.

杨关秀，陈芬，黄其胜. 1994. 古植物学. 北京：地质出版社.

杨继，郭友好，杨雄，等. 1999. 植物生物学. 北京：高等教育出版社，施普林格出版社.

杨世杰. 2000. 植物生物学. 北京：科学出版社.

杨苏声，周俊初. 2007. 微生物生物学. 北京：科学出版社.

叶创兴，朱念德，廖文波，等. 2007. 植物学. 北京：高等教育出版社.

伊稍 K. 1982. 种子植物解剖学. 2版. 李正理译. 上海：上海科学技术出版社.

臧穆，黎兴江. 2011. 中国隐花（孢子）植物科属词典. 北京：高等教育出版社.

曾呈奎. 1962. 中国经济海藻志. 北京：科学出版社.

张宏达，黄云晖，缪汝槐，等. 2004. 种子植物系统学. 北京：科学出版社.

张峻甫. 1978. 底栖海藻的分类区系研究. 海洋科学，（增刊）：75-77.

张文治. 2005. 微生物学. 北京：高等教育出版社.

张宪春. 2012a. 中国石松类和蕨类植物. 北京：北京大学出版社.

张宪春. 2012b. 中国现代石松类和蕨类植物的一个新分类系统. 生物多样性与自然保护通讯，1（62）：1-4.

张义浩，赵盛龙，吴常文. 2002. 海洋生物——藻类. 杭州：浙江大学出版社.

赵桂仿. 2009. 植物学. 北京：科学出版社.

赵建成，魏学智. 2007. 植物学考研精解. 北京：科学出版社.

赵建成，吴跃峰. 2008. 生物资源学. 2版. 北京：科学出版社.

郑万钧，傅立国. 1978. 中国植物志（第七卷）. 北京：科学出版社.

中国科学院植物研究所. 1983. 中国高等植物图鉴（第一册）. 北京：科学出版社.

中国科学院中国植物志编辑委员会. 1961-2002. 中国植物志（第8卷至第80卷）. 北京：科学出版社.

周云龙. 2004. 植物生物学. 2版. 北京：高等教育出版社.

Ainsworth G C. 1971. Ainsworth and Bisby's Dictionary of the Fungi. Kew：Commonwealth Mycol Inst.

Ainsworth G C, Sparrow F K, Sussman A S. 1973. The Fungi：An Advanced Treatise. Vol. Ⅳa and Ⅳb. New York：Academic Press.

Angiosperm Phylogeny Group. 1998. An ordinal classification for the families of flowering plants. Ann Missouri Bot Gard，85：531-553.

Becker K M. 1973. A comparison of angiosperm classification system. Taxon，22：19-50.

Bold H C, Alexopoulos C J, Delevoryas T. 1980. Morphology of Plants and Fungi. New York：Harper and Row Publisher.

Brownsey P J, Perrie L R. 2011. A revised checklist of Fijian ferns and lycophytes. Telopea，13：513-562.

Ching R C. 1940. 水龙骨科的自然分类. Sunyatsenia，5：201-268.

Christenhusz M J M, Zhang X C, Schneider H. 2011. A linear sequence of extant families and genera of lycophytes and ferns. Phytotaxa，19：7-54.

Cronquist A. 1981. An Integrated System of Classification of Flowering Plants. New York：Columbia University Press.

Cronquist A. 1988. The Evolution and Classification of Flowering Plants. 2nd ed. New York：The New York Bot Gard.

Davis P H, Heywood V H. 1963. Principles of Angiosperm Taxonomy. London：Oliver and Boyd.

Goffinet B, Shaw A J. 2009. Bryophytes Biology. 2nd ed. New York: Cambridge University Press.

Hasebe M, Omori T, Nakazawa M, et al. 1994. *rbcL* gene sequences provide evidence for the evolutionary lineages of leptosporangiate ferns. Proc Natl Acad Sci USA, 91: 5730-5734.

Hasebe M, Wolf P G, Pryer K M, et al. 1995. Fern phylogeny based on *rbcL* nucleotide sequences. Amer Fern J, 85: 134-181.

Hutchinson J. 1969. Evolution and Phylogeny of Flowering Plant. New York: Academic Press.

Hutchinson J. 1973. The Families of Flowering Plants. 3rd ed. Oxford: Clarendon Press.

Kramer K V, Green P S. 1990. The Families and Genera of Vascular Plants. Vol. 1. Pteridophytes and Gymnosperms. Berlin: Springer-Verlag.

Lehtonen S. 2011. Towards resolving the complete fern tree of life. PloS One, 6 (10): e24851.

Pryer K M, Smith A R, Skog J E. 1995. Phylogenetic relationships of extant ferns based on evidence from morphology and *rbcL* sequences. Amer Fern J, 85: 205-282.

Rudall P. 1992. Anatomy of Flowering Plants. 2nd ed. New York: Cambridge University Press.

Singh G. 2008. 植物系统分类学——综合理论及方法. 刘全儒, 郭延平, 于明译. 北京: 化学工业出版社.

Smith A R, Pryer K M, Schuettpelz E, et al. 2006. A classification for extant ferns. Taxon, 55: 705-731.

Smith G M. 1955. Cryptogamic Botany. Vol. Ⅰ and Ⅱ. New York: McGraw-Hill Book Company.

Stern K R, Jansky S, Bidlack J E. 2003. Introductory Plant Biology. 9th ed (影印版). 北京: 高等教育出版社.

Stern K R. 2005. Introductory Plant Biology. 8th ed. New York: McGraw-Hill Higher Education.

Swift L H. 1974. Botanical Classifrcation: A Comparison of Eight Systems of Angiosperm Classification. Hamden, CT: Archon.

Takhtajan A. 1997. Diversity and Classification of Flowering Plants. New York: Columbia University Press.

推荐网站

华中师范大学植物学精品课程. http://jpkc.ccnu.edu.cn/sj/2003/zwx/kcms/kcjj.htm

扬州大学植物学精品课程. http://jpkc.yzu.edu.cn/course/zwx/index.asp

植物通. http://www.zhiwutong.com/

中国植物科学网. http://www.chinaplant.org/

中国科学院植物研究所北京植物园. http://garden.ibcas.ac.cn/

http://www.ihb.ac.cn.

http://www.qdio.ac.cn.

http://www.scsio.ac.cn.